RÉPERTOIRE

UNIVERSEL ET RAISONNÉ

DE JURISPRUDENCE

CIVILE, CRIMINELLE,

CANONIQUE ET BÉNÉFICIALE.

OUVRAGE DE PLUSIEURS JURISCONSULTES :

. Mis en ordre & publié par M. G u y o t, écuyer, ancien magiftrat.

TOME QUARANTE-HUITIÈME.

A PARIS,

Chez { PANCKOUCKE, hôtel de Thou, rue des Poirevins.

DUPUIS, rue de la Harpe, près de la rue Serpente.

Et fe trouve chez les principaux libraires de France.

M. DCC. LXXXI.

Avec approbation & privilege du roi.

AVIS.

LA plupart des jurifconfultes nommés dans les divers articles du Répertoire, ayant fini le manufcrit des parties dont ils s'étoient chargés, il paroît que cet ouvrage s'étendra environ à foixante volumes *in-octavo*. Au refte, à quelque nombre qu'il puiffe s'étendre au delà, le libraire s'eft engagé à n'en faire payer que foixante volumes aux perfonnes qui s'en feront procuré un exemplaire avant la publication du dernier volume, & même fi l'ouvrage n'a que foixante volumes, elles n'en payeront que cinquante-fept, attendu que les trois derniers doivent leur être délivrés *gratis*. Le prix de chaque volume broché ou en feuilles, eft de 4 liv. 10 fous: on publie très-exactement huit volumes par année.

RÉPERTOIRE

UNIVERSEL ET RAISONNÉ

DE JURISPRUDENCE

CIVILE, CRIMINELLE,

CANONIQUE ET BÉNÉFICIALE.

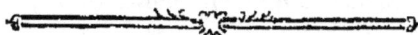

P.

PRIÈRE. C'eſt l'acte de religion par lequel on s'adreſſe à dieu.

L'article 46 de l'édit du mois d'avril 1695, contient ſur les Prières publiques les diſpoſitions ſuivantes :

» Lorſque nous aurons ordonné de rendre » graces à dieu, ou de faire des Prières pour » quelque occaſion, ſans en marquer le jour & » l'heure, les archevêques & évêques les don- » neront, ſi ce n'eſt que nos lieutenans généraux » & gouverneurs pour nous dans nos provinces,

» ou nos lieutenans en leur abfence, fe trou-
» vent dans les villes, où la cérémonie devra
» être faite, ou qu'il y ait aucunes de nos cours
» de Parlement, chambres de nos comptes &
» cours des aides qui y feront établies, auquel
» cas ils en conviendront enfemble, s'accommo-
» dant réciproquement à la commodité des uns
» & des autres, & particuliérement à ce que lef-
» dits prélats eftimeront le plus convenable pour
» le fervice divin «.

La déclaration du 30 juillet 1710 a ajouté
que toutes les églifes & communautés eccléfiaftiques, féculières & régulières, exemptes ou non
exemptes, foient tenues de fe conformer à ce qui
auroit été réglé là-deffus par l'évêque (*).

Lorfqu'il furvient quelque difficulté concernant
les heures auxquelles doit être célébré l'office
divin, c'eft à l'évêque diocéfain à la régler. C'eft
auffi à lui à régler les jours & les heures auxquelles le faint facrement doit être expofé, tant
dans les paroiffes que chez les religieux, & fes
ordonnances fur ces objets doivent être exécutées
nonobftant l'appel. C'eft ce qui réfulte de l'article 9 de la déclaration du roi du 15 janvier
1731.

En France, on a toujours recommandé dans

_____

(*) C'eft conformément à cette déclaration, que, par
arrêt du 5 juin 1745, le confeil a ordonné que les mandemens qui feroient donnés pour des Prières publiques par
les évêques ou leurs vicaires généraux, feroient exécutés
dans les églifes de l'ordre de Malte, ainfi que dans toutes
les églifes de leurs diocèfes, exemptes & non exemptes,
même dans celles qui fe prétendent fondées en juridiction
quafi-épifcopale.

les Prières publiques, & principalement au prône, les prélats, les magiftrats, & les bienfaiteurs. C'eft ce qu'obferve Loyfeau dans fon traité des feigneuries.

On y recommande pareillement les feigneurs hauts-jufticiers, parce qu'ils ont la puiffance publique, & qu'ils repréfentent le fouverain dans leurs juftices.

Le feigneur & fa femme doivent être recommandés chacun diftinctement, & leurs enfans en nom collectif. C'eft ce qu'a décidé le parlement de Paris par arrêt du 26 juin 1696.

Quand la feigneurie appartient à plufieurs, on ne doit recommander au prône que le principal feigneur, comme feul feigneur ; fi la feigneurie eft poffédée par indivis, les poffeffeurs ne doivent être recommandés qu'en qualité de feigneurs en partie.

Il y a néanmoins des arrêts qui ont ordonné que l'aîné feroit nommé le premier, & les autres enfuite. Barder en rapporte un du premier avril 1631, & Danty un autre du 2 mars 1667.

On ne doit pas au furplus appeler *feigneur en partie*, celui qui n'a qu'un fief dans la paroiffe ; il faut le qualifier de feigneur d'un tel fief fitué dans tel village, à moins que le fief n'ait jamais eu d'autre nom que celui du village même.

PRIEUR, PRIEURÉ. Le premier de ces mots défigne littéralement une perfonne qui en a plufieurs au deffous d'elle, *prior quafi primus inter alios* ; & l'on appelle *Prieuré*, la dignité, l'emploi ou le bénifice attaché à la qualité de Prieur.

On divife les prieurés en féculiers & en réguliers.

PREMIÈRE PARTIE

Des prieurés féculiers.

L'auteur des définitions du droit canonique dit
que l'on entend par prieurés féculiers, » ceux qui
» font poffédés par des perfonnes qui ne font
» point engagées dans la profeffion monachale,
» c'eft-à-dire, qui ne font point obligées à porter
» un habit de moine, ni à fuivre aucune des
» quatre règles que l'églife fouffre, & que les
» chrétiens reconnoiffent «.

Cette définition eft critiquée, & avec raifon,
par Pérard Caftel. » Elle n'eft pas affez claire,
» dit-il, & elle renferme une équivoque ma-
» nifefte, d'autant que tous les prieurés régu-
» liers qui font poffédés en commende, font
» poffédés par des perfonnes qui ne font point
» engagées dans la profeffion monachale, & ce-
» pendant on ne dira pas que ce foient des prieu-
» rés féculiers ; de forte que ce qu'on nomme
» prieurés féculiers, font ceux qui font poffédés
» en titre, & non point en commende, par des
» perfonnes féculières «.

Les prieurés féculiers ne diffèrent des autres bénéfices que par le nom. Il y en a de fimples, il y en
a de doubles, il y en a même qui forment des
dignités. On remarque en France plufieurs collégiales, dont le premier dignitaire porte le titre
de Prieur. Telles font, dit le premier des auteurs
que nous venons de citer, » celle de Loches,
» celle de Châtillon-fur-Indre dans la Touraine,

» lefquelles, dans les actes qui fe paffent avec
» elles, font qualifiées de *Prieurs, chanoines,*
» *& chapitre* «. Telle eft encore l'églife collégiale de faint Germain de la Châtre, qui a donné
lieu à un procès jugé au parlement de Paris le
19 décembre 1777.

Les loix ou conftitutions, foit canoniques, foit
civiles, qui parlent de prieurés conventuels, ne
s'entendent jamais des prieurés féculiers. C'eft ce
qu'enfeignent l'abbé de Palerme fur le chapitre
cùm contingat, aux décrétales *de foro competenti,*
& Dominique de *fanbo Geminiano* en fon confeil 131. L'auteur des définitions du droit canonique établit la même chofe d'après eux : » La
» conftitution du pape, dit-il, qui parle ou fait
» mention d'un prieuré conventuel, n'eft jamais
» étendue aux prieurés des églifes collégiales,
» non plus qu'aux prévôtés ou doyennés, &
» dignités féculières, lefquels néanmoins ont &
» exercent la juridiction fur les chanoines de leur
» églife par la puiffance qui leur eft attribuée.

Par-là fe réfout la queftion de favoir fi les
prieurés féculiers font compris dans la claufe du
concordat qui affujettit à la nomination du roi
tous les prieurés électifs. » Ceux qui tenoient
» pour l'affirmative (c'eft toujours d'après le même
» auteur que nous parlons), foutenoient que tou-
» tes les dignités & prélatures font fujettes à la
» nomination du roi, c'eft-à-dire, celles qui fe
» conféroient à la pluralité des voix du chapitre
» affemblé pour cet effet... M. le procureur général
» du grand confeil, où cette queftion fut agitée,
» le foutenoit ainfi, & interjeta appel comme
» d'abus de l'élection qui avoit été faite du
» Prieur féculier de Pont-Mone, fitué au

» diocèfe de Bazas, dans la province de Guienne;
» il établiſſoit ſa principale défenſe ſur le droit
» de nomination du roi : mais comme les élec-
» tions ſont tout-à-fait favorables, à cauſe qu'elles
» ſont plus conformes à la pureté des anciens
» canons & à la diſcipline eccléſiaſtique.......
» Meſſieurs du grand conſeil déclarèrent M. le
» procureur général non recevable en ſon appel
» comme d'abus, par arrêt du 10 ſeptembre de
» l'année 1526 «.

SECONDE PARTIE.

Des prieurés réguliers.

Les prieurés réguliers ſont ou des bénéfices,
ou des offices qui ne peuvent être poſſédés en
titre que par des perſonnes engagées dans la profeſſion religieuſe.

On peut les diviſer en conventuels, en clauſtraux, en forains, & en cures. M. l'abbé Remy
a ſuffiſamment parlé de ces derniers au mot
CURE.

§. I. Des prieurés conventuels.

On entend par Prieur conventuel, celui qui gouverne des religieux dans un couvent, & qui n'y
reconnoît point de ſupérieur, ſoit en titre, ſoit en
commende.

Il ne faut pas conclure de cette définition, que
toute maiſon régulière dans laquelle exiſtent pluſieurs religieux ſous la direction d'un Prieur, forme
un prieuré conventuel. Cette dénomination ne
s'applique proprement dans l'uſage qu'aux cou-

vens où il y a un noviciat établi & un fcel commun, *figillium commune* ; & c'eft, dit Brillon, par le défaut de ces deux circonftances, « que le » prieuré de faint Denis de la Chartre à Paris » n'a pas été jugé conventuel, mais feulement fo-» cial «, efpèce de prieuré forain dont on parlera ci-après.

Le défaut de noviciat établi dans un prieuré, n'empêcheroit cependant pas qu'on ne le regardât comme conventuel dans les congrégations où il y a des maifons communes pour le novicat de tous les monaftères qui les compofent.

Le mot *Prieur conventuel* étoit autrefois fynonyme avec celui d'*abbé*. Haeftenus, *lib. 3, tract. 6, difquif. 2,* fait voir que dans plufieurs règles, & principalement dans celle de faint-Benoît, ils font fouvent employés l'un pour l'autre.

Aujourd'hui on ne les confond plus, mais ils ne laiffent pas d'exprimer encore la même idée, celle d'un fupérieur qui n'a perfonne au deffus de lui dans le monaftère même.

Différentes caufes ont contribué à faire donner à ce fupérieur le nom de Prieur dans certains endroits, tandis qu'il s'appeloit abbé dans d'autres. Ici, c'eft parce qu'une congrégation compofée de plufieurs monaftères, ne reconnoît qu'un feul abbé, celui du chef-lieu de l'ordre ; là, c'eft parce que les fondateurs n'ont pas voulu que le titre d'abbé, qui déjà étoit l'annonce du fafte & du luxe, décorât les fupérieurs des maifons qu'ils élevoient à la piété & à l'humilité.

Les Prieurs conventuels font-ils bénéfices ou fimples offices ? Ils font bénéfices lorfqu'ils fe confèrent à vie, & fimples offices, lorfque la

collation eft limitée à un certain temps, comme
à trois ans.

　　Il ne faut cependant pas croire que dans ce
dernier cas on puiffe révoquer librement & fans
caufe un Prieur conventuel qui n'a pas encore
atteint le terme de fon adminiftration. Le contraire eft nettement décidé par la décrétale *mo-*
nachi, de ftatu monachorum ; voici comme
elle eft conçue : *Priores autem cùm in ecclefiis*
conventualibus per electionem capitulorum fuorum
canonicè fuerint inftituti, nifi pro manifeftá &
rationabili causá non mutentur : videlicet fi fue-
rint dilapidatores, fi incontinenter vixerint, aut
tale aliquid egerint pro quo amovendi meritò vi-
deantur. Mais, comme l'obfervent très-bien Fagnan & Vanefpen, il ne faut pas des raifons auffi
graves pour deftituer un Prieur conventuel, que
pour dépoffléder un bénéficier ; & c'eft ce que
porte expreffément la décrétale *qualiter & quandò,*
de accufationibus hunc tamen ordinem circà regu-
lares perfonas non credimus ufquequaquè fervan-
dum : quæ cùm caufa requirit, faciliùs & libe-
riùs à fuis poffunt adminiftrationibus amoveri.

　　Par arrêt du 22 juin 1701, rapporté au journal
des audiences, il a été jugé » qu'un Prieur,
» dans l'ordre de faint Dominique, élu & con-
» firmé, ne peut refufer de fubir un examen,
» quand on a lieu de douter de fa capacité « ; &
l'événement ayant juftifié ces doutes, il a été def-
titué par fentence des commiffaires du général.

　　L'élection eft de toutes les manières de pourvoir aux Prieurés conventuels, lors même qu'ils
font bénéfices, celle qui eft la plus conforme au
droit commun. Il y en a cependant qui, par
titre ou poffeffion, font à la collation des abbés

chefs d'ordres; ou autres supérieurs immédiats des congrégations auxquelles ils sont affiliés.

. De là, cette distinction que l'on fait actuellement en France, entre les Prieurs qui au temps du concordat étoient électifs-confirmatifs, & ceux qui à la même époque étoient simplement collatifs.

. Par ce traité, les premiers sont tombés à la nomination du roi; les seconds, au contraire, sont demeurés dans leur ancien état.

On trouve à ce sujet une observation importante dans Fuet. « Les Prieurés de l'ordre de » Grammont, dit-il, qui sont conventuels, & » au nombre de trente - neuf dans le royaume, » distribués en neuf provinces, sont aussi compris » dans la nomination royale, parce qu'au temps du » concordat ils étoient tous conventuels & élec- » tifs par les religieux de chaque monastère, & » confirmatifs par l'abbé; & comme par le concor- » dat la nomination royale a succédé à l'élec- » tion, ils y sont demeurés sujets, à la réserve » des quatre premiers qui viennent à vaquer » après l'élection & confirmation de l'abbé, qui est » général d'ordre & résident en France. Ce pri- » vilége d'exception a été donné à cet abbé par » un indult de Clément VI, confirmé depuis par » la bulle de Clément VII, du 9 juin 1531 «. Et nous voyons dans Chopin, *de sacrâ politiâ*, livre 1, titre 2, n°. 15, qu'il a autrefois reçu la sanction de plusieurs jugemens, *id quod plusculis sententiis decretum est prætoriani concilii, secundùm Franciscum Neuviliarum antistitem, Grandimontanum tricenos ab hinc annos; nec enim diversam in partem judices flexit, quòd summus pontifex illis principali nominationi suam ad-*

junxisset autoritatem, regiùmque jus codicillare Prioratum munere approbasset.

. Quelques auteurs étendent fort loin les droits du roi sur les Prieurs conventuels. Pour se former une juste idée de leur système, il faut d'abord peser les termes du concordat ; voici ce qu'il porte : *Monasteriis verò & Prioratibus conventualibus & verè electivis, videlicet in quorum electionibus forma capituli quàpropter servari, & confirmationes electionum hujusmodi solemniter peti consueverunt.....*

. On prétend, d'après ces termes, que le roi doit avoir la nomination de tous les Prieurés conventuels, qui dans l'origine étoient des abbayes, quoiqu'aujourd'hui on les regarde comme purement collatifs. C'est ce que soutient principalement l'auteur d'un traité qui a paru sur cette matière dans le siècle dernier. Pour justifier cette opinion, il établit, 1°. que le mot *monasterium* ne peut pas être entendu d'un prieuré, mais seulement d'une abbaye ; 2°. que toutes les abbayes, avant le concordat, étoient réellement électives ; 3°. que par conséquent les termes *verè electivis videlicet*, ne s'appliquent qu'aux prieurés conventuels ; & de ces trois propositions, il conclut, que pour savoir si un prieuré conventuel est à la nomination du roi, il faut, non pas examiner s'il étoit électif-confirmatif au temps du concordat, mais s'il a autrefois existé avec le titre d'abbaye ; car, dit-il, le concordat portant généralement que le roi nommera aux monastères ou abbayes, sans distinguer, comme il le fait par rapport aux prieurés conventuels, s'ils sont vraiment électifs, ou s'ils ne le sont pas, on doit assujettir à la nomination royale tous les prieutés qui étoient originairement de véritables abbayes, parce que l'état n'a pu en être changé au préjudice du souverain.

Mais comment a pu s'opérer ce changement? C'est ce que l'auteur explique fort bien. Les abbayes de Cluni, de la Chaise-Dieu, de Saint-Denis & quelques autres, étant devenues puissantes & recommandables par l'observance exacte de la discipline monastique, plusieurs moindres abbayes s'y agrégèrent & s'y soumirent; les unes d'elles-mêmes, les autres par l'autorité des rois ou des papes: quelques-unes, à la vérité, se maintinrent dans leur gouvernement primitif; mais la plupart perdirent insensiblement leur ancien régime, & l'on s'accoutuma peu à peu à les regarder comme des membres de ces grandes abbayes & des prieurés de leur dépendance.

La bibliothèque de Cluni nous fournit en effet plusieurs exemples de cette réduction d'abbayes en prieurés. On y voit, page 514, un privilége donné en 1088 par le pape Urbain II, à Hugues, abbé de Cluni, dans lequel on qualifie d'abbayes, des bénéfices qui ne sont plus que des prieurés, *hoc insuper adjicientes ut monasterium sanctæ Mariæ de charitate, monasterium sancti Martini de campis apud Parisios, monasterium sancti Dionisii apud Nungentum, &c.* La page 1429 du même recueil nous offre une chartre de Louis le jeune de 1166, qui prouve que l'abbaye d'Ambierle avoit été réduite en prieuré de la manière qu'on vient de l'expliquer: *Domum Ambertæ ditioni nostræ subjectam, quæ quondam abbatia fuit, dono illustrium virorum Bernardi & Theodeberti fratris sui redactam esse cognovimus ut majoris religionis formâ insignire-*

tur. Les pages 174 & 314 contiennent la preuve de pareils changemens pour Charlieu & Saint-Marcel-les-Châlons; & cette preuve est fortifiée, à l'égard de ce dernier endroit, par ce passage d'un ancien auteur : *Sancti Marcelli abbatia olim, nunc pioratus ordinis Cluniasensis ; in territorio Sequanorum.*

Saint-Julien, en son traité de l'origine des Bourguignons, fait aussi mention de plusieurs abbayes, qui, s'étant soumises à celle de Cluni, ont été réduites en prieurés; telles sont, dit-il, Gigni, Noirmoustier, Nantua, saint Marcel, Cunam, le Godet, Lodun, &c.

Sauxillanger, qui n'est aujourd'hui qu'un prieuré conventuel, étoit, dans son origine, une abbaye qui fut fondée en 928 ; par Acfred II, comte d'Auvergne ; mais en 1062, Hugues II, qui en fut le onzième abbé, & qui l'étoit en même temps de Cluni, la changea en prieuré (*).

On voit aussi, dans le pouillé des bénéfices de saint-Michel de la Cluse en Piémont, que plusieurs prieurés qui en dépendent ont eu autrefois le titre d'abbayes.

Il est donc certain, conclut l'auteur cité, que dans le nombre des prieurés que les abbés de Cluni, de Marmoustier & autres grandes abbayes, prétendent être à leur nomination, il s'en trouve beaucoup qui ont été des abbayes ; par conséquent on doit, aux termes du concordat, les regarder comme sujets à la nomination du roi.

(*) Nouveau commentaire sur la coutume d'Auvergne, imprimé en 1745 à Clermont-Ferrand, tom. 2, pag. 24.

Ce fyftême ne pouvoir manquer d'être accueilli par l'auteur du traité des droits du roi fur les bénéfices. » Il eft très-vrai, dit-il, que le con- » cordat porte en général, que le roi nommera » aux monaftères, & qu'on ne fait dans ce traité » aucune diftinction ni réferve des monaftères » foumis ou non foumis, unis ou non unis, » agrégés ou non agrégés. Ainfi il s'enfuit de » cette difpofition générale, que tout ce qui eft » monaftère, c'eft-à-dire abbaye, fe trouve com- » pris dans le concordat : de même que fi, par » un traité entre les deux couronnes de France & » d'Efpagne, le roi d'Efpagne cédoit au roi les » villes d'une province, tout ce qui feroit ville » dans cette province feroit compris dans ce » traité, & préfumé avoir été abandonné au roi, » & qu'on alléguerait inutilement que telle ville » eft membre & une dépendance de telle prin- » cipauté ou feigneurie ; le traité étant général » & fans réferve, cette exception ne feroit pas » écoutée «.

Mais cette comparaifon ne fe tourne-t-elle pas contre l'auteur ? Un traité qui céderoit des villes, ne feroit certainement pas un titre en vertu du-quel on pût prétendre les villages qui ont été villes autrefois ; pourquoi donc le concordat, c'eft-à-dire un traité qui accorde au roi la nomina-tion à toutes les abbayes de fon royaume, lui donneroit il le droit de nommer aux prieurés qui, ayant été abbayes dans leur origine, n'étoient plus, au temps de cet acte, que de fimples membres d'autres monaftères, & fujets à la col-lation des abbés de ceux-ci ? N'eft-il pas évident qu'en donnant au roi la nomination aux abbayes, on n'a eu en vue que les bénéfices qui avoient alors cette qualité ?

Cette objection paroît insurmontable. Voici cependant ce que répond notre auteur. L'intention de nos rois & des seigneurs particuliers, en fondant des monastères, n'a point été d'établir de simples habitations pour des religieux ; il paroît au contraire, par les titres même des fondations, que leur dessein a été d'ériger de véritables abbayes. Il y a même des fondateurs qui ont prévu que les abbés chefs d'ordre pourroient tenter de réduire en prieurés les abbayes qu'ils fondoient, & qui ont pris des précautions contre cet abus. En 1106, Robert, comte de Flandres, agrége l'abbaye de saint Bertin à la congrégation de Cluni, & dit à ce sujet, en parlant à l'abbé de Cluni : *Sancti Bertini monasterium vobis vestrisque successoribus omninò liberè ordinandum perpetuo jure concedimus, eâ tamen conditione præfixâ, ut abbatia nunquam in prioratum redigatur* (*). En 821, le comte Vaibert donne à l'abbé Geilo un terrein nommé *Rodunion*, à la charge d'y construire, non une simple habitation dépendante d'un chef-lieu, mais un monastère, *eâ videlicet ratione, ut nulli alio loco subjectus habeatur, sed ibi monasterium deo & prædictis sanctis constituatur.*

D'après cela, ne peut-on pas dire que la conversion de certaines abbayes en prieurés est contraire à l'intention des fondateurs ? Et puisqu'elle n'a été nullement autorisée par les deux puissances, spirituelle & temporelle, qui ont le plus grand intérêt à la conservation de ces titres, ne doit-on pas considérer ces maisons religieuses

_____

(*) Bibliothèque de Cluni, page 538.

comme

comme étant encore dans leur état primitif, & conféquemment comme de véritables abbayes ? Dira-t-on que le laps de temps & le défaut de réclamation doit faire préfumer une approbation de la part des perfonnes qui repréfentent les fondateurs & les deux puiffances ? Non, répond notre auteur. » Pour couvrir un pareil
» changement, il feroit néceffaire que les puif-
» fances euffent agi de concert par des actes
» formels & pour des caufes légitimes. Les titres
» qui exiftent font autant de réclamations per-
» pétuelles contre lefquelles la prefcription ne
» peut avoir lieu, d'autant plus qu'il s'agit des
» droits du roi & d'entretenir les fondations de
» fes auteurs, qu'il eft du bien de l'églife &
» de l'honneur de l'état de conferver. Ainfi il
» eft donc vrai que dans le temps que le con-
» cordar a été paffé, quoique ces monaftères ne
» fuffent connus que fous le nom de prieurés,
» ils étoient véritablement des abbayes, & que
» les entreprifes qu'on a faites pour renverfer leur
» état, n'ont pu opérer ce changement «.

L'auteur ajoute que le roi nomme conftam-ment aux abbayes de Tiers, de faint Martial de Limoges, &, à plufieurs autres, quoiqu'elles aient été foumifes à l'ordre de Cluni ; que par conféquent toutes les autres abbayes qui ont été fondées comme telles, doivent être à la nomination du roi, fous quelque nom qu'on les connoiffe aujourd'hui.

Il convient cependant qu'entre les monaftères agrégés, foit à l'abbaye de Cluni, foit aux chefs-d'ordre, il peut y en avoir que les fondateurs ont voulu y foumettre, avec pouvoir aux abbés de ces grandes abbayes d'y envoyer,

au cas de vacance, de leurs religieux pour en
être les abbés & les gouverner avec cette fubor-
dination; mais il foutient que cette exception
ne peut avoir lieu qu'à l'égard des abbayes dont
les titres de fondation en difpofent expreffément
ainfi.

» Il ne refte donc plus, dit enfin notre auteur,
» qu'à connoître le nombre de ces monaftères
» ainfi réduits en prieurés. Le moyen le plus
» fimple & le plus sûr pour parvenir à cette con-
» noiffance, eft d'obliger les collateurs de ces
» prétendus prieurés à repréfenter les titres de
» fondation de ces bénéfices, ou du moins des
» actes équivalens & qui foient en bonne forme;
» faute de quoi le roi pourra y nommer «.

Nous ne nous permettrons aucune réflexion
fur ce fyftême: il fuffit que l'on fache qu'il n'eft
pas encore accrédité: c'eft aux arrêts qui le jugeront, lorfqu'il fera propofé en juftice, à déterminer l'opinion que nous devons nous en
former.

Les prieurés conventuels des Pays - Bas font
foumis, dans les mêmes cas que ceux de France,
à la nomination royale: mais la forme de cette
nomination y eft différente; nous en avons rendu
compte fous le mot ELECTION.

On a demandé fi cette forme devoit être
fuivie pour les prieurés conventuels qui font en
congrégation. Les chanoines réguliers d'Hanfwyck,
prieuré de la congrégation du Val-des-Écoliers,
ont foutenu la négative, & combattu par ce
prétexte la nomination faite par l'empereur de
la perfonne de frère Marc Canthals. La caufe
fut d'abord portée au confeil privé de Bruxelles,
& enfuite renvoyée au grand confeil de Malines.

L'abbé de fainte Geneviève y intervint pour les chanoines réguliers, & le miniftère public pour les droits de la couronne. On prétendoit d'un côté, que l'élection appartenoit aux religieux, & la confirmation à l'abbé général ; on démontroit de l'autre, que l'empereur étoit autorifé, par les indults de Rome & par une poffeffion immémoriale, de faire élire qui bon lui fembloit ; & de confirmer l'élection ; que les feuls prieurés triennaux étoient exceptés de cette règle, que celui d'Hanfwyck étoit perpétuel, qu'ainfi rien ne pouvoit l'affranchir d'une loi générale & commune à toutes les provinces Belgiques.

En conféquence, il eft intervenu arrêt conçu en ces termes : » La cour faifant droit fur les » conclufions du fuppliant (frère Marc Canthals), » déclare qu'il a été dûment pourvu du prieuré » d'Hanfwyck ; & difpofant fur celles des con- » feillers fifcaux, déclare que fa majefté eft en » droit de nommer & députer à chaque vacance » dudit prieuré, des commiffaires, dont un foit » de l'ordre du Val-des-Écoliers, & de le con- » férer fur le pied des derniers collateurs . . . . » condamne-les Refcribens (les chanoines régu- » liers d'Hanfwyck & l'abbé de fainte Geneviève) » aux dépens du différend au taux de la cour. » Prononcé à Malines le 21 février 1724 «.

Cet arrêt & les requêtes des *confeillers fif- caux*, qui en contiennent les motifs, font rapportés dans le recueil du comte de Coloma, imprimé à Malines en 1781.

Peut-on pourvoir à un prieuré conventuel par la voie de coadjutorerie ? Cette queftion a été agitée dans un grand procès entre M. de Saint- Albin, archevêque de Cambrai, & M. l'abbé

B ij

d'Auvergne. Le 13 septembre 1717, l'abbé de Lionne, Prieur commendataire de saint Martin-des-Champs, passa procuration pour demander au pape un coadjuteur, sur le motif que son » grand âge ne lui permettant plus de remplir » toutes les fonctions auxquelles l'engageoit sa » qualité de Prieur, il desiroit procurer à son » prieuré un successeur qui pût contribuer dans » la suite à en conserver les droits, & faire re-» venir, par son crédit, ceux qui avoient été » aliénés, ou procurer le payement des sommes » dues audit prieuré depuis tant d'années par le » roi, soit pour l'aliénation de la justice dont » jouissoit le prieuré, ou pour d'autres causes «. Le 22 du même mois, M. de Saint-Albin obtint en cour de Rome des bulles de coadjutorerie, contenant dérogation à toutes dispositions canoniques qui y seroient contraires. Le 8 octobre suivant, le roi donna des lettres-patentes pour l'exécution de ces bulles, dérogeant à cet effet à tous édits & déclarations qui pourroient y mettre obstacle, *pour ce regard seulement & sans tirer à conséquence.* Le 13, les bulles furent fulminées par l'official de Paris, & le 18, elles furent enregistrées au grand conseil avec les lettres-patentes. Ce n'étoit cependant pas au grand conseil que les lettres-patentes étoient adressées, mais au parlement. En conséquence, M. de Saint-Albin en demanda l'enregistrement en cette cour. Par un premier arrêt du 21 janvier 1718, le parlement ordonna qu'avant faire droit, les bulles, les lettres-patentes & la requête en enregistrement seroient communiquées tant au collateur qu'au titulaire du prieuré. Le 23 du même mois, M. l'archevêque de Vienne, abbé de Cluni,

collateur, & M. de Lionne, Prieur commendataire, déclarèrent consentir à l'enregistrement. Le premier donna même une requête pour réitérer sa déclaration ; & afin que l'on ne révoquât pas en doute la liberté de son consentement, il vint prendre séance au parlement le 7 février, & il fut rendu en sa présence un arrêt par lequel » la cour, ayant égard à sa re-
» quête, lui donne acte de son consentement porté
» par icelle ; & en conséquence ordonne que
» lesdites lettres-patentes & bulles seront enre-
» gistrées, pour jouir par l'impétrant de l'effet
» & contenu en icelles, & être exécutées selon
» leur forme & teneur, *sans tirer à conséquence*
» *& sans préjudice des droits du roi, des usages*
» *du royaume, & des libertés de l'église gallicane* ».
L'abbé de Lionne étant décédé le 5 janvier 1721,
M. l'archevêque de Vienne conféra le prieuré à
M. l'abbé d'Auvergne son frère, comme s'il eût
été vacant par mort. Le 14 janvier 1724, M.
l'abbé d'Auvergne, après avoir tenu ses provisions secrètes pendant trois ans, fit assigner M.
l'archevêque de Cambrai au grand conseil, pour
voir dire qu'il seroit maintenu dans le bénéfice.
Il y avoit alors près de six ans que M. de Saint-
Albin étoit possesseur paisible. Le 29, le roi,
informé de cette contestation importante, voulut
en être le juge, & l'évoqua en son conseil. M.
l'abbé d'Auvergne a prouvé dans ses mémoires,
que les coadjutoreries ne sont reçues en France
que pour les prélatures, & qu'elles ne peuvent
être autorisées pour un prieuré conventuel possédé
en commende. M. de Saint-Albin est assez convenu de ces principes ; mais il a soutenu que la
prohibition d'étendre les coadjutoreries aux autres

bénéfices, n'étant que de droit positif, pouvoit
être levée par le concours des deux puissances,
sur-tout avec le consentement du collateur ordinaire ; & que dans le fait celui-ci ayant expressément renoncé à son droit, ce n'étoit pas à son
pourvu à le contredire. Par arrêt du 20 octobre
1725, le conseil a déclaré M. l'abbé d'Auvergne
non recevable dans sa demande.

Nous avons rapporté tous ces détails, pour faire
voir que cet arrêt n'est pas, comme le croient
bien des personnes, un préjugé pour la légitimité
des coadjutoreries de prieurés conventuels.

Quoique les Prieurs conventuels ne soient
pas au rang des prélats (*), on ne laisse pas de
les réputer dignitaires, & ils sont, en cette qualité, habiles à exercer une commission apostolique.
C'est ce que porte la clémentine 2, *de rescriptis*.

Sur les autres points relatifs aux prieurés conventuels, voyez les articles CONVENTUELS &
COMMENDE.

§. II. *Des prieurés claustraux.*

On appelle Prieur claustral celui qui gouverne
les religieux, soit sous un abbé régulier, soit dans
les abbayes ou prieurés qui sont en commende.

Un prieuré claustral n'est assez généralement
considéré que comme un simple office. S'il y
a des maisons où il existe en titre de bénéfice ;

_____

(*) Guymier sur la pragmatique, titre *de. electione*,
chapitre *sicut*, paragraphe *quanta*, avance cependant que
Prior conventualis dicitur prælatus ; mais il ne fonde
cette assertion que sur le chapitre *decrevit*, *in 6°*. qui n'en
dit pas un mot.

au moins il ne donne nulle part, à celui qui en
est pourvu, la qualité de dignitaire. C'est la différence que met la clémentine 2, *de rescriptis*,
entre un Prieur conventuel & un Prieur claustral.

De droit commun, lorsque les abbayes sont
en règle, les Prieurs claustraux sont à la nomination des abbés, & il dépend de ceux-ci de les
révoquer quand il leur plaît. Aussi les fonctions
de ces Prieurs cessent-elles de plein droit à la mort
des abbés qui les ont commis.

Il y a cependant quelques abbayes où l'on en
use autrement : telles sont sainte Geneviève de
Paris, Anchin en Artois, saint Aubert de Cambrai : les Prieurs de ces maisons sont élus par les
religieux, & l'on ne peut les destituer que pour des
causes légitimes.

L'usage particulier de ces trois abbayes, lorsqu'elles sont en titre, est, dans certaines provinces,
un droit commun pour celles qui sont en commende. Ainsi, dans les Pays-Bas, les religieux
qui ont des abbés commendataires, choisissent
toujours eux-mêmes leurs Prieurs ; mais, comme
on l'a vu à l'article GRAND PRIEUR, ils ne le
font qu'à l'intervention de leurs abbés, qui, en
ce cas, sont en droit de voter aux élections,
soit en personne, soit par procureur.

Nous avons cependant sous les yeux l'expédition d'un arrêt du conseil d'état du 14 novembre
1694, rendu entre les religieux de saint Gérard,
diocèse de Namur, & leur abbé commendataire,
qui » ordonne que de trois en trois ans il
» sera procédé à la nomination du Prieur par les
» religieux capitulairement assemblés, lequel sera
» tenu, avant d'en faire les fonctions, de demander

» là confirmation à l'évêques qui ne pourra la lui
» refuser fans caufe légitime «. .....

. En général, le droit à la nomination du Prieur
clauftral n'a rien de fixe par rapport aux abbayes
pofledées en commende : dans les unes, il appartient aux religieux, dans les autres, à l'abbé. On
ne doit confulter en cela que là poffeffion & les
ftatuts des différens ordres. .....

au Lorfque l'abbaye eft en règle, le Prieur clauftral eft fubordonné à l'abbé dans toutes les fonctions
de fon office ; & l'on peut alors lui appliquer ce
que dit faint-Benoît du Cellerier, *fine juffione
abbatis nihil faciat... omnia menfuratè faciat &
fecundùm juffionem abbatis... omnia quæ ei in-
junxerit abbas, ipfè habeat fub curâ fuâ, à quibus
eum prohibuerit: non præfumat.* .....

On a établi au mot COMMENDE, que dans
les abbayes qui font pofledées à ce titre ; ce n'eft
point aux abbés, mais aux Prieurs clauftraux qu'appartient le gouvernement fpirituel. Ce principe a
été confirmé par l'arrêt du 14 novembre 1694,
que nous venons de citer. Voici ce qu'il porte à
ce fujet : » Pourra ledit Prieur exercer toute ju-
» ridiction fpirituelle immédiate ; donnera l'habit
» à ceux que le chapitre aura admis au novi-
» ciat, & recevra les novices qui auront été pa-
» reillement admis par le chapitre à faire pro-
» feffion «.

. Quelques canoniftes, & entre autres Van-
Efpen, exceptent de cette jurifprudence les abbayes
qui font pofledées en commende par des cardinaux ;
& c'eft d'après eux, que le rédacteur de l'article cité a dit, que » l'abbé commendataire
» n'a aucun droit au gouvernement fpirituel ni à
» la correction des moines, *excepté lorfqu'il eft*

cardinal «. Mais cette reftriction n'eft pas admife en France : différens auteurs citent, comme un mónument de fa profcription, l'arrêt du grand confeil du 30 mars 1694; que nous avons rapporté à l'article GRAND PRIEUR. C'eft une méprife. Il eft vrai que cet arrêt déboute le cardinal d'Eftrées de fa prétention au droit excluſif de nommer le grand Prieur de l'abbaye d'Anchin, qu'il tenoit en commende : mais on ne peut en tirer aucune conféquence pour les autres abbayes ni même pour les autres parties du gouvernement fpirituel de celle d'Anchin, parce que les religieux de cette maifon ayant, comme on l'a dit ci-deſſus, le droit d'élire leur grand Prieur lors même qu'ils ont un abbé régulier; le cardinal d'Eftrées ne pouvoit avoir aucun prétexte pour s'en faire adjuger la nomination.

Mais un arrêt qui prouve directement que les abbés cardinaux n'ont pas en France le droit que leur attribuent les canoniftes à l'adminiftration intérieure des abbayes dont ils font commendataires, eft celui du 19 feptembre 1697, qui a été pareillement rendu au grand confeil entre le cardinal d'Eftrées & les religieux d'Anchin. Cet arrêt, que l'on ne trouve pas dans nos livres, mais que j'ai entre les mains, déclare qu'il y a abus dans les provifions données par le cardinal, tant pour les offices clauftraux de tréforier & maître des bois de l'abbaye, que pour la place de Préfident ou principal du collège d'Anchin de Douai; ce faifant, maintient & garde le grand Prieur dans le droit & poffeffion de commettre, révoquer, inftituer & deftituer, en la manière accoutumée, à la préfidence de Douai, & à tous les offices clauftraux dépendans de l'abbaye.

L'ordre de Cluni nous offre, par rapport aux Prieurs clauftraux, un ufage fingulier dont il faut ici rendre compte. » Cet ufage, dit M. Piales, » fondé fur les principes de l'équité naturelle, » établi par des décrets des chapitres généraux, & » confirmé par des lettres-patentes dûment en-» regiftrées, confifte à donner au Prieur clauf-» tral de chaque monaftère une double menfe ou » une portion double. Il a été introduit à l'imi-» tation de ce qui s'étoit pratiqué dans les par-» tages des menfes capitulaires des églifes cathé-» drales & collegiales, où nous voyons que le » chef de la compagnie jouit communément de » deux prébendes; quelle que foit fa qualité, » foit celle de doyen ou de prévôt. Le chef d'un » corps, d'une compagnie, d'une communauté » féculière ou régulière, eft toujours expofé à » une plus grande dépenfe que les fimples mem-» bres qui ne font point en dignité. Il eft obligé » de donner à manger de temps en temps à la » compagnie & à différentes perfonnes qui y » ont rapport. Il ne peut fe difpenfer, pour le » bien du corps, d'entretenir certaines relations, » qui donnent toujours lieu à certaines dépenfes. » S'il vient quelque étranger qui ait quelque » affaire avec la compagnie, c'eft communément » au chef qu'il s'adreffe. Combien d'autres devoirs » relatifs à la fociété civile qu'un chef eft tenu » de remplir, & qui le mettent dans la néceffité » d'avoir plus de domeftiques & un logement » plus vafte que celui des fimples particuliers! » Un chef eft préfumé être le premier par fon » mérite, auffi bien que par fa place. Il lui faut » donc une plus grande quantité de livres & » autres meubles, qu'aux fimples membres de la

» compagnie. Par ces différentes raisons, le re-
» venu qui suffit à un chanoine ne suffit pas à
» un doyen. Ces motifs militent en faveur des
» Prieurs claustraux, pour leur faire attribuer une
» double mense dans tous les monastères où
» chaque religieux à sa portion en mense sépa-
» rée. S'ils ne militent pas avec la même force
» en faveur des Prieurs claustraux des monastères
» où il n'y a qu'une mense commune, du moins
» militent-ils en faveur de la communauté. Aussi
» toutes les fois que les abbés & Prieurs titulaires
» & commendataires des abbayes & prieurés de
» l'ordre de Cluni, tant de l'ancienne que de
» l'étroite observance, ont entrepris de contester
» aux Prieurs claustraux leur double mense, ils
» ont été condamnés à la leur payer à raison de trois
» cents livres par an, & cela, soit que la com-
» munauté des religieux jouisse d'un tiers des
» biens du monastère en vertu d'un partage judi-
» ciaire, soit que les religieux ne jouissent que
» d'une simple pension ou portion monachale «.

M. Piales rapporte ensuite deux arrêts qui justifient ce qu'il avance. Le premier a été rendu au
grand conseil, le 16 mai 1735, sur les conclusions de M. l'avocat général Bignon, en faveur du
Prieur claustral de Lhoris en Santerre, contre le
sieur Ozenne, Prieur commendataire de ce prieuré.
Le second est du 6 février 1744; il a été rendu
sur les conclusions de M. l'avocat général le Bret,
entre le Prieur titulaire & le Prieur claustral de
saint Martin de Layrac.

§. III. Des prieurés forains.

Les prieurés forains sont ceux qui dépendent d'une abbaye ou prieuré conventuel, & en sont en quelque sorte partie. On les connoît aussi en certains endroits sous le nom de prévôtés.

On en distingue de deux sortes : les uns sont appelés simples, les autres sociaux.

Les prieurés forains simples sont ceux dans lesquels il n'existe point de conventualité ; & l'on entend par prieuré social, celui dans lequel plusieurs religieux du monastère d'où il dépend, vivent ensemble sous la conduite d'un Prieur.

Cette distinction vient du relâchement de la discipline monastique. Les loix de l'église & de l'état ont toujours exigé que la conventualité fût établie & maintenue dans les prieurés forains. Le chapitre 44 du capitulaire d'Aix-la-Chapelle, tiré du réglement fait dans l'assemblée des abbés, tenue en cette ville en 817 par ordre de Louis le Débonaire, qui l'approuva ensuite, porte, qu'il est permis *abbatibus habere cellas in quibus aut monachi sint aut canonici* ; & veut que l'abbé *provideat ne minus de monachis ibi habitare permittat quàm sex.* Dans la suite, on a fixé à trois le nombre des religieux qui doivent habiter chaque prieuré forain. Le concile de Montpellier, de 1214, & la clémentine *in agro*, en contiennent des dispositions expresses, & veulent que si les revenus d'un prieuré ne suffisent pas pour remplir cet objet, on unisse plusieurs petits prieurés, à la charge de faire desservir par des ecclésiastiques séculiers, ceux où il n'y auroit plus de religieux réfidens. Mais ces réglemens & plufieurs autres femblables, rapportés à l'article CONVENTUALITÉ n'ont produit, comme on l'a vu au même endroit, que des fruits très-imparfaits.

On a cependant tenté de les faire revivre, & même de les étendre par l'article 10 de l'édit du mois de février 1773, concernant les réguliers. Cet article fait défenfe aux Prieurs forains de réfider dans leurs prieurés, à moins qu'il n'y exifte une conventualité régulière; & leur ordonne de fe retirer & vivre dans les monaftères auxquels ils font attachés.

Cette difpofition eft générale, elle embraffe par conféquent tous les prieurés où il fe trouveroit moins de quinze religieux, fans compter le fupérieur, pour les monaftères non réunis en congrégation; & moins de huit religieux, fans compter le fupérieur, pour ceux qui font fous chapitres généraux, puifque l'article 7 de l'édit du mois de mars 1768, a déterminé par ce nombre le caractère de leur conventualité.

Mais il y a tout lieu de croire que les circonftances dans lefquelles la première de ces loix a été portée & enregiftrée, en affoibliront toujours l'autorité, & la feront infenfiblement tomber dans l'oubli. Déjà même le roi l'a expreffément révoquée, pour le reffort du parlement de Flandres, par une déclaration du 17 décembre 1774, qui veut, art. 11, » que les prévôtés, » prieurés ou dépendances defdits monaftères, » dans lefquels il n'exifteroit plus de conventua- » lité régulière, continuent d'être habités, ainfi » qu'ils l'ont été ci-devant, par les religieux que

» les fupérieurs defdits monaftères jugeront à pro
» pos d'y envoyer «.

Les abbayes d'Artois ont pareillement obtenu au confeil un arrêt du 18 avril 1778,
qui furfit, à leur égard, à l'exécution de l'édit
du mois de février 1773, & ordonne fpécialement qu'il ne fera rien innové en ce qui
touche les prieurés & prévôtés de leur dépendance.

Il a été un temps où certaines religieufes
avoient auffi des prieurés forains, dans lefquels
elles faifoient leur réfidence. Sœur Genevieve
Mailliart s'étant fait pourvoir en cour de Rome
du prieuré de Mirabeau, fur la réfignation de
fœur Anne Pinart, fœur Catherine Govaut en obtint
des provifions à titre de dévolut, fondé fur l'indi-
gnité de la réfignataire. La caufe portée à l'audience
de la grand'chambre, fur l'appel d'une fentence des
requêtes du Palais, M. l'avocat général Bignon
obferva qu'il y avoit, de la part de fœur Mail-
lart, *de l'ordure & de la honte;* que cela arrivoit, parce que le prieuré étoit champêtre, &
qu'il étoit important que la cour y pourvût par
fa prudence, afin de tarir la fource de tels
fcandales. Par arrêt du 4 juin 1637, rapporté
dans le recueil de Bardet, » la cour mit l'ap-
» pellation au néant, évoquant le principal &
» y faifant droit, maintint & garda fœur Cathe-
» rine Govaut en la poffeffion & jouiffance du
» prieuré contentieux, à la charge de n'y point
» réfider, mais de fe retirer dans un couvent
» & maifon régulière; & à la charge pareille-
» ment de ne pouvoir le réfigner; & qu'après
» fon décès, il feroit pourvu par l'archevêque

„ de Sens à l'union dudit prieuré à l'abbaye du
» Val-de-Grâce, d'où il dépend «.

Une des plus importantes questions qu'il y
ait sur la matière des prieurés forains, soit
simples, soit sociaux, est de savoir quelle est
leur véritable nature, c'est-à-dire, s'ils existent
en titre de bénéfices, ou s'ils ne forment que
de simples obédiences ou administrations.

Pour répandre sur cette question tout le jour
dont elle est susceptible, il faut remonter à l'établissement des prieurés forains, & les considérer
dans les différens états par lesquels ils ont passé.
On peut réduire ces états à trois époques principales, qui sont l'origine des prieurés, le troisième concile de Latran de 1179, & le concile
de Vienne, tenu en 1311.

Plusieurs causes ont concouru à donner naissance
aux prieurés forains. La première, & la plus
commune, a été une raison d'économie & de sage
administration. Lorsque les monastères eurent
été enrichis, soit par la libéralité des fidèles,
soit par les travaux des pieux solitaires qui venoient s'y retirer, on fut obligé d'en partager
le gouvernement temporel, & d'en charger différens religieux. Le supérieur du monastère, ne
pouvant être par-tout, envoyoit quelques-uns de
ses inférieurs dans les différentes fermes qui en
composoient le patrimoine, pour en faire valoir
les biens, en rapporter les fruits à la mense commune, veiller sur les colons, & contenir les serfs
dans le devoir. Ces administrations, connues dans
les auteurs ecclésiastiques sous le nom de *celles,
granges, fermes* ou *oratoires,* étoient des places
subordonnées & toujours dépendantes; le supérieur
pouvoit les révoquer quand il le jugeoit à pro-

pos. Comme il étoit défendu d'envoyer un reli‑
gieux hors du monastère pour vivre seul & sans
règle, l'abbé donnoit des compagnons à ces ad‑
ministrateurs, & ceux-ci tirèrent de là le nom
de *priores*, premiers, ou de *præpositi*, préposés.

Une autre cause donna lieu à la formation des
prieurés forains. Souvent les monastères étoient
hors d'état de contenir le grand nombre de reli‑
gieux qui venoient y chercher un asile contre
la corruption du siècle; dans ce cas, on envoyoit
une colonie dans un des domaines de l'abbaye,
& ces religieux étoient subordonnés à un chef ou
Prieur, qui pouvoit, comme eux, être destitué
& rappelé au monastère par le supérieur (*).

Enfin il arrivoit aussi dans ce temps, où la faveur
des moines leur attiroit cette considération qui
suit presque toujours la vertu, que des seigneurs
désiroient d'en avoir quelques-uns dans leur voi‑
sinage, pour profiter de leurs instructions & de

_____

(*) On trouve dans la chronique de Cambrai, écrite
par Baudry, évêque de Noyon, liv. 2, chap. 20, p. 241,
un exemple d'un établissement de cette espèce. Il parle de
la prévôté de Berclau, dépendante de l'abbaye de saint
Vaast d'Arras. *Est autem vicus ex rebus sancti Vedasti,
nomine Berclaus . . . . , Illuc ergo Heduinus abbas, conside‑
ratâ rei opportunitate, monasterium fundare disposuit, si‑
quidem ei episcopalis auctoritas aspiraret. Quippe duplici
usu satis competenter proviso, quod inibi videlicet partem
ex monachis qui ad cœnobium sancti Vedasti frequentiores
confluxerant, delegaret, & bona ecclesiæ circumjacentia
tutiùs possiderentur.* On reconnoît ici deux des causes qui
ont contribué à l'établissement des Prieurés. 1°. La dé‑
charge de l'abbaye de saint Vaast, dont la communauté
étoit devenue trop nombreuse; 2°. la sûreté & la bonne
administration des biens de cette abbaye,

leurs

leurs bons exemples. S'ils n'étoient pas affez riches pour fonder un monaftère capable de fe foutenir par lui-même, ils prioient un abbé voifin d'envoyer dans leur terre un certain nombre de religieux.. Ils leur bâtiffoient une retraite & un oratoire, & ces établiffemens devenoient des membres dépendans des abbayes d'où ces religieux avoient été tirés (*).

. Mais de quelque manière qu'il arrivât qu'un petit monaftère s'établît ainfi par une colonie tirée d'un monaftère plus confidérable, les biens de l'un ou ne ceffoient pas d'être ou devenoient ceux de l'autre ; l'abbé de celui-ci n'en laiffoit au Prieur ou prévôt de celui là, que ce qui étoit néceffaire pour fon entretien & la fubfiftance des religieux chargés d'y célébrer le fervice divin. Cette dépendance étoit de droit à l'égard des prieurés formés du patrimoine des abbayes, c'eft-à-dire, par l'une des deux premières caufes que nous venons de rappeler ; mais elle avoit auffi lieu à l'égard de ceux qui s'étoient établis de la troifième manière. C'eft la remarque du père Mabillon dans fes annales de l'ordre de faint Benoît, tome 1, livre 9, page 260, n. 41, & tome 2, livre 24, page 207, où il rapporte l'exemple de la celle de faint Goar, qui fut donnée par Charlemagne au monaftère de Prum : *Hanc cellam monafterio Prumiæ regio diplomate tradidit in perpetuùm deinceps cum rebus fuis in ufus fratrum ibidem fervientium ceffuram.*

. Tel fut affez généralement l'état des prieurés fo-

_____

(*) Voyez-en un exemple dans Aubert de Mire, *diplomata Belgica*, cap. 54.

rains jufqu'au troifième concile de Latran de 1179.
A cette époque, il s'introduifit dans ces petits monaftères un abus qui infenfiblement opéra un
changement total dans leur manière d'exifter. Le
troifième concile de Latran avoit établi pour
maxime, qu'aucun religieux ne pouvoit avoir
un pécule, mais il en avoit excepté les officiers
du monaftère à qui l'abbé auroit permis d'en tenir
un, non pour le pofféder en propre, mais pour
l'employer aux dépenfes communes qu'ils étoient
obligés de faire dans l'exercice de leurs fonctions.
Les officiers clauftraux ayant étendu fort loin cette
exception, les Prieurs forains, qui ne fe croyoient
pas d'une condition moins avantageufe, s'em-
prefsèrent de fuivre leur exemple : en conféquence,
ils prirent, comme à forfait, les adminiftrations
auxquelles ils étoient prépofés; ils fe chargèrent
de la dépenfe, & l'abbé fe contenta d'exiger
d'eux des penfions modiques. Bientôt ces adminiftrations fe donnèrent à l'enchère ; l'abbé força
les penfions, & les augmenta à un point, qu'il
ne reftoit plus aux Prieurs forains un revenu fuffifant pour entretenir le nombre de religieux qui
devoient les accompaguer.

Le pape Grégoire IX chercha à remédier à
cet abus par fa bulle de l'an 1232, adreffée à
l'ordre de Cluni : *Quoniam*, ce font fes termes,
*abbas Cluniafenfis, nec non abbates & Priores
ejufdem ordinis, prioratus fibi fubjectos exactio-
nibus & extorfionibus confueverunt adeò aggra-
vare, quòd in eifdem prioratibus antiquus & con-
fuetus monachorum numerus eft nimiùm diminutus,
nos de catero fieri fub atteftatione divini judicii
prohibemus.*

Cette bulle ne condamnoit que l'excès des

penſions. Le concile de Saumur, de l'an 1253, alla plus loin : il défendit d'en impoſer de nou- velles, & même d'exiger celles qui n'avoient été impoſées que depuis un certain temps ; ce qui fut expreſſément confirmé par la bulle de Nico- las IV, de l'an 1290.

Ces réglemens ne touchoient nullement à la nature des prieurés forains. Ils ne tendoient qu'à en prévenir la ruine ; auſſi remarquons-nous que dans le temps même où ils ont paru, c'eſt-à- dire dans le treizième ſiècle, on regardoit encore les prieurés forains comme de ſimples adminiſ- trations. Pluſieurs religieux avoient tenté d'obtenir en cour de Rome des reſcrits, pour être main- tenus pendant toute leur vie dans les obédiences qui leur étoient confiées. Le pape Innocent III s'élève avec force contre cet abus dans les décré- tales *ad noſtram & porrecta, de confirmatione utili vel inutili.* Si ces lettres, dit le pontife, portent que l'impétrant eſt un religieux, elles ſont fauſſes, parce que nous n'en avons point accordé de ſem- blables. Si au contraire l'impétrant a eu ſa qualité de religieux, elles ſont nulles & ſubreptices (*). Ce n'étoit donc pas encore l'uſage de donner ces adminiſtrations à perpétuité ; & ſi l'on en voyoit quelques exemples, ils étoient l'effet de la fraude & de la ſurpriſe.

(*) Cùm igitur à cancellariâ noſtrâ hujuſmodi litteras emanaſſe non credamus, mandamus quatenùs illos qui tales litteras exhibuerint, in quibus prioratus vel adminiſ- trationes tanquam religioſis conferantur, eoſdem punias tanquam falſitatis autores. Si verò in eis non fit mentio religionis ipſorum, illas tanquam tacitâ veritate ſubreptas denunties non valere.

Les abus mêmes de ce siècle justifient cette vérité. Les abbés, pour gratifier des clercs séculiers, imaginèrent de leur donner des places monachales dans les prieurés, où ils vivoient avec les religieux : d'un autre côté, des Prieurs forains obtenoient des rescrits de Rome, pour résider seuls dans leurs prieurés. Le pape Honoré III réforma ces deux abus ; le premier, par la décrétale *ea quâ*, *de statu monachorum*, & le second par les décrétales *ex parte* & *ad audientiam*, *de capellis monachorum*. Ainsi, plus les religieux du treizième siècle faisoient d'efforts pour secouer le joug de la discipline monastique, plus les papes s'appliquoient à la maintenir dans toute sa vigueur, sans permettre ni aux abbés d'abuser de leurs pouvoirs pour employer à leurs usages les revenus des prieurés forains, ni aux Prieurs de se faire des titres pour posséder à vie & sans charge de rendre compte, des revenus dont le soin leur étoit confié à titre d'obédience & de pure administration.

Il faut convenir cependant que les papes eux-mêmes ont, dans ce siècle, fait faire aux prieurés un grand pas vers la qualité de bénéfices. Déjà Nicolas IV, par sa bulle de 1290, adressée à l'ordre de Cluni, les avoit expressément soumis à la dévolution. Déjà Innocent III avoit déclaré, dans le chapitre *cùm ad monasterium*, *de statu monachorum*, qu'un Prieur forain ne peut être destitué & rappelé à son monastère, sans une cause légitime, *nec alicui committatur aliqua obedientia perpetuò possidenda, tanquam in suâ sibi vitâ locetur, sed CUM OPORTUERIT amoveri, sine contradictione qualibet revocetur*. Déjà les commendes de ces prieurés, en faveur des clercs séculiers, étoient devenues affez communes; & comme les commendataires n'étoient pas fujets à la loi de la révocation, eft-il étonnant qu'on fe foit accoutumé peu à peu à attribuer au titre la perpétuité qui ne venoit que de la perfonne?

Tel étoit l'état des prieurés, lorfque s'eft tenu le concile général de Vienne, en 1311. Les décrets qu'il fit fur ces établiffemens ont paru fi intéreffans, qu'on les a inférés dans le corps du droit canonique, où ils forment les clémentines *ne in agro, de ftatu monachorum, & quia regulares, de fupplená negligentiá prælatorum.*

Par les décrets contenus dans la première de ces loix, le concile de Vienne, en défendant aux religieux de réfider feuls dans les prieurés, ordonne aux abbés de faire réunir, par l'autorité de l'églife, ceux de ces bénéfices dont les revenus ne fuffifent pas pour la fubfiftance de deux religieux au moins. Il règle l'âge & les qualités néceffaires pour être nommé à ces prieurés & adminiftrations régulières : il veut que les pourvus foient profès & âgés de vingt-cinq ans pour les prieurés conventuels, & de vingt ans au moins pour les autres : il exige qu'ils foient prêtres, ou tenus de fe faire promouvoir au facerdoce dans l'année de leurs provifions, ou au plus tard à l'âge de vingt-cinq ans: il les oblige à une réfidence exacte, & leur défend même de réfider dans le principal monaftère, fi ce n'eft pour un temps & pour de juftes caufes.

La clémentine *quia regulares*, ajoute, en renouvelant quelques loix particulières du treizième fiècle; 1°. que les abbés difpoferont des prieurés dans les fix mois de la vacance, &

qu'après ce délai, les évêques suppléeront à leur négligence, en *conférant* par droit de dévolution : 2°. que ces mêmes abbés ne pourront s'approprier les revenus des prieurés, ni même leur impofer de nouvelles penfions ou augmenter les anciennes : 3°. que l'on fuivra, à l'égard de ces prieurés, la décrétale du pape Boniface VIII, par laquelle il eft défendu aux prélats & autres de s'emparer des fruits des *bénéfices vacans* : 4°. qu'un religieux ne pourra réunir fur fa tête plufieurs prieurés à la fois, quand même ils feroient fans charge d'ames : 5°. que toutes ces difpofitions ne concernent pas les prieurés unis à la menfe du principal monaftère, *præmiffa verò de prioratibus, ecclefiis, adminiftrationibus & beneficiis intelligimus quæ non funt de menfâ prælatorum ipforum*, mais feulement ceux qui font gouvernés par des Prieurs, adminiftrateurs ou régiffeurs particuliers, *fed fpeciales Priores, adminiftratores feu rectores confueverunt habere*, quoique ces Prieurs ou adminiftrateurs puiffent être rappelés au monaftère pour des caufes légitimes, *licet Priores, feu adminiftratores liberè poffint ad clauftrum, cùm oportuerit, revocari*.

Cette quatrième difpofition peut fervir à éclaircir bien des doutes & à diffiper bien des équivoques que l'on élève ordinairement fur cette matière. D'abord elle excepte des décrets du concile les prieurés unis à la menfe abbatiale ; & de peur que l'on ne regarde comme tels tous ceux dont les poffeffeurs font tenus de rendre compte à l'abbé, elle décide formellement que cette exception eft limitée aux prieurés qui n'ont point de Prieurs, d'adminiftrateurs ou de régiffeurs particuliers. En fecond lieu, elle déclare, conformément au chapitre *cùm ad monaflerium*, rapporté ci-devant, que les titulaires de ces prieurés, qu'elle a qualifiés un peu plus haut de bénéfices, peuvent être deftitués & contraints de retourner au monaftère principal, *cùm oportuerit*, lorfque de juftes raifons l'exigent. Il eft donc prouvé par-là que l'amovibilité du Prieur n'empêche pas que le prieuré n'exifte en titre de bénéfice. C'eft auffi ce qu'enfeignent Garcias, *de beneficiis*, partie 1, chapitre 1, fection 1; Lotherius, *de re beneficiariâ*, livre 1, queftion 33, n. 11; le gloffateur de la pragmatique, titre *de collationibus*, §. *item quod ad dictas*; Rebuffe au même endroit; M. de Selve, *de beneficiis*, partie 3, queftion 21; & l'on a donné au mot BÉNÉFICES, tome 5, page 416, la raifon fondamentale de cette doctrine.

Faut-il donc dire que le concile de Vienne a érigé tous les prieurés forains en vrais titres de bénéfice? Il eft difficile de ne le pas penfer ainfi, quand on prend l'enfemble de tous les décrets de cette affemblée; quand on voit qu'elle a affujetti tous les prieurés qui ne font point *de menfâ*, à la loi de la dévolution; quand on voit qu'elle a autorifé les évêques à les *conférer* en titre après les fix mois de la vacance; quand on voit qu'elle a défendu aux abbés de s'en approprier les revenus, même pendant la vacance; quand on voit qu'elle leur a appliqué le décret du troifième concile de Latran, qui défend aux collateurs d'impofer des cens fur les bénéfices dont ils difpofent; & qu'enfin elle déclare tous ces prieurés incompatibles lès uns avec les autres, même lorfque la charge des ames n'y eft point annexée. Il faut en convenir, quoique chacune de ces difpofitions féparées ne foit pas fuffifante pour établir que le concile a, par un réglement univerfel, imprimé le caractère de bénéfice à tous les prieurés & adminiftrations régulières, néanmoins, réunies & confidérées fous un point de vue qui les embraffe toutes à la fois, elles femblent annoncer que telle a été l'intention des pères du concile.

Auffi voyons-nous Dumoulin, ce flambeau de notre jurifprudence canonique & civile, appliquer la régle des vingt jours aux prieurés même révocables *ad nutum*. Voici comme il s'explique : *Etiamfi fint prioratus liberè revocabiles ad nutum.... hæc etiam faciunt numerum in mandatis papæ, ut olim tempore pragmaticæ, ante concordata, faciebant turnum in nominatis & graduatis.* Il n'excepte de fa décifion que les prieurés *de mensâ*, conformément au concile de Vienne, *fecùs de unitis mensæ quæ inter beneficia nullomodo computantur.* (Sur la règle *de infirmis*, n. 320.)

Comment d'ailleurs contefter que les prieurés-adminiftrations aient été de vrais bénéfices depuis le concile de Vienne, quand on voit que le concile de Bafle, la pragmatique & le concordat les ont affujettis à l'expectative des gradués ? (*)

_____

(*) *Quòd fi quis.... contra prædictum ordinem de beneficiis, dignitatibus, perfonatibus, officiis & ADMINIS-TRATIONIBUS quovifmodo difpofuerit, eo ipfo fit irritum & inane.* Texte de la pragmatique, au titre de *collationibus.*

Ordinarii tertiam partem omnium dignitatum, perfo-

Et c'eſt ce qui a été jugé par pluſieurs arrêts. Nous en trouvons un du parlement d'Aix du 30 juin 1744 ; il a été rendu entre M. d'Eſclapon & les religieux de Lerins, au ſujet des prieurés de Valauris & de la Napoule : on les ſoutenoit ſimples obédiences ; l'arrêt les a jugés bénéfices. Il eſt rapporté dans les conſultations de d'Héricourt, tome 1, page 79.

Le parlement de Paris a décidé la même choſe en 1766 au ſujet du prieuré de Bar : la conteſtation étoit entre les religieux de Saint-Mihiel, & le ſieur le Fevre, pourvu en cour de Rome. Un autre arrêt de la même cour du 26 janvier 1768, a pareillement jugé en faveur de l'abbé de Saintignon, régaliſte, contre les religieux de Marmoutiers en Alſace, que le prieuré de Saint-Quirin étoit un vrai bénéfice, & comme tel, ſuſceptible de l'impreſſion d'un brevet de régale.

Cependant on ne peut ſe cacher que le concile de Vienne n'érige point expreſſément les prieurés forains en bénéfices ; il en parle, à la vérité, comme s'ils l'étoient à peu près tous ; mais ce n'eſt point lui qui les rend tels, il les laiſſe dans l'état où il les a trouvés ; & quoiqu'il les aſſujetiſſe à certaines loix qui juſqu'alors ne s'étoient guère obſervées que pour les bénéfices, on ne peut pas dire pour cela qu'il les dénature. Appliquer à un établiſſement une loi faite pour les bénéfices, c'eſt aſſimiler cet établiſſement aux

---

natuum, ADMINISTRATIONUM, cæterorumque beneficiorum .... graduatis .... conferre teneantur. *Texte du concordat, au même titre.*

bénéfices dans un point ; mais ce n'eſt pas l'ériger en bénéfice. Une choſe peut reſſembler à une autre , être ſoumiſe aux mêmes loix à certains égards , ſans être identiquement la même.

Le concile de Vienne n'a eu d'autre objet que de réformer différens abus qui s'étoient introduits relativement aux prieurés, ſoit bénéfices, ſoit ſimples adminiſtrations. Un premier abus étoit de les laiſſer vacans ; un ſecond, qui étoit la conſéquence du premier, c'eſt que les abbés s'emparoient des revenus & en faiſoient leur profit ; enfin un troiſième abus étoit d'en donner pluſieurs au même religieux.

Le concile remédie à ce triple abus, & il dit : Il n'eſt pas queſtion d'examiner ſi un prieuré eſt bénéfice , ou ſi ce n'eſt qu'une ſimple adminiſtration. Dans l'un & dans l'autre cas , il faut remplir l'intention du fondateur , qui a voulu qu'il s'y fît un ſervice particulier , & qui a fixé la deſtination des biens au ſoulagement des habitans des lieux. Dans l'un & dans l'autre cas, l'adminiſtration d'un prieuré, la deſſerte de l'oratoire qui y eſt conſtruit , eſt incompatible avec une autre adminiſtration du même genre, parce que l'on ne peut être en pluſieurs lieux à la fois. Ainſi, dans l'un & dans l'autre cas, le prieuré doit être rempli, ſoit d'un titulaire , ſoit d'un adminiſtrateur ; il doit être donné en titre ou en commiſſion , *committi vel conferri.*

Si le concile eût voulu ériger tous les prieurés en titre de bénéfices , il l'auroit dit expreſſément. Au lieu de leur appliquer l'une après l'autre trois des loix relatives aux bénéfices , il auroit dit : Les prieurés, ceux même qui n'étoient juſqu'ici que de ſimples adminiſtrations, ſeront déformais des bénéfices ; nous les érigeons comme tels , & comme tels ils feront foumis à toutes les loix des bénéfices. Il auroit dit : Les Prieurs ne feront plus des adminiftrateurs révocables , ils feront tous titulaires & bénéficiers. Il auroit dit : On ne confiera plus les prieurés à temps , on ne les donnera plus par commiffion , mais on les conférera. Or , loin de trouver ces idées dans le concile, on y voit tout le contraire : il ordonne de *commettre* aux prieurés , ou de les *conférer* ; la différence de ces expreffions indique affez la différence des objets auxquels elles s'appliquent. Le concile reconnoît donc que parmi les prieurés il y en a qui ne font point bénéfices.

En un mot , le concile paroît bien fuppofer que la plupart des prieurés forains exiftent en titre de bénéfices ; mais cette fuppofition n'eft point une difpofition pour tous ; il en réfulte , à la vérité , que le droit commun eft pour la qualité de bénéfice, & que dans le doute on doit préfumer qu'un prieuré eft tel : mais ce droit commun peut être écarté , cette préfomption peut être détruite par la preuve d'une poffeffion contraire.

Les exemples viennent en foule confirmer ce que nous avançons. Suivant un certificat donné le 20 février 1693 par le Prieur de l'abbaye de faint Victor de Paris, » toutes les adminiftrations » des prieurés forains qui en dépendent , ne font » que des commiffions, toutes révocables *ad nu-* » *tum* «. C'eft en effet ce qu'ont jugé fix arrêts du parlement.

Les fénieurs de la chambre de faint Victor ayant révoqué frère Jean Defcouis, qu'ils avoient commis à l'adminiftration de Villiers-le-Bel , il fe pourvut en cour de Rome pour empêcher fa révocation. Sur l'appel comme d'abus interjeté par les fénieurs, arrêt intervint en 1470, qui déclara y avoir abu, & maintint dans fon adminiftration le religieux qui avoit été commis à la place de Defcouis.

Jean Bardin ayant obtenu en cour de Rome, le 19 avril 1518., des provifions en titre du prieuré de Puiffeaux, avec la claufe de ne pouvoir être révoqué, fur l'appel comme d'abus de l'abbaye de faint Victor, arrêt qui dit qu'il y a abus. (Malingre, antiquités de Paris, livre 4.)

Rebuffe, de pacifiris, n. 335, cite un pareil arrêt du premier mars 1546, qui, fur l'appel comme d'abus interjeté par les abbé & religieux de faint Victor, déclare abufives des provifions expédiées en cour de Rome pour leurs prieurés forains, qu'ils foutenoient n'être que des adminiftrations révocables.

M. de Longueil, confeiller au parlement, ayant fait placer fon indult fur l'abbaye de faint Victor, les Prieur & religieux fe pourvurent le 14 mai 1578, par requête au roi, pour faire révoquer la nomination, *comme n'étant leurs prieurés forains que fimples manfions & adminiftrations comptables & révocables a volonté*. Le roi ayant renvoyé la requête en fon confeil privé, M. de Longueil fe défifta par acte du 24 juillet de la même année, & jamais ces prieurés n'ont été fujets à l'indult de la cour.

Antoine Vaultier, chanoine régulier de fainte Barbe en Auge, requit, comme gradué nommé fur l'abbaye de faint Victor, le prieuré du Bois-Saint Père. Les religieux, fans avoir égard à fa réquifition, nommèrent le frère Lhuillier pour nouvel administrateur. La contestation s'engagea entre les deux prétendans, & fut portée aux requêtes du palais, où, par sentence rendue sur productions respectives le 12 mars 1636, Lhuillier a été maintenu dans la possession & jouissance de ce prieuré & *administration d'icelui* ; & cette sentence a été confirmée par arrêt.

La question se présenta encore en 1684. Jean Guillot, chanoine régulier, avoit surpris en cour de Rome des provisions du prieuré forain de Saint-Paul-des-Aulnois, dont Alexandre Vaillant, chanoine régulier de saint Victor, avoit l'administration. Sur l'appel comme d'abus de la communauté, arrêt intervint en la cour le 13 juillet 1684, sur les conclusions de M. Talon, avocat général, qui dit qu'il a été mal, nullement & abusivement impétré & concédé, & maintient les Prieur & sénieurs de la chambre dans le droit de commettre à ce prieuré.

Jean Guillot, déchu par cet arrêt de l'effet de ses provisions, tourna ses vûes sur le prieuré du Bois-Saint-Père, & le requit comme gradué. Les abbé & religieux prirent le fait & cause d'Etienne Favière, qui y avoit été commis ; & l'université de Paris intervint, pour soutenir que les prieurés dépendans de cette abbaye étoient sujets à l'expectative des gradués. La cause portée aux requêtes du palais, sentence confirmée par arrêt du 23 août 1687, qui, sans s'arrêter à l'intervention de l'université, ayant égard à celle de M. de Coiflin, évêque d'Orléans, abbé de saint Victor, & aux demandes des prieur & chanoines de la même abbaye, » les maintient & garde » dans la possession en laquelle ils sont de com- » mettre & préposer l'un de leurs religieux, »

» chanoine régulier de ladite abbaye, dans l'ad-
» miniftration des prieurés dont eft queftion, &
» de le révoquer *ad nutum*, & lui faire rendre
» compte toutes fois & quantes il plaira à la
» chambre compofée des fénieurs de la maison
» de faint Victor, conformément à leurs anciens
» ftatuts & à l'ufage de ladite maifon de faint
» Victor «. Et, en conféquence, il a été ordonné,
qu'Etienne Faviere, par eux commis & prépofé
à l'adminiftration du prieuré du Bois-Saint-Père,
continueroit d'en jouir en la manière accoutumée.

Il a été rendu deux arrêts femblables pour deux
prieurés dépendans de l'abbaye de Prémontré. Le
premier eft rapporté en ces termes au fupplément
du journal des audiences : » Le 6 juillet 1647,
» plaidant Me Pucelle & Me Dubois, intervint
» arrêt, conformément aux conclufions de M.
» l'avocat général Talon, par lequel la cour jugea
» que le prieuré du collége de Prémontré, fis à
» Paris proche le couvent des cordeliers, &
» dans lequel les religieux de l'ordre de Prémon-
» tré qui viennent à Paris pour étudier, font de-
» meurans, n'étoit point un bénéfice en titre,
» mais un fimple office amovible & révocable à
» la volonté du général de l'ordre, qui feul a
» droit d'y pourvoir «.

Le fecond arrêt eft plus récent. Bonneuil avoit
été donné à l'abbaye de Prémontré par Alard de
Ham, comme un fimple domaine qui devoit
appartenir à perpétuité aux abbé & religieux. Il
s'y étoit établi depuis une communauté de religieux de l'ordre de Prémontré. Cette communauté
s'étant éteinte, on avoit confervé l'églife, qui étoit
deffervie par un religieux, fous le titre de *maître*
ou *Prieur de Bonneuil*. Il paroît même que quelques

religieux s'en étoient fait pourvoir en cour de
Rome, & qu'il avoit été réfigné. Le fieur Labat
impétra ce prétendu bénéfice. Il fit valoir contre
l'abbaye de Prémontré toutes les difpofitions du
concile de Vienne, de la pragmatique & du concordat, que nous avons rapportées ci-deffus, & il
y ajouta une objection bien forte, celle réfultante
des différentes provifions qui avoient été données
en cour de Rome du prieuré de Bonneuil. Cependant, par arrêt rendu au mois d'avril 1779,
au rapport de M. le Febvre d'Amécourt, le parlement a déclaré fes provifions abufives, & l'a
débouté de toutes fes demandes, avec dépens.

2. C'eft fur-tout dans les Pays-Bas que les abbayes ont maintenu leurs prieurés forains dans
la qualité primitive de fimples adminiftrations.
D'Héricourt en parle ainfi dans fes confultations,
tom. 1, pag. 80: » Il y a néamoins des reftes de
» l'ancienne difcipline, fur-tout dans la province
» de Flandres, où il y a un grand nombre de
» Prieurés, qu'on appelle *prévôtés*, dont les pré-
» vôts font comptables & amovibles «.

3. Denifart dit la même chofe au mot *Prieuré*.
» L'ancien ufage fubfifte encore pour les prieurés
» dépendans des abbayes d'Artois & de Flandres...
» ces Prieurs ne font pas titulaires, mais fimples
» adminiftrateurs comptables & révocables «.

4. Pour décider fi cette affertion eft exacte ou
non, il faut connoître toutes les autorités qui
l'appuyent & la combattent refpectivement.

La première preuve que l'on emploie pour la
juftifier, eft le témoignage des abbayes mêmes des
Pays Bas. On a vu au mot GRAND PRIEUR, que
M. Talon, avocat général, regardoit ce témoignage comme décifif fur ces fortes de conteftations.

Les abbés & grands Prieurs de faint Vaaft
d'Arras, de faint Pierre de Labbes, d'Anchin,
de faint Martin de Tournai, & du Mont-Saint-
Eloy, ont attefté par leurs certificats des 26 octobre, 17, 18 & 20 novembre 1713 (*), que
les prévôtés ou prieurés dépendans de ces abbayes,
& qui en font membres, ne font pas de véritables bénéfices, mais des adminiftrations pures
& fimples, & des offices révocables *ad nutum;*
que les religieux qui font pourvus de ces prévôtés ou prieurés, pour les régir fous l'autorité de
leurs fupérieurs, font comptables & obligés de
rendre chaque année un compte exact & fidèle
de leur adminiftration & des revenus temporels
qui ont paffé par leurs mains; que les revenus
fe confomment fur les lieux, pour y faire l'office divin, y entretenir les édifices, recevoir les
étrangers, affifter les pauvres, & acquitter les autres
charges, fans qu'il en revienne aucune chofe à
la maffe de ces abbayes, & fans qu'elles en
retirent aucun émolumeut; qu'elles y font au contraire fouvent de leurs propres deniers, des dépenfes affez confidérables, lorfqu'il s'agit d'y faire
des réparations & autres bâtimens; & que lorfque
les mifères de la guerre & autres femblables ac-
cidens mettent les prévôts & religieux de ces
prévôtés hors d'état de fubfifter dans leurs maifons, les abbayes en retirent des religieux pour
les foulager, les nourriffent & fourniffent à leurs
dépenfes; qu'enfin, ces prévôts ou Prieurs ne

_____

(*) Ces certificats & tous les titres, arrêts & autres
pièces dont il eft parlé dans toute cette differtation fur la
nature des prieurés forains, nous ont paffé fous les yeux
en originaux ou en copies exactes.

peuvent

peuvent faire aucun contrat, ni entreprendre aucun procès, ni même planter & abattre aucun bois, qu'avec la permiſſion des ſupérieurs des abbayes dont ils dépendent.

Les grand Prieur & religieux de ſaint Vaaſt ont encore atteſté la même choſe par un certificat du 27 octobre 1744.

Le 22 du même mois, treize anciens avocats au parlement de Flandres ont donné une conſultation qui certifie pareillement cet uſage ; & le lendemain, MM. les gens du roi de la même cour ont ſigné un acte de notoriété, portant » qu'il eſt ſans exemple & contre les uſages, li-» berrés & privilèges des Pays-Bas, que les pré-» vôtés dépendantes des abbayes ſituées en ces » provinces ſoient impétrées en cour de Rome » à titre de dévolut, prévention, commende, » réſerve, réſignation, ou de toute autre ma-» nière que ce puiſſe être «.

On invoque, à l'appui de ces atteſtations, pluſieurs jugemens qui les confirment. Voici d'abord ceux qui ont été rendus en faveur de l'abbaye de ſaint Vaaſt. Jean Delelaque, religieux de ce monaſtère, avoit été commis par ſon abbé à l'adminiſtration de la prévôté de Haſpres en Hainaut : un cardinal ayant obtenu cette prévôté en commende, l'abbé en porta ſes plaintes au concile de Baſle, & repréſenta qu'elle n'exiſtoit pas en titre de bénéfice, mais de ſimple office révocable *ad nutum*, & ſoumis à la plus exacte comptabilité. Par jugement du 2 décembre 1447, les commiſſaires du concile déclarèrent, que ni le cardinal pourvu en commende, ni aucun autre, n'avoient eu droit de troubler dans ſa poſſeſſion le religieux commis par l'abbé.

Une sentence du bailliage d'Amiens du 4 mai 1519 porte, en homologuant un accord passé le 19 avril précédent entre l'abbé & les religieux de saint Vaast, » que quand il sera besoin de » réédifier de neuf aucuns principaux membres » des prévôtés dépendantes dudit monastère, & » que la ruine ne sera procédée par la coulpe & » négligence du prévôt, faute d'entretenement, » tels ouvrages se feront aux dépens d'icelle ab- » baye, & que l'abbé ne chargera lesdites pré- » vôtés d'autres nouvelles charges que celles qui » sont de toute ancienneté «. Si ces prévôtés étoient des bénéfices formés, seroit-ce à l'abbaye à en faire les réparations ?

Il avoit été accordé à Jean Delahaye un *pain d'abbé*, en qualité d'oblat, sur la prévôté de Haspres. Les abbé & religieux de saint Vaast s'y opposèrent, sur le fondement que l'on ne peut assujettir à ces *pains d'abbé*, les biens des abbayes administrées par des religieux comptables, sous la qualité de prévôt ou Prieurs, par la raison que ces biens *ne sont qu'un gros avec les autres* de l'abbaye, & que l'on n'a jamais vu qu'un oblat ait été reçu dans ces prévôtés ou prieurés. » La prévôté de Haspres, ajoutoient-ils, n'est » pas un bénéfice de fondation royale, ni à la » nomination du roi ; mais c'est un office & » une administration comptable, n'étant que » membre de l'abbaye de saint Vaast, & ne pou- » vant admettre aucun religieux ; d'ailleurs, l'ab- » baye elle-même ayant depuis peu été chargée » de semblable pain d'abbé en faveur de Philippe » de Dromet, elle ne peut & ne doit en ses » membres être ultérieurement chargée, comme » il a été jugé au conseil privé de Bruxelles au

» mois de novembre 1608, en faveur de la pré-
» vôté de Saint-Michel-lez-Arras, qui a été
» déchargée d'un pareil pain d'abbé ». Sur ces
raisons, arrêt du grand conseil de Malines du
15 octobre 1637, qui déboute Delahaie de sa
demande. Le motif de cet arrêt, dit M. Du-
laury, page 86, » a été la dépendance où la
» prévôté de Hafpres étoit de l'abbaye de faint
» Vaast, une fois chargée d'un oblat par le roi
» d'Espagne ». Si la prévôté de Hafpres eût été
un titre de bénéfice distinct & séparé de celui
de l'abbaye, la circonstance que l'abbé de faint
Vaast étoit chargé d'un oblat, eût-elle été une
raison pour en décharger un autre bénéfice qui
lui eût été étranger?

Ces décisions ont été confirmées par les lettres-patentes du mois de mai 1775, portant
union des abbayes de faint Vaast & de faint Bertin
à la congrégation de Cluni. L'article 10 du décret dont cette loi ordonne l'exécution, déclare
que » les prévôtés & prieurés dépendans des
» deux abbayes continueront d'être régis & ad-
» ministrés par des religieux de l'abbaye dont ils
» dépendent, lesquels feront commis & révoca-
» bles selon l'usage ». Nous avons rapporté au
mot EXEMPTS DE FLANDRES, l'arrêt du parlement
de Paris qui a ordonné l'enregistrement de ces
lettres-patentes.

L'abbaye de faint Martin de Tournai a obtenu,
le 7 mai 1746, un arrêt qui paroît assimiler ses
prieurés à ceux de l'abbaye de faint Vaast. Le
fieur Beftremieux s'étoit fait pourvoir en commende des prieurés de faint Simon & faint Jude
de Chanterude, diocèse de Laon, & de Saint-
Amand-lez-Machemond, diocèse de Noyon,

D ij

tous deux dépendans de cette abbaye. Il tenta
d'abord, sous différens prétextes, d'attirer la
contestation au conseil ; mais, par arrêt contradictoire du 8 novembre 1743, il fut ordonné
que les parties continueroient de procéder, au
parlement de Paris ; & après une plaidoirie solennelle, suivie d'un appointement, l'affaire fut
jugée en faveur des abbé & religieux. Ils étoient
appelans comme d'abus des provisions du sieur
Bestremieux. Ils soutenoient que les prieurés
dépendans des abbayes des Pays-Bas ne sont point
des bénéfices, & ils le prouvoient par les con-
sultation, acte de notoriété & certificats des 22,
24 & 27 novembre 1744, rapportés ci - dessus ;
& c'est d'après ces pièces que l'arrêt cité, » en
» tant que touche les appellations. comme d'abus
» interjetées par les abbé régulier, Prieur & re-
» ligieux de l'abbaye de saint Martin de Tour-
» nai, des provisions obtenues par ledit Bestre-
» mieux des *prétendus prieurés* de saint Simon &
» saint Jude de Chanterude, & de Saint-Amand-
» lez-Machemond, *comme bénéfices réguliers en*
» *titre*, avec dispense de les posséder en com-
» mende, dit qu'il y a abus ; en conséquence
» déboute ledit Bestremieux de toutes ses de-
» mandes, fait main-levée des saisies par lui faites
» sur les fruits & revenus de chacune desdites
» *fermes* de Chanterude & de Saint-Amand-lez-
» Machemond, dépendantes de la même abbaye ;
» le condamne en 300 livres de dommages-inté-
» rêts & aux dépens «.

Il n'est pas un seul des termes de cet arrêt
qui ne soit précieux. Sur quoi la cour fait-elle
tomber l'abus ? Sur ce que le sieur Bestremieux
s'étoit fait pourvoir des deux prieurés *comme bé-*

néfices réguliers en-titre, & parce qu'il avoit abusé du terme de prieurés, pour en induire que c'étoient des bénéfices : l'arrêt ne les nomme que *prétendus prieurés*; il fait main-levée des saisies, mais ces saisies sont dites *des fruits & revenus de chacune des fermes de Chanterude & de Saint-Amand, dépendantes de la même abbaye.* La cour a donc qualifié de fermes, ce que le sieur Bestremieux prétendoit être des bénéfices : & les prieurés en effet s'appeloient anciennement *cellæ, firma, grangiæ.*

L'impartialité dont nous nous sommes fait un devoir, ne nous permet cependant pas de laisser ignorer la réponse que font à cet arrêt les partisans de l'opinion contraire à celle qu'il nous paroît avoir adoptée. Voici comme s'exprime à ce sujet M. Laget-Bardelin dans un mémoire fait pour l'abbé de Langeac, dans une cause dont nous rendrons compte ci-après. » Les religieux » de Tournai ont démontré que les prieurés de » Chanterude & de Saint-Amand étoient de » pures obédiences, des prieurés *de mensâ.* Ils » l'ont prouvé par la teneur des commissions » qui en ont toujours été données; ils ont justi- » fié que ces commissions, depuis plus de trois » siècles, étoient de simples *procurations*; que » chaque Prieur étoit établi *procureur général & » messager spécial* de l'abbaye, *au nom* de la- » quelle il étoit autorisé à *régir & administrer*, » avec clause de révocabilité *ad nutum*; qu'il y » étoit dit expressément que ces prieurés sont » *de la mense & table.* Ils ont prouvé que les » Prieurs *ne prenoient point possession*; que tous » les ans ils rendoient compte & *payoient le » reliquat* à l'abbaye : ils en ont conclu, que les

» deux prieurés étoient précisément dans le cas
» de l'exception établie par la clémentine *quia*
» *regulares* , par rapport aux adminiftrations qui
» appartiennent à *la menfe.* Voilà ce qui a pro-
» curé gain de caufe aux religieux de Tournai ;
» & , pour le mieux marquer , la cour n'a qua-
» lifié dans fon arrêt les deux prieurés que de
» *fermes* «.

De toutes les abbayes des Pays-Bas , c'eft celle
d'Anchin qui a éprouvé le plus de conteftations
fur l'état & la nature de fes prieurés forains ,
& qui par conféquent nous fournit à cet égard
le plus de préjugés.

Le plus ancien arrêt que l'on trouve fur cette
matière dans fes archives , eft du 19 janvier
1442 , poftérieur par conféquent de plus d'un
fiècle au concile de Vienne. Bertrand des Fof-
feux s'étoit fait pourvoir du prieuré de faint
Sulpice près Doullens , comme fi c'eût été un
bénéfice ; Jacques de Herdigneul avoit été commis par l'abbé d'Anchin à l'adminiftration de ce
même prieuré , comme membre dépendant de fon
abbaye. La complainte s'engagea entre les deux
pourvus , & fut portée devant le prévôt de Paris.
Les religieux d'Anchin fe joignirent à Jacques
de Herdigneul , & foutinrent qu'il étoit libre à
l'abbé , ou de confier en même temps l'adminiftration fpirituelle & temporelle à un feul religieux , qui eft Prieur & prévôt tout enfemble ,
fitque prior & præpofitus , ou de commettre féparément cette adminiftration à deux religieux , dont
l'un ne doit être chargé que du fpirituel en qualité de Prieur , & l'autre ne doit régir que le temporel en qualité de prévôt ; & comme rien n'eft
plus oppofé à l'effence d'un bénéfice formé , que

cette section du titre, ils en concluoient que le prieuré de saint Sulpice n'étoit constamment qu'une simple administration.

Par la sentence du prévôt de Paris, les parties furent appointées en faits contraires, & la recréance fut adjugée à dom Jacques de Herdigneul & à l'abbaye d'Anchin. Sur l'appel interjeté par Des Fosseux, arrêt qui infirme la sentence, & néanmoins prononce par nouveau jugement les mêmes choses que le prévôt de Paris. Des Fosseux abandonna le fond.

Le prieuré d'Aimeries, près de Maubeuge, étant devenu vacant par la mort de Jacques de Landas, fut impétré en cour de Rome par Jean Larcel ou Anselmy, religieux profès de l'abbaye de Hautmont. De son côté, l'abbé d'Anchin y commit Jacques Penel, l'un de ses religieux, par acte du premier octobre 1439. Les parties s'adressèrent au pape, qui délégua des juges sur les lieux. Dom Anselmy, prétendant que le prieuré étoit un bénéfice, demandoit que son titre fût déclaré canonique. L'abbaye d'Anchin & dom Penel soutenoient au contraire que ce prieuré n'avoit jamais eu le titre de bénéfice ; que l'abbé seul avoit le droit d'y commettre qui il jugeoit à propos, avec la clause de révocabilité pure & simple ; qu'ainsi les provisions de dom Anselmy devoient être annullées.

Les juges délégués, par leur jugement du 15 avril 1445, maintinrent dom Penel dans le prieuré, comme ayant été légitimement commis par l'abbé d'Anchin, & déclarèrent que dom Anselmy n'avoit pas eu droit de le troubler dans son administration.

Dans le vû de l'arrêt du 30 mars 1694,

rapporté à l'article GRAND PRIEUR, se trouve
un extrait compulsé de l'histoire manuscrite de la
même abbaye, composée par dom de Bar, où
l'on voit que la question s'est encore présentée
au sujet du prieuré de saint Sulpice, pour lequel
avoit été rendu l'arrêt de 1442. Comme l'abbaye
d'Anchin & ce prieuré étoient sous deux domi-
nations différentes, les longues guerres que François premier eut à soutenir contre Charles-Quint,
servirent de prétexte au sieur Bouchavanne, gouverneur de Doullens, pour s'emparer de la prévôté de saint Sulpice, après la mort du Prieur,
dont il prétendoit faire valoir une résignation,
afferens sibi legitimo jure resignatam. Mais après
la paix de Crepy du 18 septembre 1544, Jean
Asset, élu abbé d'Anchin en 1546, se pourvut
au parlement de Paris contre le résignataire, &
il obtint un arrêt par lequel il rentra dans ses
droits, sur le fondement, dit l'historien, que
ce prieuré n'étoit point un bénéfice, *eo præsertim
nomine, quòd non esset beneficium ; sed officium
simplex monasticum, à quo removeri posset quæ-
libet religiosus ad nutum abbatis, neque de eo
disponendi aliquam, aut ad alium transferendi
haberet auctoritatem.*

Peu de temps après, la question se renouvela
pour le prieuré de saint Georges, près d'Hesdin.
On avoit fait entendre à François premier que ce
prieuré étoit conventuel & électif, & que par
conséquent la nomination lui en appartenoit, suivant le concordat : en conséquence, après la mort
de dom Brognet, qui y avoit été nommé par
l'abbé d'Anchin, ce prince ordonna au bailli
d'Hesdin d'en saisir les revenus, & d'y établir des
commissaires. Après bien des démarches inutiles,

dom d'Ofterel, muni de la commiſſion de l'abbé
d'Anchin, ſe pourvut au conſeil privé de Henri II,
où, après une inſtruction contradictoire avec le
procureur général, & du conſentement de celui-ci,
il obtint un arrêt du 11 juin 1547, qui lui fit
main-levée du prieuré de ſaint Georges, *fruits
& profits d'icelui*, » après que par le titre &
» proviſions de dom d'Ofterel, & par autres pro-
» viſions des précédens Prieurs dudit prieuré, eſt
» apparu audit procureur général ledit prieuré
» *n'être bénéfice titulé* ni électif, mais une admi-
» niſtration révocable *ad nutum* de l'abbé «.

. La guerre qui s'éleva entre Louis XIII & le
roi d'Eſpagne, donna lieu à une nouvelle conteſtation pour le même prieuré. La mort de dom
Créancier l'ayant laiſſé vacant ; dom de Foreſt,
religieux de ſaint Martin de Pontoiſe, s'y fit
nommer par le roi, *attendu*, portoit le brevet,
*que l'abbé d'Anchin eſt dans les pays de nos
ennemis*. Cette circonſtance força l'abbé d'Anchin
de ſe rélâcher un peu de ſon droit. Il tranſigea,
le 25 avril 1658, àvec dom de Foreſt, qui ſe
déſiſta, moyennant une penſion. Après la paix des
Pyrénées, en 1659, dom de Foreſt ſe pourvut au
conſeil pour faire annuller ſa tranſaction & ſe
faire rétablir dans le prieuré. De ſon côté, l'abbé
d'Anchin conſentit à la réſiliation du contrat, qu'il
n'avoit ſouſcrit que par force majeure ; mais il demanda en même temps d'être maintenu dans
l'ancien droit qu'il avoit de commettre, pour l'adminiſtration de ce prieuré, des religieux profès
de ſon monaſtère. Par jugement du conſeil privé
du 15 mars 1661, rendu ſur productions reſpec-
tives, l'abbé d'Anchin a été maintenu & gardé
» au droit & en la poſſeſſion & jouiſſance d'en-

» voyer au prieuré de faint Georges des religieux
» de ladite abbaye, pour l'adminiftration & def-
» fervice d'icelui «. Et néanmoins il a été ordonné, *fans tirer à conféquence*, que la tranfac-
tion de 1658 feroit exécutée, & que dom de
Foreft jouiroit toute fa vie de la penfion ftipulée
en fa faveur par cet acte.

Ces cinq jugemens militent, comme l'on voit,
avec la plus grande force contre l'opinion de ceux
qui regardent les prieurés dépendans de l'abbaye
d'Anchin comme des bénéfices. Cependant on a prétendu que poftérieurement, un arrêt du grand confeil
du 19 feptembre 1667, les avoit tous jugés tels.
Pour l'apprécier, il faut rappeler les circonftances
dans lefquelles il a été rendu.

Il s'agiffoit de la difpofition des offices, foit
clauftraux, foit forains, que le cardinal d'Eftrées,
abbé commendataire, vouloit s'attribuer à lui
feul. Ce prélat mettoit en principe, qu'un abbé
commendataire doit jouir de toutes les prérogatives des abbés réguliers, & exercer la juridicton
intérieure fur les religieux, fur-tout lorfqu'il eft
cardinal. De là il concluoit que l'inftitution & la
deftitution de tous les Prieurs lui appartenoit ; en
conféquence, il avoit nommé tant aux prieurés
forains qu'aux offices clauftraux. Le grand Prieur
y avoit nommé de fon côté ; & c'eft fur ce droit
de nomination refpectivement prétendu, que rou-
loit la conteftation.

M. le cardinal d'Eftrées établiffoit fa défenfe
fur cinq propofitions, dont les quatre premières
n'avoient trait qu'à la juridiction qu'il prétendoit
appartenir aux abbés commendataires, & fur-tout
aux cardinaux. La cinquième étoit la feule qui
eût rapport à la queftion actuelle. Il y foutenoit

qu'à lui seul appartenoit la nomination des prieurés & des offices clauftraux ; mais il paroît qu'à l'égard des prieurés, il n'entendoit que les prieurés-cures. On voit en effet que par sa requête du 2 janvier 1691, il demandoit d'être maintenu & gardé dans le droit & possession, non pas de conférer les prieurés, mais d'*instituer* &. *destituer* tous les Prieurs-curés de l'abbaye d'Anchin.

. Les grand Prieur & religieux soutinrent au contraire que le droit de nommer aux prieurés & offices clauftraux, appartenoit au grand Prieur, par deux raisons. La première, que ces prieurés n'étoient point des titres de bénéfices, mais des offices manuels, de pures administrations révocables & comptables : la seconde, parce qu'un abbé commendataire, même cardinal, ne peut exercer aucune juridiction sur l'intérieur du cloître, & que l'institution & la destitution des Prieurs forains & des officiers clauftraux étant un acte de juridiction, elle lui étoit interdite.

. La contestation se réduisoit donc au seul point de savoir à qui appartenoit l'institution & la destitution des Prieurs & des officiers clauftraux. Tout ce qui fut dit sur la nature des prieurés forains ne fut proposé que comme moyen, & non pas comme la question à juger.

C'est dans cet état qu'intervint l'arrêt du 19 septembre 1697 ; par lequel, 1°. il fut dit » n'y avoir » abus dans les provisions données par le cardinal » d'Estrées des prieurés forains dépendans de l'ab- » baye ; ce faisant, ce prélat fut maintenu dans » le droit & possession de pourvoir aux prieurés » de saint Georges, d'Aymeries, d'Evin, de saint » Sulpice, & de la tréforerie d'Equerchin, en » faveur des religieux profès de ladite abbaye

» seulement, sans préjudice toutefois au grand
» Prieur de pouvoir destituer les religieux pour-
» vus desdits prieurés forains, pour cause légitime «,
2°. Dom Carpentier fut maintenu & gardé dans
la possession & jouïssance du prieuré d'Evin, dont
il avoit été pourvu par le cardinal ; dom de
Rente, nommé par le grand Prieur, & les religieux d'Anchin, furent condamnés solidairement
à lui restituer les fruits dudit prieuré par eux perçus, sur lesquels il seroit pris par chacun an la
somme de trois cents livres pour la desserte &
rétribution du service divin fait audit prieuré par
ledit. de Rente. 3°. Il fut dit, qu'il y avoit abus
dans les provisions données par le cardinal d'Estrées des offices claustraux & de la présidence de
Douai. 4°. Il fut fait défenses auxdits religieux
de troubler. ledit cardinal d'Estrées dans les inventaires des côtes - mortes des religieux de ladite abbaye ; » auxquels inventaires lesdits reli-
» gieux pourront assister & être présens, si bon
» leur semble, ainsi qu'au compte que ledit car-
» dinal sera tenu de rendre desdites côtes-mortes ;
» pour le reliquat en être par lui employé, con-
» formément aux arrêts du grand conseil, aux
» réparations & au profit des *bénéfices & offices*
» dont lesdits religieux se trouveront pourvus au
» jour de leur décès «.

Ces différentes dispositions font la matière de
plusieurs argumens dont on se sert pour établir
que le grand conseil a considéré comme bénéfices
tous les prieurés forains dépendans de l'abbaye
d'Anchin. Mais ils ne sont pas sans réponse ;
voici à peu près de quelle manière on les présente.

. Pourquoi le grand conseil a-t-il maintenu le

grand Prieur dans le droit de commettre & de révoquer les officiers clauftraux? Parce qu'il a jugé que c'étoient de pures adminiftrations, de fimples offices, dont la difpofition étoit un acte de la police intérieure, de la juridiction clauftrale, qui ne peut appartenir à un abbé commendataire. Pourquoi au contraire à-t-il déclaré n'y avoir abus dans les provifions en titre que le même cardinal avoit données des prieurés forains? Pourquoi l'a-t-il maintenu dans le droit & poffeffion d'y pourvoir, fi ce n'eft parce qu'il a jugé que c'étoient de véritables bénéfices, dont la collation, qui eft *in fructu*, appartient toujours à l'abbé commendataire?

Mais, dit-on, il ne falloit pas aller jufque-là pour attribuer au cardinal la nomination des prieurés forains; il fuffifoit que ce fuffent des offices qui s'exercent au dehors, & dont l'adminiftration n'intéreffe point la difcipline intérieure.

La préfidence du collége de Douai étoit certainement un office qui s'exerçoit, & même demandoit réfidence hors du cloître, & cependant le droit d'y nommer fut adjugé au grand Prieur. Il a donc fallu confidérer les prieurés forains comme de vrais bénéfices, pour maintenir l'abbé commendataire dans le droit d'y pourvoir.

On objecte encore que l'arrêt du grand confeil réferve au grand Prieur le pouvoir de *deftituer pour caufe légitime* les religieux que le cardinal aura nommés aux prieurés forains; & l'on conclut de là, que ce ne font pas des bénéfices, parce qu'en fait de bénifices, *ejus eft deftituere cujus eft inftituere*, ou qu'au moins la

deſtitution ne peut jamais appartenir à un inférieur de celui qui a le droit d'inſtituer.

Mais il n'y a rien dans cette réſerve qui ſoit
extraordinaire ni imcompatible avec la qualité de
bénéfice. Le grand conſeil a jugé que la collation
des bénéfices étoit un fruit appartenant à l'abbé commendataire ; c'eſt ce qui a fait maintenir le cardinal d'Eſtrées dans le droit & poſſeſſion de
conférer les prieurés forains , vrais bénéfices,
quoique révocables pour cauſes légitimes. Mais
le jugement des cauſes de révocation eſt un acte
de police intérieure , de juridiction clauſtrale,
qu'un abbé commendataire ne peut exercer ; il
a donc été réſervé au grand Prieur par le même
principe qui l'a fait maintenir dans le droit &
poſſeſſion de commettre & révoquer les officiers
clauſtraux.

Ce qui écarte d'ailleurs toute difficulté, c'eſt
que les prieurés forains ſont expreſſément déſignés
dans l'arrêt dont il s'agit , ſous la qualification
de *bénéfices ;* c'eſt , comme on ſe le rappelle,
dans la clauſe concernant l'application des côtes-
mortes » aux réparations & profit des *bénéfices*
» & *offices* dont leſdits religieux ſe trouveront
» pourvus au jour, de leur décès «. L'Abbaye
d'Anchin n'a d'autres bénéfices réguliers dans ſa
dépendance, que ſes prieurés forains : ce ſont donc
les prieurés forains qui ſont là déſignés par la
qualification de *bénéfices*, comme les offices
clauſtraux le ſont par celle d'*offices.*

Ainſi raiſonnent ceux qui regardent les prieurés dépendans de l'abbaye d'Anchin , comme
jugés bénéfices par l'arrêt dont il s'agit.

Parmi les réponſes que donnent à ces inductions les partisans du sentiment contraire, il en est quelques-unes qui nous paroissent victorieuses & péremptoires.

1°. L'arrêt déclare qu'il n'y a abus dans la nomination des prieurés forains faite par le cardinal d'Estrées ; mais il ne prononce rien sur leur nature ; il décide seulement que la faculté d'en disposer est un droit honorifique réservé à l'abbé commendataire ; & l'on ne peut en étendre les termes au delà de leur sens naturel.

2°. Le grand conseil, lors du partage fait en 1688 entre le cardinal d'Estrées & les religieux d'Anchin, avoit jugé bien nettement que le prieuré de saint Sulpice n'étoit point un bénéfice, puisqu'il en avoit fait entrer tous les biens dans la masse ; cependant, par l'arrêt de 1697, il le soumet nommément aux mêmes dispositions que les autres prieurés. Donc ces dispositions s'appliquent à des établissemens qui ne sont point bénéfices ; donc l'arrêt de 1697 ne conclut rien.

3°. On peut faire le même raisonnement à l'égard du prieuré d'Evin. Il dépendoit ordinairement de l'abbaye de saint Nicolas-aux-Bois, diocèse de Laon. Il fut uni dans la suite à l'abbaye d'Anchin. Cette union, attaquée en 1668, avoit été déclarée abusive, sur le fondement qu'elle n'avoit pas été revêtue de lettres-patentes : mais ce défaut fut depuis réparé, & le parlement de Paris enregistra, par arrêt du 26 août 1676, les lettres-patentes confirmatives de l'union. Cependant le cardinal d'Yorck, abbé actuel d'Anchin, donna, en 1758, une collation de ce prieuré au sieur Foucault. Celui-ci, comprenant qu'on n'avoit pas pu lui conférer un prieuré éteint &

uni à l'abbaye d'Anchin, prit le parti d'obten
en cour de Rome de nouvelles provifions, fi
le fondement defquelles il attaqua l'union comm
abufive. Oubliant donc le titre que M. le car
dinal d'Yorck lui avoit accordé, il ne s'attach
qu'à faire valoir les vices prétendus de l'union
Mais fes efforts furent inutiles ; &, par arrêt d
premier avril 1762, l'union fut confirmée,
les provifions de l'abbé de Foucault déclaré
abufives. — Que l'on rapproche maintenant c
arrêt du jugement de 1697. Celui-ci maintien
M. le cardinal d'Eftrées dans le droit de pour
voir nommément au prieuré d'Evin, dont
titre, dès 1676, avoit été éteint & uni à l'ab
baye d'Anchin. Donc l'arrêt de 1697 ne décid
point que les prieurés, dont il accorde la provi
fion au cardinal d'Eftrées, foient de vrais béné
fices, puifque celui d'Evin, qu'il comprend dan
la même difpofition que les autres, n'exifto
plus comme bénéfice dans le temps de ce
arrêt.

4°. La claufe de ce même arrêt, qui ordonn
l'application des côtes-mortes des religieux *au*
réparations & profit des BÉNÉFICES *& office*
dont lefdits religieux fe trouveront pourvus au jou
de leur décès, ne détruit nullement tout ce qu
l'on vient de dire. Il eft vrai que l'abbaye d'An
chin n'a point de bénéfices réguliers dans f
dépendance ; mais fes religieux peuvent en ob
tenir d'autres abbayes ; la maxime *regularia r*
gularibus les y rend habiles : il ne faut donc p
que les prieurés forains foient bénéfices, pou
que la claufe dont il s'agit puiffe recevoir fo
exécution.

Tout cela prouve bien clairement que l'arrê
de

de 1697 n'a point changé la nature des prieurés en queſtion. Mais peut-on dire la même choſe de cet arrêt plus précis & plus célèbre, qui eſt intervenu, en 1775, entre les religieux d'Anchin & l'abbé de Langeac? Expliquons-en l'eſpèce.

Le prieuré d'Aymeries ayant vaqué en 1751, M. le prince de Modène, alors abbé d'Anchin, y nomma en commende M. Billard, évêque d'Olimpe, qui mourut la même année : M. le prince de Modène le ſuivit de près, & fut remplacé par M. le cardinal d'Yorck, qui, en 1752, conféra le même prieuré au ſieur Paris. La conteſtation qui s'engagea fut évoquée au conſeil du roi. Elle y étoir encore pendante en 1769, lorſque l'abbé Paris réſigna ſon droit à l'abbé de Langeac. Celui-ci obtint en même temps un brevet de régale, en vertu duquel il fit aſſigner ſes contendans en la grand'chambre du parlement de Paris : Aymeries étant ſitué dans le diocèſe de Cambrai, où la régale n'a pas lieu, ce ſecond titre fut bientôt écarté. Après un aſſez long conflit de juridiction entre différens tribunaux, le roi a donné, le 2 juin 1770, des lettres-patentes qui ont attribué la connoiſſance de la cauſe au parlement de Paris.

Les états d'Artois, de Lille & de Cambrai, & le cardinal d'Yorck, ſont intervenus, les uns pour ſoutenir que les bénéfices des Pays-Bas ſont exempts de la commende, & le cardinal d'Yorck pour défendre ſon droit de diſpoſer en commende des prieurés dépendans de ſon abbaye.

De leur côté, les grand Prieur & religieux ont ſoutenu que le prieuré d'Aymeries n'exiſtoit pas en titre de bénéfice. Ils ont produit une foule de pièces pour le prouver, mais inutilement. Par arrêt du 11 juillet 1775, rendu en la grand'chambre, au rapport de M. l'abbé d'Espagnac, après un appointement prononcé sur une plaidoirie solennelle le 7 août 1770, l'abbé de Langeac a été maintenu dans le prieuré d'Aymeries. L'abbaye d'Anchin & les états ont tenté de le faire casser au conseil; mais leur requête a été rejetée par jugement du 24 octobre 1776.

L'abbé de Langeac avoit eu pour agent dans cette affaire le sieur de Guilhem de Saint-Marc, qui, s'imaginant que l'arrêt jugeoit la question pour tous les prieurés de l'abbaye d'Anchin, obtint pour son fils, vicaire général du diocèse de Périgueux, le 11 octobre 1778, un brevet de collation en régale du prieuré de saint Georges. Dès le mois d'août précédent, le sieur de Tastes, vicaire général du diocèse de Condom, l'avoit impétré en cour de Rome. Tous deux se pourvurent, chacun de leur côté, contre dom Ochin, Prieur actuel de saint Georges, dont M. le cardinal d'York, le grand Prieur & les religieux d'Anchin s'empressèrent de prendre le fait & cause.

Après une plaidoirie de six audiences, M. l'avocat général Séguier conclut à un interlocutoire & au séquestre des fruits & revenus du prieuré, en observant qu'il y avoit huit religieux à saint Georges, & qu'il falloit pourvoir à leur subsistance. Par arrêt du 6 septembre 1779, la cour appointa les parties au conseil, donna acte au sieur de Saint-Marc de ce qu'il ne prétendoit, quant à présent, que la jouissance provisionnelle de la moitié des revenus du prieuré ; en conséquence ordonna que le grand Prieur , les religieux & dom Ochin jouiroient du surplus, en donnant par le sieur de Saint-Marc bonne & suffisante caution.

Le sieur de Saint-Marc crut pouvoir , en vertu de cet arrêt, expulser les fermiers & passer de nouveaux baux ; mais sa prétention fut hautement proscrite par arrêt du 12 janvier 1780.

Ces deux arrêts formoient le préjugé le plus favorable pour l'abbaye d'Anchin ; car le sieur de Saint-Marc se présentoit comme régaliste , & cependant on ne lui laissoit que la moitié de la jouissance provisionnelle , sous la charge d'une caution que jamais régaliste n'avoit été dans le cas de donner.

Enfin, le 31 juillet 1781 , après que le procès eut été examiné pendant cent vacations, & vu quatre fois de commissaires, il est intervenu, au rapport de M. l'abbé Pommiers , un arrêt dont voici le dispositif :

» La cour faisant droit sur le tout, en tant » que touche l'appel comme d'abus interjeté par » Henri-Benoît-Marie-Clément, cardinal duc » d'Yorck , abbé commendataire de l'abbaye de » saint Sauveur d'Anchin , & les grand Prieur » & religieux de ladite abbaye , des provisions » obtenues en cour de Rome par Antoine Gaspard de Tastes , & de l'acte de prise de » possession par lui faite de la CELLE DE SAINT » GEORGES, MEMBRE DÉPENDANT DE LADITE » ABBAYE, dit qu'il y a abus ; en conséquence » déboute ledit de Tastes de toutes ses demandes ; » faisant pareillement droit sur l'appel comme d'a- » bus interjeté par ledit de Tastes & par Guillaume

» de Guilhem de Saint-Marc, des lettres de no-
» mination données à Ambroise Ochin, prêtre,
» religieux profès de ladite abbaye, par le vicaire
» général dudit cardinal d'Yorck, & de la prise
» de possession par lui faite de ladite CELLE,
» les déclare non recevables dans ledit appel, &
» les condamne à l'amende, suivant l'ordonnance;
» ce faisant, sans s'arrêter aux requêtes & de-
» mandes dudit Guilhem de Saint-Marc, dont il
» est débouté, maintient & garde ledit cardinal
» d'Yorck, en sa qualité d'abbé d'Anchin, dans
» le droit, possession & jouissance du droit de
» nomination à ladite CELLE; maintient & garde
» pareillement lesdits GRAND PRIEUR ET RELI-
» GIEUX DE LADITE ABBAYE DANS LE DROIT,
» POSSESSION ET JOUISSANCE DES FRUITS ET RE-
» VENUS DE LADITE CELLE; fait défenses audit
» de Taftes & audit Guilhem de Saint-Marc de
» les y troubler; condamne ledit Guilhem de
» Saint-Marc à restituer auxdits grand Prieur &
» religieux d'Anchin les fruits & revenus par lui
» perçus de ladite CELLE; condamne ledit de
» Taftes & ledit Guilhem de Saint Marc, cha-
» cun en leur égard, en tous les dépens des
» causes d'appel, intervention & demandes en-
» vers lesdits abbé, grand Prieur & religieux,
» & ledit Ochin, & même en ceux réservés.
» Les dépens d'entre lesdits de Taftes & Guil-
» hem de Saint Marc compensés, & sur le sur-
» plus des demandes, fins & conclusions, a mis
» & met les parties hors de cour. Si mandons
» &c. «.

· On voit que cet arrêt juge en termes exprès,
que le prieuré de faint-Georges n'est point un
bénéfice, mais une simple celle. Ce n'étoit ce-

pendant point là l'unique queſtion du procès :
les religieux d'Anchin ſoutenoient que quand
même ce prieuré eût été bénéfice, les ſieurs de
Taſtes & de Saint-Marc euſſent encore été mal
fondés, & ils en donnoient pluſieurs raiſons également déciſives; mais la cour n'y a fait aucune
attention, elle s'eſt arrêtée au point principal &
eſſentiel de ſavoir ſi le prieuré étoit bénéfice ou
non; elle a trouvé ſi lumineuſes & ſi péremptoires les preuves que l'on apportoit de la négative, qu'elle l'a adoptée *tout d'une voix*; &
pour ne laiſſer là-deſſus aucune équivoque, &
donner à ſon arrêt un caractère d'évidence auquel il ne fût pas poſſible de ſe méprendre,
elle a ſubſtitué par-tout le mot *celle* aux termes
prieuré ou prévôté, dont les religieux eux-mêmes
ſe ſervoient dans leurs concluſions.

On demandera ſans doute quel a pû être le motif d'une différence auſſi frappante entre deux arrêts
rendus ſur la nature de deux prieurés dépendans
de la même abbaye. Nous ne pouvons mieux
le faire connoître qu'en comparant ici les titres
de fondation de l'un & l'autre établiſſement.

La chapelle ſaint Georges, près du château
d'Heſdin, étoit abandonnée depuis long-temps, &
l'on n'y célébroit plus les ſaints myſtères, lorſqu'en 1094 Enguerrand, comte d'Heſdin, qui
la tenoit en fief de l'égliſe de Térouane, la
donna à l'égliſe d'Anchin, pour la poſſéder à
perpétuité *comme une ſimple celle* ou obédience,
à la charge d'y entretenir autant de religieux que
les revenus de ſaint Georges le permettroient.
*Eccleſiam ſancti Georgii ſitam juxta hoc caſtrum
Heſdin.... Eccleſia ſancti Salvatoris de Aquicineto
in cellam jure perpetuo liberè poſſidendam attri-*

buo , eo tenore , ut de Aquicinensis cænobii fra-
tribus , ibi tot monachi habeantur , quòd facul-
tas rerum sanēlo Georgio datarum admiserit. Le
fondateur n'accorde que l'usage des biens aux
religieux d'Anchin qui demeureront à saint
Georges, *eorum usibus dono ;* la propriété en est
donnée uniquement à l'abbaye, & ce n'est qu'à
ces conditions que les chanoines de saint Martin,
qui avoient quelque droit sur saint Georges, con-
sentent à la donation d'Enguerrand : *In tantùm, ut*
prædiēlam ecclesiam ecclesiæ de Aquicineto tri-
buam, quamobrem prædiēli canonici quidquid in
ecclesiâ - sanēli Georgii habebant, ecclesiæ sanēli
Salvatoris de Aquicineto contulerunt. Le fondateur n'a donc pas entendu ériger un bénéfice,
mais donner une simple *celle* à l'abbaye d'Anchin.

L'autorité de l'évêque concourut aux désirs du
comte d'Hesdin. Gérard, évêque de Térouane,
confirma la même année la donation faite à
l'abbaye d'Anchin ; il s'adresse à l'abbé : *Aimerico,*
Aquicinensi abbati : Et voici de qu'elle manière
il s'exprime : *Ecclesiam sanēli Georgii martyris...*
cum omnibus quæ tam ab Ingelramio , quàm ab
aliis eidem ecclesiæ collata sunt , tibi , Aimerice ,
Aquicinensis cænobii abbas, tuisque successoribus, in
cellam omni tempore liberè possidendam concedimus.

Il a donc voulu que saint Georges ne fût
qu'une celle, *in cellam ;* que cette celle appar-
tînt aux abbés d'Anchin, *tibi , Aquicinensis cæ-*
nobii abbas, tuisque successoribus ; qu'ils la pos-
sédassent librement, *liberè possidendam.*

Le prélat ne veut pas que, sous prétexte
même d'y ériger une abbaye, on puisse jamais
enlever aux abbés d'Anchin l'église de saint
Georges, *nullus , sub occasione construendæ abbatiæ,*

fancti Georgii ecclefiam , tibi , ô Aimerice , Aqui-
cinenfis canobii abbas , vel tuis fucceſſoribus au-
ferre præſumat.

Outre que les termes des ces actes ne laiſſent
aucun doute fur la nature de la prévôté, de la
celle de ſaint Georges, ils prouvent encore que
cette chapelle n'avoit jamais été un titre de bénéfice. En effet, Enguerrand n'auroit pu en diſpoſer
en maître; Gérard auroit été obligé de l'éteindre,
de l'unir à l'abbaye, d'écouter le titulaire, d'avoir
ſon conſentement, &c. Le fond de l'acte & les
expreſſions qui ſont employées concourent donc
à exclure toute idée de bénéfice à ſaint Georges.

A l'égard du prieuré d'Aymeries, tout étoit bien
différent. Le titre de fondation n'en étoit point
rapporté, mais on produiſoit une chartre qui
prouvoit que ce prieuré étoit déjà habité par
des religieux avant d'avoir été donné à l'abbaye
d'Anchin. On ne pouvoit donc pas dire qu'il
eût été dans le principe une *celle* dépendante de
cette abbaye, puiſqu'il avoit ſon exiſtence propre & une conventualité, avant que l'abbaye
d'Anchin y eût aucun droit.

Le titre que l'on produiſoit étoit une confirmation donnée par Gérard, évêque de Cambrai &
d'Arras, des dons faits au prieuré d'Aymeries.
Le prélat y annonce qu'il a donné à l'abbaye
d'Anchin & à ſon abbé Aymeric, l'égliſe d'Aymeries, pour la gouverner. *Eccleſiam de Aymeries*
ſubjectam & quaſi filiam Aquicinenſi eccleſiæ ,
& ejuſdem abbati Aymerico regendam conſtituiſſa.
Il rappelle les dons qu'Hermengarde de Mons
avoit faits à ce prieuré. *Hermengardis verò de*
Mons.... eamdem eccleſiam ad uſus fratrum ibidem
deo ſervientium de alodiis ſuis honeſtè dotavit.

Après le détail des biens donnés par Hermengarde, le prélat ajoute : *Hæc omnia annuentibus filiis & filia ab omni advocatione conc ssit libera sub altare dei genitricis, undè fratres viverent deo servituri.* L'acte est terminé par les clauses suivantes : *Tali verò ratione ecclesiam de Aymeries cum suis appenditiis seu beneficiis, curâ & arbitrio præfati abbatis & ipsius successoris constitui, ut si ipsa aliquandò per se suum posset habere pastorem, unum semper de fratribus Aquicinensis ecclesiæ sibi ad hoc eligeret, & sic deinceps omni tempore eidem Aquicinensi ecclesiæ ipsa annis singulis unam argenti marcam debito censu persolveret.*

Ainsi, le prieuré d'Aymeries, dans son premier état, avoit été fondé par Hermengarde sous l'invocation de la sainte Vierge. Elle y avoit établi des religieux qu'elle avoit dotés & soumis à l'autorité de l'évêque de Cambrai: Il y avoit donc une communauté existante avant qu'il fût question d'y attribuer aucun droit à l'abbaye d'Anchin.

Saint Georges, au contraire, n'étoit qu'une simple chapelle de dévotion, où même depuis long-temps on ne célébroit plus la messe, & qui ne servoit aux chanoines de saint Martin, dans la paroisse desquels elle étoit située, qu'à déposer les saintes huiles pour les malades. Enguerrand, fondateur du prieuré, le donne directement à l'abbaye d'Anchin, pour le posséder à perpétuité comme *une simple celle;* c'est à cette abbaye qu'il donne aussi les biens qu'il affecte à saint Georges, c'est elle qu'il charge d'y envoyer de ses religieux pour former ce nouvel établissement.

Par la chartre d'Aymeries, Hermengarde engage l'évêque Gérard à soumettre les religieux qui

exiftoient à Aymeries, au gouvernement fpirituel de l'abbaye d'Anchin.

. Enguerrand, au contraire, donne, dès le principe, directement à l'abbaye, non feulement la
fupériorité & la juridiction, mais la propriété
même des biens de faint Georges.

Hermengarde n'avoit point entendu doter l'abbaye d'Anchin, mais uniquement l'églife d'Aymeries, *eamdem ecclefiam honeflè dotavit*. Enguerrand, au contraire, donne à l'abbaye d'Anchin l'églife même de faint Georges.

Par la chartre d'Aymeries, la donation s'adreffe
au prieuré même d'Aymeries & non pas à l'abbaye d'Anchin. Elle eft faite fur l'autel de la
Vierge, *fub altare dei genitricis*, fous l'invocation de laquelle eft le prieuré d'Aymeries. La
chartre de faint Georges s'adreffe directement à
l'abbé d'Anchin; c'eft à l'abbaye que la donation
eft faite, pour par elle en jouir à perpétuité.

Hermengarde prévoit le cas où le prieuré d'Aymeries pourra être érigé en abbaye. Les titres
de faint Georges défendent, au contraire, de jamais enlever à l'abbaye d'Anchin les biens de
faint Georges, fous prétexte même de l'ériger en
abbaye.

Il y avoit déjà des religieux à Aymeries lors
de la donation d'Hermengarde; ils étoient fuf-
fifamment dotés; ils formoient un établiffement.
Tout ce que défire la donatrice, c'eft que cette
communauté foit foumife à l'abbaye, qu'elle en
foit comme la fille, *fubjectam & quafi filiam*,
& que fi jamais elle eft érigée en abbaye, l'abbé
foit pris parmi les religieux d'Anchin. Il n'exiftoit rien au contraire à faint Georges, lors de la

donation de 1094, qu'une chapelle en ruine, *fine cùrâ & cultis*. Ce n'eſt qu'en 1112 que l'abbaye d'Anchin y envoya, pour la première fois, des religieux, ſans qu'ils aient ceſſé d'être membres de l'abbaye & de lui appartenir ; enfin c'eſt l'abbaye qui a acquis de ſes deniers la plupart des fonds qui ſervent aujourd'hui à leur ſubſiſtance.

Ce n'eſt pas dans le titre d'Hermengarde, mais dans des titres poſtérieurs & ſimplement confirmatifs, qui n'ont pu déroger au titre primitif, qu'Aymeries a été qualifié de ſimple *celle*, qui doit être, à perpétuité, poſſédée librement par l'abbaye d'Anchin.

. Si Aymeries n'eût été qu'une *celle* dans ſon principe, & que la poſſeſſion eût été conforme, la cauſe de l'abbé de Langeac n'auroit pas été propoſable, mais il n'avoit pas été fondé comme tel, des titres confirmatifs n'avoient pu en altérer la nature. C'eſt tout le contraire pour ſaint Georges.

Tant de différences dans les titres primitifs de ces deux établiſſemens, ne permettroient pas ſans doute de les regarder comme étant de même nature. Les principes qui, en 1775, avoient fait juger bénéfice le prieuré d'Aymeries, devoient, en 1781, faire prononcer que celui de ſaint Georges n'etoit qu'une ſimple obédience.

L'abbaye de ſaint Amand a dans ſa dépendance trois prévôtés conſidérables, qui ont occaſionné pluſieurs conteſtations, relativement à leur nature. Ce ſont Bariſis dans le diocèſe de Soiſſons, Courtrai dans la Flandre impériale, & Siraut dans le Hainaut Autrichien

En 1684, le roi d'Eſpagne confiſqua les biens

de la prévôté de Siraut, comme appartenant aux
religieux de faint Amand, fujets du roi avec
qui il étoit en guerre. Dom Romain Baccart, qui
poffédoit alors cette prévôté, préfenta au confeil
des finances de Bruxelles une requête par laquelle il demanda main-levée des faifies faites à
titre de confifcation, & foutint que les biens
dont il s'agiffoit ne pouvoient y être fujets, par
la raifon que le religieux qui jouiffoit de cette
prévôté, & y réfidoit avec plufieurs de fes confrères, en avoit l'ufufruit, » c'eft à-dire, le droit
» d'en jouir par fon titre pour leurs entretien
» alimens. » Par arrêt du 4 mai 1684, rendu
fur l'avis du confeiller fifcal de Hainaut, & con-
tradictoirement avec le receveur des domaines,
le confeil des finances accorda la main-levée,
moyennant par le prévôt payer une rétribution
annuelle de 600 livres, tant que la guerre du-
reroit. Les motifs de cette décifion furent, fuivant une lettre du 11 du même mois, écrite au prévôt par le confeiller fifcal, que la prévôté de Siraut étoit un titre indépendant de la menfe abbatiale & conventuelle de faint Amand, mais
que, comme parmi les biens réclamés par le
Prévôt, il s'en trouvoit une certaine quantité
qui paroiffoit dépendre immédiatement de l'abbaye, le roi d'Efpagne avoit bien voulu, pour
éviter toute difcuffion fur ce point, fe contenter
de la rétribution de 600 livres portée dans
l'arrêt.

En 1714, le cardinal de la Trémoille, abbé
commendataire de faint Amand, prétendit que
les biens des trois prévôtés devoient être rapportés dans la maffe des biens de l'abbaye, pour
entrer en partage. Cette conteftation fut foumife

à l'arbitrage de M. de Bernieres, intendant d
Flandres, & de MM. Doremieux, Nouet &
Chevalier, célèbres avocats au parlement de Paris
autorisés, par arrêt du conseil, à donner leur avi
à sa majesté sur cette affaire. Le 20 Juill
1714, les arbitres rendirent une ordonnance qu
enjoignoit aux religieux de s'expliquer nettemen
sur la nature de leurs prévôtés. En conséquence
le 26 du même mois, le Prévôt de Siraut dé
clara que » lesdites prévôtés sont des lieux fondé
» pour y faire l'office divin par des religieux d
» l'abbaye de saint Amand, laquelle seule a droi
» d'y envoyer & d'y préposer un desdits reli
» gieux, auquel appartient l'administration d
» tous les biens de la prévôté à laquelle il es
» préposé, ainsi que l'explique Van-Espen dan
» son droit ecclésiastique, partie 1, titre 31, cha
» pitre 2, suivant le canon 30 du concile de Mont
» pellier tenu en 1214 «. Le 30 du même mois
les grand Prieur & religieux de saint Amand dé
clarèrent pareillement que » les prévôtés dépen
» dantes de leur abbaye sont ce que la clémen
» tine *quia regulares* appelle prieurés, qui, selon
» cette clémentine, ne peuvent être conférés qu'au
» religieux de leur abbaye, & ne peuvent êtr
» appliqués ni réunis à la mense abbatiale, no
» pas même par les abbés réguliers, ni, à plu
» forte raison, par les abbés commendataires:
» sur laquelle clémentine lesdits grand Prieu
» & religieux ont déclaré qu'ils se fondoient a
» sens & en la manière qu'elle est observée &
» suivie dans les Pays-Bas, comme à saint Vaa
» d'Arras & autres abbayes tombées en com
» mende «. Le 7 novembre suivant, les arbi
tres ont donné un avis unanime, portant qu

les prévôtés de Barifis, Courtrai & Siraut, continueront d'être administrées en la manière accoutumée par les prévôts, qui feront nommés, vacation arrivant, par l'abbé commendataire, à la charge par lui de nommer des religieux de l'abbaye de faint Amand feulement, fans préjudice au grand Prieur de deftituer les religieux pourvus defdites prévôtés, pour caufe légitime.

Il avoit été rendu, le 9 août précédent, un arrêt au confeil privé de Bruxelles, qui contenoit la même difpofition, fur la queftion de favoir fi les biens des prévôtés devoient être rapportés à la maffe de l'abbaye, pour entrer en partage. Le prévôt de Courtrai l'avoit demandé & obtenu fur requête, dans la crainte que les grand Prieur & religieux ne fuccombaffent à Paris. En voici les termes : » Déclare que le prévôt de Cour-
» trai n'eft obligé de rapporter & conférer à l'ab-
» baye de faint Amand, ni au cardinal de la
» Trémoille, qui en eft pourvu à titre de com-
» mende, aucuns revenus des biens, appendances
» & dépendances, qui, fous la domination de
» l'empereur, lui appartiennent en fa qualité de
» prévôt de Courtrai, ni pour le paffé, ni pour
» l'avenir, & ordonne à tous ceux qu'il appar-
» tiendra de fe régler & conformer felon ce
» décret «.

Le cardinal de Gêvres ayant fuccédé au cardinal de la Trémoille, renouvela, par rapport à la prévôté de Siraut, les prétentions qui avoient été jugées au défavantage de celui-ci. Auffi-tôt le religieux qui en étoit pourvu s'adreffa au confeil privé de Bruxelles, & y obtint fur requête un arrêt du 20 avril 1732, conçu dans les mêmes termes que celui rendu le 9 août 1714, pour le

prévôt de Courtrai. Le cardinal de Gêvres, dése
pérant de réussir dans les tribunaux des Pays-B
Autrichiens, se pourvut directement contre le
grand Prieur & religieux de saint Amand, & t
rendre au conseil un arrêt qui renvoya l'affai
devant MM. Duhamel, Périnelle & Norman
avocats au parlement de Paris. Les grand Prieu
& religieux disoient pour leur défense ; 1°. qu
de droit commun les celles ou prieurés, de quelqu
manière qu'elles aient été établies, ont été re
connues indirectement pour de vrais titres eccle
siastiques réguliers ; 2°. qu'il est défendu au
abbés, sur-tout depuis les conciles du quatorzièm
siècle, de rien retirer des revenus des prieurés
si ce n'est les cens ou pensions qu'ils étoient dan
une ancienne possession d'exiger des Prieurs, san
pouvoir les augmenter ; 3°. que l'abbaye de sain
Amand ne jouissant pas personnellement de l
prévôté de Giraut, ce n'étoit point contre elle
mais contre le prévôt que l'abbé devoit dirige
ses poursuites. Sur ces raisons, est intervenu, le
août 1737, un jugement en dernier ressort, conç
en ces termes : » Nous, commissaires susdits
» en vertu du pouvoir à nous donné par sa ma
» jesté, ayant aucunement égard aux requête
» desdits grand Prieur & religieux de saint Amand
» les renvoyons des demandes contre eux formée
» par ledit sieur cardinal de Gêvres, en partag
» des biens dont est question ; & à fin de resti
» tution des fruits desdits biens, sauf audit sieu
» cardinal de Gêvres à diriger son action, ainf
» qu'il avisera, contre le prévôt de Siraut, & le
» défenses dudit prévôt réservées au contraire «

Que conclure de ces différens préjugés ? Rie
de précis. Il y auroit autant d'inconséquence d

prétendre indistinctement que les prieurés dépendans des abbayes des Pays-bas ne sont pas bénéfices, que de soutenir qu'ils le sont tous sans exception. La seule règle qu'il y ait à ce sujet, est de consulter les titres & la possession. Quelques abbayes les ont pour elles, quelques autres les ont contre. De là naît une différence qui est marquée bien clairement dans les articles 1 & 2 du traité du 14 octobre 1775, rapporté au mot BÉNÉFICE.

Après avoir discuté la nature des prieurés forains, il faut examiner à qui en appartient la nomination. De droit commun, c'est à l'abbé du monastère dont ils dépendent; &, comme le prouvent l'arrêt du 19 Septembre 1697 & le jugement arbitral du 7 novembre 1714, rapportés ci-devant, on ne distingue pas à cet égard un abbé commendataire d'avec un abbé régulier.

Il y a cependant quelques exceptions à cette règle. On verra ci-après que les prieurés dépendans de saint Germain-des-Prés sont à la collation du Prieur de cette abbaye. Le certificat du Prieur de saint-Victor, du 30 février 1693, que nous avons déjà cité, porte, que les prieurés dépendans de cette abbaye » sont conférés par les pères du » conseil, ou autrement dit par les pères de la » chambre, qui sont au nombre de sept, dont » le père Prieur est le chef, lesquels, à la plu- » ralité des voix, choisissent tel sujet de la com- » pagnie qu'ils veulent, pour remplir les offices » & les prieurés vacans, & qui révoquent aussi, » quand ils trouvent à propos, ceux qu'ils ont » commis pour remplir lesdits offices ou admi- » nistrations «.

D'Héricourt, en ses œuvres posthumes, tome

4, page 54, obferve » qu'en Franche Comté tous les
» prieurés fimples font à la pleine & libre collation
» du pape, comme les prieurés conventuels font à
» la nomination du roi ; cela eft établi par d'anciens
» indults renouvelés en différens temps. Il eft vrai
» que les collateurs François, qui ont des bénéfices
» de leur dépendance fitués en Franche-Comté,
» prétendent que le chef-lieu n'y étant pas fitué, ils
» doivent jouir de leur droit de collation, nonobf-
» tant ces indults : mais cette prétention a été plu-
» fieurs fois condamnée par le parlement de Be-
» fançon «. On trouve la même obfervation dans les
œuvres de Cochin, tome 6, page 486.

On a autrefois prétendu que le roi devoit nommer aux prieurés fociaux, en vertu du concordat :
mais ce fyftême étoit trop contraire à l'efprit & même
à la lettre de ce traité, pour être accueilli dans les
tribunaux, & il a été profcrit par un arrêt du
confeil de l'année 1572, rendu au fujet du
prieuré de Fleury, dépendant de l'abbaye de
faint Victor. On a déjà cité un femblable arrêt
du 11 juin 1547 pour le prieuré de faint Georges,
dépendant de l'abbaye d'Anchin.

Il en eft de même dans les Pays - bas, foit
François, foit Autrichiens, par rapport au
concordat dont nous avons parlé à l'article
ELECTION. On lit dans une requête des gens
du roi du grand confeil de Malines, en date
du premier juin 1723, » que fa majefté ne
» confère point les prieurés, lorfqu'ils font fim-
» ples ou d'obédience «.

Nous avons remarqué ci-deffus les cas où les
prieurés forains font fujets à la dévolution : On
verra au mot RÉGALE, quels font ceux où ils
peuvent recevoir l'impreffion de ce droit éminent.
On

On a vu plus haut que le concile de Vienne, ou, si l'on veut, la clémentine *quia regulares*, ordonne aux évêques qui difpofent des prieurés forains à titre de dévolution, des les conférer à des profès des monaftères d'où ces prieurés dépendent, *re-ligiofis monafteriorum quorum prælati hujufmodi negligentes fuerint, conferendo*.

Cette difpofition n'eft que l'expreffion de l'ancien droit commun, fuivant lequel tout re-ligieux étoit regardé comme incapable de pof-féder un prieuré qui ne dépendoit pas de fon abbaye, parce que c'auroit été le fouftraire à l'Abbaye dans laquelle il avoit fait vœu de fta-bilité, & au fupérieur à qui il avoit promis obéif-fance pour toute la vie.

. Cet ancien droit n'a changé en France qu'en conféquence - des congrégations qui s'y font formées. Tous les monaftères d'une même con-grégation étant foumis au même fupérieur gé-néral, on les a regardés comme ne formant qu'un feul corps. Les profès d'une abbaye n'ont plus paru étrangers aux autres abbayes de la même congrégation, & infenfiblement on les a reconnus pour habiles à poffĕder les bénéfices qui en dépendoient. Enfuite cette capacité s'eft étendue à tous les religieux du même ordre & militant fous la même règle, quoique de diffé-rentes congrégations, & c'eft ainfi que s'eft for-mée la maxime *regularia regularibus ejufdem ordinis*, devenue loi du royaume depuis qu'elle a été confignée dans le concordat.

Cependant la cour de Rome, toujours atta-chée aux anciens ufages, ne s'eft pas prêtée à cette innovation, & toutes les fois qu'un reli-gieux qui fe déclate profès d'un monaftère, demande un prieuré dépendant d'une autre abbaye, quoique de la même congrégation, les officiers de la daterie ne manquent jamais d'insérer dans 'la provision une clause de translation *de monasterio ad monasterium* , & d'assujettir le pourvu à se faire recevoir *in fratrem* dans l'abbaye d'où dépend le prieuré régulier qu'il impètre , afin de ne pas contrarier l'ancienne maxime, qu'il faut être religieux de l'abbaye matrice, pour posséder les prieurés forains qui en dépendent.

·Cette maxime forme encore le droit commun des Pays-Bas : les prieurés forains de ces provinces ne peuvent, conformément aux dispositions du concile général de Vienne, être donnés qu'aux religieux profès des abbayes dont ils dépendent respectivement; & , comme on l'a déjà remarqué, cet usage a été spécialement confirmé à l'égard des abbayes d'Anchin, de saint Amand & de saint Vaast, par l'arrêt du grand conseil du 19 septembre 1697, par le jugement arbitral du 7 novembre 1714, & par les lettres-patentes du mois de mai 1775.

· Peut-on conclure de là, que les prieurés dépendans des abbayes des Pays-Bas ne peuvent être tenus en commende par des ecclésiastiques séculiers? Les grand Prieur & religieux d'Anchin soutenoient l'affirmative · dans l'instance contre l'abbé de Langeac. Mais, comme nous l'avons déjà dit, ils ont succombé, & l'on a jugé que l'abbé de Langeac étoit habile à posséder en commende leur prieuré d'Aymeries. Voici le raisonnement que leur opposoit son défenseur. » L'affectation ancienne des prieurés » réguliers *aux profès de l'abbaye matrice*, ne » peut pas plus faire obstacle à la commende,

» que l'affectation plus récente des prieurés ou au-
» tres bénéfices réguliers *aux religieux du même*
» ordre. Quoique le concordat porte, *regularia*
» *regularibus ejufdem ordinis*, les bénéfices ré-
» guliers n'en font pas moins conférés tous les
» jours en commende à des féculiers : donc, quoi-
» que le concile de Vienne porte, *religiofis mo-*
» *nafteriorum quorum prælati hujufmodi negligentes*
» *fuerint, conferendo*, les féculiers n'en font pas
» moins aptes à être pourvus en commende des
» prieurés réguliers «.

Les grand Prieur & religieux d'Anchin prétendoient écarter ce raifonnement par la chartre
de 1088, qui, fuivant eux, affectoit particulièrement aux membres de leur abbaye le prieuré
dont il étoit queftion. Ils infiftoient fur trois
claufes de cette chartre : la première, par laquelle Gérard II, évêque de Cambrai, déclare
avoir foumis l'églife ou prieuré d'Aymeries à
l'abbaye d'Anchin. Mais cette claufe, répondoit
l'abbé de Langeac, ne fait que donner aux
abbés d'Anchin le gouvernement fpirituel du
prieuré d'Aymeries, fans affecter fpécialement le
titre aux religieux d'Anchin.

La feconde, par laquelle il étoit dit que la
fondatrice avoit doté l'églife d'Aymeries, *ad ufus*
fratrum ibidem deo fervientium. Mais cette claufe,
difoit le défenfeur de l'abbé de Langeac, ne
fait qu'exprimer l'affectation des biens à la fubfiftance & aux befoins des religieux réfidens
dans le prieuré; elle ne dit point que ce prieuré
ne pourra être conféré qu'à un religieux d'Anchin.

A la vérité, cette affectation fe trouvoit écrite
dans la troifième claufe, mais elle n'y étoit

qu'hypothétiquement : il y étoit dit, que si un jour l'église d'Aymeries se trouvoit en état d'être érigée en abbaye, les religieux d'Aymeries ne pourroient élire pour abbé qu'un des religieux d'Anchin : mais ce cas n'est point arrivé, disoit l'abbé de Langeac ; le prieuré n'a pas été érigé en abbaye ; ainsi il n'y a pas eu lieu à l'affectation spéciale du titre de cette abbaye aux seuls religieux d'Anchin.

L'abbaye de saint Germain-des-Prés vient de faire valoir avec plus de succès l'affectation de ses prieurés à ses religieux profès. La contestation étoit entre l'abbé Mallassis, pourvu en cour de Rome du prieuré de Septeuil, avec la clause *de titulo in commendam*, d'une part ; & les prieur & religieux de saint Germain-des-Prés prenant le fait & cause de dom Bourdon, nommé au même prieuré par son supérieur régulier, d'autre part.

Voici comme on établissoit la défense de ceux-ci. Toute la question se réduit à savoir si le prieuré de Septeuil est affecté à la mense conventuelle de l'abbaye de saint Germain-des-Prés, tellement que le Prieur de cette abbaye ait seul droit de le conférer ; que le pape ne puisse user, à son égard, de son droit de prévention, & que les seuls religieux profès soient capables de le posséder.

Or, ces trois points sont prouvés par le texte précis du concordat de 1543, passé entre le cardinal de Tournon, abbé de saint Germain, les prieur & religieux de l'abbaye, & le chapitre général de la congrégation de Chézal-Bénoît. *Quæ omnia & singula officia & beneficia ad prædictum conventum & mensam conventualem spec-*

tabunt & pertinebunt cum omnibus reditibus, fructibus & emolumentis ab ipsis dependentibus, & omnes fructus eorum mensæ conventuali affecti erunt & uniti, ex nunc prout ex tunc uniuntur & incorporantur. Commenter ces termes, seroit en diminuer l'énergie. Le droit de collation du Prieur à l'exclusion de tous autres, n'est pas moins certain. *Omnimoda dispositio & collatio eorum beneficiorum, vacatione occurrente, ad prædictum vicarium pleno jure pertinebit.* Le pape renonce formellement à pouvoir jamais conférer, *ita ut neque per romanum pontificem, neque per abbatem, neque per alium quácumque autoritate præfulgeat, præterquàm per præfatum vicarium collatio fieri possit, & collationes per alium facta nulla erunt & irrita.* Le Prieur de saint Germain ne peut conférer les bénéfices qu'aux religieux de cette abbaye, *ita tamen quòd præfatus vicarius aliis personis quàm regularibus & religiosis prædicti monasterii sancti Germani in observantiâ regulari viventibus providere non poterit.*

Ce concordat a été suivi de trois autres des années 1550, 1556, 1588, qui le confirment. Les papes l'ont ratifié par plusieurs bulles ; trois de nos rois l'ont revêtu de leurs lettres patentes, qui ont été enregistrées sans modification, & l'exécution en a été expressément ordonnée par un arrêt de 1643, rendu en faveur de dom Ferry, nommé par le Prieur de l'abbaye de saint Germain au prieuré de Bailly, contre l'abbé Grangier, impétrant en cour de Rome de provisions *per obitum* du même bénéfice, antérieures d'un mois à la nomination de son adversaire.

L'abbé Mallassis objectoit, 1°. que le concordat de 1643 contenoit si peu une affectation générale & exclufive, que le cardinal de Tournon s'obligeoit, par cet acte, d'indemnifer les religieux, au cas qu'ils vinffent à perdre leurs bénéfices par l'effet d'une réfignation des titulaires.

Réponfe. Avant l'introduction de la réforme de Chézal-Benoît dans l'abbaye de faint Germaindes-Prés, les religieux jouiffoient perfonnellement de leurs bénéfices. L'affectation portée par le concordat de 1543 ne pouvoit par elle-même leur ôter le droit de les réfigner ; ce concordat ne faifoit point loi, il ne pouvoit le devenir que par l'agrément & le concours des deux puiffances. Les titulaires confervoient leur libre difpofition, jufqu'à ce que l'on eût obtenu des lettres-patentes, & qu'elles fuffent enregiftrées. Il falloit donc prendre des précautions contre les réfignations qui auroient pu fe faire dans cet intervalle.

La feconde objection de l'abbé Mallaffis étoit de dire, que les titres des bénéfices exiftoient, que le concordat de 1543 n'avoit pu priver les indultaires, les brévetaires, les régaliftes & les gradués, de leurs expectatives ; que l'ordinaire lui-même confervoit tous fes droits.

Réponfe. L'ordinaire n'a rien perdu, puifque les bénéfices étoient à la collation de l'abbé. On n'appelle jamais les indultaires, les brévetaires ni les gradués, lorfqu'il s'agit d'une union. Les régaliftes ceffent d'avoir des droits, lorfque le roi renonce aux fiens par des lettres-patentes, & que le parlement les enregiftre.

La troifième objection de l'abbé Mallaffis étoit tirée du défaut d'enregiftrement des bulles du pape, qui ont adopté le concordat de 1543.

Réponfe. Ces bulles ont été fuivies de lettres-patentes qui ordonnent l'exécution du concordat qu'elles avoient reçu ; ce font elles qui lui donnent force de loi. Il eft bien vrai que des bulles ne peuvent s'exécuter en France fans le confentement du roi ; mais quand les lettres-patentes & les bulles ordonnent la même chofe, l'enregiftrement des premières fuffit. Le concours des deux puiffances étoit néceffaire ; auffi le pape a-t-il donné des bulles qui engagent fes fucceffeurs, & le roi des lettres - patentes qui ont formé une loi parfaite d'après l'enregiftrement.

La quatrième objection de l'abbé Mallaffis étoit la plus foible de toutes. Le préambule des lettres-patentes, difoit-il, annonce que leur objet eft feulement d'autorifer la réforme de Chézal-Benoît introduite dans l'abbaye de faint Germain-des-Prés ; mais il n'y eft pas dit un mot de l'union des bénéfices.

Réponfe. La réforme de Chézal-Benoît ordonne expreffément l'affectation de tous les bénéfices à la menfe conventuelle (*). Cette réforme eft établie par le concours des deux puiffances de la manière la plus folennelle ; ainfi quand on admettroit que les lettres patentes n'euffent eu pour objet que l'introduction de la réforme de Chézal-Benoît dans l'abbaye de faint Germain, elles n'en auroient pas moins approuvé l'union des bénéfices à la menfe conventuelle, puifqu'elle étoit ordonnée par la règle même qu'on recevoit.

Ces moyens ont été développés par M. l'avo-

_____

(*) Ordinamus quòd omnes reditus, tam conventûs quàm officiorum, nec non prioratuum ad noftram communitatem perveniant, & beneficia ex tunc unita cenfeantur communitati noftri monafterii. *Article 53 des ftatuts de Chézal-Benoît.*

cat général Séguier ; & par arrêt du vendredi
20 mars 1778 , conforme à fes conclufions ,
l'abbé Mallaffis a été déclaré non recevable dans
fes demandes , appels comme d'abus & oppofitions , & dom Bourdon maintenu dans le prieuré
de Septeuil.

L'arrêt du grand confeil du 30 mars 1694 ,
déjà cité plus haut , a encore jugé que l'office de
Prieur clauftral de l'abbaye d'Anchin étoit incompatible avec le prieuré de faint Georges dépendant du même monaftère. Dom d'Oye étoit
pourvu à la fois de l'un & de l'autre ; les religieux d'Anchin le firent affigner au grand confeil , pour voir dire qu'il feroit tenu d'opter
entre ces deux titres. Ils appuyèrent leur demande
fur le décret du concile de Vienne , qui affujettit les Prieurs forains à la réfidence la plus
exacte , & leur ôte même la liberté de demeurer dans le principal monaftère , fi ce n'eft pour
un temps & pour de juftes caufes. Dom d'Oye
ne fe défendit , qu'en prétendant que faint Georges
étoit un prieuré *de mensâ* ; les religieux foutinrent au contraire qu'il étoit détaché de la menfe
conventuelle , & l'arrêt dont il s'agit leur donna
gain de caufe : faute par dom d'Oye d'avoir fait
l'option du grand prieuré d'Anchin , ou du
prieuré de faint Georges , il déclara le grand
prieuré vacant.

Voyez Van-Efpen , Fuet , Rouffeau de La-
combe ; les définitions canoniques ; le diction-
naire de Durand de Maillan ; Denifart ; l'en-
cyclopédie , & les divers articles auxquels nous
renvoyons dans le cours de celui-ci.

(*Article de M.* MERLIN *, avocat au parle-*
ment de Flandres.)

PRIMAT. Ce nom, qui emporte un titre de dignité, ne s'est introduit dans l'église, ainsi que ceux d'archevêques, de patriarches & de papes, que quelques siècles après l'établissement du christianisme. Les évêques des plus grands siéges s'étoient contentés jusqu'alors de la seule dénomination d'évêques, qui leur étoit commune avec ceux des siéges les moins considérables : on ne vit qu'avec une sorte de peine les prélats des premières villes affecter ou recevoir ces titres plus relevés ; mais l'usage prévalut, & l'on appela archevêque ou métropolitain, l'évêque de la principale ville de chaque district. On donna le nom de Primat ou d'Exarque à ceux dont les siéges se trouvoient placés dans des villes qui tenoient le rang de capitales par rapport à plusieurs districts. Les évêques de villes qui étoient elles - mêmes regardées comme capitales à l'égard de plusieurs grandes provinces ou royaumes, furent appelés patriarches. Leur autorité & leur juridiction s'étendoient sur les Primats eux - mêmes, & absorba dans la suite l'autorité même de ces derniers. Ce fut particuliérement dans l'église grecque ou d'orient que ces différentes dénominations furent d'abord admises. L'église latine n'eut, pendant long-temps, d'autres manières de désigner les évêques des principaux siéges, que la simple qualité d'archevêque : si les noms de patriarche & de Primat y furent ensuite reçus, ce fut dans un sens bien moins étendu & avec des prérogatives bien inférieures à celles dont jouissoient les prélats revêtus des mêmes titres dans l'église orientale. Deux choses sur-tout contribuèrent à rendre plus difficile l'introduction de ces titres, & des pouvoirs

& droits qui s'y trouvoient attachés. La grand
autorité dont l'évêque de Rome a toujours jou
dans l'églife latine, s'oppofoit à l'accroiffemen
de l'autorité des fiéges inferieurs ; & lorfqu
les évêques de Rome voulurent dans la fui
employer cette même autorité pour étendr
celle de quelques-uns des principaux métropoli
tains, la réfiftance qu'ils éprouvèrent de la pa
des métropolitains voifins, & même de quel
ques-uns de leurs fuffragans, rendit prefqu
toujours ces tentatives inutiles. Auffi, quoiqu
l'on rencontre quelquefois le titre de Prima
accordé à des évêques ou archevêques de l'églil
latine, ce titre n'annonce point en leur faveu
les mêmes avantages qu'il indiquoit relativemen
aux évêques orientaux. Ce n'étoit guère, pen
dant les onze premiers fiècles (fur-tout dar
les Gaules), qu'un fimple titre d'honneur, ac
cordé quelquefois à l'ancienneté de l'ordination
d'autres fois au mérite perfonnel, mais fans au
cune prééminence ni fupériorité de droit. Mal
gré tout le crédit que le pape faint Léon s'étoi
fi juftement acquis par fes vertus & fa doctrine
il ne put réuffir à faire agréer à l'églife des Gaule
le deffein qu'il avoit d'y établir différens Prima
auxquels des métropolitains fuffent fubordonné
L'attachement de l'églife gallicane à fes ancien
ufages écarta cette nouveauté. Prefque tous le
auteurs conviennent que jufqu'après le milieu d
onzième fiècle, on ne reconnut dans les Gaule
l'autorité d'aucun Primat, & que tous les mé
tropolitains étoient immédiatement foumis a
faint fiége. Si quelques-uns avoient eu quelqu
prééminence fur les autres, ce n'avoit été qu'e
vertu de vicariats dont les papes avoient voul

les honorer, & qui étoient uniquement attachés à leurs personnes. Depuis long-temps ces vicariats ont cessé d'être en usage, & ne seroient plus aujourd'hui reçus.

Le plus ancien Primat en vertu d'un titre perpétuel, que l'on reconnoisse en France, est l'archevêque de Lyon. Cette dignité lui fut conférée en 1079 par Grégoire VII, qui occupoit alors le saint siége, & qui par une bulle accorda à l'église de Lyon le droit de primatie sur les quatre provinces Lyonnoises, qui sont celles de Lyon, de Rouen, de Sens & de Tours. L'antiquité de l'église de Lyon, que l'on peut regarder comme la première des églises de France qui ait eu un siége épiscopal, sembloit mériter cette distinction ; il paroît même que Grégoire VII crut moins accorder un droit nouveau à cette église, que la remettre en possession d'anciens droits que le défaut d'usage avoit en quelque sorte fait oublier. Ces motifs n'en eurent pas plus de force sur deux des métropolitains que le pape assujettissoit à la primatie de Lyon. L'archevêque de Tours fut le seul qui la reconnut volontairement & s'y assujettit de plein gré. Robert, archevêque de Sens, y opposa la plus vive résistance, & fut privé par le pape de l'usage du *pallium* dans sa province, en punition de cette désobéissance prétendue. Quel crime pouvoit-on faire à ce prélat, de vouloir conserver la liberté de son église & les prérogatives de son siége ? Daimbert, qui le remplit après lui, ne montra pas la même vigueur, & se soumit à la primatie de Lyon. Ses successeurs regardèrent cette démarche comme une foiblesse de sa part, qui n'avoit pu préjudicier à leurs droits, & ne s'en opposèrent pas moins fortement à l'autorité que les archevêques de Lyon vouloient prendre dans leur province. Ils eurent même l'avantage d'être en cela foutenus par nos rois, qui ne voyoient qu'avec peine qu'on entreprît d'affujettir l'archevêque de la province dans laquelle il réfidoit d'ordinaire, à une puiffance étrangère. L'archevêque de Lyon jouiffoit en effet alors de la fouveraineté fur cette ville. Les difputes renouvelées fouvent entre ce petit fouverain & fes fujets, engagèrent ces derniers à recourir à la protection de nos rois & à défirer de fe foumettre à leur autorité. Un des articles du traité fut que fes droits de primatie feroient confervés à l'archevêché de Lyon fur la province de Sens. Le dédommagement n'étoit pas fort avantageux pour les archevêques. Depuis cette époque, ceux de Sens furent obligés de reconnoître la primatie. Lorfqu'en 1622 l'évêché de Paris fut diftrait de la métropole de Sens, & érigé en archevêché, ce ne fut qu'à condition que la nouvelle métropole releveroit immédiatement de la primatie de Lyon, à laquelle elle demeureroit foumife. C'eft ce qui eft ftipulé dans les bulles & lettres-patentes données à ce fujet.

Quant à la métropole de Rouen, elle n'avoit jamais fupporté que fort impatiemment les prétentions de celle de Lyon. Depuis l'érection de la dernière en primatie, plufieurs querelles s'étoient élevées entre les prélats des deux fiéges. Elles fe renouvelèrent avec plus de chaleur vers la fin du fiècle dernier. M. de Saint-Georges rempliffoit alors le fiége de Lyon, celui de Rouen étoit occupé par M. Colbert. L'affaire fut portée au confeil d'état ; elle fut inftruite avec tout le foin poffible ; les plus célèbres jurifconfultes écrivirent ou furent confultés fur cette queftion. De part & d'autre, parurent les mémoires les plus approfondis. Enfin, par arrêt du 2 mai 1702, le roi, sans s'arrêter aux requêtes & demandes de l'archevêque de Lyon, tendantes à être maintenu dans le droit de primatie sur la province de Rouen, comme sur celles de Lyon, Tours, Sens & Paris, ayant égard à celles de l'archevêque de Rouen, & à l'intervention des évêques de la province de Normandie, maintient l'archevêque de Rouen & ses successeurs dans le droit & possession où étoit, de temps immémorial, l'église de Rouen de ne reconnoître d'autre supérieur immédiat que le saint siége; fait défenses à l'archevêque de Lyon, ses grands vicaires & officiaux, & à tous autres, de l'y troubler à l'avenir, & en conséquence, déclare qu'il y avoit abus dans les provisions & *visa* donnés par l'archevêque de Lyon & ses grands vicaires, de bénéfices situés dans le diocèse de Rouen, sur le refus de l'archevêque de Rouen ou de ses grands vicaires; déclare abusives les appellations de l'official de Rouen, relevées à l'officialité primatiale de Lyon; permission de citer, citations, procédures & jugemens rendus en conséquence; ordonne que les appellations des ordonnances & jugemens de l'archevêque de Rouen, ses grands vicaires ou officiaux, feront relevées immédiatement à Rome; fait défenses à toutes personnes de les relever à l'officialité primatiale de Lyon, à peine de nullité; & en ce qui concerne les appellations comme d'abus interjetées, tant par l'archevêque de Rouen, des deux bulles de Grégoire VII de l'année 1079, que par l'archevêque de Lyon, de la sentence rendue par le cardinal de Sainte-Croix, du 12 novembre 1455, & des

bulles de Calixte III des 23 mai 1453 & 11
juillet 1458 ; le roi les déclare refpectivement
non recevables dans lefdites appellations comme
d'abus, fans amende : ordonne que l'arrêt fera
lu, publié & enregiftré par-tout où befoin fera,
& que toutes lettres-patentes néceffaires feront
fur ce expédiées.

. En conféquence de cet arrêt, le roi a donné
fes lettres - patentes le 4 août 1702 , adreffée
aux parlemens de Paris & de Rouen , & à tou
autres officiers jufticiers qu'il appartiendra ; &
leur mande de les faire lire , publier & enregiftrer , & du contenu en icelles faire jouïr
l'archevêque de Rouen & fes fucceffeurs , pleinement , paifiblement & perpétuellement , ceffant
& faifant ceffer tous troubles & empêchemens à
ce contraires , & fans fouffrir qu'il y foit contre-
venu en quelque forte & manière que ce foit,
directement ou indirectement ; & ce nonobftant
clameur de haro , charte normande , & telles à
ce contraires , auxquelles , pour ce regard feulement , & fans tirer à conféquence , le roi déroge
& a dérogé.

- Ces lettres-patentes ont été enregiftrées au
parlement de Paris le 13 décembre 1702 , & au
parlement de Rouen le 20 du même mois.

L'auteur du recueil de jurifprudence canonique,
après avoir rapporté le difpofitif de cet arrêt, obferve que dans cette célèbre conteftation il a
été jugé qu'un évêque peut être Primat , fans avoir
fous lui de métropolitain. On né voit cependant
pas que l'arrêt cité donne cette qualité à l'archevêque de Rouen ; elle ne feroit d'ailleurs qu'un
fimple titre d'honneur , & une qualité purement
ftérile , qui ne procureroit ni prééminence ni
prérogatives.

L'archevêque de Bourges jouit auffi du droit de primatie. Ce droit, attaché depuis long-temps à fon fiege, lui fut confirmé par les papes Eugène III & Grégoire IX. Sa primatie paroît s'être autrefois étendue fur la province de Bordeaux : d'anciens monumens atteftent que les archevêques de Bourges y ont fait des vifites, & que les archevêques de Bordeaux ont reconnu cette primatie : mais depuis long-temps ces derniers ont fecoué ce joug ; ils prennent même la qualité de Primats d'Aquitaine. Ce privilège leur fut accordé en 1306 par le pape Clément V, François de nation, & qui avoit, avant fa promotion au fouverain pontificat, rempli le fiége de Bordeaux. Il exempta en même temps cette province de la juridiction de l'archevêque de Bourges ; ce qui confirme que la primatie de ce dernier s'étendoit anciennement, comme nous venons de le dire, fur la province eccléfiaftique de Bordeaux, & ce qui prouve le droit, ou, pour mieux dire, le pouvoir que s'étoient arrogé les fouverains pontifes de foumettre ou de fouftraire les métropoles à la juridiction les unes des autres.

L'attention qu'ont eue les archevêques de Bordeaux dans l'exemption que leur avoit accordée le faint fiége, a donné plus de force à cette exemption qu'elle n'en tenoit du refcrit pontifical.

La primatie de l'archevêque de Bourges, qui par-là fe trouvoit réduite à un titre fans fonctions, a repris la dignité & l'éclat qui paroiffent devoir l'accompagner, lors de l'érection faite en 1675 de l'évêché d'Albi en archevêché. Les archevêques de Bourges, dont les évêques d'Albi étoient fuffragans, ne confentirent à cette érection que fous

la réferve & à la condition que le nouvel archevê
ché, ainfi que les évêchés de Rodez, de Caftres,
de Cahors, de Vabres, & de Meudes, que l'on
détachoit auffi de la province de Bourges, pour en
former la nouvelle province d'Albi, refteroien
foumis à la juridiction primatiale de l'archevêch,
de Bourges.

·: La qualité de Primat eft encore prife par plufieur
archevêques du royaume de France ; mais, comm
nous l'avons obfervé, elle n'eft qu'un fimple titr
pour eux. Ainfi l'archevêque de Bordeaux, comm
on vient de le dire, fe qualifie Primat d'Aqui
taine ; l'archevêque de Sens, quoique foumis
la primatie de Lyon, s'intitule Primat de Ger
manie ; l'archevêque de Vienne fe donne le titr
de Primat des Primats ; cependant il n'a d
juridiction fur aucun Primat ni même fur aucu
métropolitain : l'archevêque d'Arles lui conteft
la qualité de Primat de la Gaule Narbonnoife
qui eft en même temps revendiquée par l'archevêqu
de Narbonne.

ʏ Ces différentes prétentions ont pu tirer leur ori
gine des vicariats que les papes, fuivant la re
marque que nous en avons faite ci deffus, s'étoie
mis en ufage de donner à différens évêques dan
les cinquième & fixième fiècles. Le pape Zozim
fut le premier qui revêtit Patrocle, évêque d'Arle
du titre de fon vicaire dans les Gaules.

· Les droits & pouvoirs des Primats ne répon
dent pas, parmi nous, à la magnificence du titr
Les Prélats qui en jouiffent, même avec fonc
tions, ne peuvent ni faire de vifites dans le
métropoles des archevêques qui relèvent d'eux
ni indiquer les affemblées des conciles provin
ciaux, ni faire porter devant eux la croix, ni f
ferv

fervir du pallium, ni officier pontificalement dans les mêmes métropoles. Fevret, livre 3 de fon traité de l'abus, chapitre 3, rapporte fort au long les permifions & confentemens que M. de Marquemont, archevêque de Lyon, demanda & obtint pour célébrer pontificalement dans l'églife paroiffiale de faint Euftache à Paris.

Toute l'autorité & juridiction des Primats fe réduifent, d'une part, à juger par eux mêmes des appels interjetés devant eux des ordonnances des Métropolitains qui leur font foumis, en matière volontaire, & à pourvoir fur les refus de *vifu*, ou même a les fuppléer en cas de déni de juftice ; & , d'un autre côté, à faire prononcer dans leurs officialités primatiales, fur les appels des fentences rendues par les officiaux métropolitains. Ils ont encore le droit de conférer par dévolution les bénéfices auxquels les métropolitains auroient négligé de pourvoir dans le temps qui leur eft prefcrit par les canons.

Voyez Fevret, traité de l'abus ; Thomaffin, difcipline eccléfiaftique ; mémoires du clergé ; recueil de jurifprudence canonique ; loix eccléfiaftiques. Voyez auffi les mots ARCHEVÊQUE, DIOCÈSE, EVÊQUE, PATRIARCHE, &c.

(*Article de M. l'abbé* REMY *, avocat au parlement.*)

PRIMATIE. Ce mot, dérivé du précédent, défigne la dignité & la qualité en vertu defquelles les prélats de certains fiéges métropolitains ont une prééminence de juridiction fur d'autres métropolitains. Voyez l'article ci-deffus.

(*Article de M. l'abbé* REMY *, avocat au parlement.*)

PRIME D'ASSURANCE. C'eſt la ſomr qu'un négociant qui veut faire aſſurer ſa mɑ chandiſe, paye à l'aſſureur pour le prix de l'aſſ rance. Voyez ASSURANCE.

PRIMITIF. On appelle *titre primitif*, le pɩ mier titre conſtitutif de quelque droit.

On appelle *curé primitif*, celui qui eſt orig nairement curé, & qui a un vicaire perpétɩ ou inamovible, qu'on appelle *curé*. Voyez CUR

PRIMOGÉNITURE. C'eſt le droit d'aîneſ Voyez AÎNÉ.

PRINCE, du mot latin *Princeps*, lequel lui-même formé de la combinaiſon de de mots, *primus*, *caput*, premier, chef, qui eſt la tête des autres, qui commande. Ce tɩ apparient donc eſſentiellement à tout ſouv rain.

C'eſt dans les articles ROI, SOUVERAIN qu'on parlera des rapports des Princes ſouverai avec les peuples qui leur ſont ſoumis. On pour traiter auſſi quelques queſtions importantes ſur ſujet dans les articles SUZERAIN, VASSAL.

Ici nous ne parlons des Princes, qu'abſtractio faite de tout droit de ſouveraineté, & dans ɩ rapports qu'ils ont avec les nations dont ils ſɑ membres, & qui ne ſont pas ſoumiſes à leɩ empire.

Rome a eu des Princes, autres que les roᶦ & les empereurs. L'égliſe a eu auſſi des Princ ſubordonnés au ſouverain pontife; elle en a encoɩ La France ne connoît qu'un ſouverain; maᶦ elle a pluſieurs Princes. Elle en a eu dès les pɾ

miers temps de la monarchie. Il faut voir quelles
font les différentes acceptions de ce mot, dans
l'hiſtoire romaine, dans la hiérarchie de l'égliſe,
& dans notre conſtitution.

A Rome, on appeloit *Prince du ſénat*, celui
que les cenſeurs nommoient le premier en faiſant la revue du ſénat. Ce titre ne donnoit ni
autorité, ni pouvoir ; c'étoit ſeulement une prérogative d'ordre. Auguſte s'appropria ce titre ;
ſes ſucceſſeurs l'imitèrent, & cette dignité reſta
toujours depuis attachée à l'empire.

Roſin parle, dans ſes antiquités romaines, d'un
Prince de l'ordre des chevaliers : quelques autres
ſavans ont cru auſſi que cette dignité avoit exiſté
dans la république romaine, qu'elle ſe conféé-
roit de la même manière que celle de *Prince
du ſénat*, & qu'elle donnoit, dans l'ordre des
chevaliers, à peu près la même prééminence que
le titre de *Prince du ſénat* donnoit ſur tout le
reſte des citoyens. M. de Beaufort a réfuté cette
erreur dans ſes diſſertations ſur l'hiſtoire romaine.

Auguſte, en uſurpant la puiſſance ſouveraine,
avoit pris pour lui le titre qui donnoit le premier
rang dans l'état. Quand il voulut rendre cette
puiſſance héréditaire, il crut devoir fixer le ſecond
rang ſur la tête des héritiers préſomptifs de
l'empire. Il créa pour cela le titre de *Prince de
la jeuneſſe*, dont il fit décorer, preſque au ſortir
de l'enfance, Caius & Lucius Agrippa, ſes enfans adoptifs. Les ſucceſſeurs d'Aguſte ſuivirent
ſon exemple ; & les titres de Céſar, de *Prince
de la jeuneſſe*, furent à peu près, dans l'empire
romain, ce qu'eſt aujourd'hui, dans l'empire
d'Allemagne, le titre de roi des Romains.

' Rome avoit d'autres Princes ; mais ils étoie[n]t loin de ce degré d'honneur & de puiffance q[ue] donnoient les titres de *Prince du fénat* & [de] *Prince de la jeuneffe.*

' Ovide & Polybe parlent des *Princes foldats Principes milites* ; & nous trouvons dans [le] code de Juftinien un titre *de cohortatibus Pri[n]cipibus.* Il faut bien fe garder de confondre c[es] deux fortes de princes.

' Les *Princes foldats* formoient la feconde claf[fe] de la milice romaine. On diftinguoit quat[re] claffes de foldats dans les armées romaines : 1°. l[es] *triariens*, qui étoient les plus anciens & l[es] plus expérimentés ; on réfervoit ceux-là, dans l[es] batailles, pour foutenir le dernier effort ; & c'e[ft] par cette raifon qu'on les mettoit au troifiè[me] rang : 2°. les *Princes*, qui étoient la principa[le] force de l'armée ; ils formoient le fecond ran[g] & combattoient l'épée à la main : 3°. les *piquiers* moins forts que les Princes, étoient au premi[er] rang : 4°. les *pilaniens* ou *vélites* étoient d[es] troupes légères.

' Ceux que Juftinien appelle *cohortales Prin[ci]pes*, n'étoient autre chofe que les premiers des off[i]ciers fubalternes qui étoient attachés au fervi[ce] des tribunaux ; greffiers, fcribes, huiffiers, appar[i]teurs, & autres de cette efpèce. Ainfi le gre[f]fier en chef & le premier huiffier d'un tribun[al] font véritablement *cohortales Principes* ; & Bu[dé] a raifon d'appeler le premier huiffier du parlemen[t] *Principem apparitorem.*

L'églife à donné à faint Pierre & à faint Paul [le] titre de *Princes des apôtres* : ce n'eft pour [ce] dernier qu'une expreffion emphatique ; le ti[tre] de Prince des apôtres ne convenoit propreme[nt] qu'à faint Pierre.

On a donné aux cardinaux le titre de *Princes de l'église*; & ce n'est point un vain titre; ce sont eux qui élifent le pape, & ils sont ses conseillers & ses asseffeurs.

On appeloit auffi *Prince* ou *primicier*, dans les églifes cathédrales, celui qui étoit à la tête du clergé inférieur. Les droits, le titre & les fonctions du *primicier* ont été supprimés ou réunis à d'autres dignités dans la plûpart des églifes; on les a confervés dans quelques-unes. La dignité de *primicier* exifte encore dans la cathédrale de Metz.

Voilà tout ce qu'il eft néceffaire de favoir fur les Princes de Rome & fur ceux de l'églife.

Ce n'eft pas par les anciens monumens de notre hiftoire que nous pourrons déterminer les droits & la dignité des Princes tels que nous les connoiffons aujourdh'ui. Tout a changé; & les mêmes noms ne conviennent plus aux mêmes chofes ni aux mêmes perfonnes.

Tacite donne le nom de Prince, chez les Germains, aux magiftrats qui étoient chargés de rendre la juftice: *eliguntur in iifdem conciliis & Principes, qui jura per pagos vicofque reddunt.* Il donne le même nom à ceux qui commandoient les armées: *Principes pro victoriâ pugnant.* Il le donne encore aux jeunes gens des familles les plus diftinguées, & à ceux dont les pères se font illuftrés par de hauts faits: *infignis nobilitas, aut magna patrum merita Principis dignationem etiam adolefcentulis affignant.*

Dans les prémiers temps de la monarchie Françoife, on donnoit le nom de Princes aux évêques, aux ducs & aux comtes. *Incipit lex Alamannorum, quæ temporibus Clotarii regis, unâ*

cum Principibus fuis, *id funt* 33 epifcopis, & 3(
ducibus, & 72 comitibus, *vel cætero popul*
conftitutum eft. Alors le titre de *Prince* n(
fignifioit rien de plus que celui de *proceres op*
timates. Les Princes étoient fous Clotaire, c(
qu'ils étoient chez les Germains, des magiftrats
La loi des Bavarois donne auffi aux juges le non
de *Princes, cogente Principe, qui in illâ region(*
judex eft.

Les maires du palais prenoient encore le titre d(
Princes, & y attachoient plus d'importance. L(
puiffance fouveraine étoit dans leurs mains, & j(
ne crois pas qu'ils l'euffent ufurpée (*).

Jufque-là, ce que Tacite a dit fur les mœur(
des Germains, eft le tableau des ufages & de l(
conftitution de la monarchie françoife fous le(
rois Mérovingiens. Nous retrouvons en Franc(
les Princes juges & les Princes généraux d'armée(
mais y trouvera-t-on auffi les Princes de naif(
fance ? C'eft un problème hiftorique, qu'il fer(
peut-être difficile de réfoudre, mais fur lequel j(
donnerai bientôt mes conjectures.

Le titre de Prince n'eft aujourd'hui, en France
ni l'attribut d'aucun office, ni le figne d'aucun(
autorité.

Nous connoiffons cinq fortes de Princes ; le(
Princes du fang, les Princes légitimés, les Prince(
qui ont des fouverainetés fous la protection de l(
France, les Princes iffus de maifons fouveraines

(*) Il y auroit bien des chofes à dire, & peut-êu(
beaucoup d'erreurs à réfuter fur la nature de l'office d(
maire du palais, fur fon origine, & fur les pouvoirs qu(
y étoient attachés ; mais une note ne fuffiroit pas, il fau(
droit une differtation, & ce n'eft pas ici fa place.

quoiqu'ils ne pofsèdent pas eux-mêmes de fouveraineté, & les propriétaires des terres érigées
en principautés. Je vais faire l'histoire de ces différentes classes de Princes, & déterminer les droits
qui leur appartiennent.

Princes du fang.

On appelle *Princes du fang*, ceux qui font iffus
de la maifon royale par les mâles.

Leur donna-t-on ce titre dès les premiers temps
de la monarchie ? avoient-ils dès-lors un droit de
prééminence fur les autres nobles ? Voilà le pro-
blême hiftorique que j'ai annoncé.

S'il faut en croire une femme qui a vu de près
la cour de Charles VI, le titre. de *Prince* n'appartenoit qu'aux rois, aux empereurs, aux ducs
& aux feigneurs des terres érigées en principautés.

» En diverfes feigneuries, dit Chriftine de
» Pifan dans fon livre intitulé *la cité des dames*,
» font demeurantes plufieurs puiffantes dames, fi
» comme baronneffes & grand terriennes, qui pour-
» tant ne font appelées *princeffes*, lequel nom
» de *princeffe* n'affiert être dit que des empérières,
» des roynes & des ducheffes, fi ce n'eft aux
» femmes de ceux qui, à caufe de leurs terres,
» font appelés Princes par le droit nom du lieu «.

M. de Boulainvilliers va bien plus loin. » Les
» nobles, dit-il, étoient, de fait & de droit, les
» feuls grands de l'état.... On ne connoiffoit point
» entre eux les diftinctions des titres qui font
» aujourdhui en ufage... *Les François ne connoif-*
» *foient point de Princes parmi eux ; la parenté*
» *des rois ne donnoit aucun rang, non pas même*
» *à ceux qui en defcendoient en ligne mafculine.*

« Cela eſt évident par l'exemple des maiſons de
» Dreux, de Courtenai, & des branches ca-
» dettes de Bourbon ; quoique le duché de Bre-
» tagne fût encore dans la première, que l'em-
» pire de Conſtantinople eût été dans la ſeconde
» & quoique les aînés de Bourbon euſſent ob-
» tenu une diſtinction conſidérable après le
» mariage de Charles V avec Jeanne de Bourbon «

Quoiqu'il ne faille pas adopter ſans examen
toutes les opinions de M. de Boulainvilliers, ſon
témoignage ſur les faits eſt cependant du plus
grand poids : nous n'avons point d'hiſtorien qui
en ait recueilli de plus importans que lui, qui
ait puiſé dans des ſources plus pures, qui ai
mis dans ſes recherches plus d'exactitude &
de loyauté ; mais il eſt poſſible qu'il n'ait pa
tout vu.

Loiſeau avoit dit avant M. de Boulainvilliers
» Il n'y a pas long-temps que les mâles iſſu
» de nos rois, ſe qualifient Princes en vertu de
» leur extraction ; car c'eſt la vérité qu'ils pri-
» rent premiérement ce titre à cauſe des duché
» & comtés qu'ils poſſédoient.

Il obſerve très-bien que ſous les deux première
races, les enfans des rois étoient tous rois après la
mort de leur père ; que ſi ceux-là avoient eu des
enfans, par la même raiſon, ils auroient encore
été rois ; qu'il y auroit eu autant de rois, ou
pour mieux dire, autant de parts de royaume en
titre de royaumes, qu'ils auroient été de mâles
deſcendans de nos rois : de ſorte que ſi cela eût
continué dans la troiſième race, ceux de la lignée
des rois, que nous appelons maintenant *Princes
du ſang*, auroient tous été rois.

Tout cela eſt vrai ; mais cela ne nous éclaire

pas fur le titre ni fur le rang que l'on donnoit aux enfans des rois, fous les deux premières races, avant qu'ils euffent fuccédé à la couronne; ni fur le titre & le rang que l'on donna aux puînés dans les commencemens de la troifième race, lorfque l'ufage eut établi le droit d'aîneffe pour la fucceffion au trône.

C'eft fous le règne de Louis VIII que Loifeau place la première époque de la prééminence des puînés de France fur les ducs & les comtes : & il y a apparence, dit-il, que ce fut alors qu'ils prirent la qualité de *Princes du fang*; cependant il avoue qu'on n'en trouve guère en ce temps-là qui fe qualifiaffent *Princes*.

Voilà les opinions des jurifconfultes & des hiftoriens modernes. Voici les faits, les antiquités, les monumens de l'hiftoire.

Tacite vient de nous dire que les Germains avoient des Princes de naiffance. *Infignis nobilitas, aut magna patrum merita Principis dignationem adolefcentulis affignant.*

La loi des Bavarois donne auffi le titre de Princes, & la prééminence fur tous les Bavarois, à ceux qui étoient de la famille ducale.

Elle donne le nom des premières familles Bavaroifes : *De genealogiâ qui vocantur Hoʒidra, Oʒʒa, Sagana, Habilingua, Anniena.* Mais elle ne les place qu'après ceux qui font de la race du duc; & ceux-ci, elle les appelle *Algilofingues : ifti funt quafi primi poft Algilofingos, qui funt de genere ducali.*

Elle règle la compofition pour le duc, pour les *Algilofingues*, & pour les premières familles qui viennent après eux.

Celle du duc étoit un tiers plus forte que

celle des *Algilofingues : Pro eo quia dux eſt addatu*
ei major honor quàm cæteris parentibus ejus ; ſi
ut tertia pars addatur ſuper hoc, quo parentes eju
componuntur.

Celle des *Algilofingues* étoit quadruple de cell
de l'homme libre. *Algilofingi vérò uſque ad ducen*
in quadruplum componantur : & la loi en donn
la raiſon, *quia ſummi Principes ſunt inter vos*

Celle des premières familles Bavaroiſes n'étoi
que double de celle de l'homme libre. *Illis du*
plum honorem concedimus, & ſic duplam compo-
ſitionem accipiant.

Ce titre de Princes, cette prééminence qu
la loi des Bavarois donne à ceux qui ſont d
la famille régnante, n'auroient-ils eu lieu que po
le duché de Bavière ? La loi des Bavarois n
ſeroit-elle autre choſe que la collection de quelques points de coutumes qui diſtinguoient le
Bavarois des autres nations ſoumiſes à l'empir
françois ? M. le comte du Buat l'a cru ; il prétend même que c'eſt la nation Bavaroiſe, & no
le roi de France, qui a rédigé cette loi ; il di
qu'il exiſte quelques manuſcrits dans leſquel
ce ſont les Bavarois qui parlent, & non le ro
de France (*).

Mais avant d'adopter l'opinion de M. le comt
du Buat ſur ce point, je voudrois connoître le
manuſcrits qu'il indique, vérifier leur antiquit
& leur authenticité. Le texte de Lindenbrok &
celui de Baluze ſont abſolument contraires à
celui que M. le comte du Buat a lu dans le

(*) Hiſtoire ancienne des peuples de l'Europe, liv. 11,
chap. 10.

manufcrits dont il parle. On y voit que c'eft le
roi de France qui rédige la loi, c'eft lui qui
parle à la nation Bavaroife : *Algilofingi* .....
Summi Principes funt inter vos : fic reges antecef-
fores noftri concefferunt. La préface de la loi des
Bavarois dit auffi que cette loi eft l'ouvrage des
rois de France.

Ces rois, légiflateurs des Bavarois, ne déclarent les Algilofingues, Princes & fupérieurs en
rang à tous les autres Bavarois, que parce qu'ils
font de la famille ducale, parce que leur naiffance leur donne un droit éventuel au duché,
parce que le duc ne peut être pris que dans la
race des Algilofingues. *Algilofingi* .... *qui*
funt de genere ducali ..... *fummi Principes funt*
inter vos .... *dux femper de genere Algilofin-*
gorum fuit & debet effe.

Pourquoi la race des rois de France auroit-elle
eu moins de prérogatives que celle des Algilofingues chez les Bavarois ? C'étoit auffi dans la
race des rois de France qu'on prenoit leurs fuc-
cefleurs. Tous les parens du roi par la ligne
mafculine avoient auffi un droit éventuel à la
couronne ; tous les enfans des rois y devenoient
rois après la mort de leurs pères, & partageoient
entre eux le royaume. J'ai bien de la peine à
croire que les parens, que les enfans du fouverain, qui pouvoient, qui devoient l'être un
jour eux-mêmes, fuffent confondus avec le
refte des Francs, tandis que les parens d'un duc,
d'un fujet, d'un officier du roi, formoient, parmi
les Bavarois, une claffe fupérieure aux premières
tribus de la nation. D'un autre côté, je ne com-
prends pas comment les Bavarois auroient été la
feule peuplade de la Germanie qui auroit con-

fervé l'ancien ufage d'honorer du titre de Prince
les enfans & les parens de leurs rois & d
leurs généraux.

Il faut l'avouer cependant, le filence des hi
roriens de la première & de la feconde ra
femble démentir mes conjectures; ils ne donnen
point le titre de Princes aux parens ni aux enfan
des rois.

Mais j'y vois auffi qu'il ne reftoit plus aucu
parent collatéral; Clovis les avoit tous exterminé

J'y vois que les enfans des rois devenoie
tous rois après la mort de leurs pères.

Que la plupart d'entre eux étoient dans l'er
fance lorfqu'ils font montés fur le trône,
que l'hiftoire ne parle d'eux qu'au moment (
ils font devenus rois.

Qu'il n'eft pas étonnant qu'on ne leur ait p
donné le titre de Princes pendant leur enfanc
parce que les Germains ne les reconnoiffoient po
Princes, qu'en les déclarant hommes, en état (
porter les armes.

J'y vois enfin que les enfans des rois étoie
diftingués du refte des Francs par leur long
chevelure; que l'on rafoit ceux qu'on voul
dégrader.

Et je crois pouvoir en conclure, que les e
fans des rois avoient en France, fous les M
rovingiens, les mêmes honneurs, les mêm
prérogatives, les mêmes prééminences qu'
avoient dans la Germanie, les mêmes que
loi des Bavarois accordoit aux Algilofingue
que par conféquent M. de Boulainvilliers s'
trompé, lorfqu'il a dit que *les François ne co
noiffoient point de Princes parmi eux; que
parenté des rois ne donnoit aucun rang, n*

pas même à ceux qui en descendoient en ligne masculine.

La prééminence des enfans des rois Carlovingiens n'est point équivoque. L'usage de partager le royaume entre eux subsistoit encore. On les nommoit rois, du vivant de leurs pères, dès leur plus tendre enfance, quelquefois même dès leur naissance. C'est ainsi que Charlemagne & Carloman furent sacrés rois avec Pepin leur père, l'un à l'âge de douze ans, l'autre à l'âge de trois ans. C'est ainsi que Charlemagne fit sacrer Pepin, son fils, roi d'Italie à l'âge de cinq ans; qu'il nomma Louis le Débonnaire, son autre fils, roi d'Aquitaine, au moment même de sa naissance, & qu'il le fit sacrer à l'âge de trois ans; Ceux qu'on vouloit exclure du trône, on les rasoit, on les reléguoit dans des monastères.

Il ne faut pas compter dans la famille royale des Carlovingiens, les parens collatéraux de Charles Martel, ni ceux de Pepin. Ceux-là n'étoient pas issus du sang des rois, & n'avoient certainement pas le droit de succéder à la couronne. On ne dut donc pas les reconnoître pour Princes du sang royal.

. Si donc on eût toujours observé l'ordre de succession établi par Pepin & par Charlemagne, on ne pourroit trouver aucun de leurs descendans qui n'eût été roi. Mais ne dissimulons rien.

Bernard, petit-fils de Charlemagne, étoit roi d'Italie. Louis le Débonnaire le fait condamner à mort, le détrône, & lui fait crever les yeux. Bernard meurt trois jours après des suites de cette opération. Louis le Débonnaire dispose du royaume d'Italie en faveur de Lothaire, son fils aîné. Les remords le déchirent; il croit expier son crime en faifant une pénitence publique, & le réparet en donnant le comté de Vermandois à Pepin, fils du malheureux Bernard.

De ce Pepin, font iffues trois branches, dont la derniére ne s'eft éteinte que vers la fin du quatorzième fiècle ; celles des anciens comtes de Vermandois, des anciens feigneurs de Saint-Simon, & des anciens feigneurs de Ham ; & je ne vois pas qu'aucun d'eux ait en le titre ni le rang de Prince du fang, foit fous les Carlovingiens, foit fous les Capétiens. Au facre de Philippe premier, Herbert IV, comte de Vermandois, fut précédé par les ambaffadeurs des comtes de Flandres & d'Anjou, qui n'étoient pas du fang royal, & par le comte de Vaden, qui n'en étoit pas non plus.

Mais l'efpèce de dégradation des defcendans de Bernard ne prouve rien contre l'ufage général des deux premières races, qui mettoit les defcendans des rois au deffus du refte de la nation.

Les rois Carlovingiens n'avoient garde de reconnoître les defcendans de Bernard comme Princes du fang royal. S'ils les euffent reconnus, il auroit fallu leur reftituer le royaume d'Italie.

Hugues Caper & fes fucceffeurs eurent bien plus de raifons encore de ne pas reconnoître les derniers reftes de la famille qu'ils avoient détrônée. Mais à cette époque les puînés de la famille régnante ne furent pas mieux traités que les defcendans de la famille détrônée. On facrifia les droits du fang au droit des fiefs.

Hugues Capet fut roi, parce qu'il étoit le plus puiffant des vaffaux de la couronne. Les autres grands vaffaux, qui l'avoient fait roi, tinrent le fecond rang dans l'état ; la préeminence devint un droit réel attaché à la glèbe. La couronne fut regardée comme un grand fief : elle fut héréditaire , parce que les fiefs étoient héréditaires ; elle devint indivisible , parce que les fiefs étoient indivisibles ; le droit de primogéniture s'établit dans la succession à la couronne , parce qu'il s'étoit établi dans la succession des fiefs.

Alors les enfans puînés des rois de France & leurs descendans n'eurent d'autre rang dans l'état que celui que leur donnoit le fief dont ils étoient investis : ils ne prirent le titre de Princes qu'autant qu'ils étoient investis d'une seigneurie à laquelle ce titre étoit attaché.

C'est à cette époque que M. de Boulainvilliers & Loiseau ont raison de dire que la parenté des rois ne donnoit aucun rang , non pas même à ceux qui en descendoient en ligne masculine .... & qu'ils ne commencèrent à prendre le titre de Princes , qu'à cause des duchés & comtés qu'ils possédoient.

Mais je crois qu'ils se trompent, lorsqu'ils jugent des usages des deux premières races, par ceux des premiers siècles de la race des Capétiens.

Et Loiseau se trompe encore , lorsqu'il dit que les puînés de France prirent le dessus sur les ducs & les comtes sous le règne de Louis VIII , & qu'il y a apparence que ce fut alors qu'ils prirent leur qualité de Princes du sang.

Beaumanoir ne donne à Robert , fils de Louis IX , que le titre de *très-haut & très-noble homme* , fils jadis du saint roi Louis , roi de France , comte de Clermont ; & Robert ne prend lui-même que le titre de fils de roi de France , comte de Clermont.

Au parlement tenu par Charles V le 21 mai

1375 , pour l'enregiftrement de l'ordonnance de
la majorité des rois ; nous voyons bien que le
dauphin , & le duc d'Anjou , frère du roi, tiennent
les premières places ; mais Pierre de Valois,
comte d'Alençon , & Jean de Bourbon, comte
de la Marche , defcendant , l'un de Philippe le
Hardi , l'autre de faint Louis , y font précédés
par une foule d'évêques , d'abbés , de chanoines,
& par les docteurs de l'univerfité.

Dans la lettre écrite par les barons du royaume
au collége des cardinaux, au mois d'avril 1301,
l'ordre des fignatures prouve encore que Jean,
comte de Dreux , defcendant de Louis le Gros,
étoit précédé par le duc de Lorraine , par les
comtes de Hainaut , de Hollande , de Luxembourg & de Saint-Pol , qui n'étoient ni pairs ni
du fang de France.

Au parlement tenu le 2 octobre, 1380 , le fils
aîné de Charles le Mauvais , roi de Navarre ,
qui étoit anffi du fang des rois de France , fut
précédé par les comtes de Tancarville , d'Harcourt
de Sancerre & de Vienne , qui n'étoient ni pairs ,
ni du fang de France.

Et dans une complainte adreffée en 1235 au
pape Grégoire IX par les barons de France, nous
voyons encore Robert de Courtenai , petit-fils de
Louis le Gros , précédé par les comtes de la
Marche , de Montfort , de Vendôme , de Pon-
thieu , de Chartres , de Sancerre , de Joigny , de
Saint-Pol , de Roucy , de Guynes & de Mâcon,
qui n'étoient ni pairs ni du fang de France.

Voilà ce que nous apprennent les monumens
de l'hiftoire , les regiftres du parlement , & les
procès-verbaux des affemblées des états , jufques
au règne de Charles VI ; c'eft alors qu'écrivoit

Chriftine

Chriftine de Pifan ; c'eft alors qu'elle nous ar-
refte que le titre de Prince n'appartenoit qu'aux
empereurs, aux rois, aux ducs & aux feigneurs
des terres érigées en principautés. Les comtes de
Nevers, d'Evreux, de la Marche, de Vendôme
& d'Alençon, n'avoient donc pas le titre de Princes, quoiqu'ils fuffent du fang royal.

C'eft dans le quinzième fiècle, fous les règnes
de Charles VII & de Louis XI, qu'on s'eft occupé férieufement des honneurs, du rang & des
prérogatives qui étoient dus à la famille royale.
C'eft à cette époque qu'on voit les parens de
nos rois prendre le titre de Princes du fang, &
que leur prééminence à la cour, fur les pairs
& fur tous les ordres de l'état, paroît affez généralement reconnue dans le fait, quoiqu'elle ne
foit établie par aucune loi.

M. de la Curne de Sainte-Palaye a publié un
mémoire de madame la vicomteffe de Furnes, fur
l'étiquette & les honneurs de la cour pendant
le quinzième fiècle. Nous y voyons que dès-lors
il y avoit un cérémonial bien établi ; que l'on
donnoit le titre de Princes du fang à ceux qui
defcendoient par mâles de la maifon de France ;
qu'on leur accordoit la préféance fur les pairs &
fur tous les nobles ; qu'il y avoit des honneurs &
des diftinctions qui n'étoient que pour eux, &
que les rangs entre eux étoient réglés par la
proximité du lignage ; c'eft-à-dire, que celui qui
étoit le plus prochain de la couronne avoit la
préféance fur tous les autres.

Mais il a fallu bien du temps encore avant
que cette étiquette de la cour devînt une loi
générale du royaume. Nos rois pouvoient bien
prefcrire un cérémonial dans l'enceinte de leur

palais : il n'eſt pas d'homme qui n'ait le même
droit dans l'intérieur de ſa maiſon. Ce cété-
monial devoit même paroître fort peu important aux ſeigneurs, dans un temps où ils aimoien
mieux dominer dans leurs châteaux, que de
venir ramper à la cour du monarque. Mau
l'ordre dans les cérémonies & les aſſemblées na
tionales, tenoit à la conſtitution de l'état. Auſſ
les Princes du ſang eurent-ils plus de peine à
faire reconnoître leur droit de préſéance ſur le
pairs, ſoit dans la cérémonie du ſacre des rois,
ſoit dans les aſſemblées, des états & dans celle
du parlement. On convenoit que la principauté
étoit plus éminente que la pairie : ›› toutefois
›› diſoit-on, ès ſacres & couronnemens des roi
›› & au parlement, les miniſtères ſont ſpéciale
›› ment commis aux pairs, & leur ordre aſſi
›› gné. Parquoi, èſdits lieux, l'on n'a reſpect a
›› ſang, mais à la pairie & ordre d'icelle ‹‹.

On ne vouloit pas même qu'ils euſſent, pou
leurs cauſes, les mêmes prérogatives que le
pairs. Charles VII propoſa la queſtion a
parlement de Paris en 1458 ; & le parlemen
répondit : ›› La cour n'y a pu délibérer pour l
›› préſent, pour ce qu'il y a procès appointé e
›› droit en ladite cour en pareil cas, & feroi
›› la délibération de cet article en effet la dé
›› ciſion dudit procès ‹‹.

Ces débats furent terminés, & les Princ
du ſang de France eurent enfin un rang certai
en 1576. La maiſon de Valois alloit s'éteindre
il ne reſtoit du ſang de nos rois que des branches col
latérales très-éloignées. La maiſon de Guiſe pou
voit beaucoup, & elle oſoit tout ce qu'elle pou
voit. Les états de *Blois* crurent devoir rend

aux derniers rejetons de nos rois tout le luftre qui leur appartenoit ; & ce fut le vœu de la nation, qui détermina Henri III à fixer irrévocablement le rang des Princes du fang, par l'ordonnance qu'il fit au mois de décembre 1576. Voici le texte de cette loi :

» Pour mettre fin aux procès & différends ci-» devant advenus entre aucuns Princes de notre » fang, pairs de France, & autres princes auffi » pairs de France, fur la préféance à caufe de » leurfdites pairies ; voulant obvier à ce que » telles controverfes & difficultés n'adviennent » ci-après : Nous....... difons, ftatuons & or-» donnons, voulons & nous plaît, que d'oré-» navant lefdits Princes de notre fang, pairs de » France, procéderont & tiendront rang, felon » leur degré de confanguinité, devant les autres » Princes & feigneurs, pairs de France, de » quelque qualité qu'ils puiffent être, tant ès » facres & couronnemens des rois, qu'ès féances » des cours de parlement, & autres quelcon-» ques folennités, affemblées & cérémonies » publiques ; fans que cela leur puiffe plus à » l'avenir être mis en difpute ne controverfe, » fous couleur des titres & priorité d'érection » des pairies des autres Princes & feigneurs, » n'autrement, pour quelque caufe & occafion » que ce foit «.

Cependant cette loi étoit encore incomplette ; elle ne donnoit la préféance qu'aux Princes pairs, & ne déterminoit pas le rang des Princes du fang qui n'étoient pas pairs.

L'auteur de l'article PAIR, dans le diction-naire encyclopédique, a dit que Henri III avoit donné le titre de *pair né* à tous les Princes du

fang : c'eft une erreur qui lui eft échappée
Henri III n'a réglé la préféance qu'en faveur de
Princes du fang qui étoient pairs ; nulle part il
n'a déclaré les Princes du fang *pairs nés*. E
Loifeau, qui écrivoit fous le règne de Henri IV,
nous apprend que de fon temps quelques-uns pen-
foient encore » qu'au facre & couronnement de
» roi , & en la féance du parlement, qui fon
» les fonctions particulières des pairs, les pair
» non Princes devoient précéder les Princes d
» fang non pairs «.

C'eft Louis XIV qui a décidé cette grand
queftion , par l'article premier de l'édit de 1711.
» Les Princes du fang royal, dit cette loi, fe
» ront honorés & diftingués en tous lieux fui
» vant la dignité de leur rang & l'élévation d
» leur naiffance. Ils repréfenteront les ancien
» pairs de France aux facres des rois, & auron
» droit d'entrée, féance & voix délibérative e
» nos cours de parlement, à l'âge de quinz
» ans, tant aux audiences qu'au confeil, fan
» aucune formalité, encore qu'ils ne poffèden
» aucune pairie «.

Les Princes du fang royal ont donc enfi
repris le rang qui appartenoit à leur naiffance
foit qu'ils poffèdent, foit qu'ils ne poffèdent pa
de pairie, ils ont aujourd'hui une prééminenc
bien établie fur tous les pairs & fur tous le
grands du royaume, en tous lieux, dans toute
les cérémonies, & dans toutes les affemblées.

Ce n'eft pas fans doute dans un ouvrage d
jurifprudence que l'on cherchera les connoiffance
de détail fur l'étiquette de la cour, fur les hon
neurs & les diftinctions que l'ufage a établis e
faveur des Princes du fang ; ces pompeufes mi

nuties , dont le courtifan doit faire fon étude principale , n'entrent pas dans la fcience du jurifconfulte. Nous indiquerons cependant les fources. On peut confulter fur ces objets le cérémonial françois de Théodore Godefroi , & le cérémonial diplomatique des cours fouveraines de l'Europe.

Outre la prééminence de rang , les Princes du fang jouiffent de toutes les prérogatives qui font attribuées aux pairs. Ils fiégent & opinent avec les pairs aux jugemens des Pairs. Les caufes qui concernent les apanages font traitées au parlement de Paris , comme celles des pairies , quand même les terres qu'ils ont reçues en apanage n'auroient pas été érigées en pairies. Ils font exempts des péages ; & l'on prétend que cette exemption leur eft commune , non feulement avec les pairs de France , mais encore avec les officiers du parlement & de la chambre des comptes.

Ils ont auffi des prérogatives qui leur font propres ; ils ne prêtent aucun ferment au parlement ; ils y ont droit de féance dès l'âge de quinze ans ; ils repréfentent les anciens pairs aux facres des rois ; & ce n'eft qu'au défaut des Princes du fang , qu'on y appelle les ducs & pairs , pour repréfenter les anciens pairs de France. (Edit du mois de mai 1711.)

Tout ce qui concerne la tutelle des Princes du fang fe fait au parlement. Les pairs & même les grands feigneurs non pairs jouiffoient autrefois de la même prérogative ; mais le roi declara le 28 juin 1685, par une lettre de cachet dont le parlement fit regiftre , que fon intention étoit qu'à l'avenir le parlement ne fît les tutelles & curatelles , & ne connût en première inftance que

de ce qui regarde l'état des perfonnes des Prince
& princeffes du fang royal, & les fcellés & in
ventaires de leurs biens après leur décès.

Ils font exempts des droits de greffe, fignature
contrôle & fceau des expéditions qui fe délivren
pour eux dans routes les cours du royaume.

Dutiller dit que les Princes du fang étoien
exempts de duels ; & Favin cite des réglemen
de Louis le jeune & de Philippe-Augufle, qu
défendoient aux enfans des rois d'expofer leur
perfonnes dans les joûtes & dans les tournois.

Les réglemens cités par Favin ont exifté e
effet ; mais l'hiftoire nous apprend qu'ils ont éd
mal obfervés. Plufieurs de nos Princes, & mêm
plufieurs de nos fouverains, ont combattu dans le
joûtes & les tournois. Henri II y a perdu la vie

Quant à Dutiller, fon affertion n'eft pa
exacte. » Le fils du roi, dit Beaumanoir, n
» doit pas fe combattre à fon homme pour plaid
» de meubles, pour catteux, ni pour héritage.
» Mais s'il accufoit fon homme de meurtre ou
» de trahifon, en tel cas il conviendroit qu'il
» fe combattît à fon homme ; car ces cas font fi
» vilains, que nul ménagement n'eft dû à celui
» qui accufe «.

Tout n'eft pas avantage & prérogative pour
les enfans & les defcendans de nos rois. Outre
les loix du royaume ; auxquelles ils font foumis
comme tous les François, il y en a de particulières pour eux, qui les privent des droits les
plus précieux à l'homme, la propriété & la
liberté.

La loi des apanages ne leur laiffe aucune propriété dont ils puiffent difpofer.

Et ils ne peuvent pas contracter de mariage valable sans le consentement du roi.

Ce n'est pas sans contradiction que cette dernière maxime s'est établie. La matière fut vivement agitée sous le ministère de Richelieu, au sujet du mariage de Gaston, frère de Louis XIII, avec la princesse Marguerite de Lorraine. L'ascendant du cardinal subjugua presque tous les suffrages; le parlement & le clergé de France déclarèrent que les Princes du sang n'étoient pas capables de contracter un mariage sans le consentement du roi; & cette nouvelle maxime devint en quelque sorte une loi fondamentale de l'état.

Tout ce que j'ai dit des Princes du sang, par rapport à la prééminence du rang, aux exemptions & prérogatives qui leur appartiennent, & aux loix auxquelles ils font soumis, doit s'appliquer aussi aux princesses.

Dutillet dit qu'elles conservent leur rang, quoiqu'elles aient épousé des maris d'un moindre rang. Loiseau dit la même chose; & tout le monde paroît aujourd'hui d'accord sur ce point.

Cependant Madame la vicomtesse de Furnes nous apprend qu'il en étoit autrement dans le quinzième siècle. Jeanne de Bourbon épousa Jean de Châlons, Prince d'Orange, en 1463. Des lors elle n'eut plus les honneurs & les distinctions des princesses du sang, dont elle jouissoit avant son mariage.

Aujourd'hui même, si les princesses conservent les prérogatives de leur naissance, quoiqu'elles aient épousé des maris d'un rang inférieur au leur, ce n'est qu'en vertu de brevets que le roi leur accorde; la maxime de Dutillet & de Loiseau n'est donc pas vraie.

Princes légitimés.

Les enfans naturels des rois de France succédèrent au trône sous les deux premières races.

Sous la première, Thierry, fils naturel de Clovis, eut la meilleure part du royaume ; & l'on prétend que Clovis étoit lui-même bâtard, & bâtard adultérin.

Sous la seconde, Bernard, fils naturel de Pepin, monta sur le trône d'Italie après la mort de son père. Je ne parle pas de Louis & de Carloman, quoique plusieurs historiens aient dit qu'ils étoient fils naturels de Louis le Begue : leur mère avoit été répudiée ; mais ils étoient nés d'un mariage légitime.

Une formule de Marculfe nous apprend qu'un père pouvoit alors laisser son entière succession à son fils naturel ; & M. Bignon observe avec raison, à propos de cette formule, que les diverses nations, dont le mélange avoit formé la monarchie françoise, distinguoient à peine les enfans naturels des enfans légitimes. La loi des Lombards étoit la seule qui assignât aux enfans naturels une portion moindre que celle des enfans légitimes ; mais elle les supposoit aussi habiles à succéder à leurs pères.

Bacquet & quelques historiens ont attribué à Hugues-Capet la loi qui exclut les bâtards de la succession. » Il ordonna, disent-ils, que de là en » avant aucun bâtard ne seroit avoué en la maison » de France, & ne pourroit porter le surnom » d'icelle, ni pareillement l'armoirie, tant fût- » elle brisée «.

Mais cette loi n'existe nulle part ; & l'exemple

de Guillaume le bâtard, institué héritier par Robert II, duc de Normandie, son père naturel, prouve que dans le onzième siècle les bâtards étoient réputés capables de succéder.

C'est dans les etablissemens de saint Louis qu'on trouve la première loi connue qui les ait exclus de la succession. » Le bâtard, y est-il dit, » ne peut rien demander, ni par lignage ni par » autre raison, pour sa mauvaise condition «.

Cependant les idées de la nation sur les bâtards étoient changées avant les établissemens de Saint Louis, & dès le règne de Philippe-Auguste. Ce Prince eut deux enfans naturels, Philippe & Marie. Il voulut purger le vice de leur naissance; il les fit légitimer par le pape.

C'est donc sous le règne de Philippe-Auguste, ou peu de temps avant lui, que l'on commença à regarder les enfans naturels comme incapables de succéder.

On venoit de trouver un manuscrit des pandectes de Justinien dans la ville d'Amalfi; on avoit traduit son code en langue françoise; on avoit commencé à observer & à enseigner publiquement les loix romaines en France. Voilà l'époque & l'origine du vice de bâtardise en France. C'est le droit romain qui en donna la première idée à nos pères; c'est de là que saint Louis a transporté dans ses établissemens la loi qui déclare les bâtards incapables de rien demander, soit par lignage, soit par autre raison. Il l'annonce lui-même; » le droit s'y accorde selon » le code «, dit-il.

Au surplus, quelle que soit l'origine de cette maxime, il n'en est pas de plus certaine dans notre droit; elle est religieusement observée depuis plus de fix cens ans. Charles de Valois, fils naturel de Charles IX, rendit hommage a cette loi. Il étoit le feul qui reftât de cette race infortunée après la mort de Henri III. Il fut un des premiers feigneurs François qui reconnurent Henri IV fon fucceffeur.

Depuis Philippe-Augufte, plufieurs de no rois ont eu des enfans naturels. Charles VII légitimé une fille naturelle de Charles VI; mai aucun, jufques à Henri IV, n'avoit légitimé de fils naturels.

Il eft bien évident que la légitimation des fille naturelles des rois de France ne peut pas les rendr habiles à fuccéder, puifque leurs filles, même l gitimes, ne fuccèdent pas.

Mais quel peut être l'effet de la légitimatio des fils naturels? les rend-elle habiles à fuccéder

Henri IV a reconnu par les lettres-patentes d 1595, de 1599, de 1605 & de 1608, qu fes fils naturels étoient exclus, par le défaut leur naiffance, de toutes prétentions à la fucce fion à fa couronne, à celle de Navarre, & de toi les autres biens patrimoniaux.

Il a déclaré qu'il ne les légitimoit que po les rendre capables de tous les dons & bienfai qui leur feroient faits, & pour tenir les offices dignités en France.

Louis XIV a cru pendant long-temps que f pouvoir ne s'étendoit pas plus loin. En légitimant f enfans naturels en 1673 & 1681, il déclara les légitimer que pour jouir de tous & fembl blables droits, facultés & priviléges dont les e fans naturels & légitimés des rois fes prédéce feurs, ont accoutumé de jouir & ufer. Combi la tendreffe paternelle lui a fait depuis franchir ces limites!

Il commence, en 1694, par ordonner que les enfans légitimés & leurs defcendans en légitime mariage tiendront le premier rang immédiatement après les Princes du fang royal, en tous lieux, actes, cérémonies & affemblées publiques & particulières, même au parlement & ailleurs; qu'ils précéderont tous les Princes qui ont des fouverainetés hors du royaume, & tous autres feigneurs de quelle qualité & dignité qu'ils puiffent être; & que dans toutes les cérémonies qui fe feront en fa préfence & par-tout ailleurs, ils jouiront des mêmes honneurs, rangs & diftinctions dont de tout temps ont accoutumé jouir les Princes du fang, & immédiatement après lefdits Princes du fang.

En 1711, il leur accorde de nouvelles prérogatives; il ordonne que fes enfans légitimés & leurs enfans & defcendans mâles qui poff'éderont des pairies, repréfenteront les anciens pairs au facre des rois, après ou au défaut des Princes du fang.

Qu'ils auront droit d'entrée & voix délibérative au parlement, tant aux audiences qu'au confeil, à l'âge de vingt ans, en prêtant le ferment ordinaire des pairs, avec féance immédiatement après les Princes du fang, & qu'ils précéderont tous les ducs & pairs, quand même leurs duchés & pairies feroient moins anciennes que celles des ducs & pairs.

Il leur permet, en cas qu'ils aient plufieurs pairies & plufieurs enfans mâles, de donner une pairie à chacun de leurs enfans mâles, fi bon leur femble, pour en jouir par eux aux mêmes hon-

neurs , rang , préféance & dignités que ci-deſſus)
dû vivant même de leur père.

Enfin un édit de 1714 & une déclaration de
1715 donnent aux fils légitimés & à leurs deſcendans le titre de Princes du ſang , les déclare
capables de ſuccéder à la couronne au défaut du
dernier des Princes du ſang , & leur accorde tous
les priviléges , droits & honneurs , ſans diſtinction , dont jouiſſent les Princes du ſang.

Les Princes du ſang & les pairs réclamèrent
avec force contre cette ſubverſion des loix du
royaume & de celles de la pairie.

D'un côté, les Princes du ſang repréſentèrent
que par les loix fondamentales du royaume , de
l'aveu de tous les ſiècles , & par la reconnoiſ-
ſance perpétuelle de toute la nation , la ſeule
naiſſance légitime peut donner la capacité de ſuccéder à la couronne , avec le titre & les honneurs
de Prince du ſang (*).

De l'autre , les pairs repréſentoient que la
légitimation ne pouvant pas donner aux enfans
naturels des rois le titre ni les droits de Princes
du ſang , les enfans légitimés ne pouvoient avoir
de rang que celui des dignités dont ils étoient
revêtus ; que par les loix de la pairie , tous les
pairs ſont égaux entre eux , qu'ils n'ont jamais
reconnu d'autre préféance que celle qui eſt ac-
quiſe de droit par la date de leurs réceptions ;
que *chacun ſied premier , ſelon que premier a été*
fait pair ; que le droit de repréſenter les anciens pairs aux ſacres des rois , eſt une préroga-

_____

(*) Propoſition trop générale. Ce n'eſt que ſous la
troiſième race que cette loi fondamentale s'eſt établie.

five qui n'eſt due qu'aux Princes du ſang & aux pairs de France, ſuivant leur ancienneté ; qu'enfin la faculté attribuée aux Princes légitimés, par les nouveaux édits, de prêter ſerment au parlement à l'âge de vingt ans, eſt une diſtinction ſans fondement, à laquelle les enfans naturels de Henri IV & leurs deſcendans n'avoient jamais prétendu (*).

Ces réclamations produiſirent tout l'effet qu'on pouvoit en attendre.

Un édit du mois de juillet 1717 révoqua celui de 1714 & la déclaration de 1715, en ce qu'ils déclaroient MM. les duc du Maine & comte de Touloufe, & leurs deſcendans mâles, Princes du ſang & habiles à ſuccéder à la couronne.

Un autre édit du mois d'août 1718 révoqua la déclaration de 1694 & l'édit de 1711, en ce qu'ils attribuoient aux Princes légitimés & à leurs deſcendans mâles le droit de repréſenter les anciens pairs aux ſacres des rois, à l'excluſion des autres pairs de France; en ce qu'ils les admettoient a prêter le ſerment à l'âge de vingt ans, & en ce qu'ils leur permettoient de donner une pairie à chacun de leurs enfans mâles, pour en jouir aux mêmes honneurs, du vivant même de leurs pères.

En conféquence, il ordonne que MM. les duc du Maine & comte de Touloufe n'auront rang & féance au parlement, près du roi, dans les

----

(*) Les pairs ne peuvent prêter le ſerment qu'à vingt-cinq ans.

cérémonies publiques & particulières & par-tout ailleurs, que du jour de l'érection de leurs pairies, & qu'ils ne jouissent d'autres honneurs & droits que de ceux attachés à leur pairies, & comme en jouissent les autres ducs & pairs de France.

Cependant une déclaration du 26 août 1718 ordonna que M. le comte de Toulouse continueroit de jouir, *sa vie durant*, de tous les honneurs, rangs, séances & prérogatives dont il jouissoit auparavant, *sans tirer à conséquence*, & sans que, sous quelque prétexte que ce soit, pareille prérogative puisse être accordée ni à ses descendans, ni à aucun autre, quel qu'il puisse être.

La même grâce fut accordée à M. le duc du Maine. » Par une déclaration de 1723, dit M. » le président Hénault, le roi rend à M. le duc » du Maine, & après la démission des pairies » du duc du Maine, à ses enfans, *leur vie du-* » *rant seulement*, les honneurs dont ils jouis- » soient au parlement après les Princes du sang, » & avant les pairs, & ce en vertu de leurs » pairies, quand même elles seroient moins an- » ciennes que celles d'aucuns desdits ducs & » pairs : *N'entendant toutefois, que lorsqu'ils* » *viendront prendre séance, ils puissent traverser* » *le parquet, ce que nous réservons aux seuls* » *Princes de notre sang, ni être précédés de plus* » *d'un huissier, ni que leurs suffrages soient pris* » *autrement qu'en les appelant du nom de leur* » *pairie, en leur ôtant le bonnet, ainsi qu'il a* » *été ci devant pratiqué à leur égard.* La même » année, tous les honneurs de la cour furent ren-

» dus à M. le duc du Maine & à M. le comte
» de Touloufe. En 1727, le roi fit expédier de
» pareils brevets en faveur de MM. les Prince
» de Dombes, comte d'Eu & duc de Penthièvre;
» & en 1745, ces honneurs paſſèrent au fils de
» M. le duc de Penthièvre «.

Ces grâces perſonnelles ne ſont que des dé-
rogations momentannées à la loi générale ; elles
la ſuppoſent & la confirment. Or, ſuivant cette
loi générale, le titre de Prince légitimé ne
donne par lui-même aucune prérogative, aucune
prééminence.

Les Princes légitimés ne ſont point habiles à
ſuccéder à la couronne.

Ils n'ont ni le titre ni les prérogatives des
Princes du ſang.

Ils n'ont les droits & les prérogatives des pairs,
qu'autant qu'ils ſont revêtus d'une pairie.

Ils ſont reçus pairs au même âge & avec les
mêmes formalités que les autres pairs.

Ils n'ont de rang entre les pairs, que du jour
de l'érection de leurs pairies.

Princes étrangers.

Nous appelons Princes étrangers ; 1°. ceux
qui ont des ſouverainetés ſous la protection de
la France, & qui réſident en France ; 2°. ceux
qui ſont iſſus des maiſons ſouveraines, quoiqu'ils
ne poſſèdent pas eux-mêmes de ſouveraineté,
& qui ont auſſi fixé leur réſidence en France.

Dans la première claſſe, je mets le duc de
Bouillon ; dans la ſeconde, les Princes de la

maiſon de Loraine, ceux de la maiſon de Roha
& les Princes de Carignan. ·

Il s'eſt élevé une grande querelle, il y
dix à douze ans, au ſujet du titre & des honneu
des Princes étrangers. D'un côté, le père Griff
& M. l'abbé Georgel ſoutenoient les droits d
Princes étrangers, & principalement de la m
ſon de Rohan. De l'autre, un anonyme préten
doit que les Princes iſſus des maiſons ſouverain
n'avoient & ne devoient avoir aucune diſtin
tion, aucune prérogative en France; qu'on
leur reconnoiſſoit pas même le titre de Prince
& que la maiſon de Rohan n'étoit point iſſ
d'une maiſon ſouveraine.

Avant de dire ce que je penſe ſur la que
tion de droit qui concerne les Princes étrange
en général (car on ſent bien que je ne me pr
poſe pas ici de faire la généalogie de la maiſ
de Rohan), je rapporterai un paſſage de Loiſea
qui pourra d'avance fixer nos idées. Les uſag
& les opinions reçues ſous le règne de Henri I
doivent être d'un grand poids dans une matiè
qui ne connoît guère d'autre règle que l'uſag

Cet auteur parle d'abord des Princes du ſa
& des enfans naturels des rois : il appelle l
premiers Princes légitimes, & les ſeconds Princ
naturels. Voici ce qu'il dit enſuite des Princ
étrangers, qu'il appelle Princes naturaliſés.

» La bonté & *adreſſe* de nos rois a laiſſé i
» taller en l'ordre des Princes les deſcendus d
» ſouverainetés étrangères; ce qui s'eſt pratiq
» bien à propos; car il en revient beaucoup d'ho
» neur, d'aſſurance & d'accroiſſement à ce royaum

» *Honneu*

» *Honneur*, en ce, qu'on voit à la cour de
» France comme un recueil & amas des mai-
» fons fouveraines de la chrétienté : *affurance*,
» en tant que ces Princes étrangers nous font
» comme otages volontaires & perpétuels des
» alliances que nous avons avec les chefs de
» leurs maifons : *accroiffement* auffi, parce qu'ils
» apportent en France leurs moyens, leur créance
» & leurs amis ; & de vérité, il faut avouer
» qu'ils ont fait de fignalés fervices au royaume.

» Auffi en font-ils fort bien récompenfés ;
» car en la grandeur & l'opulence de la France,
» ils n'y demeurent guère, qu'ils ne foient ap-
» pointés des principales feigneuries, & qu'ils
» n'y trouvent des mariages avantageux : de
» forte qu'on ne peut nier qu'ils n'y foient avancés
» beaucoup plus qu'ils ne pourroient l'être en leur
» pays.

» Voilà donc deux fortes de Princes *reconnus*
» *en France*, outre ceux du fang ; à favoir, les
» Princes françois & les *Princes étrangers*, ou
» bien les Princes naturels & les Princes natu-
» ralifés, qui à la vérité *ne font*, les uns ni les
» autres, *fi vraiment & fi proprement Princes* que
» ceux du fang, parce que la principale mar-
» que du Prince eft d'être capable de fuccéder
» à la fouveraineté ; j'entends la fouveraineté du
» lieu où ils veulent être reconnus pour Princes ;
» car les feigneuries font bornées : & comme
» le fouverain d'un autre état n'eft pas fouve-
» rain en France, auffi fes parens n'y font pas
» Princes parfaitement & de leur propre qua-
» lité, mais feulement en tant qu'il plaît au
» roi de les y reconnoître pour tels.

» C'eft pourquoi *le parlement*, qui eft parti-

Tome XLVIII. I

» culiérement jaloux de la conſervation des droi
» de la couronne, & par conſéquent des Prince
» d'icelle, *ne leur a point encore paſſé cette qua*
» *lité, au moins indéfiniment & ſans adjec*
» *tion de leur pays,* pour ce auſſi que la par
» faite propriété des mots doit être religieu-
» ſement gardée en icelui, notamment ès matière
» de cette importance. Mais j'eſtime qu'*ailleur*
» *on ne peut manquer de les qualifier Princ*
» *abſolument;* puiſque *le roi,* duquel la ſimpl
» parole fait loi en telles matières, *les honoi*
» *journellement de ce titre,* en communs propos
» & ès actes ſérieux, même *les maintient i*
» *jouiſſance des prérogatives attribuées aux ſeul*
» *Princes.*

» Et c'eſt peut-être l'occaſion pour laquelle l
» Princes capables de la couronne, pour ſe di
» tinguer d'avec eux (comme à la vérité i
» ſont d'un degré beaucoup plus éminent), i
» qualifient, non pas Princes ſimplement; mai
» par une adjection de dignité particulière, ils ſ
» nomment Princes du ſang.

» Or, tout ainſi que les Princes naturels l
» auſſi les naturaliſés ont obtenu le titre l
» *Princes,* qui leur eſt à préſent commun av
» ceux du ſang, auſſi ont-ils trouvé moyer
» d'avoir après eux pluſieurs de leurs autres prééme
» nences : comme, en premier lieu, *de march*
» *au rang des Princes,* & partant *précéder tou*
» *les grands ſeigneurs,* & *pareillement tous l*
» *grands officiers;* ſauf que *les grands officiers i*
» *leur cèdent & ne leur défèrent nullement ai*
» *actes de leur exercice,* comme ils font par hor
» neur aux Princes du ſang. Même les autre
» Princes *marchent entre eux,* non ſelon le m

» rite de leurs feigneuries fubalternes, mais *felon*
» *leur degré de Princes* ; fur quoi je ne m'amu-
» ferai pas à décider lefquels, des naturels ou
» naturalifés, doivent précéder, ni à traiter les
» autres grandes queftions qui échéent au rang
» des uns & des autres, parce qu'il n'appartient
» qu'au roi de les déterminer.

» *Item.* Comme les Princes du fang, qui font
» vrais parens du roi, font par lui appelés ou fes
» *oncles*, s'ils font de beaucoup plus âgés, ou
» fes *coufins*, s'ils font d'âge à peu près égal,
» ou fes *neveux*, s'ils font de plus bas âge ; auffi
» *les autres Princes font appelés tout de même*
» *par fa majefté.*

» Pareillement, comme les Princes du fang
» font confeillers nés du confeil d'état, auffi
» *les autres Princes ont gagné cet avantage d'y*
» *avoir entrée, féance & voix, fans avoir befoin*
» *de brevet du roi à cette fin,* comme ont les
» autres confeillers d'icelui.

» Mais *ils n'ont point d'entrée au parlement,*
» comme ont les Princes du fang, *s'ils ne font*
» *pairs de France.* Et encore, en ce cas, *ils y gar-*
» *dent le rang de leur pairie, & non celui de*
» *leur principauté,* ainfi que les Princes du fang,
» dont la raifon eft, que les Princes du fang y
» affiftent comme Princes, & ceux-ci comme
» pairs feulement.

» Finalement, *ils fe prétendent exempts de duel* ;
» & de vérité, comme on tient qu'un gentil-
» homme n'eft pas tenu, en point d'honneur,
» de fe battre contre un roturier ; auffi tient-on
» qu'un Prince n'eft pas obligé d'entrer en duel
» contre un gentilhomme, fût-il chevalier, même
» duc, à caufe de l'inégalité de condition, &

I ij

» qu'en matière de duel il faut avoir fon p
» reil. Mais j'eſtime qu'il n'y a point de diff
» culté que, ceſſant les ordonnances prohibitiv
» des duels, les Princes, autres que du ſang
» ne ſe puiſſent battre en duel les uns conu
» les autres, bien que cela ne ſoit point approuv
» entre les Princes du ſang, parce qu'il n'e
» pas, à beaucoup près, de telle importance
» la France que leur ſang ſoit épargné, que celt
» de France «.

Voilà les uſages de la cour de France, ſot
le règne de Henri IV, concernant les Princ
étrangers; nous n'en trouverons le tableau con
plet dans aucun autre livre; mais en ramaſſar
quelques traits épars dans différens ouvrages, o
verra que les Princes étrangers, depuis qu'il y e
a d'établis en France, y ont joui des honneur
& des diſtinctions que Loiſeau leur attribue.

Il ne faut pas prendre pour règle les honneur
extraordinaires que nos rois ont faits à quel
ques Princes & ſouverains qui ne faiſoient que
paſſer en France. Ainſi, quand nous verrons un
roi de Bohême, un roi de Sicile & un roi d'E-
coſſe précéder le dauphin dans des lits de juſtice & dans des aſſemblées du parlement; quand
nous verrons un frère du roi d'Ecoſſe précéder
tous les pairs dans une autre aſſemblée du parlement, il ne faudra regarder ces faveurs paſ-
ſagères que comme des actes de courtoiſie qui
ne tirent point à conſéquence, & ſur leſquels
on ne peut établir aucun droit.

C'eſt ainſi que François premier, en donnant
la préféance au frère du roi d'Ecoſſe ſur tous les
pairs, déclara que c'étoit pour cette fois tant
ſeulement, ſans préjudice des droits & préémi-

nences des pairs de France, & ordonna que *les pairs de France se sécroient dorénavant en ses cours & conseils, les premiers & plus prochains du roi, selon l'ordre & dignité de leurs pairies.*

C'est ainsi que Dutiller observe, au sujet de la préséance accordée aux rois de Bohême, d'Ecosse & de Sicile, que » si un roi d'un autre » royaume se trouvoit aux assemblées du parle- » ment comme pair de France, il auroit le rang » de sa pairie, & non d'autre, & qu'il seroit pré- » cédé, non seulement de monseigneur le dau- » phin, mais encore par les pairs érigés avant lui, » ne fussent-ils que comtes «.

« Nous ne pouvons donc juger des droits des Princes étrangers établis en France, que par ce qui s'est pratiqué à leur égard depuis qu'ils y sont établis.

Cette époque n'est pas bien reculée. Jean de Clèves est le premier Prince étranger qui se soit établi en France ; il épousa Marie de Bourgogne sous le règne de Charles VII, & ce n'est qu'en 1486, sous le règne de Charles VIII, que nous voyons les Princes de cette maison naturalisés dans le royaume.

Madame la vicomtesse de Furnes nous dit en très-peu de mots quels étoient les honneurs & les distinctions dont les Princes de la maison de Clèves jouissoient en France. Deux princesses de la maison de Bourgogne, & par conséquent du sang de France, avoient épousé, l'une un Prince de Clèves, l'autre Charles de Bourbon, qui étoit du sang de France. » On faisoit plus d'hon- » neur à madame de Clèves qu'à madame de » Bourbon ; madame de Clèves alloit devant ; & » l'on disoit que c'étoit parce que madame de

» Clèves étoit l'aînée ; car autrement l'on fait
» bien que madame de Bourbon feroit allée de
» vànt, à caufe de M. de Bourbon, qui étoit
» plus grand que M. de Clèves, parce qu'il
» étoit de la maifon de France «. Charles de
Bourgogne, comte de Nevers, *alloit tout plei-*
nement devànt M. de Clèves. M. d'Etampes,
frère puîné de M. de Nevers, vouloit auffi aller
devant ; mais M. de Clèves ne le vouloit point
fouffrir..... Le duc & la duchefle de Bourgogne
prenoient les épices & l'offrande de M. de
Beaujeu, deuxième fils de M. de Bourbon, &
des enfans de Clèves & de M. d'Etampes;
mais point de M. de Nevers, ni auffi de M. de
Clèves, depuis qu'il fut duc.

Les Princes de la maifon de Clèves étoient
donc en France à peu près au niveau des Princes
du fang de France ; ils ne cédoient le pas qu'à
ceux qui étoient chefs de maifon ; ils prétendoient avoir le pas fur les puînés, & alloient
au moins de pair avec eux.

Sous les règnes fuivans, nous avons eu fuc-
ceffivement d'autres Princes de différentes maifons fouveraines. Nous en avons eu de la maifon de Lorraine, de la maifon de Savoie, de
celle de Gonzague, & les Rohan de l'ancienne
maifon de Bretagne. Les fouverains de Bouillon
font auffi établis en France, & ont mis leur
fouveraineté fous la protection du roi.

Tous ces Princes établis en France ont toujours été reconnus pour Princes, & y ont joui,
à ce titre, d'honneurs & de diftinctions particulières.

Ceux qui voudront connoître en détail ces
honneurs & ces diftinctions, pourront recourir

aux sources que j'ai indiquées en parlant des Princes du sang.

Mais ces distinctions sont nulles au parlement & aux sacres des rois; ils n'ont droit d'y assister qu'autant qu'ils sont pairs de France, & n'y ont d'autre rang que du jour de l'érection de leurs pairies. Tout ce que dit Loiseau sur ce point, s'observe encore aujourd'hui; & l'on peut appliquer aux Princes étrangers, les principes établis par l'édit du mois d'août 1718, concernant les Princes légitimés.

M. le P. Hénault cite un fait qui semble contredire ce que j'avance. Il dit que le roi Henri III, en érigeant le comté de Joyeuse & la baronnie d'Epernon en duchés-pairies, donna séance à ces nouveaux ducs *immédiatement après les Princes du sang & les Princes étrangers*, & avant tous les ducs, quoique plus anciens. Cela supposeroit que les *Princes étrangers* pairs ont la séance au parlement immédiatement après les Princes du sang, & avant tous les ducs, quoique plus anciens. Mais M. le président Hénault s'est trompé. Voici les termes des lettres d'érection des duchés - pairies de Joyeuse & d'Epernon.

» Voulons qu'il ait séance, voix & opinion » *après les Princes immédiatement*, avant tous » autres ducs & pairs «.

On n'y parle pas des *Princes étrangers*; & lorsqu'on ne parle que *des Princes*, il ne faut l'entendre que des Princes du sang; parce que, comme dit Loiseau, *le parlement n'a point encore passé aux Princes étrangers la qualité de Princes indéfiniment; ils ne font pas si vraiment & si proprement Princes que ceux du sang.*

I iv

Ainsi, tout ce que l'on peut conclure des lettres d'érection des duchés-pairies de Joyeufe & d'Eper non, c'eft que les *Princes du fang* avoient la pré féance fur les ducs & pairs. Elles ne prouven rien pour les *Princes étrangers*.

Je ne dirai plus qu'un mot fur la diatribe d l'anonyme contre la maifon de Rohan; & j'ai pou garant de ce que je vais dire, Chopin dan fon traité du domaine, Maichin dans fo hiftoire de Saintonge, & les états de Bretagn

Les états de la province de Bretagne on affirmé que la vicomté de Rohan étoit un par tage du comté de Porrohet; & que le com de Porrohet étoit un partage du comté de Renn & du duché de Bretagne.

Chopin & Maichin nous apprennent qu'u vicomte de Rohan époufa, dans le feptièm fiècle, fous le règne de Dagobert, Aliénor, fil de Hoël III roi de Bretagne, laquelle lui a porta en dot la vicomté de Léon.

Que de ce vicomté de Rohan & de cette Alié nor de Bretagne, defcéndoit en ligne direct Alain III, duquel tout le monde convient qu defcendent toutes les branches qui exiftent aujou d'hui du nom de Rohan.

Que cet Alain époufa, dans le douzième fiècle Conftance de Bretagne, fœur de Conan le Petit duc de Bretagne.

Que fous le règne de faint Louis, Jean, du de Bretagne, acheta la vicomté de Léon de vicomtes de Rohan.

Que cette vicomté rentra quelque temps apr dans la maifon de Rohan, par le mariage d Jean de Rohan avec une princeffe de Bre tagne.

Que la vicomté de Porroher, qui avoit paſſé depuis long-temps dans des maiſons étrangères, rentra dans la maiſon de Rohan, par le mariage d'Alain VIII avec Béatrix de Cliſſon.

Si ces faits ſont vrais (& je dois quelque confiance aux garans que je cite); il en réſulte, que l'exiſtence de la maiſon de Rohan remonte au ſeptième ſiècle; qu'à cette époque, c'eſt-à-dire environ quatre-vingts ans après le partage du royaume de Bretagne entre les fils de Hoël premier, les Rohan ont eu une portion du comté de Porroher, lequel étoit lui-même une portion du royaume de Bretagne; que par conſéquent il eſt évident qu'ils deſcendent d'un des fils de Hoël premier.

Et lorſque je vois, dans cette longue ſuite de ſiècles, la maiſon de Rohan s'allier perpétuellement avec toutes les maiſons ſouveraines de l'Europe; lorſque, depuis l'établiſſement des Rohan en France, je les vois toujours reconnus pour Princes étrangers, toujours en poſſeſſion des honneurs que nos rois ont voulu accorder aux Princes étrangers; j'admire qu'il ſe ſoit trouvé un homme aſſez courageux pour leur en conteſter le titre & les droits.

Princes d'érection.

Les Princes dont je vais parler, ne le ſont pas par droit de naiſſance. Ils n'en prennent le titre, que parce qu'ils ſont ſeigneurs de terres érigées en principautés.

Il ne faut pas non plus les confondre avec ces grands vaſſaux qui s'intituloient Princes dans les temps de l'anarchie féodale. Ceux-ci pouvoient bien prendre le titre de Princes, puiſqu'ils avoient

les droits de souveraineté. Quelques-uns d'en
eux avoient même des seigneuries qui n'étoie
soumises à aucune dépendance féodale. Tel
étoit entre autres la vicomté de Béarn. Cette pri
cipauté passa dans la maison de Foix vers la fi
du treizième siècle. Telle étoit encore la principau
de Dombes.

Nous n'avons plus en France de principauté d
cette nature (*). » Bien y a, dit Dutillet, d
» principautés qui sont dignités féodales, inf
» rieures à celles des comtes « : & Loise
ajoute qu'elles sont au dessus de la baronnie & d
la vicomté.

Cette espèce de seigneurie, dit ce dernier a
teur, est extraordinaire & extravagante. » Ell
» vient, suivant lui, de ce que les anciens duc
» & comtes s'étant faits Princes par l'usurpation d
» droits de souveraineté, à leur exemple, les autr
» grands seigneurs, qui n'avoient titre ni de duc
» ni de comtes, ayant pareillement usurpé le
» droits de souveraineté dans leurs seigneuries
» se sont par conséquent titrés & qualifié
» du nom général de Princes, n'ayant poin
» de titres particuliers de dignité ; & afin d'êu
» distingués des simples seigneurs, qui n'avoien
» pas comme eux l'exercice de la souveraineté «

» Ce qui ayant eu cours lorsque les grand
» seigneurs de France avoient les droits de sou
» veraineté, a continué après qu'ils en ont ét
» dépouillés ; par le moyen de ce qu'à l'exempl
» des anciennes principautés réunies depuis à l

(*) Je ne prétends rien décider sur la principauté d
Bidache. Je sais que la maison de Gramont y exerce le
droits de souveraineté.

» couronne, *les rois en ont érigé d'autres pour*
» *gratifier leurs favoris, qui ont affecté ce titre ex-*
» *cellent de Princes.*

» Bien qu'il y ait différence notable entre les
» seigneurs des principautés, & ceux qu'à présent
» nous appelons Princes, qui font, ou les Princes
» du sang, ou ceux qui font issus de Princes
» souverains étrangers; toutefois cette équivoque
» d'entre les Princes & les seigneurs de princi-
» pautés, ou, pour mieux dire, d'entre les Princes
» de race & les Princes à cause de leur terre
» érigée en principauté, est cause que plusieurs
» Princes qui craignent qu'on révoque en doute
» leur qualité, & plusieurs grands seigneurs qui
» désirent être tenus pour Princes, font curieux de
» faire ériger une de leurs terres en principauté;
« dont par après ils baillent volontiers le titre à
» leur fils aîné «.

Si ce n'est pas là l'histoire exacte des terres
érigées en principautés, c'est du moins un tableau bien fidèle des misères & des vanités humaines. Ces principautés donnent le droit de s'in-
tituler Princes; mais elles ne donnent ni prérogative, ni autorité, ni prééminence. Cependant
combien ne font-elles pas recherchées! Et ce qu'il
y a de plus étonnant, c'est que la plupart de
ceux qui les obtiennent font d'une naissance &
ont des dignités qui semblent les mettre fort au
dessus de ces vaines décorations. Ils ne pensent pas
que ce titre de Princes, attaché à la glèbe, peut
se multiplier à volonté, que, par les mutations
qui arrivent nécessairement dans les seigneuries,
il peut se communiquer à des hommes nouveaux,
& qu'il doit par conséquent dégrader enfin la noblesse elle même.

Je ne connois peut-être pas la moitié des terres qui ont été érigées en principauté ; mais en voici déjà un assez grand nombre, pour qu'il soit temps de prévenir les inconvéniens qui peuvent résulter de leur multiplication.

Barbançon, Carency, Chabanois, Chalais, Chatelaillon, Chimai, Condé, Conty, Epinoi, Gavre, Guémené, Joinville, Lambesc, Ligne, Listenois, Luc, Marsillac, Matrigues, Mortagne, Poix, Porcian, Robec, Roche-sur-Yon, Soubise, Soyon, Talmont en Poitou, & Talmont en Saintonge.

Plusieurs de ces principautés appartiennent à des Princes du sang ou à des Princes étrangers. Tant qu'elles resteront dans ces maisons, l'érection en principauté ne peut entraîner aucun inconvénient. Les Princes du sang & les Princes étrangers ne peuvent qu'honorer la seigneurie dont ils prennent le titre.

Quelques autres appartiennent aux Taleyrand, aux Baufremont, aux la Rochefoucaud, aux Noailles, & autres de ce rang. Le titre de Prince n'ajoute rien à l'illustration de ces grandes maisons ; personne ne doit le leur envier, & l'on ne doit pas craindre qu'elles en abusent.

Mais aucune loi n'interdit l'acquisition de ces principautés aux roturiers & aux nouveaux nobles. Peut-être quelqu'un d'eux est-il déjà propriétaire de quelqu'une de celles dont j'ai donné la liste, ou de celles que je ne connois pas ; peut-être serai-je un jour obligé de qualifier de Prince le fils de l'homme que j'ai vu dans la roture ; cette confusion des rangs, cette profanation scandaleuse du titre le plus auguste que la nation connoisse après celui de roi, n'ont-elles rien de pernicieux

pour les mœurs publiques & pour le bien de
l'état ?

Ce que les François font aujourd'hui, ce qu'ils
étoient du temps de Loifeau, ils l'ont été de
tous les temps. Toujours avides d'honneurs & de
diftinctions, jamais le titre qui leur appartenoit
n'a fatisfait leur ambition, lorfqu'il y avoit un
titre fupérieur à ufurper; ainfi, dans le dixième,
le onzième & le douzième fiècles, nous voyons
les feigneurs de Déols, de Vierzon, d'Iffoudun,
de Saint-Chettier & de Graçai, prendre le titre
de Princes, de Princes par la grâce de dieu.

Ce titre de Prince n'a pas même fuffi aux anciens
feigneurs d'Yvetot. Tout le monde connoît l'hiftoire fabuleufe de ce prétendu royaume, érigé,
dit-on, par Clotaire en 534 ou 536. Yvetot n'a
jamais été un royaume; mais il faut convenir
que c'eft la plus ancienne principauté qui ait
exifté en France, celle qui a eu les plus belles
franchifes : elles ont été à peu près anéanties par
un arrêt du confeil du 28 avril 1750.

Je ne parle pas de la principauté d'Orange,
parce qu'elle n'exifte plus. C'étoit auffi une principauté d'érection; elle relevoit du comté de
Provence. Elle n'eut, pour ainfi dire, qu'un moment d'indépendance, par la vente que René,
roi de Sicile, fit à Louis de Châlons de l'hommage du reffort & de la fouveraineté de cette
feigneurie. Guillaume, fils de Louis, fut peu de
temps après contraint de rendre hommage à
Louis XI. Mais malgré la vaffalité & le droit de
reffort, les Princes d'Orange s'intituloient toujours Princes par la grâce de dieu.

Comme nos prélats font tous feigneurs temporels, il y en a dont les feigneuries ont auffi

le titre de principautés. Mais ce sont encore des principautés d'érection, qui ne donnent ni autorité ni prééminence dans le royaume, ni dans le clergé de France.

Je ne veux critiquer l'origine d'aucune de celles qui existent ; mais je crois pouvoir, sans blesser personne, parler librement de celles qui n'existent plus, & dire comment elles s'étoient formées.

L'empereur Frédéric premier donna, en 1157, une fameuse bulle, source éternelle de troubles & de guerres intestines dans la ville de Lyon. Il créa l'archevêque de Lyon exarque de Bourgogne, titre équivoque, qui convenoit dans ce temps-là à une dignité simplement ecclésiastique, & à une dignité civile, politique & militaire.

Mais ce qui n'est pas équivoque, c'est l'autorité qu'il attache à ce titre. *Ut sit semper sacri palatii nostri Burgundiæ gloriosissimus exarchon, & summus Princeps consilii nostri ; & in omnibus faciendis, agendisque nostris præcipuus.* L'archevêque de Lyon étoit donc, sous le titre d'exarque, le vice-roi de l'empereur dans la Bourgogne.

L'empereur lui donne de plus toute la ville de Lyon, & tous les droits régaliens de fors, de marchés, de duels, de monnoies, de nolis, de tonlieu, de péage, soit dans la ville de Lyon, soit au dehors, dans toute l'étendue de l'archevêché, dans toutes les abbayes, monastères, églises, & toutes leurs dépendances, châteaux, bourgs, villages, places publiques, forêts, moulins, eaux & couts d'eaux, champs, prés, pacages, terres cultes & incultes, serfs, tributaires, & généralement sur toutes les autres choses qui appartiennent à l'Empire dans le diocèse de Lyon. Il confirme cette concession par une autre bulle

de 1182, & qualifie l'archevêque de Lyon de
*Prince, cariſſimum Principem noſtrum Joannem
prædictæ ſedis archiepiſcopum & primatem.*

Frédéric donnoit ce qui ne lui appartenoit pas.
Il n'avoit rien dans le duché de Bourgogne ;
c'étoit le premier fief de la couronne de France ;
& du temps de Frédéric, il étoit poſſédé par
les deſcendans du roi Robert. Le comté de Bourgogne n'appartenoit pas à Frédéric, mais à Béatrix
ſon épouſe. Frédéric pouvoit-il aliéner les droits
de ce comté ? crut-il même les avoir valablement aliénés ? Béatrix inſtitua pour ſon héritier
Othon ſon troiſième fils ; & Frédéric exécuta le
teſtament ; il remit le comté de Bourgogne à
Othon. Enfin Lyon n'étoit pas ſous la domination de Frédéric. On connoît la fameuſe & longue
querelle des comtes de Forez avec les archevêques
de Lyon, concernant le comté de Lyon, & le
traité qui les termina : ce traité fut paſſé en 1173,
pendant que Frédéric régnoit encore ; & ce ne fut
point ſous l'autorité de Frédéric que ce traité fut
paſſé ; ce fut le roi Philippe-Auguſte qui le
ratifia. On reconnoiſſoit donc dès-lors la ſupério-
rité des rois de France ſur le comté de Lyon.

C'eſt en vertu de ce traité de 1173, paſſé ſous
l'autorité du roi de France, que les chanoines de
ſaint Jean de Lyon ont été comtes : & cependant
les archevêques ont prétendu pendant quelque
temps être Princes, &, pour ainſi dire, ſouverains, en vertu de la bulle de Frédéric, dont
ils avoient reconnu la nullité par le traité de
1173.

Des querelles inteſtines, excitées par l'archevêque & par les chapitres de ſaint Jean & de
Saint-Juſt, déchirent pendant long-temps la ville

de Lyon. Philippe le Bel donne, au mois de septembre 1307, des lettres-patentes pour rétablir la paix, & pour fixer les droits & les prétentions de l'archevêque & du chapitre de saint Jean.

Il n'y parle pas nommément de la bulle de Frédéric. Il confirme seulement les concessions qui ont été faites à l'archevêque & au chapitre, soit par lui, soit par ses prédécesseurs, soit par toute autre personne. Mais il ajoute cette clause importante, *en ce qui ne sera pas contraire aux droits, à l'honneur, & à l'intérêt de notre couronne.*

L'archevêque & les habitans de Lyon, le clergé séculier & régulier du diocèse, tous les seigneurs & gentilhommes de la province s'opposent à l'éxécution de ces lettres-patentes. Elles sont révoquées & annullées en 1312 ; & l'archevêque cède au roi toute la juridiction temporelle qu'il avoit sur Lyon & sur son district. En 1320, la justice est rendue à l'archevêque sous la souveraineté & le ressort du roi. Dès-lors ont dû disparoître toutes les prétentions de l'archevêque à la principauté & à la souveraineté.

Voici le jugement que porte de cette bulle de Frédéric un ancien historien de la ville de Lyon (*). » On pourroit imputer à MM. de l'église de » Lyon d'avoir ici commis une grande faute, » &, si je l'ose dire, félonie envers les rois » de France, leurs souverains légitimes.... Aussi » crois-je qu'ils ne se voudroient pas servir de » cette bulle, & que s'ils la gardent dans leurs

_____

(*) Rubis.

» archives,

» archives, ce n'eſt que par mémoire de l'anti-
» quité, & non pour leur ſervir de titre «.

Ils ont pourtant voulu s'en ſervir de nos jours.
A la vérité, ils ne prétendoient pas faire revivre
le titre de Prince; mais ils prétendoient être
maintenus dans les droits régaliens que la bulle
de Frédéric leur attribuoit. Un arrêt du conſeil
du 16 octobre 1736 a ſupprimé tous ces droits.

Les titres de Princes, dont preſque tous les
prélats des anciens royaumes d'Arles & de Bourgogne ont été décorés, ont eu à peu près la
même origine. Les empereurs d'Allemagne, qui
avoient des prétentions ſur ces deux royaumes, mais
qui n'y avoient nulle puiſſance, mettoient le clergé
dans leur parti par les titres magnifiques qu'ils
donnoient aux évêques.

Il n'en falloit pas tant aux évêques de ces
temps-là, pour prendre le titre de Princes. Un
comte de Grenoble cède à l'évêque les dixmes
du Graiſivaudan; & l'évêque ſe croit autoriſé,
par cette ceſſion, à prendre le titre de *Prince de
Grenoble.*

(*Article de M. de* POLVEREL, *avocat au
parlement.*)

PRINCIPAL. On appelle ainſi celui qui eſt
chargé du gouvernement d'un collége.

Les Principaux des univerſités, dont les profeſſeurs ont le droit de *ſeptennium*, jouiſſent de
ce droit, comme les profeſſeurs, lorſqu'ils ont
exercé leur office pendant ſept ans. L'univerſité
de Paris procédant, en 1598, à la réforme de ſes
ſtatuts, ſous l'autorité des commiſſaires nommés
par le roi, arrêta que ceux de ſes maîtres ès arts
qui auroient enſeigné publiquement dans un

collége célèbre pendant fept années confécutives; feroient préférés, dans les nominations, à tous les autres gradués ; mais elle n'avoit fait aucune mention des Principaux. Par l'article 17 des additions faites à ces ftatuts, qui furent enregiftrées le 25 feptembre de la même année, elle étendit cette prérogative à tous les Principaux des colléges qui les ont gouvernés durant un femblable efpace de temps. *Gymnafiarchæ qui per feptem annos in celebri gymnafio cum laude rexerint, eodem privilegio comprehendantur in beneficiorum nominationibus, quo præceptores qui per totidem annos docuerint.*

Les ftatuts de 1598 & les additions aux ftatuts, avoient été feulement homologués au parlement de Paris, & cette homologation au parlement ne leur donnoit de force que dans les provinces qui font de fon reffort. Le roi jugea à propos d'en faire une loi pour tout fon royaume, en les confirmant par fa déclaration du 27 juin 1648, qui fut non feulement vérifiée au parlement, mais encore au grand confeil. Dans toutes les déclarations qui ont été rendues depuis au fujet des gradués, & où il eft fait mention du privilége des feptenaires, les Principaux font toujours nommés avec les profeffeurs. Celle du 2 octobre 1743, qui attribue la préférence fur les bénéfices à charge d'ames, aux docteurs en théologie, & la préférence fur ceux qui ne font point à charge d'ames, aux gradués dans les autres facultés, fuppofe que les Principaux & les profeffeurs jouiffent du même privilége. » A l'égard des bénéfices qui ne font point à charge » d'ames, les profeffeurs ou Principaux de col- » léges célèbres & de plein exercice, comme

» auffi les profeffeurs en droit civil & canonique,
» qui auront exercé ces fonctions pendant fept
» années confécutives fans interruption & fans
» fraude, auront la préférence fur tous autres
» gradués, quoique plus anciens qu'eux, même
» fur ceux qui font depuis fept ans docteurs ou
» profeffeurs en théologie «.

L'article 79 des ftatuts de l'univerfité de
Rheims, qui furent homologués au parlement par
arrêt du 16 mai 1662, accordoit auffi aux Principaux qui auroient gouverné avec réputation
pendant fept ans le collége de cette ville, le
droit de *feptennium*, comme aux profeffeurs. Ce
droit a été confirmé depuis par une déclaration
expreffe du 24 mars 1734, pour les profeffeurs
en théologie, Principaux & profeffeurs ès arts de
cette univerfité.

Les principalités ne font point des places eccléfiaftiques, & les prévarications que commet
un Principal dans fes fonctions, ne font point de
la compétence du juge d'églife. C'eft ce qui a
été jugé par arrêt du parlement de Paris du 21
août 1708. Un prêtre, Principal de collége, étoit
accufé de faire choix de mauvais fujets pour remplir les places de profeffeurs, de recevoir de l'argent à cet effet, & d'autres femblables prévarications dans fon état de Principal. Il avoit demandé fon renvoi pardevant le juge d'églife; il
fut débouté de fa demande par cet arrêt. L'accufé
fe pourvut au confeil en caffation; il prétendit
que l'arrêt avoit été rendu contre les difpofitions
précifes de l'ordonnance de 1539, article 4; de
l'édit d'Amboife, article 2; de l'ordonnance de
Rouffillon, article 22; de celle de Moulins,
article 29; de celle de Blois, article 58; de

l'édit de Melun, article 22 ; de l'édit du mois de février 1678, qui veulent tous que les juges d'église connoissent des procès criminels des ecclésiastiques, & qu'ils soient renvoyés devant eux, pour être l'instruction faite conjointement pour les cas privilégiés, tant par les juges d'église que par les juges royaux. Cependant, par arrêt du conseil d'état rendu au rapport de M. Chauvelin de Beauséjour, le 27 mai 1709, il a été mis néant sur sa requête.

Les fonctions des Principaux & procureurs de colléges sont incompatibles avec tout bénéfice situé hors de Paris & qui demande résidence. L'université de Paris avoit déjà établi cette incompatibilité par son réglement du 20 septembre 1577. » Ès charges de supérieurs, sénieurs, » maîtrises, principautés & sous-maîtrises, ne » pourront être élus. ni institués gens pourvus » de bénéfices qui auront charge d'ames & re- » quièrent résidence, & que si, après qu'ils au- » ront été pourvus desdites charges, ils viennent » à être pourvus desdits bénéfices, elles demeu- » reront vacantes & impétrables «. Réglement de l'université, année 1577. Le réglement de l'u- niversité à cet égard fut confirmé par l'article 77 de l'ordonnance de Blois, qui porte, » qu'aux » charges de supérieurs, sénieurs & maîtrises, » de quelque collége que ce soit, ne pourront » être élus ni institués gens pourvus de béné- » fices qui auront charge d'ames & requerront » résidence ; & si, après qu'ils auront été élus & » pourvus desdites charges, ils étoient pourvus » de bénéfices de la qualité ci-dessus, déclare » lesdites charges vacantes & impétrables, sans » qu'ils les puissent résigner, si ce n'est qu'ils

» soient pourvus de bénéfices étant dedans les
» villes où sont lesdites universités , ou hors
» d'icelles, en telle distance que l'on y puisse
» aller en un jour «.

Depuis ce temps , les arrêts ont jugé conformément à la disposition de l'ordonnance de Blois. Par un arrêt du 14 avril 1639 , que rapporte Bardet , le parlement débouta les nommés Duboft & Claude Jan , le premier curé dans le diocèse de Séez , & le second , chanoine de la cathédrale de la même ville , de leurs prétentions sur la principalité du collége de Séez , fondé rue de la Harpe à Paris , & ordonna que l'évêque y nommeroit quelqu'un qui y feroit une résidence actuelle.

Un sieur Bonnedame , chanoine de Noyon , fut nommé Principal & procureur du collége d'Inville à Paris , proche S. Côme : il étoit réputé présent à son canonicat , comme député de son diocèse à la chambre des décimes. Cependant la cour , par arrêt du 15 décembre 1716 , lui enjoignit de faire son option dans trois mois , faute de quoi la principalité seroit déclarée vacante. Par cet arrêt , la cour fit un réglement portant défenses à tous Principaux , procureurs , régens de colléges de l'université de Paris , de posséder aucuns bénéfices requérant résidence.

L'article 77 de l'ordonnance de Blois met une exception à la règle générale qu'il établit ; il permet aux Principaux de posséder des bénéfices qui requièrent résidence , lorsqu'ils sont situés dans les villes mêmes où sont les universités. C'est pourquoi il n'est pas défendu aux Principaux de posséder des canonicats dans le lieu de leur résidence. Sur ce fondement , il a été jugé

K iij

que la principalité du collége de Tieguyer, ou des trois évêchés, ou de Cambrai, n'étoit pas incompatible avec une chapelle de saint Honoré de Paris, qui requiert résidence. La fondation de cette chapelle oblige le chapelain à résider & à assister à tous les offices pour lesquels il y a des distributions. L'arrêt, qui est du 28 mai 1732, permit au sieur Hubert, pourvu de cette chapelle, de conserver la principalité.

Mais le parlement n'a point étendu la faveur de cette exception jusqu'aux cures, quoiqu'elles fussent situées dans le lieu même où est établie l'université. Il a estimé que les cures demandant tous les soins du pasteur, étoient incompatibles avec les principalités de colléges. On trouve un arrêt du 17 décembre 1703, rapporté au journal des-audiences, qui ordonne qu'un ecclésiastique, Principal du collége de Montdidier, opteroit entre sa place de Principal & une cure de la ville, qu'il possédoit.

Il y a des évêques qui ont le droit de nommer aux principalités & aux bourses des colléges. Chopin, livre *de politiâ ecclesias. tit. 5, n. 5,* dit qu'on prétendit, de son temps, que ce droit, pendant la vacance du siége, appartenoit au roi en vertu de la régale. La question s'éleva pour la principalité du collége de Rheims, fondé dans l'université de Paris. Le roi y pourvut en régale pendant la vacance du siege, & le chapitre de l'église de Rheims y nomma de son côté M. de Thou; qui porta la parole dans l'affaire, donna ses conclusions en faveur du nommé par le chapitre de la métropole. Il n'intervint point d'arrêt, parce que les parties s'accommodèrent ; & le nommé par le chapitre demeura en possession.

Mais il eſt évident que le droit de la régale ne s'étendant qu'aux ſeuls bénéfices, & les places ne pouvant être regardées comme des bénéfices, le régaliſte n'étoit nullement fondé en droit.

(*Article* de M. *l'abbé LAUBRY, avocat au parlement.*)

PRISE. On appeloit ainſi autrefois ce que l'on prenoit d'autorité chez les particuliers, pour l'uſage & le ſervice du roi, de la reine, des princes & de leurs principaux officiers.

On entendoit auſſi par le terme de *Priſe,* le droit d'uſer de cette liberté.

On faiſoit des Priſes de vivres, de chevaux & de charrettes, non ſeulement pour le roi, la reine & leurs enfans, mais encore pour le connétable, les maréchaux & autres officiers du roi; pour les maîtres des garniſons, les baillis, les receveurs, les commiſſaires.

Mais le peuple ayant accordé une aide au roi, ces Priſes furent interdites, excepté pour le roi, la reine & leurs enfans, ou pour la neceſſité de la guerre.

Quelques perſonnes étoient exemptes du droit de Priſe, comme les officiers de la monnoie & les changeurs, les albalêtriers de la ville de Paris, les Juifs.

Les proviſions deſtinées pour Paris, les chevaux & les équipages des marchands de poiſſon & de marée, étoient auſſi exempts de Priſes.

Le droit de Priſe n'avoit pas lieu non plus dans la Bourgogne, ni dans quelques autres endroits, au moyen des exemptions qui leur avoient été accordées.

On défendit ſur-tout de faire aucune Priſe

dans la ville & vicomté de Paris, à moins de
payer sur le champ ce que l'on prendroit, attendu
que dans ce lieu on trouve toujours des provisions
à acheter.

Le roi Jean ordonna, en 1355, qu'on ne
pourroit plus faire de Prise de blé, de vin, de
vivres, de charrettes, de chevaux, ni d'autres
choses, pour le roi, ni pour quelque personne
que ce fût ; mais que, quand le roi, la reine, ou
le duc de Normandie (*c'étoit le dauphin*), seroient
en route dans le royaume, les maîtres d'hôtel,
pourroient, hors des villes, faire prendre par la
justice des lieux, des bancs, tables, trétaux ; des
lits de plumes, coussins, de la paille, s'il s'en
trouvoit de battue, & du foin, pour le service
& la provision des hôtels du roi, de la reine
& du duc de Normandie, pendant un jour;
que l'on pourroit aussi prendre les voitures nécessaires, à condition qu'on ne les retiendroit
qu'un jour, & que l'on payeroit le lendemain
au plus tard le juste prix de ce qui auroit été
pris.

Par la même ordonnance, il autorisa ceux
sur qui on voudroit faire des Prises, à les empêcher par voie de fait, & à employer la force
pour reprendre ce qu'on leur auroit enlevé; &,
s'ils n'étoient pas assez forts, ils pouvoient appeler à leurs secours leurs voisins & les habitans
des villes prochaines, lesquels pouvoient s'assem-
bler par cri ou autrement, mais sans son de cloches ;
& néanmoins depuis cela même fut autorisé.

Il étoit permis de conduire les preneurs en prison, & de les poursuivre en justice civilement;
&, en ce cas, ils étoient condamnés à rendre le
quadruple de ce qu'ils avoient voulu prendre ; on

pouvoit même les pourfuivre criminellement, comme voleurs publics.

Ces preneurs ne pouvoient être mis hors de prifon, en alléguant qu'ils avoient agi par ordre de quelque feigneur, ni en faifant ceffion de bien. On ne les laiffoit fortir de prifon qu'après qu'ils avoient reftitué ce qu'ils avoient pris, & qu'ils avoient payé l'amende à laquelle ils étoient condamnés.

On faifoit le procès aux preneurs devant les juges ordinaires des plaignans, & le procureur du roi faifoit ferment de pourfuivre d'office les preneurs qui viendroient à fa connoiffance.

Il fut encore ordonné par le roi Jean, dans la même année, que tandis que l'aide accordée par les trois états d'Auvergne auroit cours, il ne feroit point fait de Prife dans ce pays, ni pour l'hôtel du roi, ni pour celui de la reine, ni pour le connétable ou autres officiers. Ainfi l'aide étoit accordée pour fe rédimer du droit de Prife.

Les gens des hôtels du roi, de la reine, de leurs enfans & des autres perfonnes qui avoient droit de Prife, connoiffoient des conteftations qui arrivoient à ce fujet.

Préfentement, le roi & les princes de fa maifon font les feuls qui puiffent ufer du droit de Prife, encore n'en ufent-ils pas ordinairement, fi ce n'eft en cas de néceffité, & pour obliger de fournir des chevaux & chariots néceffaires pour leur fervice.

PRISE, fe dit, en termes de jurifprudence maritime, d'un navire pris fur les ennemis.

Suivant l'article premier du titre 9 du livre 3

de l'ordonnance de la marine, du mois d'août 1681, perſonne ne peut armer de vaiſſeau en guerre, ſans une commiſſion de l'amiral de France.

L'article 2 veut que celui qui a obtenu une commiſſion pour équiper un vaiſſeau en guerre, la faſſe enregiſtrer au greffe de l'amirauté du lieu où il doit faire ſon armement, & qu'il donne caution de la ſomme de quize mille livres, par-devant le lieutenant de l'amirauté, en préſence du procureur du roi.

Ce cautionnement eſt une ſûreté que le légiſlateur a voulu donner au public, au ſujet des abus & malverſations que peuvent commettre les armateurs ou leurs gens.

Il ſemble, par les dipoſitions de la loi qu'on vient de rapporter, qu'un armateur n'eſt reſponſable des délits des gens de ſon vaiſſeau, que juſqu'à concurrence de quinze mille livres ; mais des réglemens poſtérieurs, & particulièrement ceux des 23 juillet 1704 & 21 octobre 1744, ont décidé qu'un armateur eſt tenu indéfiniment de tous les dommages & intérêts réſultans des délits des gens de ſon vaiſſeau, & des Priſes irrégulières qu'ils peuvent faire.

Il eſt défendu, par l'article 3, à tout François, ſous peine d'être traité comme pirate, de prendre commiſſion d'aucune puiſſance étrangère, pour armer des vaiſſeaux en guerre, & courir les mers ſous la bannière de cette puiſſance, à moins que ce ne ſoit par la permiſſion du roi.

L'article 4 déclare de bonne Priſe tous les vaiſſeaux appartenant aux ennemis de l'état ou commandés par des pirates, forbans ou au-

tres gens courant la mer fans commiffion d'aucun prince ni état fouverain.

Tout vaiffeau combattant fous un autre pavillon que celui de l'état dont il a commiffion,
ou qui a commiffion de deux différentes puiffances, eft auffi déclaré de bonne Prife; & s'il
eft armé en guerre, le capitaine & les officiers
doivent être punis comme pirates. Telles font
les difpofitions de l'article 5.

C'eft pour la pleine exécution de cette loi,
qu'une ordonnance du 17 mars 1696 a défendu
aux capitaines commandant les vaiffeaux du roi,
& aux armateurs, de tirer le coup de femonce
ou d'affurance fous un autre pavillon que celui de
France (*).

_____

(*) *Voici cette ordonnance :*

Sa majefté étant informée que plufieurs capitaines de
fes vaiffeaux armés en courfe, fe font un ufage de tirer
le coup de femonce ou d'affurance fous pavillon étranger,
quoique ce procédé foit contraire a la foi publique, a
l'honneur du pavillon françois, & aux ordonnances, particuliérement a celle de 1681; à quoi fa majefté défirant
pourvoir, en forte que les vaiffeaux des princes neutres ou
de leurs fujets ne puiffent être induits en erreur par cette
manœuvre, ni les corfaires françois s'en faire un moyen
pour les engager au combat, en vûe de les faire déclarer
de bonne Prife; fa majefté a ordonné & ordonne que tous
capitaines commandant fes vaiffeaux, ou ceux armés en
courfe par fes fujets, feront tenus d'arborer pavillon françois avant le coup d'affurance ou de femonce; leur fait
fa majefté très-expreffes inhibitions & défenfes de tirer fous
pavillon étranger, à peine d'être privés, eux & leurs armateurs, de tout le provenu de la Prife, qui fera confif-
quée au profit de fa majefté, fi le vaiffeau eft jugé ennemi; & en cas que le vaiffeau pris foit jugé neutre,
les capitaines & armateurs feront condamnés aux dépens,
dommages & intérêts des propriétaires. Mande & ordonne

Mais comme l'équipage d'un navire est obligé d'obéir au commandant, le roi a rendu, le 18 juin 1704, une autre ordonnance qui dispense les équipages des peines prononcées par l'ordonnance du 17 mars 1696 (*).

sa majesté à M. le comte de Touloufe, amiral de France, & aux officiers de l'amirauté de tenir la main à l'exécution de la présente ordonnance, qui sera lue, publiée & registrée par-tout où besoin sera, à ce qu'aucun n'en ignore. Fait à Versailles le 17 mars 1696.

Signé LOUIS. *Et plus bas* PHELYPEAUX.

(*) *Cette ordonnance, du 18 juin 1704, est ainsi conçue :*

Sa majesté s'étant fait représenter l'ordonnance du 17 mars 1696, par laquelle elle a enjoint aux capitaines des vaisseaux armés en course par ses sujets, d'arborer le pavillon françois avant de tirer le coup d'assurance ou de semonce, à peine, contre les contrevenans, leurs armateurs & équipages, d'être privés de la Prise, qui seroit confisquée à son profit ; elle auroit estimé juste de dispenser les équipages de la peine, attendu qu'ils n'ont aucune part à la faute, & qu'ils sont obligés d'obéir à leur capitaine. Et voulant y pourvoir, sa majesté, en interprétant ladite ordonnance du 17 mars 1696, a ordonné & ordonne, veut & entend, que les équipages des vaisseaux corsaires qui auront fait quelques Prises, après avoir tiré le coup d'assurance ou de semonce sous un pavillon ennemi, ou quelque autre que ce soit que celui de France, ne seront point privés de la part qu'ils auront à la Prise, suivant leur convention avec les armateurs, & seront traités de même que si elle étoit adjugée auxdits armateurs : voulant qu'au surplus ladite ordonnance soit exécutée selon sa forme & teneur. Mande sa majesté à M. le comte de Touloufe, amiral de France, de tenir la main à l'exécution de la présente ordonnance, & aux officiers de l'amirauté, de la faire publier & afficher par-tout où besoin sera, à ce que personne n'en ignore. Fait à Versailles le 18 juin 1704.

Signé LOUIS. *Et plus bas* PHELYPEAUX.

. L'article 6 déclare encore de bonne Prife les vaiffeaux, avec leur chargement, dans lefquels il ne fe trouve ni charte partie, ni connoiffement, ni facture. La même loi défend à tout capitaine, officiers & équipages des vaiffeaux preneurs, de fouftraire ces pièces, fous peine de punition corporelle.

Il n'y a que les pièces indiquées par cet article qui puiffent juftifier que les marchandifes réclamées par des François ou par les fujets des puiffances neutres, leur appartiennent. C'eft conformément à cette règle, que par arrêt du 21 janvier 1693, rendu au profit du capitaine Cabarrus, contre un marchand François qui réclamoit des marchandifes qu'il difoit avoir été chargées pour fon compte fur le navire *le Rédempteur du Monde*, le confeil a jugé qu'un livre de fous bord ne pouvoit pas tenir lieu du double du connoiffement dont le marchand étoit porteur, lorfque ce double ne fe trouvoit point à bord.

Il y a plus ; comme les pièces en forme trouvées à bord pourroient avoir été concertées en fraude, le confeil a ordonné, par arrêt du 26. octobre 1692, que les dépofitions contraires des gens de l'équipage prévaudroient à ces pièces (*).

_____

(*) *Voici cet arrêt :*

. Le roi étant informé que, par arrêt du 20 feptembre 1692, il auroit été fait main-levée du vaiffeau *la Notre-Dame du Pilier*, & des marchandifes de fon chargement, fondé fur ce qu'il s'y eft trouvé un paffe-port du roi de Portugal, & un connoiffement qui porte, que les marchandifes dont il y eft fait mention ont été chargées à Lisbonne pour le compte & rifque d'un marchand Portu-

*Voyez au surplus le réglement du 26 juillet 1778
concernant la navigation des bâtimens neutres,*

gais, quoique par l'interrogatoire des officiers principaux
dudit vaiſſeau, il parût que leſdites marchandiſes étoient
pour le compte des marchands Oſtendois ou Hollandois;
ce qui donnoit lieu d'adjuger aux armateurs la cargaiſon
& le vaiſſeau, ſuivant les articles 7 & 24 de l'ordonnance de 1680, au titre des Priſes. Et comme cette main-
levée eſt également contraire aux intentions de ſa majeſté
& au bien de ſon ſervice; que même il ne feroit pas juſte
que des connoiſſemens & autres actes, ſouvent concertés
pour favoriſer le commerce des ennemis, préva'uſſent aux
dépoſitions des officiers & matelots des vaiſſeaux pris, qui
ſeuls peuvent éclaircir la vérité & découvrir la fraude : vu
ledit arrêt du 20 ſeptembre 1691, leſdits articles 7 & 24
de l'ordonnance de 1681, ſa majeſté étant en ſon conſeil,
ſans ſ'arrêter audit arrêt du 24 ſeptembre 1692, en ce
qu'il a donné main-levée dudit vaiſſeau & de partie des
marchandiſes de ſon chargement, a déclaré le tout de
bonne Priſe; ordonne qu'il ſera vendu, & le prix en
provenant délivré au ſieu de la Barreliere & conſorts, à
la réſerve du dixième du ſieur comte de Touloufe, amiral
de France, qui ſera payé au receveur de ſes droits; &
qu'à la délivrance les dépoſitaires ſeront contraints, &
moyennant ce bien & valablement déchargés. Veut ſa majeſté que les articles 7 & 24 de l'ordonnance de 1681, au
titre des Priſes, ſoient exécutés ſans aucune modération ni
reſtriction, & que pleine & entière foi ſoit ajoutée aux
dépoſitions des capitaines, matelots & officiers des vaiſſeaux
pris s'il n'y a contre eux aucun reproche valable pro-
poſé par les réclamateurs, ou quelque preuve de ſuborna-
tion & de ſéduction. Défend ſa majeſté aux capitaines des
vaiſſeaux preneurs, & aux armateurs, leurs conſorts, &
tous autres, d'uſer d'aucunes menaces, voies de fait ni
violences contre les officiers & matelots des vaiſſeaux
pris, ſous peine de punition corporelle : enjoint aux officiers des amirautés d'en informer ſur la plainte qui leur
en ſera faite par les réclamations, ſous peine d'interdiction.
Et ſera le préſent arrêt lu, publié & enregiſtré aux ſiéges
des amirautés, à la diligence du procureur de ſa majeſté

que nous avons rapporté à l'article NAVIGATION.

Tous les navires qui fe trouvent chargés d'effets appartenant aux ennemis de l'état, & les marchandifes des fujets du roi ou des puiffances alliées ou neutres qui fe trouvent dans un vaiffeau ennemi, doivent pareillement être déclarés de bonne Prife. C'eft ce que porte l'article 7.

Lorfqu'un navire françois, eft repris, fur les ennemis après avoir demeuré pendant vingt-quatre heures entre leurs mains, la Prife en doit être déclarée bonne en faveur du preneur (*); mais

---

en icelles, à eux enjoint d'en certifier dans le mois le fecrétaire d'état ayant le département de la marine. Fait au confeil d'état du roi, tenu a Verfailles le 26 octobre 1692.

, *Signé* PHELYPEAUX.

(*) *Obfervez que fi les reprifes font faites par les vaiffeaux, frégates & autres bâtimens du roi, il faut fe conformer à l'ordonnance du* 15 *juin* 1779 *, que nous allons rapporter :*

Le roi s'étant fait repréfenter fon ordonnance du 28 mars de l'année dernière, concernant les Prifes faites en mer par fes vaiffeaux, frégates & autres bâtimens de guerre, par laquelle fa majefté a bien voulu faire aux états majors & équipages des vaiffeaux preneurs, l'abandon de la totalité des bâtimens de guerre & corfaires enlevés fur fes ennemis, & des deux tiers du produit des navires marchands ; fa majefté auroit reconnu qu'elle n'a rien ftatué par cette ordonnance fur les reprifes qui feroient faites par lefdits vaiffeaux & frégates ; & elle a jugé néceffaire de faire connoître fes intentions a ce fujet, en fe réfervant d'accorder aux équipages de fes vaiffeaux & frégates telle gratification qu'il appartiendra, fur le prix defdites reprifes & de leur cargaifon, lefquelles continueront d'appartenir & d'être a jugées à fa majefté, comme par le paffé. Elle a ordonné & ordonne que les réglemens concernant la recouffe, continueront d'être obfervés fui-

fi la reprife s'eft faite avant les vingt-quatre
heures, le navire repris doit être reftitué au propriétaire avec tout ce qui étoit dedans, à la ré-

---

vant leur forme & teneur; en conféquence, lorfque les
navires de fes fujets auront été repris par les corfaires armés en courfe contre les ennemis de l'état, après avoir
été vingt quatre heures en leurs mains, ils leur appartiendront en totalité; mais dans le cas où la reprife aura été
faite avant les vingt-quatre heures, le droit de recouffe ne
fera que du tiers de la valeur du navire recous & de fa cargaifon. En ce qui concerne les reprifes faites par les vaiffeaux, frégates ou autres bâtimens de fa majefté, le tiers
fera adjugé à fon profit pour droit de recouffe, fi elle eft
faite dans les vingt quatre heures; & après ledit délai, la
reprife fera adjugée en totalité à fa majefté, comme par
le paffé, fans que les états majors defdits vaiffeaux &
frégates puiffent y rien prétendre; fe réfervant fa majefté
d'accorder aux équipages une gratification proportionnée à
la valeur du bâtiment repris & de fa cargaifon, d'après
les connoiffemens & factures; comme auffi de donner aux
états majors des vaiffeaux qui auront fait les reprifes, &
qui auroient eu occafion de fe diftinguer par des actions de
valeur, telles grâces ou récompenfes que fa majefté avifera bon être, fuivant les circonftances.

Veut & ordonne fa majefté que la préfente ordonnance
ait lieu pour toutes les reprifes qui auroient pu être faites
depuis le commencement des hoftilités.

Mande & ordonne fa majefté à monf. le duc de Penthièvre, amiral de France, aux vice-amiraux, lieutenans
généraux, chefs d'efcadre, capitaines & autres officiers
de fes vaiffeaux, commandant fes vaiffeaux, frégates &
autres bâtimens; aux commandans des ports, aux intendans de la marine, commiffaires généraux des ports &
arfénaux, ordonnateurs, aux officiers des fiéges d'amirautés, & à tous autres qu'il appartiendra, de tenir la
main, chacun en droit foi, à l'exécution de la préfente
ordonnance.

Fait à Verfailles le 15 juin 1719. *Signé* LOUIS.
Et plus bas, DE SARTINE.

ferve

serve du tiers qu'on doit donner au navire qui a
fait la recousse.

M. Vallin a relevé à ce sujet une bévue bien
grossière de l'auteur du commentaire de l'ordonnance de la marine imprimée à Paris en 1757.
Cet écrivain entendoit si peu la matière qu'il
traitoit, qu'il s'est avisé de dire, que, si la reprise d'un vaisseau françois avoit lieu ayant les
vingt-quatre heures, le vaisseau & tout ce qui
étoit dedans *devoit être restitué à l'ennemi qui l'avoit
pris, &c.*

Il s'est présenté, en matière de reprise, une
question singulière, dont l'espèce est ainsi rapportée par M. Vallin.

» Un navire anglois a été pris par un arma-
» teur françois, qui l'a gardé trois jours ; ces
» deux vaisseaux sont pris ensuite par un vais-
» seau anglois, qui, après seize heures, est re-
» pris par un second armateur françois.

» Contestation entre les deux armateurs fran-
» çois, non pour le vaisseau françois pris & re-
» cous, à l'égard duquel nul doute que le second
» armateur ne soit borné au tiers pour son droit
» de recousse ; mais pour la première Prise an-
» gloise ; le premier armateur prétendant qu'elle
» lui appartient, & que le second n'en peut
» avoir tout de même que le tiers pour la
» recousse.

» Le second armateur soutient au contraire, que
» la première Prise angloise lui appartient en en-
» tier comme la seconde, & que le premier n'y
» a aucun droit.

» Raisons pour le premier armateur. Dès qu'il
» a gardé la Prise plus de vingt-quatre heures,
» elle lui a été pleinement acquise ; en telle

» forte qu'après ce délai le vaiffeau anglois a
» être confidéré comme vaiffeau françois. D'
» il fuit, que dans la recouffe il n'y a aucu
» différence à faire entre ce navire & le fr
» çois, l'anglois qui les avoit pris tous de
» ne l'ayant pas gardé vingt-quatre heures.

» Inutilement oppoferoit-on que l'armateur q
» fait une Prife n'en eft véritablement propri
» taire qu'autant qu'il la conferve, & qu'ap
» qu'elle a été jugée valable. Ce n'eft pas là
» qui forme fon droit à la Prife, c'eft feuleme
» ce qui le confirme. Le droit eft acquis d
» l'inftant de la Prife.

» Raifons en faveur du fecond armateur.
» n'eft pas douteux que celui qui poffède u
» chofe en vertu d'un titre qui lui a donné dro
» de s'en emparer, n'en ait acquis dès lors
» propriété : ainfi l'armateur ayant été autori
» à faire la Prife, & par la déclaration de guerre
» & par fa commiffion, il a acquis véritableme
» la propriété du navire ; mais cette proprié
» n'eft pas incommutable.

» Comme il a pu acquérir dans un quart
» d'heure, il a pu également perdre ; & c'é
» ce qui eft arrivé par la reprife faite fur lui
» en quelque temps qu'elle ait été faite.

» L'effet de la reprife eft tel, que ce qui étoi
» auparavant en fon pouvoir, & qu'il poffédo
» légitimement, a ceffé dans l'inftant de lu
» appartenir, comme s'il n'y avoit jamais e
» aucun droit. Ainfi le fecond armateur qui re
» prend le premier avec la Prife qu'il avoit faite
» devient réellement propriétaire du vaiffeau e
» nemi que l'ennemi avoit recouvré, & dans le

» quel le premier armateur françois n'avoit plus
» aucun droit.

» Ce n'est pas le cas au reste d'examiner si
» l'ennemi a gardé sa Prise plus ou moins de
» vingt-quatre heures ; la distinction n'est bonne
» que par rapport au vaisseau françois, non que
» dans la règle générale le délai de vingt-quatre
» heures décide de la validité ou de l'ineffica-
» cité de la Prise en soi ; car il n'est pas dou-
» teux que dans l'instant de la Prise il ne se
» fasse un vrai changement de propriété ; mais
» c'est qu'en faveur des françois il a paru juste
» de tempérer la règle par une modification &
» un arrangement de convenance, en bornant le
» droit de recousse au tiers, la reprise étant faite
» avant les vingt-quatre heures.

» Que cet arrangement soit observé avec exac-
» titude, à la bonne heure ; mais il ne peut in-
» fluer sur la reprise du vaisseau ennemi que
» l'armateur françois avoit pris d'abord ; parce
» que, dans la règle, il avoit perdu tout droit
» sur cette Prise, dans l'instant même que l'en-
» nemi la lui avoit arrachée, en le prenant lui-
» même. Dans ces circonstances, il doit s'estimer
» heureux que le second armateur soit venu faire
» à son tour une reprise qui lui fait recouvrer
» son navire qu'il avoit perdu, sans autre charge
» que de payer le tiers de sa valeur pour le droit
» de recousse.

» Il étoit naturel que ces raisons du second
» armateur prévalussent ; & en effet, la question
» fut décidée en sa faveur, le 2 janvier 1695, au
» conseil des Prises «.

Le conseil a rendu depuis cette époque divers

arrêts des 17 octobre 1705 , 5 juin 1706 , & 14
juin 1710 , qui ont décidé de même.

Cependant la question s'étant renouvelée durant la guerre de 1740 , elle fut jugée en première instance en faveur du premier armateur,
mais ce jugement fut réformé par arrêt du conseil du 5 novembre 1748 , qui adjugea la Prise
en entier au second armateur (*).

_____

(*) *Comme cet arrêt sert aujourd'hui de réglement , nous*
allons le rapporter.

Vu par le roi, étant en son conseil, la requête présentée
par les capitaines & armateurs du corsaire *le Prince de*
Conti , tendante à ce qu'il plaise à sa majesté les recevoir
appelans de l'ordonnance du 7 février 1748 , qui a déclaré
le navire Anglois *le Mogué Landardez* , de bonne Prise,
en a adjugé les deux tiers à l'armateur du corsaire *la*
Reine , & l'autre tiers, à l'armateur *du Prince de Conti* , pour
droit de recousse ; faisant droit sur ledit appel , sans avoir
égard à ladite ordonnance , déclarer ledit navire de bonne
Prise au profit de l'armateur du corsaire *le Prince de Conti*
seul ; en conséquence , ordonner que le prix provenu de
la vente d'icelui , ensemble de ses agréts , apparaux &
marchandises de son chargement , lui sera restitué. La
requête de Jacques Perée du Coudray , négociant à Saint-
Malo , armateur du corsaire *la Reine* , tendante à ce qu'il
plaise à sa majesté déclarer l'armateur *du Prince de Conti*
non recevable & subsidiairement mal fondé dans son
appel , dont il sera débouté. Ce faisant , ordonner que ladite ordonnance sera exécutée suivant sa forme & teneur,
avec dommages , intérêts & dépens. La procédure faite par
les officiers de l'amirauté de St.-Malo , commencée le 10 novembre 1747 ; l'ordonnance dont est appel , dudit jour 7 février 1748 , & tout ce qui a été remis par les parties respectivement : vu aussi les arrêts du conseil des 17 octobre 1705,
5 juin 1706 , & 14 juin 1710 , qui ont jugé que les vaisseaux ennemis pris par des François , repris sur eux , &
ensuite repris par d'autres François , appartiennent en en-

« S'il arrivoit que l'équipage d'un navire pris se délivrât lui-même de l'ennemi, ce ne seroit pas une reprise en vertu de laquelle il auroit droit d'exiger ce navire après les vingt-quatre heures, ou le tiers avant les vingt-quatre heures ; mais

---

tier aux derniers preneurs ; & que l'article 8 du titre des Prises de l'ordonnance de 1681, qui rend le vaisseau françois recous dans les vingt-quatre heures au propriétaire, n'a point d'application aux navires appartenans aux ennemis de l'état. Ouï le rapport du sieur comte de Maurepas, secrétaire d'état ayant le département de la marine ; le roi étant en son conseil, ayant égard à la requête des capitaine & armateurs du corsaire le *Prince de Conti*, faisant droit sur l'appel par eux interjeté de l'ordonnance dudit jour 7 février 1748, & sans s'y arrêter, en ce qu'elle adjuge ledit navire le *Mogué Landardez*, & les marchandises de son chargement, audit armateur du corsaire *la Reine*, en payant à celui du corsaire le *Prince de Conti* le tiers du produit pour la recousse, ni à la requête dudit Perée du Coudray, a ordonné & ordonne que le tout appartiendra auxdits capitaine & armateurs dudit corsaire le *Prince de Conti* seuls, & que le prix provenant de la vente dudit bâtiment & de son chargement, leur sera remis, à la réserve du dixième appartenant à l'amiral, qui sera délivré au receveur de ses droits ; à ce faire les séquestres & dépositaires contraints, quoi faisant déchargés. Enjoint sa majesté aux officiers de l'amirauté de Saint-Malo de tenir la main à l'exécution du présent arrêt. Veut & entend sa majesté que les Prises des navires ennemis, faites par ses vaisseaux ou par ceux de ses sujets, armés en course, recousses par les ennemis, & ensuite reprises sur eux, appartiennent en entier au dernier prenant ; & en conséquence, ordonne sa majesté que le présent arrêt sera regitré aux greffes des amirautés du royaume, imprimé, lu, publié & affiché par-tout où besoin sera. Mande & ordonne sa majesté à M. le duc de Penthièvre, amiral de France, de tenir la main à son exécution. Fait au conseil d'état du roi, sa majesté y étant, tenu à Fontainebleau ce 5 novembre 1748. *Signé*, ROVILLÉ.

il feroit dû à cet équipage une récompenfe proportionnée à l'importancé de l'objet. L'amirauté de Marfeille l'a ainfi jugé par fentence du janvier 1748. Au furplus, une telle récompenfe doit être fupportée comme une avarie groffe & commune.

- Lorfqu'un navire, fans être repris, eft abandonné par les ennemis, ou que, par tempête ou autre cas fortuit il fe trouve dans la poffeffion des fujets du roi avant d'avoir été conduit dans aucun port ennemi, il doit être rendu au propriétaire, s'il le réclame dans l'an & jour, quoiqu'il ait été plus de vingt-quatre heures entre les mains des ennemis. Telles font les difpofitions de l'article 9.

L'article 10 veut que les navires & effets des fujets du roi ou des puiffances alliées, repris fur les pirates & réclamés dans l'an & jour de la déclaration qui en a été faite à l'amirauté, foient rendus au propriétaire, en payant par lui le tiers de la valeur du vaiffeau & des marchandifes pour frais de recouffe.

Les armes, poudres, boulets & autres munitions de guerre, même les chevaux & équipages tranfportés pour le fervice des ennemis de l'état, doivent, fuivant l'article 11, être confifqués, en quelque vaiffeau qu'ils foient trouvés & à quelque perfonne qu'ils appartiennent, foit des fujets du roi ou des puiffances alliées.

Tel a été de tout temps le droit des gens, relativement à la guerre.

- Tout vaiffeau qui refufe d'amener fes voiles après la femonce qui lui en a été faite par un vaiffeau, foit du roi, foit des particuliers, armé en guerre, peut y être contraint à coups de canon, ou autrement ; & en cas de réſiſtance & de combat, il doit être déclaré de bonne Priſe. Ce ſont les diſpoſitions de l'article 12 ; elles ſont fondées ſur ce qu'il importe de vérifier ſi, dans les vaiſſeaux amis ou neutres, il n'y a point de marchandiſes prohibées ou d'autres effets appartenans à l'ennemi.

L'article 13 défend à tout capitaine de vaiſſeau armé en guerre, d'arrêter les navires françois ou des ſujets des puiſſances alliées qui ont amené leurs voiles & repréſenté leur charte partie ou police de chargement, & d'y prendre ou ſouffrir qu'il y ſoit pris aucune choſe, ſous peine de la vie.

Le légiſlateur a jugé qu'on ne pouvoit établir une peine trop ſévère pour réprimer le penchant naturel des corſaires pour le pillage.

Les vaiſſeaux pris par des capitaines qui ont commiſſion étrangère, ne peuvent demeurer plus de vingt-quatre heures dans les ports ou havres de France, à moins qu'ils n'y ſoient retenus par la tempête, ou que la Priſe n'ait été faite ſur les ennemis de l'état. Ces diſpoſitions de l'article 14 ont eu pour objet de donner un aſile aux vaiſſeaux des puiſſances avec leſquelles on n'eſt point en guerre, ſans violer la loi de la neutralité.

Lorſque dans les Priſes amenées en France par les vaiſſeaux de guerre armés ſous commiſſion étrangere, il ſe trouve des marchandiſes appartenantes aux ſujets du roi ou à ceux des puiſſances alliées, celles des ſujets du roi doivent leur être rendues, & les autres ne peuvent être miſes en magaſin ni achetées par aucune perſonne, fous quelque prétexte que ce puiffe être. C'eft ce que porte l'article 15.

Cette loi ne peut s'appliquer qu'au cas où le vaiffeau étranger, qui eft obligé de fe réfugier en France, a fait fa Prife fur d'autres que fur les ennemis de l'état; car s'il étoit queftion d'une Prife faite fur l'ennemi commun, non feulement il n'y auroit point de reftitution à faire aux François, comme on l'a vu précédemment, mais encore tous les effets de la Prife pourroient être librement mis en magafin, & vendus comme tout autre effet de pareille nature.

Les formalités à obferver au moment de la Prife, tout ce qui doit être fait au fujet des papiers trouvés à bord, & des rançons des bâtimens pris, les procédures qui doivent avoir lieu après l'arrivée des Prifes dans les ports, &c. ont été déterminés par la déclaration du 24 juin 1778, enregiftrée au parlement le 24 Juillet fuivant : voici les difpofitions qu'elle contient fur ces objets.

» Article 39. auffi-tôt qu'il y aura quelque » Prife faite, l'écrivain prendra l'ordre du capi- » taine, pour aller à bord fe faifir des clefs, fceller » les écoutilles, chambres, coffres, armoires, » ballots, tonneaux & autres chofes fermantes à » clef ou emballées, fans en excepter le coffre » du capitaine, après toutefois que les papiers, » ainfi que les hardes ou effets à fon ufage, en » auront été retirés : ledit coffre reftera à bord » de la prife, & fera partie de fon produit.

» 40. L'officier qui fera envoyé à bord du » vaiffeau pris, ou l'écrivain, fe faifiront de tous » les papiers, qui feront remis dans un fac ca-

» cheté à celui qui fera choifi pour conduire la
» Prife ; lequel ne pourra les remettre qu'entre
» les mains des officiers de l'amirauté du port où
» elle abordera.

» 41. Les capitaines des corfaires particuliers pour-
» ront rançonner en mer tous bâtimens marchands,
» fuivant les circonftances (*) : défendons néan-

(*) *Cette difpofition, a été interprétée par l'arrêt
fuivant :*

Sa majefté étant informée, que quoique l'article 41 de
la déclaration du 24 juin 1778 n'autorife les capitaines
de corfaires à rançonner les bâtimens des ennemis de l'état,
que fuivant certaines circonftances, néanmoins les rançons
fe font tellement multipliées qu'elles fe font aujourd'hui
indiftinctement : qu'indépendamment de ce qu'il en réfulte une
perte réelle pour les équipages & les invalides de la marine, la rançon (quelle qu'elle foit) étant toujours fort
inférieure à la valeur d'une Prife, le vrai but de la courfe,
qui eft d'affoiblir les forces de l'ennemi par l'enlévement
de fes équipages & la privation de fes bâtimens, fe trouve
totalement éludé ; & fa majefté voulant faire ceffer un abus
auffi contraire au bien de l'état & à l'intention qu'elle a
eue par les encouragemens qu'elle a donnés à la courfe.
A quoi voulant pourvoir : oui le rapport ; le roi étant en
fon confeil, a défendu & défend à tous capitaines de corfaires de rançonner à l'avenir en mer aucun bâtiment
marchand, à peine d'être privés de leurs parts dans lefdites
rançons, & interdits de leurs fonctions pendant trois mois ;
laquelle défenfe aura lieu dans deux mois, à compter de la
date du préfent arrêt.

Sa majefté excepte néanmoins de la préfente défenfe les
Prifes qui feront faites dans les mers d'Irlande, dans le
canal de Briftol, dans celui de Saint-George, & dans le
nord-oueft de l'Ecoffe, que les capitaines de corfaires pourront continuer de rançonner.

Veut fa majefté que toutes les rançons qui feront faites
dans les mers défignées ci-deffus, ne foient valables qu'autant que la néceffité abfolue en fera juftifiée par un procès-
verbal figné de l'état-major du corfaire preneur, & au

» moins aux armateurs d'accorder aucun profit
» au capitaine fur le produit des rançons, fous
» prétexte d'indemnité.

» 42. Aussi-tôt qu'une Prife fera arrivée dans
» l'un des ports de notre royaume, le capitaine
» qui aura fait la Prife, ou l'officier qui aura été
» chargé de l'amener, fera tenu d'en faire devant
» les officiers de l'amirauté un rapport détaillé,
» lequel fera enfuite vérifié par l'audition de deux
» hommes au moins de fon équipage, à l'excep-
» tion des cas de relâche, pour lefquels il fuffira
» d'une fimple déclaration ; lefdits officiers de
» l'amirauté fe tranfporteront fur le champ à
» bord de ladite Prife, pour en dreffer procès-
» verbal, fceller les écoutilles & les chambres,
» faire inventaire de ce qui ne pourra être fcellé,
» & établir des gardiens : ils procéderont enfuite

moins d'un tiers de l'équipage, lorfqu'il n'excédera pas
trente hommes, ainfi à proportion ; & fera ledit procès-
verbal joint à la procédure de l'amirauté, qui doit être envoyée au fecrétaire général de la marine.

Enjoint fa majefté auxdits capitaines de corfaires, lorfqu'ils feront les rançons dans le cas permis par le préfent
arrêt, d'exiger, pour l'affurance de ladite rançon, outre
l'otage qu'il eft d'ufage de retenir, cinq hommes en fus,
lorfque l'équipage du navire rançonné fera compofé de
trente hommes, trois lorfqu'il ne fera que de vingt hommes,
& deux pour tous les autres cas ; à la charge par les capi-
taines-preneurs de fe faire donner par les capitaines ran-
çonnés, des vivres en quantité fuffifante pour la nourriture defdits otages jufqu'au port où ils feront conduits.

Mande & ordonne fa majefté à M. le duc de Penthièvre, amiral de France, de tenir la main à l'exécution
du préfent arrêt, qui fera enregiftré aux greffes des amirautés. Fait au confeil d'état du roi, fa majefté y étant,
tenu à Verfailles le 11 octobre 1780.

Signé DE SARTINE.

» à l'interrogatoire du capitaine, des officiers &
» autres gens de l'équipage du vaisseau pris;
» feront tranflater les pièces du bord par l'in-
» terprète juré, s'il y en a dans le lieu, &
» adrefferont, tant les expéditions defdites pro-
» cédures que les pièces originales & les tranflats,
» s'ils ont pu être faits, au fecrétaire général de
» la marine, pour être procédé au jugement de la
» Prife.

» 43. Le greffier de l'amirauté fera tenu d'en-
» voyer lefdites pièces par la pofte au fecrétaire
» général de la marine, dans huitaine au plus
» tard après l'arrivée des Prifes. Le Directeur du
» bureau chargera le parquet fur la feuille d'avis,
» & en donnera au greffier un reçu par duplicata,
» dont l'un fera joint aux pièces, pour être vifé
» dans le jugement. Si l'envoi defdites pièces n'eft
» pas fait dans le délai prefcrit, les juges & le
» greffier de l'amirauté feront condamnés, pour
» chaque jour de retard, en une fomme égale
» aux vacations qui leur auroient été attribuées
» pour toutes les opérations faites jufqu'à cette
» époque, même à l'interdiction, s'il y échet.

» 44. Il feia procédé fans délai à la lévée des
» fcellés & au déchargement des marchandifes
» qui feront inventoriées & mifes en magafin;
» lequel fera fermé de trois clefs différentes, dont
» l'une demeurera entre les mains du greffier de
» l'amirauté, une feconde entre celles du rece-
» veur des Fermes, & la troifième fera remife à
» l'armateur.

» 45. Il fera procédé auffi fans délai à la dé-
» charge & à la vente provifoire des effets fujets
» à dépériffement, foit à la requête de l'arma-
» teur ou de celui qui le repréfentera, foit, en

» leur abfence, à la requête de nos procureurs ès
» siéges des amirautés. Pourront même lefdits offi-
» ciers defdites amirautés, lorfque les Prifes feront
» conftamment ennemies, d'après les pièces du
» bord & les interrogatoires des prifonniers pris,
» permettre la vente des Prifes & de toutes les
» marchandifes dont ils feront chargés, fans at-
» tendre le jugement de bonne Prife ; laquelle
» vente fe fera dans le délai fixé par le juge de
» l'amirauté, à l'effet de quoi lefdites ventes feront
» affichées dans les différentes places de commerce,
» ainfi qu'il fera dit ci-après.

» 46. Permettrons néanmoins aux officiers des
» amirautés, lorfqu'il fe préfentera des récla-
» mateurs, d'ordonner que les effets réclamés
» pourront leur être délivrés fuivant l'eftimation
» qui en fera faite à dire d'experts, pourvu que
» lefdites réclamations foient fondées en titres,
» & à la charge par celui qui les aura faites, de
» donner bonne & fuffifante caution, faute de quoi
» il fera paffé outre.

» 47. Les armateurs feront tenus d'envoyer
» des états ou inventaires détaillés des effets qui
» compoferont les Prifes, avec indication du
» jour de leur vente, qui aura été fixé par le
» juge, dans les différentes places de commerce,
» & particuliérement à Paris, où ils feront affi-
» chés à la bourfe ; & il en fera délivré, fur
» les ordres du lieutenant général de police, un
» certificat, duquel il fera fait mention dans le
» procès-verbal de la vente de la Prife.

» 48. Il fera procédé par le confeil des Prifes
» au jugement d'icelles ; nous réfervant au furplus
» de faire connoître nos intentions fur la forme
» de procéder audit confeil, de manière que la

» juſtice la plus prompte ſoit rendue aux arma-
» teurs & à ceux qui auront des réclamations à
» former.

» 49. Huit jours après que les jugements au-
» ront été rendus, le greffier dudit conſeil ſera
» tenu d'en envoyer l'expédition aux officiers de
» l'amirauté; leſquels, dans le délai de trois
» jours, les feront enregiſtrer au greffe de leur
» ſiége, pour être enſuite procédé à la vente de
» la Priſe, ſi fait n'a été.

» 50. Les marchandiſes ſeront expoſées en vente
» & criées par parties entières, ou par lots,
» ainſi qu'il ſera convenu pour le plus grand avan-
» tage des intéreſſés, entre l'armateur & les ad-
» judicataires préſens; & en cas de conteſtation,
» les officiers de l'amirauté régleront la forme de
» la vente. Le prix en ſera payé comptant, ou
» en lettres de change acceptées à deux mois
» d'échéance au plus tard; & la livraiſon des
» effets vendus & adjugés ſera commencée le lende-
» main de la vente, & continuée ſans interrup-
» tion.

» 51. Pour accélérer toutes les opérations re-
» latives aux Priſes, les officiers de l'amirauté ſe-
» ront tenus, dans le cas où ils ne ſeroient pas
» en nombre ſuffiſant pour la quantité de Priſes,
» & afin qu'il n'y ait aucun retardement, de com-
» mettre, ſans délai, des gradués, même des
» praticiens du ſiége; &, s'il eſt néceſſaire, des
» commis greffiers pour l'expédition des écritures;
» leſquels prêteront ſerment en la forme accou-
» tumée; & il ſera travaillé à toute heure, par-
» ticuliérement pour profiter des marées & pour
» les recenſemens dans les magaſins.

» 52. Le juge, à chaque ſéance, taxera ſes

» droits , ceux de notre procureur & ceux du
» greffier, fuivant le tarif de 1770, qui fera fuivi
» dans toutes les amirautés , en défignant le
» nombre d'heures qui auront été employées.
» Voulons que lefdits droits foient réduits à
» moitié pour les vacations au déchargement, à
» l'inventaire & à la livraifon des marchandifes.

... » 53. Le greffier ferá tenu, fous peine de priva-
» tion de fes vacations, de délivrer , fans frais, à
» l'armateur ou à fon commiffionnaire, un état
» de ce qu'il aura reçu & de ce qu'il aura payé
» pour les vacations du juge, de notre procu-
» reur & des huiffiers ; ledit état fera vifé &
» rapporté dans la liquidation particulière.

» 54. Quinze jours après que la livraifon des
» effets vendus aura été achevée, l'armateur,
» ou fon commiffionaire, dépofera au greffe de
» l'amirauté le compte du produit de la Prife,
» avec les pièces juftificatives , fous peine de
» privation de fon droit de commiffion ; fi la
» production n'eft pas complette, nous autori-
» fons les juges de l'amirauté à accorder à
» l'armateur quinze jours pour rapporter les
» pièces manquantes ; laquelle permiffion fera
» accordée à l'armateur fur une fimple requête,
» fans frais.

» 55. Il fera procédé à la liquidation parti-
» culière, dans le mois du jour du dépôt du
» compte porté par l'article précédent, fans
» que l'arrêté de ladite liquidation puiffe être
» fufpendu, fous prétexte d'articles qui ne fe-
» roient pas encore en état d'être liquidés ; lef-
» quels feront tirés pour mémoire, fauf à les
» comprendre enfuite dans la liquidation géné-
» rale.

» 56. Lorsque la course aura produit des
» sommes suffisantes pour réarmer, la société
» sera continuée de droit, s'il n'y a pas de
» convention contraire, & il sera loisible à
» l'armateur de s'occuper sur le champ d'un
» réarmement pour le compte des mêmes in-
» téressés, qui ne pourront, dans ce cas, être
» remboursés du pricipal de leur mise, ni en
» demander le remboursement que de gré à gré :
» voulons que les armateurs soient dispensés de
» faire la vente du corps du vaisseau corsaire,
» pour la fixation des dépenses relatives à la li-
» quidation des six deniers pour liv. des invalides :
» mais si l'armateur juge à propos de requérir
» ladite vente, il sera tenu de se conformer aux
» formes prescrites par nos ordonnances pour la
» vente des vaisseaux, & d'en faire afficher le
» *prospectus* imprimé, à la bourse de Paris &
» autres villes où il y aura des actionnaires ; &
» dans le cas où il resteroit adjudicataire du vais-
» seau corsaire, à l'effet de réarmer en course, les
» actionnaires seront libres d'y conserver leur in-
» térêt, en le déclarant néanmoins dans un mois
» du jour de l'adjudication.

» 57. Les armateurs seront tenus de déposer au
» greffe de l'amirauté du lieu de l'armement une
» expédition de chaque liquidation particulière,
» aussi-tôt qu'elle leur sera parvenue, ou au plus
» tard dans un mois de sa date : leur enjoignons
» pareillement de déposer au même greffe, dans
» le mois après la course finie ; ou que la perte
» du corsaire sera connue ou présumée, les
» comptes de dépense des relâches & du désar-
» mement, pour être procédé à la liquidation gé-
» nérale du produit de la course par les officiers

» de l'Amirauté, dans un mois après la remise
» de toutes les pièces, sous peine de privation de
» toutes leurs vacations à ladite liquidation, sauf
» laisser pour mémoire les articles qui pourroient
» donner lieu à un trop long retard, lesquels se-
» ront ensuite réglés par un supplément sommaire
» à la liquidation générale (*).

    » 58. Les six deniers pour l'entretien des inva-
» lides de la marine, ne seront levés que sur le
» produit net de la portion des Prises appartenante
» aux armateurs, toutes les dépenses de l'arme-
» ment, relâches & désarment, déduites ; & quant
» à la portion des gens de l'équipage, il leur sera
» fait déduction des six deniers pour livre payés à
» l'armement, sur les avances qui doivent être
» précomptées sur les parts.

_____

(*) Le roi ayant été informé que les armateurs des corsaires négligent de se conformer aux dispositions de cet
article, d'où il résultoit un préjudice sensible aux équipages,
aux invalides de la marine, & aux actionnaires ; par le
retard de la liquidation générale, sa majesté a rendu en
son conseil, le 4 mars 1781, un arrêt qui ordonne que les
armateurs seront tenus de se conformer à l'article dont il
s'agit ; » & en conséquence, de déposer au greffe de l'ami-
» rauté du lieu de l'armement desdits corsaires, une ex-
» pédition de chaque liquidation particulière des Prises qui
» auront été conduites dans d'autres ports que celui de l'ar-
» mement, aussi tôt qu'elle leur sera parvenue, & au plus
» tard dans un mois de leur date ; de déposer pareillement
» au même greffe, dans le mois après la course finie, ou
» que la perte du corsaire sera connue ou présumée, les
» comptes de dépenses des relâches & du désarmement, afin
» qu'il puisse être procédé sans délai à la liquidation générale
» du produit de la course ; le tout à peine contre lesdits ar-
» mateurs d'être privés des droits de commission qui leur
» sont attribués par l'article 20 de ladite déclaration du 24
» juin 1778 «.

                                         » 59.

» 59. Il fera adreffé aux officiers de l'amirauté,
» par le fecrétaire d'état ayant le département de la
» marine, des modèles de liquidations générales
» & particulières, auxquels ils feront tenus de fe
» conformer ; fauf les changemens que des cas
» particuliers rendront néceffaires : quant aux li-
» quidations générales, elles feront imprimées, &
» il en fera envoyé des exemplaires à l'amiral de
» France, au fecrétaire d'état ayant le département
» de la marine, aux greffes des juges & confuls
» des villes dans lefquelles il y aura des action-
» naires, qui pourront en prendre communication
» gratis & fans frais ; il en fera envoyé auffi aux
» intéreffés & actionnaires d'une fomme de trois
» mille livres & au-deffus.

» 60. En cas de pillage, divertiffement d'effets,
» déprédations, & autres malverfations, il en fera
» informé par les officiers de l'amirauté, à la re-
» quête de nos procureurs, & procédé en la forme
» portée par l'ordonnance, pour être lefdites pro-
» cédures envoyées avant le réglement à l'extraor-
» dinaire, au fecrétaire général de la marine, &
» être par l'amiral, avec les commiffaires du con-
» feil des Prifes, prononcé telles amendes ou
» peines civiles qu'il appartiendra ; auquel cas lef-
» dites procédures demeureront comme non ave-
» nues : & où il écherroit de prononcer des
» peines afflictives, lefdites procédures feront ren-
» voyées dans lefdites amirautés, pour y être le
» procès continué jufqu'au jugement définitif
» inclufivement, fauf l'appel en nos cours.

» 61. Nos procureurs aux fiéges des amirautés
» adrefferont, dans les cinq premiers jours de
» chaque mois, au fécrétaire d'état ayant le dé-

» partement de la marine, un état dans lequel
» toutes les Prises arrivées dans les ports dépen
» dans de la juridiction, continueront d'être em-
» ployées jusqu'à ce qu'elles aient été liquidées,
» avec des notes & observations sur l'état des
» procédures & des motifs qui occasionneront
» des retards, s'il y en a ; enjoignons à nos pro-
» cureurs auxdits siéges de faire toutes les réqui-
» sitions qui seront de leur ministère pour l'exé-
» cution des dispositions contenues en notre pré-
» sente déclaration.

» 62. Voulons au surplus que les dispositions
» du titre des Prises de l'ordonnance de 1681
» soient exécutées selon leur forme & teneur, en
» tout ce qui ne sera pas contraire aux présentes
» Si donnons en mandement, &c. «

Par une ordonnance du 27 septembre 1778,
le roi a ordonné que les articles 39, 40, 42,
43, 44, 45, 46, 47 & 52 de la déclaration
du 24 juin précédent, & desquels on vient de
rapporter les dispositions, seroient exécutés pour
les Prises faites par les commandans des vaisseaux
de sa majesté & autres officiers de la marine.
La même ordonnance a réglé que les opérations
qui, suivant la déclaration du 24 juin précédent,
doivent se faire à la requête des armateurs, auroient lieu, relativement aux Prises dont il s'agit,
à la requête des procureurs du roi des amirautés, poursuite & diligence du contrôleur de la
marine résidant dans le port, ou, en son absence,
du commissaire de la marine, sans toutefois
qu'aucune Prise pût être vendue qu'après qu'il
en auroit été rendu compte au sécrétaire d'état
ayant le département de la marine. Les officiers
qui ne se conforment pas à cette ordonnance

doivent être privés de la part qui leur feroit revenue dans le produit de la Prife (*).

(*) *Pour l'exécution de l'ordonnance dont il s'agit, le roi a fait adreffer aux officiers de fes vaiffeaux l'instruction suivante :*

1°. Auffi-tôt qu'il aura été fait une Prife, le commandant du vaiffeau preneur enverra, conformément à l'article 39 de la déclaration du 24 juin dernier, l'officier chargé du détail, pour fe faifir des clefs, faire fceller les écoutilles, chambres, coffres, armoires, tonneaux, & autres chofes fermant à clef ou emballées, & dreffer du tout un état fommaire qui fera figné dudit officier & du capitaine du bâtiment pris; & en cas de refus de fa part, il en fera fait mention.

2°. Ledit officier envoyé à bord du vaiffeau pris, fe faifira, ainfi qu'il eft prefcrit par l'article 40 de la déclaration, de tous les papiers, & les fera remettre, dans un fac cacheté, à celui qui fera choifi pour conduire la Prife; lequel les remettra aux officiers de l'amirauté du port où elle abordera.

3°. Dès que la Prife fera arrivée dans le port, celui qui aura été chargé de l'y conduire, fera, dans les vingt-quatre heures, devant les officiers de l'amirauté, fa déclaration détaillée en la forme jointe à la préfente inftruction, pour être vérifiée par l'audition de deux hommes de l'équipage, & il remettra auxdits officiers l'état fommaire qui aura été dreffé à bord, avec le fac cacheté, des papiers, dont il tirera un reçu. Lefdits officiers fe tranfporteront enfuite, à la requête du procureur du roi de l'amirauté, pourfuite & diligence du contrôleur de la marine, à bord de la Prife, pour en dreffer procès-verbal, fceller les écoutilles & les chambres, faire inventaire de ce qui ne pourra être fcellé, & établir des gardiens. Après quoi, ils procéderont à l'interrogatoire du capitaine, des officiers & autres gens de l'équipage du vaiffeau pris, qui feront repréfentés à cet effet, à la première réquifition : ils feront tranflater les pièces du bord par l'interprète-juré, s'il y en a dans le lieu, & adrefferont l'expédition defdites procédures avec les pièces originales & les tranflats, au fecrétaire général

M ij

Par une autre ordonnance du 4 août 1781,

de la marine, dans le délai de huit jours, porté par l'article 43 de la déclaration du 24 juin dernier.

4°. Le procureur du roi de l'Amirauté, poursuite & diligence du contrôleur de la marine, fera procéder à la levée des scellés, au déchargement des marchandises, & à leur inventaire ; & elles seront mises dans un magasin fermé de trois clefs différentes, dont l'une demeurera entre les mains du contrôleur de la marine, l'autre en celles du receveur des fermes, & la troisième entre celles du greffier de l'amirauté.

5°. Il pourra être également, & à la requête du procureur du roi de l'amirauté, poursuite & diligence du contrôleur de la marine, procédé à la vente provisoire des effets sujets à dépérissement. Pourront même les officiers des amirautés procéder à la vente des Prises & de toutes les marchandises dont elles seront chargées, sans attendre qu'elles aient été jugées de bonne Prise, pourvu toutefois que, d'après les pièces du bord & les interrogatoires des prisonniers, elles soient constamment ennemies.

6°. Le contrôleur de la marine ne pourra assister auxdits interrogatoires, ni aux déclarations qui seront faites aux greffes des amirautés, conformément à l'article 3 de la présente instruction,

7°. Trois jours après que l'expédition du jugement de bonne Prise aura été envoyée à l'amirauté, il sera, à la requête du procureur du roi, poursuite & diligence du contrôleur de la marine, procédé en sa présence, par ledit siége, à la vente de la Prise, si fait n'a été, & le prix en provenant sera distribué conformément à l'ordonnance de sa majesté du 28 mars dernier.

8°. Le contrôleur de la marine pourra assister au déchargement, à l'inventaire & à la vente des marchandises des Prises faites par les vaisseaux de sa majesté, sans qu'il puisse y exercer aucune fonction de juge, ni y percevoir aucuns droits ; & à l'égard des officiers de l'amirauté, ils porteront leurs vacations sur le pied fixé par l'article 42 de la déclaration du 24 juin dernier.

9°. Sa majesté veut au surplus que les ordonnances & réglemens sur le fait des Prises, notamment l'ordonnance

le roi a attribué aux intendans & ordonnateurs

du 28 mars & la déclaration du 24 juin derniers, soient exécutés conformément à la présente instruction.
Fait à Versailles le 17 septembre 1778.
Signé LOUIS. *Et plus bas*, DE SARTINE.

MODÈLE de déclaration à faire par les officiers de la marine royale, devant les officiers des amirautés, lorsqu'ils ameneront des Prises.

L'an mil sept cent
le   *du mois d*
est comparu par-devant nous
Me.
lequel, après serment, a déclaré que le
étant par les
à la distance de   lieues de
il découvrit le   (Mettre ici la relation de la Prise, le nom du vaisseau, celui du capitaine pris),
*il l'auroit fait amener, & ayant reconnu que c'étoit un bâtiment Anglois, il s'en est emparé, & il auroit fait passer l'équipage sur son bord ; ledit équipage composé de   & l'auroit fait remplacer par des François ; &, s'étant ensuite saisi des effets, il en auroit dressé un état sommaire ; & à l'égard de tous les papiers, il les auroit fait renfermer dans un sac sur lequel il auroit fait apposer le scellé, ainsi que sur les écoutilles, chambres, coffres, armoires, ballots, tonneaux, & autres choses fermant à clef, aux armes de sa majesté, & auroit ensuite conduit l   en cette rade, où il est arrivé le
à   heures   & nous auroit
à l'instant ledit sieur   remis le sac contenant lesdits papiers, ensemble l'état sommaire de la-dite Prise, dressé à bord d'icelle, & déclare que ledit équipage étoit au nombre de
prisonniers qu'il a remis à   &
qui sont actuellement détenus à
d'où ils nous seront représentés, pour que nous puissions procéder à leur interrogatoire, & aux autres formalités*

M iij

de la marine , le droit de faire les ventes &
autres opérations relatives aux Prifes faites par le
vaiffeaux de fa majefté (*).

---

*prefcrites par la déclaration du roi du 24 juin dernier , &
le réglement du 19 juillet fuivant. Et ayant interpell
mondit fieur　　　　　　　　d'élire fon domicil
à　　　　　　　conformément audit réglement ,
a déclaré que　　　　　　　　　　　　de laquelle décl
ration il a requis aɛte, que nous lui avons accordé, pou
fervir & valoir ce que de raifon ; & a figné avec nous.
　　Fait à .　　　　　　　　lefdits jour & an qu
deffus.*

　　(*) *Voici cette ordonnance :*
　　Sa majefté s'étant fait repréfenter les ordonnances &
réglemens concernant les procédures des Prifes, elle
reconnu que celles faites par fes vaiffeaux n'étoient pa
fufceptibles des mêmes formalités que les Prifes faites pa
les corfaires, les intérêts des aɛtionnaires & ceux des ar
mateurs exigeant une inftruction juridique, au lieu qu
les Prifes faites par les vaiffeaux de fa majefté n'intéreffe
qu'elle, les officiers de la marine royale, & les équipages
pour la part qu'elle leur a abandonnée par l'ordonnance d
28 mars 1778. Elle a jugé en conféquence qu'il fero
plus avantageux que les opérations qui fuivent le juge
ment du confeil des Prifes, fe fiffent à l'avenir par le
intendans de la marine, & , en leur abfence, par les com
miffaires généraux ou autres ordonnateurs, en préfenc
des officiers & équipages preneurs, & à la requête de
contrôleurs de la marine. Les équipages recueilleront d
ces nouvelles difpofitions, l'avantage de l'économie dan
les opérations, & de la célérité dans la répartition de
Prifes; en conféquence, fa majefté a ordonné & ordonn
ce qui fuit :
　　ARTICLE I. Les procédures pour les Prifes faites par le
vaiffeaux de fa majefté, continueront, comme ci-devant
d'être inftruites par les amirautés, jufqu'au jugement d
confeil des Prifes incluſivement.
　　2. Huit jours après que le jugement du confeil de
Prifes aura été rendu, le greffier dudit confeil fera tenu

L'article 17 du titre des Prises de l'ordonnance du mois d'août 1681, enjoint aux capitaines qui

d'en envoyer deux expéditions, l'une aux officiers de l'amirauté, lesquels, dans les vingt-quatre heures, la feront enregistrer au greffe de leur siège, & l'autre sera adressée à l'intendant du port où la Prise aura été conduite, pour être ensuite procédé par lui à la vente, ainsi qu'il sera dit ci-après.

3. Les officiers des amirautés remettront aux intendans ou ordonnateurs de la marine, dans les vingt-quatre heures de l'enregistrement porté par l'article précédent, les vaisseaux avec leur cargaison, ensemble l'expédition des procédures sur lesquelles le jugement du conseil des Prises sera intervenu, après toutefois que lesdits officiers des amirautés auront reconnu & levé les scellés par eux apposés; & dans le cas où il auroit été procédé par lesdits officiers de l'amirauté à l'inventaire de la Prise, le garde-magasin en donnera son reçu ensuite de la minute dudit inventaire; mais s'il n'avoit pas été fait d'inventaire, il y sera procédé par l'intendant, ou, en son absence, par le commissaire général ou autre ordonnateur.

4. Il sera procédé au déchargement de la Prise, à la vente & livraison d'icelle par l'intendant de la marine, &, en son absence, par le commissaire général ou autre ordonnateur, à la requête du contrôleur & en présence du major de la marine, ainsi que des officiers & des équipages preneurs, ou de leur fondé de pouvoirs.

5. La vente des Prises se fera dans la même forme que celle des marchandises & munitions provenantes des magasins de sa majesté, &, dans l'arsenal de la marine.

6. N'entend néanmoins sa majesté rien innover aux dispositions de l'article 45 de la déclaration du 24 juin 1778, qui donne pouvoir aux officiers des amirautés, lorsque les Prises sont constamment ennemies, d'après les pièces de bord & les interrogatoires des prisonniers, de permettre, sur la requête du contrôleur de la marine, la vente desdites Prises & de leur cargaison, sans attendre le jugement du conseil des Prises; laquelle vente sera faite

ont fait quelques Prifes, de l'amener ou envoyer avec les prifonniers au port où ils ont armé,

---

par l'intendant ou ordonnateur, dans la forme prefcrite par l'article 4.

7. Il fera procédé à la liquidation des frais qui auront lieu jufqu'à l'enregiftrement du jugement du confeil des Prifes inclufivement, ainfi que de ceux de reconnoiffance, levée des fcellés & remife du navire & de la cargaifon, par le fieur Chardon, commiffaire départi pour la vifite des ports & la liquidation des Prifes faites par les vaiffeaux de fa majefté, conformément à l'article 17 de l'inftruction du 9 janvier 1780, & au modèle qui y eft annexé; laquelle inftruction continuera d'être exécutée felon fa forme & teneur, dans toutes les difpofitions auxquelles il n'eft pas dérogé par la préfente ordonnance.

8. Se réferve au furplus fa majefté d'accorder aux offi-ciers des amirautés une indemnité pour les falaires attri-bués aux fonctions qu'ils rempliffoient ci-devant, pour les Prifes faites par fes vaiffeaux; laquelle indemnité fera fixée fur le pied d'un demi pour cent du montant du pro-duit net de la Prife, déduction faite des frais de juftice & d'adminiftration, fuivant la liquidation portée par l'article précédent.

9. Toutes les conteftations qui pourroient furvenir re-lativement auxdites Prifes, d'après la remife ordonnée par l'article 3 de la préfente ordonnance, fe porteront devant l'intendant ou ordonnateur du département, qui les jugera avec les formalités ordinaires, fauf l'appel au confeil royal des finances pour les Prifes.

10. A l'égard des Prifes qui feront conduites dans les colonies ou autres poffeffions françoifes, les officiers des amirautés, ou autres tribunaux compétens, rempliront feuls les formalités prefcrites par l'article premier; mais ils ne procéderont au déchargement, vente & livraifon des Prifes, à la requête du contrôleur de la marine, ou de celui qui en remplira les fonctions, qu'en préfence des gouverneurs généraux ou commandans particuliers des co-lonies, & des intendans ou ordonnateurs, & auffi qu'en préfence des officiers preneurs, ou de leurs chargés de

à peine de perte de leur droit & d'amende arbitraire ; à moins qu'ils ne soient forcés, par la tempête ou par les ennemis, de relâcher en quelque autre port, auquel cas ils doivent en donner incessamment avis aux intéressés à l'armement.

Il est défendu par l'article 18, sous peine de la vie, à tout chef, soldat & matelot, de faire couler à fond les vaisseaux pris, & de descendre les prisonniers en des îles ou côtes éloignées, pour céler la Prise.

Et si les preneurs, ne pouvant se charger du vaisseau pris ni de l'équipage, enlèvent seulement

---

pouvoirs ; ils se conformeront au surplus à l'article 7 de la présente ordonnance, & aux dispositions du réglement du 17 juillet 1778.

11. Enjoint sa majesté aux commandans de ses vaisseaux & autres officiers de sa marine, de se conformer exactement à tout ce qui est prescrit par les différentes ordonnances, arrêts & réglemens sur le fait des Prises, en tout ce qui ne sera pas contraire à la présente ordonnance.

Mande & ordonne sa majesté à monseigneur le duc de Penthièvre, amiral de France, aux vice-amiraux, lieutenans généraux, chefs d'escadres, capitaines & autres officiers de ses vaisseaux, frégates & autres bâtimens, aux commandans des ports, aux intendans de la marine, au commissaire départi pour l'observation des ordonnances dans les amirautés, commissaires généraux des ports & arsenaux, ordonnateurs ; aux gouverneurs généraux ou commandans particuliers, aux intendans & ordonnateurs des colonies, aux officiers des siéges d'amirautés, & à tous autres qu'il appartiendra, de tenir la main, chacun en droit soi, à l'exécution de la présente ordonnance.

Fait à Versailles le 4 août 1781. *Signé*, LOUIS. *Et plus bas*, CASTRIES.

les marchandifes ou relâchent le tout par compofition, ils doivent, fuivant l'article 19, fe
faifir des papiers & amener au moins les deux
principaux officiers du vaiffeau pris, à peine d'être
privés de ce qui peut leur appartenir dans la Prife,
même de punition corporelle, s'il échet.

L'article 20 défend de faire aucune ouverture
des coffres, ballots, facs, pipes, barriques, tonneaux & armoires, de tranfporter ni vendre
aucune marchandife de la Prife, & à toute perfonne d'en acheter ou recéler avant que la juftice l'ait ordonné, ou que la Prife ait été jugée,
à peine de reftitution du quadruple & de punition
corporelle.

Lorfqu'un vaiffeau eft amené fans prifonniers,
charte partie, ni connoiffemens, les officiers,
foldats & équipage de celui qui l'a pris doivent,
en exécution de l'article 25, être examinés féparément fur les circonftances de la Prife, &
pourquoi le navire a été amené fans prifonniers :
on doit d'ailleurs faire vifiter par experts le vaiffeau & les marchandifes, pour reconnoître, s'il
eft poffible, fur qui la Prife a été faite.

Anciennement, le cas dont il s'agit fe préfen-
toit affez fouvent à caufe des violences & même
des barbaries auxquelles les corfaires avoient coutume de s'abandonner; mais il eft devenu plus
rare à mefure qu'on a fait la guerre fans renoncer aux loix que prefcrivent l'humanité & la com-
paffion naturelle.

Si, par la dépofition de l'équipage & la vifite
du vaiffeau & des marchandifes, on ne peut pas
découvrir fur qui la Prife a été faite, l'article 26
veut que le tout foit inventorié, apprécié & mis
fous bonne & fûre garde, pour être reftitué à

qui il appartient, s'il eſt réclamé dans l'an &
jour, ſinon partagé également comme épave de
mer, entre le roi, l'amiral & les armateurs. Voyez
ÉPAVES.

Pour exciter l'émulation des armateurs, le roi
a, par ſa déclaration du 24 juin 1778, dont nous
avons déjà parlé, renouvelé & même augmenté
les encouragemens qui leur avoient été accordés
autrefois : la même loi a réglé les conditions des
ſociétés pour la courſe, la proportion dans laquelle les pertes doivent être ſupportées par les
intéreſſés, le droit de commiſſion pour les armateurs, les conditions de l'engagement des
équipages, la police des équipages, les parts de
l'équipage dans les Priſes, &c. (*).

_____

(*) _La déclaration citée contient ſur ces divers objets
les diſpoſitions ſuivantes :_

ARTICLE 1. Les armateurs en courſe jouiront, à compter
du jour de l'enregiſtrement & publication des préſentes,
de l'exemption des droits de traites pour les vivres, munitions, artillerie & uſtenſiles de toute eſpèce ſervant à
la conſtruction, avitaillement & armement de leurs
navires.

2. Il ſera par nous inceſſamment ſtatué ſur les eſpèces
& qualités des marchandiſes provenantes des Priſes qui
pourront être conſommées dans le royaume, ainſi que ſur
les droits auxquels elles ſeront aſſujetties.

3. Déclarons que notre intention eſt de donner des mar-
ques particulières & honorables de notre ſatisfaction à ceux
des armateurs qui ſe diſtingueront par des entrepriſes plus
conſiderables.

4. Pour encourager l'armement des grands bâtimens
corſaires, qui ſont tout à la fois plus propres à la courſe
& d'une meilleure défenſe, il ſera fourni de nos arſenaux
les canons des calibres de douze & de huit livres de balles,
qui ſeront néceſſaires pour les batteries de corſaires de

Le roi a pareillement voulu exciter, par des récompenses, l'émulation des gens de mer &

---

quatre-vingt-quinze pieds de quille coupée, & au dessus, sans nous réserver aucune portion dans le produit des Prises ; à la charge toutefois que les canons qui se trouveront en nature après la course, seront remis dans les ports du désarmement aux commissaires de nos ports & arsenaux : voulons en conséquence que les armateurs soient tenus d'informer le sécretaire d'état ayant le département de la marine, des armemens & constructions qu'ils voudront entreprendre ; & que lesdits commissaires des ports & arsenaux de marine soient tenus de faire constater en leur présence la mesure de la quille, lorsqu'elle sera posée, & de viser le certificat qui en sera délivré par le constructeur du port ; & le tout sera envoyé audit sécretaire d'état ayant le département de la marine, pour, sur le vu d'icelui, être expédié nos ordres, à l'effet de faire fournir & transporter les canons.

5. Si les canons ne peuvent être fournis à temps, nous autoriserons les armateurs à en acheter, & nous donnerons des ordres pour leur faire payer, dans un mois après l'expédition du rôle d'équipage, la somme de huit cents livres pour tenir lieu de chaque canon de douze, & de six cents livres pour chaque canon de huit : au moyen de quoi, la valeur desdits canons que nous aurons fournis en argent ou en nature, ne pourra être employée dans la dépense de l'armement, sauf à l'armateur qui n'aura pas eu de canons pris ou perdus, de nous remettre les canons qu'il aura achetés, ou les sommes que nous lui aurons fait payer, à son choix.

6. Les salaires & parts des matelots déserteurs des corsaires, appartiendront & seront acquis moitié aux armateurs, moitié aux équipages.

7. Lorsque les corsaires particuliers auront été requis par les commandans de nos escadres, vaisseaux ou frégates, de sortir avec eux des ports, ou de les joindre à la mer, lesdits corsaires participeront aux Prises & aux gratifications pendant le temps qu'ils seront attachés auxdites escadres, vaisseaux & frégates ; & leur part sera fixée suivant le nombre de leurs canons montés sur affûts, pro-

soldats composant les équipages de ses vaisseaux, frégates & autres bâtimens. Les anciennes ordon-

---

portionnément au nombre des canons de nos vaisseaux & autres bâtimens avec lesquels ils auront fait lesdites Prises, sans avoir égard aux calibres des canons, ni à la force des équipages desdits corsaires. Les gratifications portées par l'article suivant, auront lieu pour celles des Prises qui seront faites par les corsaires, & appartiendront exclusivement aux équipages d'iceux ; mais dans tous les cas où les corsaires particuliers, n'ayant point été requis de se joindre à nos vaisseaux, feroient des Prises à leur vue, ces Prises appartiendront en totalité auxdits corsaires, qui, de leur côté, ne seront admis à aucuns partages dans les Prises que nos vaisseaux pourroient faire à leur vue.

8. Il sera payé, des deniers de la marine, les gratifications suivantes, pour les Prises qui seront faites par tous les corsaires particuliers ;

SAVOIR:

Cent livres pour chaque canon du calibre de 4 & au dessus jusqu'à 12 livres.

Cent cinquante livres pour chaque canon de 12 livres & au dessus.

Et *Trente livres* pour chaque prisonnier fait sur les navires chargés en marchandises.

Cent cinquante livres pour chaque canon du calibre de 4 à 12.

Deux cent vingt-cinq livres pour celui de 12 & au dessus.

Et *Quarante livres* pour chaque prisonnier fait sur des corsaires particuliers.

Deux cents livres pour chaque canon de 4 à 12.

Trois cents livres pour celui de 12 & au dessus.

Et *Cinquante livres* pour chaque prisonnier qui aura été fait sur des vaisseaux & frégates de guerre.

Lorsqu'il y aura eu combat, le calcul sera fait sur le nombre d'hommes effectifs qui se seront trouvés au commencement de l'action.

Voulons en outre que toutes lesdites gratifications soient

nances avoient reſtreint la part qui revenoit aux
vaiſſeaux preneurs dans le produit des Priſes, à

augmentées d'un quart en ſus, pour les vaiſſeaux, frégates de guerre & corſaires particuliers qui auront été
enlevés à l'abordage ; ce qui aura également lieu pour
les navires ennemis armés en guerre & marchandiſes, &
dont le nombre des canons excédera celui des corſaires-
preneurs.

9. Le nombre & le calibre des canons ſeront conſtatés
par le procès-verbal d'inventaire de la Priſe, & celui des
priſonniers, par les certificats de nos officiers dans les
ports auxquels ils auront été remis, ainſi que ſur les
autres pièces jugées néceſſaires pour conſtater le nombre
d'hommes effectifs qui ſe ſeront trouvés au commencement
du combat.

10. Les gratifications portées par l'article 8 appartiendront en entier aux capitaines, officiers & équipages des
corſaires qui auront fait la Priſe, dans la proportion des
parts qui leur ſeront attribuées dans le tiers deſdites Priſes:
l'armateur ſera tenu d'en faire la recette & la diſtribution,
ſans frais de commiſſion, & ſans qu'il puiſſe en imputer
aucune partie ſur le rembourſement des avances.

11. Nous nous réſervons d'accorder aux capitaines &
officiers deſdits corſaires qui ſe ſeront diſtingués, des ré-
compenſes particulières, même des emplois dans notre
ſervice de la marine, ſuivant la force des vaiſſeaux de
guerre & corſaires ennemis dont ils ſe ſeront emparés,
& ſelon la nature des combats qu'ils auront ſoutenus :
nous réſervant néanmoins de conſulter le conſeil de marine du département, lorſque leſdits capitaines & officiers
des corſaires particuliers paroîtront ſuſceptibles d'obtenir
pour récompenſe les grades d'enſeigne & de lieutenant de
vaiſſeau.

12. Lorſque les témoignages qui nous ſeront rendus
de la bonne conduite des officiers & volontaires qui auront
ſervi ſur des corſaires, nous paroîtront ſuffiſans, nous
diſpenſerons ceux qui ſeront dans le cas d'être reçus capitaines de navire marchand, de l'obligation de ſervir une ou
deux campagnes ſur nos vaiſſeaux.

13. Les officiers & matelots des équipages des corſaires

des gratifications pour les bâtimens de guerre , & au tiers seulement du produit de la vente pour

---

qui se trouveront hors d'état de continuer leurs services par les blessures qu'ils auront reçues dans les combats , seront compris dans les états de demi-solde que nous accordons aux gens de mer : & nous accorderons pareillement des pensions aux veuves de ceux qui auront été tués , ou qui seront morts de leurs blessures.

14. Les sociétés pour la course , s'il n'y a pas de convention contraire , seront réputées en commendite , soit que les intéressés se soient associés par des quotités fixes , ou par actions.

15. L'armateur pourra , par l'acte de société ou par les actions , fixer le capital de l'entreprise à une somme déterminée , pour régler la répartition des profits ou la contribution aux pertes ; & si , d'après les comptes qui seront fournis , la construction & mise hors ne montent pas à la somme déterminée , le surplus sera employé aux dépenses des relâches , ou , en cas de Prise du corsaire , sera rendu aux actionnaires au marc la livre : si au contraire les dépenses de la construction & mise hors excèdent la somme fixée , l'armateur prélevera ses avances sur le produit des premières Prises ; & , en cas d'insuffisance , il en sera également remboursé au marc la livre par l'actionnaire ; ce qui aura lieu pareillement pour les dépenses des relâches , lorsque le produit des Prises ne sera pas suffisant.

16. Les armateurs seront tenus , dans les actions qu'ils délivreront aux intéressés , de faire une mention sommaire des dimensions du bâtiment qu'ils se proposeront d'armer en course , du nombre & de la force de son équipage & de ses canons , ainsi que du montant présumé de la construction & mise hors.

17. Le compte de la construction & mise hors , qui formera toujours le capital de l'entreprise , hors le cas prévu par l'article 15 , sera clos , arrêté & déposé , avec les pièces justificatives , au greffe de l'amirauté , dans le quinzième jour après celui auquel le corsaire aura fait voile pour commencer la course , sauf à n'employer que par évaluation les articles de dépense qui , à cette époque ,

les navires marchands ; mais, par une ordonnance
du 28 mars 1778, sa majesté s'est déterminée à

---

ne pourront pas être liquidés ; lesquels seront ensuite alloués dans le compte de construction & mise hors pour
leur vraie valeur, & sur les pièces justificatives qui seront
rapportées.

18. Permettons néanmoins aux officiers de l'amirauté
d'accorder à l'armateur, sur sa demande, un second délai
de huit jours, pour déposer le compte mentionné en l'article précédent ; mais, passé ce terme, si l'armateur n'y a
pas satisfait, il sera privé de tous droits de commission,
par le seul fait de n'avoir pas déposé de son compte.

19. Lorsque la construction d'un corsaire & sa mise
hors ne pourront être achevées, soit par la conclusion
de la paix, ou par quelque autre évènement, la perte
sera supportée par les intéressés, suivant leur quotité, &
par les actionnaires, au marc la livre du capital qui aura
été fixé pour l'entreprise : & s'il n'y a pas eu de fixation,
le capital sera évalué par arbitres à la somme que l'entreprise auroit dû coûter si elle avoit été achevée.

20. Le droit de commission ordinaire sera de deux pour
cent, sur le montant des dépenses de la construction,
armement, relâches & désarmement. Il sera en outre alloué
aux armateurs une semblable commission de deux pour
cent sur les Prises rentrées dans le port de l'armement,
dont ils auront eu l'administration particulière, & un
pour cent seulement pour la rentrée des fonds sur les
Prises qui auront été conduites dans d'autres ports, &
qui auront été administrées par leurs commissionnaires, avec,
sur le tout, un demi pour cent pour la négociation des lettres de change.

21. Les engagemens pour la course ordinaire, s'il n'y
a pas de convention contraire, y compris le temps des
relâches, seront de quatre mois, à compter du jour que
le vaisseau mettra à la voile & doublera les caps ou pointes,
qui, suivant les usages locaux, déterminent un départ absolu : exceptons toutefois les relâches nécessaires pour
amener des Prises, prendre des vivres, faire de l'eau,
espalmer, ou d'autres cas pressans, à la charge de remettre en mer aussi-tôt que le vent le permettra. Faisons

faire

faire l'abandon en entier des bâtimens de guerre
& corsaires enlevés sur les ennemis, en faveur

---

très-expresses défenses aux équipages de quitter le vaisseau
pendant la durée desdits engagemens, à peine d'être punis
comme déserteurs.

22. Le tiers du produit des Prises qui auront été faites,
appartiendra à l'équipage du bâtiment qui les aura faites;
mais le montant des avances qui auront été payées sera
déduit sur les parts de ceux qui les auront reçues.

23. Les équipages des bâtimens armés en guerre &
marchandises, n'auront que le cinquième des Prises, &
il ne leur sera fait aucune déduction pour les avances
comptées à l'armement, ou pour les mois payés pendant
le cours du voyage.

24. Lorsque nous voudrons bien accorder à des armateurs nos vaisseaux ou frégates pour être armés en course,
les équipages ne pourront être engagés que de gré à gré,
& on suivra les conditions ordinaires de la course, s'il n'y
a pas de conventions contraires; ce qui aura également lieu
pour les deux articles précédens.

25. Aucun armateur ne pourra donner aux matelots de
plus fortes avances que celles qui seront ci-après spéci-
fiées, ni plus de trente sous de denier à dieu, sous quelque prétexte que ce soit, à peine de trois mille livres
d'amende & de radiation de l'excédent dans les comptes.
Voulons que la totalité desdites avances soit payée avant
le départ du corsaire, dans la proportion suivante:

Aux premier & second maîtres d'équipage	*Cent cinquante liv.*
Aux pilotes, contre-maîtres, char-pentiers, maîtres de Prise & capitaines d'armes	*Cent.*
Aux seconds canonniers, charpen-tiers, bosscmans, maîtres de chaloupes, calfats, voiliers, armuriers, quartiers-maîtres & second chirurgien	*Quatre-vingt.*
Aux sergens, matelots ayant la plus haute paye sur nos vaisseaux	*Soixante-six.*
A ceux qui ont une paye moindre . .	*Soixante.*

des commandans, états majors & équipages des vaiſſeaux qui s'en emparent, & à réſerver ſeu-

---

A ceux qui n'ont point encore ſervi,
ou qui n'ont fait qu'une campagne, &
aux ſoldats . . . .   *Quarante-cinq.*
Aux mouſſes forts qui ont navigué. .   *Vingt ſept.*
Aux autres mouſſes . . . .   *Dix-huit.*

Les officiers majors & les volontaires n'auront aucunes avances.

Et à l'égard des bâtimens armés en guerre & en marchandiſes, les avances ne ſeront réglées que de gré à gré.

26. L'équipage ſera tenu de ſe rendre à bord vingt-quatre heures après l'avertiſſement qui aura été donné au ſon du tambour, ou par le coup de canon de départ, à peine d'être puni comme déſerteur; ce qui aura lieu également pour les matelots qui prendroient un faux nom, ou ſuppoſeroient un faux domicile.

27. La police qui eſt obſervée ſur nos vaiſſeaux pour les équipages qui y ſont embarqués, aura également lieu pour les officiers mariniers, matelots, & autres gens de mer embarqués ſur les corſaires: enjoignons aux capitaines de faire garder ſûrement à leur bord ceux qui ſeroient coupables de quelques crimes & délits, juſqu'à ce qu'ils ſoient conduits, à nos frais, au plus prochain port ou arſenal de marine, ſuivant les ordres que nous ferons expédier à cet effet.

28. L'équipage ſera obligé de travailler pour le ſervice du bâtiment, toutes les fois qu'il ſera commandé; & il ſera retenu trente ſous par jour à ceux qui y manqueront; laquelle retenue ſera faite d'après le rapport de l'écrivain, viſé par le capitaine, & ſera diſtribuée à ceux qui auront travaillé.

29. Le coffre du capitaine pris, ni les pacotilles ou marchandiſes qui pourroient lui appartenir, dans quelque endroit du bâtiment qu'elles ſoient chargées, ne pourront, dans aucun cas, être attribuées au capitaine ou corſaire qui aura fait la Priſe. Permettons toutefois à l'armateur de ſtipuler en faveur dudit capitaine, & pour lui tenir lieu de dédommagement, une ſomme proportionnée

lement un tiers de la valeur des navires marchands & de leur cargaison, pour être appliqué
à la caisse des invalides de la marine.

à la valeur de la Prise, & seulement lorsqu'elle arrivera à
bon port.

30. Défendons pareillement aux officiers des amirautés
de permettre que les capitaines - conducteurs des Prises
s'approprient, sous prétexte de droit ou d'usage, aucunes
marchandises, effets ou meubles des bâtimens pris, à
peine d'en demeurer, lesdits juges, responsables en leurs
propres & privés noms : permettons cependant aux armateurs de régler, dans les instructions qu'ils donneront aux
capitaines des corsaires, & de concert avec eux, des
sommes modiques & proportionnées à la valeur des Prises
arrivées à bon port ; & seront lesdites sommes payées
aux capitaines - conducteurs des Prises, pour leur tenir
lieu de tous autres droits qui ont pu être tolérés jusqu'à
présent.

31. Il ne sera rien déduit à l'équipage en cas que le
vaisseau désarme par l'ordre des armateurs avant la fin de
la course ; mais si, pendant l'armement ou avant les deux
tiers de la course expirés, le vaisseau se trouve hors d'état
de servir, les armateurs pourront, dans le terme d'un
mois, en substituer un autre, sur lequel l'équipage sera
tenu de s'embarquer, aux mêmes conditions, pour continuer la course.

32. Il ne sera promis, avant l'embarquement, aucunes
parts dans les Prises aux officiers majors, officiers mariniers, volontaires, soldats, matelots ou autres ; mais elles
seront réglées immédiatement après le retour des vaisseaux, à proportion du mérite & du travail de chacun,
dans un conseil tenu à cet effet ; lequel sera composé du
capitaine & des premiers officiers majors, suivant l'ordre
du rôle d'équipage, au nombre de sept, le capitaine compris, s'il se trouve assez de lieutenans pour compléter le
nombre ; lesquels prêteront serment devant les juges de
l'amirauté, dans huit jours au plus tard après la course
finie, de procéder fidèlement, & en leur ame & conscience,
au règlement & à la répartition des parts.

En abandonnant ainſi aux vaiſſeaux preneu
la valeur entière des bâtimens de guerre & le

---

33. Il ne pourra être accordé

Au capitaine, plus de :	*Douze parts.*
Au capitaine en ſecond , plus de . .	*Dix parts.*
Aux deux premiers lieutenans, plus de . . . . :	*Huit parts.*
Au premier maître , à l'écrivain & aux autres lieutenans , plus de .	*Six parts.*
Aux enſeignes , au maître chirurgien & aux deux maîtres, plus de	*Quatre parts.*
Aux maîtres de Priſes , pilotes, contre-maîtres , capitaines d'armes, maîtres canonniers , charpentiers , calfats , boſſemans, maîtres de chaloupes , voiliers , armuriers , quartiers-maîtres & ſecond chirurgien, plus de ...	*Deux parts.*
Les volontaires auront	*Une part ou deux a plus.*
Les matelots	*Une part ou part & demie. .*
Les ſoldats	*Une demi-part à un part.*
Les novices	*D'une demi-part à troi quarts de part.*
Les mouſſes	*Un quart de part ou un*

demi-part , ſuivant leurs ſervices reſpectif
& leurs forces.

33. Le nombre des parts attribuées à chaque grade par l'article précédent , ne pourra être diminué qu'à la pluralité de deux voix ; mais une ſeule ſuffira pour déterminer le plus ou le moins attribué aux volontaires, matelots , ſoldats , novices & mouſſes ; & , en cas de partage d'avis à l'égard de ces derniers , la voix du capitaine ſera prépondérante. L'écrivain n'aura de voix que pour remplacer chacun des officiers majors , qui ſera tenu de ſe retirer lorſqu'il s'agira de fixer les parts.

35. Le capitaine & les officiers majors ſeront tenus d'aſſi-

deux tiers du produit des navires marchands , le
roi , assuré du zèle désintéressé des officiers de sa

---

gner une somme sur le produit des Prises , aux officiers &
autres gens de l'équipage qui auront été blessés & estropiés dans les combats , & aux veuves & héritiers de ceux
qui auront été tués , ou qui seront morts de leurs blessures ;
& seront lesdites sommes payées à ceux auxquels elles
seront accordées , en outre & par-dessus leurs parts dans
le tiers accordé à l'équipage , pourvu que lesdites gratifications n'excèdent pas le double de la valeur desdites
parts.

36. Le capitaine & les officiers majors , ainsi que l'écrivain , seront tenus de signer le réglement des parts , arrêté à la pluralité des voix , & de se présenter , dans trois
jours , au greffe de l'amirauté , où il leur en sera fait lecture
en présence des officiers du siége. Après avoir déclaré qu'ils
n'y veulent rien changer , ils affirmeront qu'ils y ont procédé en leur ame & conscience , & il sera dressé procès-
verbal du tout , ainsi que du dépôt dudit réglement.

37. Nos procureurs aux siéges des amirautés tiendront
la main à l'exécution des articles précédens : leur enjoignons de vérifier si les officiers qui se présenteront avec
le capitaine pour prêter serment , sont les mêmes que ceux
désignés par l'article 32 , & si le réglement a été rédigé
dans la forme prescrite. Voulons que les capitaines qui
n'auroient pas convoqué les officiers majors pour prêter
serment dans le délai fixé par l'article ci dessus , soient , à
la requête , poursuite & diligence de nosdits procureurs ,
condamnés en cent livres d'amende pour chaque jour de
retardement , & que le capitaine & les officiers qui auront procédé audit réglement , & qui ne l'auront pas déposé au greffe dans les trois jours suivans , soient condamnés chacun en vingt livres d'amende par jour de retardement ; lesdites sommes applicables à la masse des parts
attribuées aux matelots & autres , auxquels il n'aura été
réglé qu'une part & au dessous.

38. Le réglement des parts , arrêté en la forme ci-dessus ,
sera définitivement exécuté : défendons aux juges d'admettre
aucunes actions , plaintes ni réclamations de la part des
officiers ou gens de l'équipage , à cet égard.

N iij

marine, a voulu que l'augmentation qui réfulteroit de ces nouvelles dispositions, portât principalement fur la partie du produit des Prises
qui appartiendroit aux officiers mariniers, matelots & foldats employés fur les vaisseaux & autres
bâtimens de fa majesté (*).

(*) L'ordonnance dont il s'agit contient les dispositions
fuivantes :

ARTICLE I. Tous les vaisseaux, frégates & autres bâtimens de guerre, & tous corfaires ennemis qui feront
pris par les vaisseaux, frégates & autres bâtimens de fa
majesté, enfemble les canons, armes, munitions de guerre,
agrès, apparaux, vivres & dépendances des bâtimens pris,
ainfi que les pierreries, matières d'or & d'argent, marchandifes, & autres effets faifant partie des cargaifons, qui pourront fe trouver fur lefdits vaisseaux, frégates, bâtimens
de guerre ou corfaires, appartiendront en totalité aux officiers & équipages des bâtimens preneurs, fa majesté leur
en faifant entiérement l'abandon.

2. Tous navires marchands ennemis, ainfi que ceux
dont les commiffions feroient en guerre & marchandifes,
pris par les vaisseaux, frégates & autres bâtimens de fa
majesté, appartiendront, favoir, la valeur des deux tiers,
aux officiers & aux équipages des bâtimens preneurs ; & la
valeur du tiers reftant, à la caiffe des invalides de la marine, à laquelle fa majesté a fait abandon dudit tiers, aux
charges portées par la préfente ordonnance.

3. Lorfque fa majesté jugera à propos de retenir les
vaisseaux & frégates de guerre, y compris celles de vingt
canons, enlevés fur fes ennemis, qui feront jugés pouvoir être employés utilement pour fon fervice, le prix en
fera payé aux officiers & équipages des vaisseaux preneurs,
des deniers de la caiffe des invalides, dans deux mois au
plus tard, fur le pied ;

S A V O I R :

De cinq mille livres pour chaque canon monté fur
affût, des vaisseaux de 90 canons & au deffus ;

Le 19 juillet 1778, le roi a fait, pour l'établissement du conseil des Prises & la forme d'y

---

De *quatre-mille livres* pour ceux des vaisseaux de 80, 74, 70 & 68 canons;

De *trois mille cinq cents livres* pour ceux des vaisseaux de 64, 60 & 50 canons;

Et de *trois mille livres* pour ceux des frégates.

Dans les prix ci-dessus fixés, seront compris l'artillerie, les munitions de guerre & de bouche, les agrès & apparaux, & toutes les dépendances des vaisseaux & frégates de guerre pris sur les ennemis; à l'exception des matières d'or & d'argent, pierreries & autres marchandises faisant partie des cargaisons qui pourront se trouver à bord desdits bâtimens, lesquelles appartiendront en entier aux officiers & équipages des vaisseaux preneurs, indépendamment du prix payé par le roi pour la valeur des bâtimens.

4. Sa majesté pourra pareillement faire retenir pour son service tous autres bâtimens de guerre, corsaires & navires marchands ennemis, pris par ses vaisseaux, ainsi que les canons, armes, agrès, apparaux, vivres & autres munitions ou marchandises, en tout ou en partie, qui se trouveront à bord desdits bâtimens, & qui pourront être employés pour le service de ses arsenaux. Le prix en sera payé, dans le terme de deux mois, des fonds de la marine, sur l'estimation qui en sera faite par les commissaires nommés par le conseil de marine, établi par l'ordonnance du 27 septembre 1776, si la Prise est amenée dans un des trois ports de Brest, Toulon & Rochefort; & par les officiers des ports, constructeurs & experts, si elle a été conduite dans un autre port du royaume ou des colonies.

5. Tout ce qui ne sera pas retenu pour le service de sa majesté, sera vendu en la manière accoutumée, même sans attendre le jugement de confiscation pour les Prises qui ne paroîtront pas susceptibles de contestation; & tous frais de procédures, gardes, magasinages & autres, ainsi que les six deniers pour livre attribués à la caisse des invalides de la marine, seront prélevés sur le produit des évaluations, estimations & ventes.

6. A l'égard des vaisseaux, frégates & autres bâtimens

N iv

procéder, un réglement qui contient les difposi-
tions fuivantes :

---

de guerre, ainfi que des corfaires particuliers ennemis,
qui feront coulés bas, brûlés ou autrement détruits par
les vaiffeaux, frégates & autres bâtimens de fa majefté;
ce qui aura pu être fauvé des équipages, fera amené dans
les ports du royaume ou ceux des colonies appartenantes
à fa majefté; &, fur la preuve authentique qui en fera
rapportée, il fera payé des deniers de la caiffe des invalides, aux officiers & équipages des vaiffeaux & bâtimens
qui les auront détruits :

S A V O I R :

Huit cents livres pour chaque canon monté fur affût,
des vaiffeaux de ligne ennemis ;

Si cents livres pour chaque canon des frégates & autres
bâtimens de guerre ;

Et quatre cents livres pour chaque canon des corfaires
particuliers.

7. Le produit des Prifes & des gratifications revenant,
foit à des armées navales, efcadres ou divifions, foit à un
vaiffeau ou autres bâtimens de fa majefté ayant une
deftination particulière, fera partagé ;

S A V O I R :

Un tiers entre les officiers généraux, les commandans
des vaiffeaux, frégates & autres bâtimens, & les officiers
& autres perfonnes compofant les états-majors ;

Et les deux tiers reftant, entre les équipages.

8. Le tiers attribué aux officiers généraux, commandans
& états-majors, ne fera, dans tous les cas, qu'une feule
maffe, dans laquelle tous les officiers d'une armée navale,
efcadre ou divifion, ou ceux d'un vaiffeau ou autre bâtiment ayant une deftination particulière, auront les parts
réglées ci-après pour leur grade, fans avoir égard à la force
des bâtimens.

» ARTICLE I. Les Prises seront jugées par des
» ordonnances qui seront rendues par M. l'ami-

SAVOIR:

Le vice-amiral		*Trente parts.*
Le lieutenant général	Commandant en chef.	*Vingt.*
	S'il ne commande pas en chef	*Quinze.*
Le chef d'escadre	Commandant en chef.	*Quinze.*
	S'il ne commande pas en chef	*Dix.*
Le capitaine de pavillon d'un officier général		*Cinq.*
Le capitaine de vaisseau	Command. un vaisseau	*Cinq.*
	Command. une frégate	*Trois & demie.*
	Employé en second ou autrement	*Deux.*
Le lieutenant de vaisseau	Command. une frégate ou autre bâtiment.	*Deux.*
	Ne commandant pas.	*Une.*
Le capitaine de brûlot, l'enseigne de vaisseau & le lieutenant de frégate.	Commandant un bâtiment	*Une.*
	Ne commandant pas.	*Une demi-part.*
Le capitaine de Flûte.	Commandant un bâtiment	*Une demi-part.*
	Ne commandant pas.	*Un quart de part.*
L'aumônier		*Un quart de part.*
Le chirurgien major		*Un quart de part.*
Le garde du pavillon ou de la marine, Le garçon major, Le porte drapeau, des troupes de la marine.		*A chacun un huitième de part.*

» ral, & par des commissaires choisis & nom-
» més par sa majesté, pour tenir conseil près de

Les officiers qui auront été avancés pendant une campagne, n'auront, jusqu'à la fin de la campagne, que les parts attribuées ci-dessus à leur premier grade.

9. Les deux tiers appartenans aux équipages, seront répartis comme il suit :

SAVOIR:

Au fourrier du corps royal d'infanterie de la marine, faisant fonction de capitaine d'armes . . .
Aux premiers maîtres d'équipages.
Aux premiers pilotes . . . . .
Aux premiers maîtres canonniers. . .
Au premier secrétaire de l'officier chargé du détail général, sur le vaisseau monté par un officier général commandant en chef . . .

A chacun Quatre parts.

Aux sergens du corps royal d'infanterie de la marine . . . . .
Aux premiers maîtres charpentiers. .
Aux premiers maîtres calfats . . .
Aux premiers maîtres voiliers. . .
Aux seconds maîtres d'équipages. .
Aux seconds pilotes. . . . .
Aux seconds maîtres canonniers . .
Aux pilotes-côtiers . . . . .
Aux seconds chirurgiens . . . .
Aux secrétaires des officiers chargés du détail . . . .

A chacun Trois parts.

Aux seconds maîtres charpentiers.
Aux seconds maîtres calfats . . .
Aux seconds maîtres voiliers . . .
Aux contre-maîtres . . . . .
Aux bossemans . . . .

A chacun Deux parts & demie.

» lui : M. l'amiral & lesdits commiffaires con-
» noîtront en outre des partages des Prifes, &

Aux caporaux du corps royal d'infan-terie de la marine	
Aux quartiers-maîtres	
Aux patrons de chaloupe	
Aux patrons de canot	
Aux aide-pilotes	
Aux aide-canonniers	*A chacun*
Aux aide-charpentiers	*Deux parts.*
Aux aide-calfats	
Aux aide-voiliers	
Aux aide-chirurgiens	
Aux apothicaires	
Aux maîtres armuriers	
Aux appointés du corps royal d'infan-terie de la marine	
Aux timoniers	
Aux gabiers	
Aux commis du munitionnaire, maî-tres valets, tonneliers, bouchers, boulangers & coqs	*A chacun* *Une part & demie.*
Et à tous autres officiers non mari-niers jouiffant de la ration & de-mie	
A chaque volontaire-navigateur des deux claffes	
A chaque matelot	*Une part.*
A chaque foldat, tambour & mufi-cien	
A chaque novice	*Trois quarts de part.*
A chaque domeftique	*Une demi-part.*
A chaque mouffe	

10. Les officiers des troupes de terre embarqués fur des vaiffeaux ou autres bâtimens de fa majefté, ou fur des bâtimens de tranfport frétés pour le compte du roi, & armés en guerre, auront part aux Prifes felon leurs grades correfpondans avec ceux de la marine ; & les bas-officiers

… de tout ce qui leur est incident, même des liquidations générales ou particulières, & des

---

& soldats des mêmes troupes seront traités comme ceux du corps royal d'infanterie de la marine.

11. Les équipages des bâtimens marchands employés à la suite des escadres, frétés pour le compte de sa majesté, armés en guerre, & dont les capitaines seront pourvus, pour le voyage, d'un brevet d'un grade quelconque dans la marine, auront pareillement part aux Prises ;

SAVOIR:

Dans le tiers appartenant aux officiers.

Le capitaine . . . . *Une demi-part.*

Et dans les deux tiers attribués aux équipages.

Le second capitaine . . . . *Quatre parts.*
Chaque lieutenant . . . . *Trois parts.*
Chaque officier marinier . . . . . *Deux parts.*
Chaque matelot . . . . *Une part.*
Chaque novice . . . . *Trois quarts de part.*
Chaque mousse . . . . *Une demi-part.*

12. Lorsqu'une armée navale ou escadre sera à l'ancre dans un port, s'il en est détaché, pour établir des croisières, une escadre ou division, & que ce détachement fasse des Prises, le tiers dans la part du produit abandonné par le roi à ses officiers & équipages, & dans les gratifications, sera dévolu de droit aux vaisseaux détachés, sans partage avec le reste de l'armée ou escadre ; & les deux autres tiers seront remis à la masse générale du produit des Prises, pour être partagés, tant entre les vaisseaux qui avoient été détachés, qu'entre ceux qui étoient restés à l'ancre ; mais le produit des bâtimens qui seront pris par quelque détachement de l'armée navale ou escadre, en pleine mer, soit par une suite de chasse ou autrement, appartiendra en commun à l'armée navale ou escadre, conformément aux articles 1, 2 & 7 ; sans aucune distraction en faveur des vaisseaux qui auront fait lesdites Prises.

» comptes des dépositaires , comme auffi des
» échouemens des vaiffeaux ennemis , circonftan-

13. Lorfque les corfaires ou armateurs particuliers auront été requis par les commandans des efcadres , vaiffeaux
ou frégates de fa majefté , de fortir avec eux des ports ou
de les joindre à la mer ; dans ce cas feulement, lefdits
corfaires participeront au produit des Prifes & aux gratifications , pendant le temps qu'ils feront attachés à l'efcadre ; & leur part fera fixée fuivant le nombre de leurs
canons montés fur affûts, fans avoir égard à leurs calibres
ni à la force des équipages , & proportionnément au
nombre des canons des vaiffeaux & autres bâtimens de
fa majefté, avec lefquels ils auront fait effectivement lefdites Prifes : de forte que fi , par exemple , le corfaire étoit
de vingt canons , & que la divifion des vaiffeaux du roi
fût compofée d'un vaiffeau de foixante-quatorze canons,
d'un de foixante-quatre & d'une frégate de trente, il feroit
fait cent quatre-vingt-huit parts, defquelles, cent foixante-
huit appartiendroient à la divifion, & les vingt autres ref-
tantes feroient abandonnées au corfaire.

Dans le cas où lefdits vaiffeaux & autres bâtimens de
fa majefté auroient été détachés d'une armée navale ou
efcadre mouillée dans un port ; la part qui reviendra auxdits corfaires fera réglée comme fi les vaiffeaux détachés
formoient à eux feuls une efcadre particulière, fans avoir
égard aux vaiffeaux qui , étant reftés à l'ancre, n'auroient
pas contribué à la Prife ; & la part qui reviendra aux vaiffeaux de fa majefté fera partagée entre eux, conformément à l'article 12.

14. Dans tous les cas où lefdits corfaires particuliers ,
n'ayant point été requis de fe joindre aux vaiffeaux de fa
majefté, feront des Prifes à la vue defdits vaiffeaux ; ces
Prifes appartiendront en totalité auxdits corfaires, qui , de
leur côté, ne feront admis à aucun partage dans les Prifes
que les vaiffeaux de fa majefté pourroient faire à leur vue.

15. Sa majefté voulant pourvoir au fort des bleffés &
à celui des veuves & enfans des gens de mer tués dans les
combats, ordonne qu'au retour de chaque campagne, il
fera arrêté par les confeils de marine établis dans les ports,
un état des gratifications qu'il conviendra d'accorder à ceux

» ces & dépendances, le tout sans qu'il soit
» besoin de procureur pour sa majesté en ladite
» commission.

qui auront été blessés dans les combats, selon le genre de
leurs blessures, ainsi qu'aux veuves & enfans de ceux qui
auront été tués ou qui seront morts de leurs blessures,
indépendamment des demi-soldes ou pensions qui seront
accordées, tant aux blessés qui, par la suite de leurs blessures, seront estropiés & hors d'état de servir, qu'aux
veuves dont la situation exigera ce secours.

16. Le trésorier des invalides de la marine fera recette
particulière du tiers du produit des navires marchands pris
sur les ennemis ; dont sa majesté a fait l'abandon à la
caisse desdits invalides ; & dépense particulière des sommes
que ladite caisse sera tenue de payer, tant pour les évaluations & gratifications portées par les articles 3, 6 & 15,
que pour les gratifications extraordinaires que sa majesté
se réserve d'accorder pour les actions qui seront de nature
à mériter des récompenses particulières.

17. Enjoint sa majesté aux commandans de ses vaisseaux,
& autres officiers de sa marine, de se conformer exactement à tout ce qui est prescrit par les différentes ordonnances sur le fait des Prises, & notamment par celle du 3
janvier 1760, qui leur ordonne, ainsi qu'à ceux qui seront
détachés pour amariner des Prises, d'en faire, dans les
vingt-quatre heures, aux greffes des amirautés des ports
où ils les conduiront, une déclaration en forme & circons-
tanciée, sous peine, contre ceux desdits officiers qui ne
déclareront pas les vaisseaux ou autres bâtimens en présence desquels les Prises auront été faites, d'être privés
de la part qu'il leur en reviendra.

Mande & ordonne sa majesté à M. le duc de Penthièvre, amiral de France, aux vice-amiraux, lieutenans
généraux, chefs d'escadre, capitaines & autres officiers
de ses vaisseaux, commandant ses vaisseaux, frégates &
autres bâtimens ; aux commandans des ports, aux intendans de la marine, commissaires généraux des ports &
arsenaux, ordonnateurs, aux officiers des sièges d'amirautés, & à tous autres qu'il appartiendra, de tenir la

» 2. Les commissaires s'assembleront dans la » maison de M. l'amiral, même en son absence, » & lesdites assemblées se tiendront les *mercredi de* » *chaque semaine après midi*, & même plus sou- » vent, s'il est nécessaire, aux jours & heures » qui seront indiqués par M. l'amiral, & le » sécretaire général de la marine y aura séance & » voix délibérative.

» 3. M. l'amiral présidera audit conseil, &, s'il » y intervient partage, sa voix prévaudra ; mais » s'il est absent, l'affaire sera remise au conseil » suivant ; & s'il est en voyage ou dans le cas » de maladie, il sera rendu une ordonnance de » partage ; ledit partage sera vidé au conseil » royal des finances en la même forme que » les appels des ordonnances dudit conseil des » Prises.

» 4. La distribution de toutes les affaires, » même des simples requêtes, sera faite par M. » l'amiral, à ceux d'entre tous les commissaires » qu'il jugera à propos ; & en son absence par le » plus ancien des commissaires qui présidera audit » conseil.

» 5. En cas qu'il y ait lieu de prononcer » des dommages & intérêts, ou d'ordonner des » estimations, M. l'amiral & les commissaires » pourront les régler & les arbitrer à une somme » fixe, suivant l'exigence des cas ; & s'ils jugent » nécessaire d'ordonner que les estimations ou

---

main, chacun en droit soi, à l'exécution de la présente ordonnance.

Fait à Versailles, le 18 mars 1778.

Signé LOUIS. *Et plus bas* DE SARTINE.

» liquidations foient faites par experts, ils com-
» mettront les officiers de l'amirauté pour rece-
» voir les rapports defdits experts & donner leur
» avis, pour fur le tout être, par M. l'amiral
» & les commiffaires, ordonné ce qu'il appar-
» tiendra.

» 6. Les requêtes préfentées au confeil des
» Prifes feront adreffées à M. l'amiral feul, &
» les ordonnances dudit confeil feront intitulées
» en fon nom ; le rapporteur écrira de fa main
» ce qui aura été jugé ou ordonné ; & les minutes
» des ordonnances feront fignées par M. l'amiral
» fur la première colonne, & fur la feconde,
» au moins par cinq des commiffaires qui auront
» affifté au jugement ; en forte qu'il n'y ait fur
» la première colonne que la fignature de M.
» l'amiral, & fur la feconde celle du rapporteur,
» & au deffous de fa fignature, celle des autres
» commiffaires : en l'abfence de M. l'amiral, les
» ordonnances feront intitulées de fon nom, &
» fignées en la manière ordinaire.

» 7. Lorfque le capitaine du vaiffeau preneur,
» ou l'officier chargé de la conduite de la Prife,
» feront leur rapport devant les officiers de l'ami-
» rauté, ils feront tenus de leur remettre le fac
» cacheté contenant les pièces trouvées à bord
» du bâtiment pris, conformément à l'article 40
» de la déclaration du 24 juin dernier ; & après
» que les cachets auront été reconnus fains & en
» bon état, ils numéroteront & parapheront lef-
» dites pièces par première & dernière, en pré-
» fence du lieutenant de l'amirauté, qui les pa-
» raphera pareillement, ainfi que le capitaine ou
» le principal officier du bâtiment pris ; & celles
» qui feront écrites en langue étrangère, & dont
» la

» la traduction pourra être utile , seront désignées
» par numéros dans le procès-verbal de la remise
» qui en sera faite par le juge à l'interprète.

» 8. Lesdits capitaines du vaisseau preneur, ou
» l'officier chargé de la conduite de la Prise , se-
» ront interpellés par le juge de l'amirauté qui
» recevra leur déclaration , d'élire domicile dans
» le lieu du siège de l'amirauté où la Prise sera
» conduite , ainsi qu'à la suite du conseil ; & , en
» cas de refus , le juge leur déclarera que l'en-
» registrement fait au greffe de l'amirauté , tant
» de l'ordonnance du conseil des Prises qui pro-
» noncera sur icelles, que de tel autre acte qu'il con-
» viendra de signifier ou communiquer , vaudra
» signification : mêmes interpellations & décla-
» rations seront faites par ledit juge au capitaine,
» ou à son défaut au principal officier du bâ-
» timent pris , lorsqu'il procédera à leur inter-
» rogatoire.

» 9. Les instructions concernant les échoue-
» mens des bâtimens ennemis , les Prises & par-
» tages d'icelles , circonstances & dépendances ,
» seront faites par les officiers des amirautés dans
» le ressort desquelles les échouemens seront ar-
» rivés , & les Prises seront amenées suivant les
» formalités prescrites par les ordonnances , ar-
» rêts & réglemens , notamment par la déclara-
» tion du 24 juin dernier , soit que les Prises
» aient été faites par des armateurs particuliers , soit
» qu'elles aient été faites par les vaisseaux de sa ma-
» jesté , en quelque nombre qu'ils aient été , sans
» qu'en aucun cas les officiers de l'amirauté puissent
» les juger.

» 10. Lorsque les marchandises composant le
» chargement des Prises, seront sujettes à dépérisse-

» ment , ou lorfque lefdites Prifes feront conf-
» tamment ennemies , fuivant les pièces du bord
» & les interrogatoires des prifonniers , les offi-
» ciers des amirautés pourront , avant qu'elles
» foient jugées de bonne Prife , ordonner la
» vente d'icelles , pour prévenir la diminution de
» leur prix.

» 11. Les greffiers des fiéges des amirautés
» enverront au fécretaire général de la marine ,
» ainfi qu'il eft prefcrit par l'article 43 de la
» déclaration du 24 juin dernier, les procédures
» d'inftructions & toutes les pièces trouvées à
» bord des Prifes ; & le fécrétaire général de
» la marine tiendra exactement regiftre de toutes
» lefdites procédures & du jour qu'il les aura re-
» çues , & il fera procédé dans la huitaine au
» plus tard , à la diftribution portée par l'article
» 4 , & les pièces feront remifes au rapporteur
» dans le jour fuivant.

» 12. Huit jours après la remife defdites
» procédures au commiffaire-rapporteur, dont il
» fera fait mention en marge de la première pièce,
» la Prife fera jugée, fi elle n'eft pas réclamée par
» aucun avocat.

» 13. Les avocats qui occuperont pour les ré-
» clamateurs , ne pourront prendre communica-
» tion des procédures , s'ils n'ont préalablement
» préfenté au fieur commiffaire - rapporteur une
» procuration en forme , ou celle qui l'aura été
» aux officiers de l'amirauté , laquelle procuration
» lefdits avocats figneront & remettront entre
» les mains dudit fieur commiffaire-rapporteur, qui
» la paraphera , finon toute audience & commu-
» nication leur fera déniée.

» 14. Huitaine après que le réclamateur aura

» donné fa requête, l'armateur fournira fa réponfe,
» & le réclamateur fa réplique, dans pareil délai,
» après lequel aucune requête ni pièce ne pour-
» ront être reçues par le commiffaire-rapporteur,
» que de l'avis des fieurs commiffaires, dont
» mention fera faite par le rapporteur, en marge
» defdites requêtes & pièces ; & il fera procédé
» au jugement de la Prife fans aucun retardement.

» 15. Les requêtes feront datées par les avo-
» cats, & reçues par une ordonnance du com-
» miffaire-rapporteur, fans que les avocats puiffent
» prendre plus d'une fois par fes mains, & fans
» déplacer, communication defdites procédures
» & pièces ; ils feront tenus de faire mention
» au bas des requêtes, & fur le doffier des pro-
» cédures, de ladite communication, & du jour où
» elle leur aura été faite.

» 16. A l'égard des Prifes qui feront conduites
» dans les colonies françoifes & dans les autres
» établiffemens dépendans de la France, où il y
» a des fiéges d'amirauté, les inftructions &
» procédures feront faites par les officiers de
» l'amirauté, de la même manière que dans les
» amirautés du royaume ; ils enverront, fans
» aucun retardement, la groffe de chaque pro-
» cédure & les pièces y jointes, au fécretaire
» général de la marine, pour y être fait droit par
» M. l'amiral & lefdits fieurs commiffaires, fans
» qu'en aucun cas les juges defdites amirautés
» puiffent les juger ; mais ils donneront leur avis
» fur la validité ou l'invalidité de la Prife, cir-
» conftances & dépendances, dont ils joindront
» une expédition à la groffe de la procédure ;
» & attendu que les pièces originales pourroient
» être perdues par naufrage ou Prifes des bâti-

» mens fur lefquels les officiers de l'amirauté
» les auroient envoyées, ils feront obligés de
» garder des copies collationnées defdites pièce
» originales, & de les joindre aux minutes de
» la procédure, pour y avoir recours en cas de
» befoin : pourront néanmoins les gouverneurs
» généraux & intendans ou ordonnateurs defdites
» colonies, ordonner, fur le vu de la procédure,
» l'exécution provifoire, de l'avis des officiers des
» amirautés ; à l'exception toutefois des Prifes faites
» fous pavillon neutre, pour lefquelles ladite
» exécution provifoire ne pourra être ordonnée
» que fur la demande de l'une des parties, &
» à la charge de donner bonne & fuffifante cau-
» tion, qui fera reçue par les officiers des ami-
» rautés : & en outre, à condition que la partie
» qui aura demandé l'exécution demeurera ref-
» ponfable des dommages & intérêts.

» 17. Celui qui fera commis pour greffier du
» confeil des Prifes, dreffera les ordonnances,
» fignera les expéditions en parchemin, & fer
» toutes les fonctions concernant le greffe, fans
» néanmoins avoir entrée & féance audit confeil,
» conformément à l'arrêt du 13 août 1707. Il
» fera tenu d'envoyer les jugemens dudit con-
» feil aux officiers des amirautés, huit jours après
» la date d'iceux ; & s'il furvenoit des incidens,
» de quelque nature que ce foit, fur l'exécution
» defdits jugemens, les officiers de l'amirauté en
» drefferont procès verbal, qu'ils enverront, avec
» leur avis, au fécretaire général de la marine,
» pour y être fait droit fur le champ par M. l'ami-
» ral & lefdits fieurs commiffaires.

» 18. Les appellations des ordonnances ren-
» dues par M. l'amiral & lefdits fieurs commif-

» faires, feront portées au confeil royal des
» finances, auquel M. l'amiral affiftera, &
» prendra le rang que fa naiffance & fa charge lui
» donnent.

» 19. Lefdites appellations feront jugées audit
» confeil royal, fur les conclufions du procureur
» de fa majefté audit confeil, pour les Prifes,
» foit qu'il interjette appel des jugemens du con-
» feil des Prifes, dans lefquels fa majefté fera
» intéreffée, foit qu'il défende aux appels inter-
» jetés par les parties, & également fur
» fes conclufions pour les affaires qui ne concer-
» neront que des particuliers; à l'effet de quoi
» il pourra prendre communication de tous les
» jugemens qui auront été rendus par M. l'amiral
» & lefdits fieurs commiffaires.

» 20. Il ne pourra être appelé defdits ordon-
» nances, après fix mois du jour de leur figni-
» fication aux domiciles élus, en exécution de
» l'article 8 ci-deffus; ou à défaut d'élection de
» domicile, après fix mois du jour de leur en-
» regiftrement aux greffes des amirautés.

» 21. Les avocats qui auront occupé au con-
» feil des Prifes feront tenus d'occuper également
» fur l'appel du jugement qui aura été rendu;
» & fera tenu l'appelant de fournir fes moyens
» & d'achever fa procédure dans fix femaines
» pour tout délai, après lefquelles il ne fera
» plus reçu de requêtes, ni fait autre acte de
» procédure, & l'inftance fera jugée fur ce qui fe
» trouvera produit alors, s'il n'en a été autrement
» ordonné par fa majefté.

» 22. Il ne pourra être interjeté appel des li-
» quidations générales & particulières, que dans

O iij

» l'année de la date defdites liquidations , & par
» une requête préfentée au confeil royal des
» finances , qui contiendra fommairement les
» moyens d'appel, & fera remife au procureur
» de fa majefté pour les Prifes, pour, fur fes
» conclufions, être fait droit fur ladite requête,
» ainfi qu'il appartiendra ; mais , dans tous les
» cas, l'appel fera périmé, s'il n'eft jugé dans les
» deux ans de la date de l'arrêt, par lequel ledit
» confeil royal des finances aura ordonné le ren-
» voi au confeil des Prifes, fans que l'inftance
» puiffe être perpétuée par aucun moyen.

» 23. Le fécretaire d'état ayant le département
» de la marine , rapportera feul, audit confeil
» royal les affaires qui y feront portées par ap-
» pel, ainfi que les oppofitions ou les incidens
» qui pourront s'y préfenter ; & feront par lui
» expédiés en commandement les arrêts qui y
» feront rendus au fujet defdites Prifes.

» 24. Veut au furplus fa majefté que les or-
» donnances, arrêts & réglemens fur le fait des
» Prifes, foient exécutés pour tout ce qui n'eft
» pas contraire au préfent réglement , lequel fera
» lu , publié & enregiftré dans tous les fiéges des
» amirautés (*) «.

_____

(*) Le roi voulant faire jouir fes fujets qui arment
en courfe, des avantages exprimés par les réglemens précédemment faits, foit pour affurer aux bâtimens armés en
courfe, des exemptions de droits fur les vivres, provifions
& objets fervant à la conftruction , équipement & armement de ces bâtimens ; foit pour accorder aux marchandifes provenant des Prifes, les faveurs dont elles font fufceptibles ; a rendu en fon confeil d'état, le 27 août

L'article 34 du titre des prises de l'ordonance de la marine du mois d'août 1681, défend aux

---

1778, un arrêt de réglement qui contient les dispositions suivantes :

ARTICLE I. Les navires uniquement armés pour la course jouiront, conformément a l'article premier de la déclaration du 24 juin dernier, de l'exemption des droits de traites sur les vivres, vins, eaux-de-vie & autres boissons servant à leur avitaillement, ainsi que sur les bois, goudron, cordages, ancres, voiles, armes; munitions de guerre, ustensiles & toutes marchandises généralement servant à la construction, équipement & armement desdits navires; & cette exemption n'aura pas lieu pour les marchandises au reste que celles ci-dessus mentionnées qui pourroient être embarquées.

2. Chaque armateur pour la course, sera tenu de représenter au bureau des fermes du port de l'armement, la commission en guerre qui lui aura été accordée par M. l'amiral, & d'y remettre un *duplicata* du rôle de son équipage, certifié par le commissaire de la marine ou autre officier chargé du bureau des classes.

3. Il ne pourra être embarqué, en exemption de droits, sur chaque navire armé en course, conformément a l'article 21 de la déclaration du 24 juin dernier, une plus forte provision de vins & eaux-de-vie que pour quatre mois, & dans la proportion suivante; pour chaque homme d'équipage, ou trois quarts de pinte de vin mesure de Paris, par jour, ou l'équipollent en eau-de-vie, a raison du quart de ce qui est accordé en vin pour les officiers mariniers, ou une ration & demie de vin, aussi par jour, ou l'équipollent en eau de-vie, aussi a raison du quart; chaque volontaire sera réputé homme d'équipage, & deux mousses ne seront comptés que pour un seul.

4. Au retour du navire dans le port d'où il sera parti, il sera fait, par le fermier ou ses préposés, un recensement de tous les vins & eaux de vie qui s'y trouveront encore en nature, dont il sera dressé procès verbal; &

officiers de l'amirauté de se rendre adjudicataires, directement ou indirectement, des vaisseaux;

---

ce qui aura été consommé au delà de la quantité ci-dessus réglée, proportionnément au temps de la course, sera sujet aux droits, sans que pour raison du déchet ou coulage, & sous quelque autre prétexte, que ce soit, il puisse être fait aucune diminution, de quoi il sera pris soumission & caution au bureau des fermes avant le départ.

- 5. Les vins & eaux-de-vie qui auront été embarqués en exemption des droits pour la course, & qui n'y auront pas été consommés, ne pourront demeurer à bord plus de trois jours après le retour dans le port du départ, lequel temps passé ils seront déchargés : néanmoins il sera libre à l'armateur qui voudra remettre en mer le même bâtiment, de les laisser à bord après l'expiration de ce délai, à la charge par lui de faire sa déclaration de la quantité qui lui en restera, tant le jour de l'arrivée de son navire, que lorsqu'il le remettra en mer; laquelle déclaration, le fermier pourra faire vérifier par ses commis, pour être ladite quantité imputée sur celle dont l'armateur pourroit avoir besoin pour un nouveau voyage.

6. Les navires qui reviendront dans un autre port que celui où ils auront armé en course, ne pourront y décharger aucuns vins ni eaux-de-vie, qu'en payant par l'armateur ou capitaine tous les droits dus au lieu du départ, & ceux dus au port où ils auront abordé; si ce n'est dans les cas forcés d'une visite ou d'un radoub, dans lesquels cas l'armateur ou capitaine sera tenu de faire sa déclaration au bureau des fermes, & d'entreposer ses boissons sous la clef du fermier, si le commis l'exige.

7. En cas de fraude reconnue, faite sous l'apparence de la course, soit par un commerce de vins & eaux-de-vie, soit par un versement sur les côtes du royaume ou autrement, l'armateur ou le capitaine sera condamné à une amende de trois mille livres, qui ne pourra être remise ni modérée, & au payement de laquelle les navire, agrès & apparaux seront affectés par privilége,

marchandises, & autres effets provenant des
Prises, à peine de confiscation, de 1500 livres

sans préjudice à la contrainte, par corps, contre le
capitaine.

8. Les marchandises de Prises, de quelque qualité qu'elles
soient, pourront entrer & être déchargées dans tous les
ports du royaume où aborderont les vaisseaux armés en
course, nonobstant les arrêts & réglemens qui ont prohibé
ou fixé par certains ports ou bureaux, l'entrée des différentes espèces de marchandises.

9. A l'arrivée de chaque Prise dans le port où elle sera
conduite, l'adjudicataire général des fermes de sa majesté, ou son préposé, aura la faculté d'envoyer des commis & gardes sur le navire, pour le surveiller en la manière
accoutumée.

10. Le directeur des fermes, s'il y en a un, ou, à son
défaut, le receveur desdites fermes; & en leur absence
ou en cas d'empêchement quelconque, celui des préposés
des fermes qu'ils auront commis à cet effet, sera appelé
peut assister au procès-verbal de l'état de la Prise, & à
l'apposition des scellés de l'amirauté sur les écoutilles;
comme aussi à la levée desdits scellés, aux inventaires,
vente & adjudications des Prises, & à la signature des
procès-verbaux qui en seront dressés; & dont il lui sera
délivré des copies, aux frais du fermier. Fait sa majesté
très-expresses inhibitions & défenses aux officiers des
amirautés, de procéder, sous quelque prétexte que ce
soit, à la levée des scellés, auxdits inventaires, vente
& adjudications des Prises, & à la signature desdits procès-
verbaux, qu'en présence desdits commis des fermes ou
eux dûment appelés, à peine d'en demeurer responsables,
en leur propre & privé nom, & de tous dommages &
intérêts.

11. Il ne sera déchargé aucunes marchandises des Prises
ni des vaisseaux armés en course, qu'en présence des
commis des fermes. Les marchandises seront mises en magasin aux dépens des armateurs, & ce magasin sera fermé
a trois clefs, dont l'une demeurera entre les mains du
greffier de l'amirauté, une seconde en celles desdits

d'amende, & d'interdiction de leurs charges.
Le 10 août 1780, le roi a écrit la lettre sui-

commis des fermes, & la troisième sera remise à l'armateur.

11. N'entend sa majesté assujettir aux formalités portées par les articles 9, 10 & 11 du présent réglement, les ports de Marseille & de Dunkerque, qui seront maintenus dans leurs franchises, en observant ce qui est prescrit à leur égard par l'article 29 du présent réglement.

12. Les navires fra çois, repris sur les ennemis, & conduits directement dans les ports du royaume, sans avoir touché a aucun port étranger, ne seront pas sujets aux dispositions du présent réglement; & les marchandises composant les cargaisons, seront traitées, dans les bureaux des fermes, comme celles de tous navires qui, dans les temps ordinaires, n'ont pu, par cas de force majeure, suivre leur destination, & sont forcés de rentrer dans un des ports du royaume.

14. Les marchandises dénommées au présent article continueront à être prohibées, & l'adjudication n'en pourra être faite qu'a la charge du renvoi à l'étranger, & sans pouvoir être expédiées pour les colonies françoises: savoir, étoffes de soie des Indes, de la Chine ou du Levant, écorces d'arbres, mouchoirs de soie & de coton, mousselines & toiles de coton blanches, toiles peintes ou teintes, glaces de miroirs; sel étranger & tout sel de salpêtre & de verrerie, tabacs de toutes sortes, les draps & couvertures de toutes sortes, de laine, fil, soie, poil ou coton; les brocards, velours, damas, taffetas & autres étoffes & rubans d'or, d'argent & de soie, les bas & ouvrages de bonneterie de toutes sortes, les chapeaux de toutes sortes, & les taffias ou guildives.

15. Les adjudicataires des marchandises prohibées par l'article ci-dessus, auront un an de délai, à compter du jour de l'adjudication, pour les faire passer directement à l'étranger, &, pendant ledit temps, elles demeureront renfermées dans le magasin, comme il est dit a l'article 11, &, après le terme d'un an, il y sera pourvu par sa majesté, ainsi qu'il appartiendra.

vante à M. l'amiral, relativement au in ...
des Prifes faites par les corfaires que ...

16. Le renvoi du fel à l'étranger, & du tabac à l'étranger, fe fera directement par mer; pourra néanmoins l'adjudicataire général des fermes, comme ayant le privilége exclufif du tabac, difpofer a fon profit du tabac des Prifes, qui lui aura été adjugé.

17. Les autres marchandifes prohibées pourront être envoyées par terre à l'étranger, par forme de tranfit, à travers le royaume, fans payer aucuns droits, & fous la condition de paffer & fortir par les ports & bureaux ci-après défignés, & a l'exclufion de tous autres; favoir, pour ce qui fortira du royaume par mer, par Dunkerque, Calais, Saint-Valery, Dieppe, le Havre, Honfleur, Saint-Malo, le Port-Louis, Nantes & Paimbeuf, la Rochelle, Bordeaux, Bayonne, Cette, Agde & Marfeille; & à l'égard de ce qui fortira par terre pour l'Efpagne, par les bureaux de Bayonne, Pas-de-Behobie, Afcain & Ainhoa; pour la Savoie, par les bureaux du Pont-de-Beauvoifin & & Chaparillan; pour Genève & la Suiffe, par les bureaux de Seiffel & Longeray, ou par les bureaux d'Auxonne, & d'Auxonne, par celui de Pontarlier, fuivant la deftination; pour les Pays-Bas & pays de Liége, par les bureaux de la baffe ville de Dunkerque, Lille, Valenciennes, Maubeuge & Givet; dans lefquels bureaux les commis défigneront, en vifant les acquits à caution de tranfit qui leur feront préfentés, le dernier bureau de la frontière par où les marchandifes devront fortir, fuivant la route, & par le côté de Luxembourg, par Torcy, & de là par Sedan.

18. Les marchandifes prohibées ne pourront fortir des ports où elles auront été amenées pour être envoyées a l'étranger, qu'en préfence du commis du fermier, pardevant lequel elles devront être reconnues & conduites au vaiffeau, fi elles fortent par mer ou chargées fur les voitures; fans que celles qui fortiront par mer puiffent être entrepofées dans aucun port intermédiaire. A l'égard des fels & des tabacs, dont le renvoi à l'étranger, comme il eft dit article 16, ne pourra être fait que par

Unis d'Amérique arment dans les ports de France :

---

mer, ils feront pareillement reconnus, & conduits au vaisseau.

19. Toutes les marchandises de Prises, autres que celles ci-dessus prohibées, auront la faculté de pouvoir être envoyées, fans payer aucuns droits, directement du port de l'adjudication à l'étranger ; elles jouiront auffi du bénéfice du tranfit au travers du royaume, en paffant & fortant par les bureaux défignés en l'article 17, à l'exclusion de tous autres ; & en attendant qu'elles foient deftinées & expédiées, elles feront enfermées dans les magafins, ainfi qu'il eft dit à l'article 11. Lefdites marchandifes pourront également être expédiées pour les colonies françoifes, foit directement du port de l'adjudication, foit en les envoyant dans un port intermédiaire ; & ce tranfport pourra fe faire, ou par mer ou par terre, en rempliffant les formalités ordinaires ; mais, dans ce dernier cas, elles feront, à leur arrivée dans le port intermédiaire, renfermées jufqu'a l'expédition, dans les magafins, fous la clef du fermier.

20. Lefdites marchandifes permifes ne pourront demeurer dépofées en magafin, fans deftination & expédition, plus de fix mois, à compter du jour de l'adjudication, après lequel terme fles droits en feront acquis & payés au fermier par les adjudicataires : veut néanmoins fa majefté que celles defdites marchandifes permifes qui feroient déclarées pour les colonies françoifes avant l'expiration des fix mois d'entrepôt, jouiffent encore de fix autres mois, fans être fujettes à aucuns droits ; mais fi, après avoir été déclarées pour lefdites colonies, la deftination en étoit changée, ou pour l'étranger, ou pour le royaume, dans le cours des fix derniers mois, les propriétaires defdites marchandifes feront tenus de payer, favoir, pour celles qui pafferont à l'étranger, les droits d'entrée & moitié de ceux de fortie ; & pour celles qui feront deftinées à la confommation du royaume, les droits d'entrée avec moitié en fus.

21. En cas de non-rapport, dans le délai ci-deffus, des acquits à caution dûment déchargés, fles foumiffionnaires

» Mon cousin, je suis informé qu'il s'est
» élevé des difficultes relativement aux jugemens

---

payeront, s'il s'agit de marchandises prohibées, par forme
de confiscation desdites marchandises, le double de l'adjudication, & en outre, l'amende portée par les regle-
mens; & à l'égard des marchandises permises, le quadruple
des droits fixés par les articles ci-après."

22. L'acier non ouvré, les chairs falées de toute espèce,
la cire jaune non ouvrée, les cuirs verds ou en poil non-
falés, le castor en peau ou en poil, le cuivre non ouvré,
l'étain non ouvré, le plomb non ouvré & le suif, déclarés
pour la consommation du royaume, payeront pour tous
droits d'entrée des traites, dans tous les bureaux des ports
où l'adjudication en aura été faite, deux & demi pour cent
du prix de leur adjudication.

23. Le charbon de terre, les bouteilles ou flacons de
verre, les bufles, cafés de tous lieux & pays, cire
jaune ou blanche ouvrée, les cuirs apprêtés ou tannés,
cuirs dorés, cuivre ouvré, drogueries de toutes fortes,
étain ouvré, fer ouvré, fer-blanc ou tôle ouvrés, linge de
table ouvré ou non ouvré, mercerie, morue verte ou
sèche, & toutes fortes de poissons fecs ou falés, papiers
de toutes fortes, quincaillerie de toutes fortes, rubans
de fil, toiles, futaines & coutils, taffetas & tapisseries,
verres de toutes fortes, aussi déclarés pour la consommation du royaume, payeront pour tous droits d'entrée des
traites, dans tous les bureaux des ports où l'adjudication en
aura été faite, dix pour cent du prix de l'adjudication: & quant
aux cafés & sucres de toutes espèces, qui feront également
déclarés pour la consommation du royaume, ils acquitteront,
savoir; le café moka, le droit de trente six livres du quintal; le café, autre que celui de Moka, le droit de quatorze livres, aussi du quintal & les sucres, ceux du tarif
de 1667, à l'exception néanmoins des sucres bruts, qui
ne payeront que trois livres quinze sous du cent pesant.

24. Toutes les marchandises permises, autres que celles
dénommées aux articles 22 & 23 du présent réglement, &
qui feront déclarées pour la consommation du royaume,

» des Prifes faites par les corfaires que les Etats-
» Unis de l'Amérique arment dans les ports de

payeront pour tous droits d'entrées des traites des ports où
l'adjudication en aura été faite, autres que Marfeille,
Bayonne & Dunkerque, cinq pour cent du prix de leur
adjudication ; à l'exception néanmoins des foies de toutes
fortes, qui acquitteront les droits d'entrées de quatorze
fous par livre pefant, impofées par l'édit de janvier 1722 ;
& feront lefdites foies de Prifes difpenfées d'être envoyées
à Lyon.

25. Dans le cas où les droits des marchandifes des Prifes,
réglés par le préfent arrêt à deux & demi ou à cinq pour
cent du prix de l'adjudication, pourroient fe trouver plus
forts que les droits d'entrées ordinaires qui feroient dus pour
aller à la deftination déclarée, fuivant les tarifs & réglemens, les droits defdites marchandifes feront réduits à
ceux portés par lefdits tarifs & téglemens; ce qui ne pourra
avoir lieu pour les marchandifes dénommées en l'article
23 du préfent réglement, lefquelles demeuieront affujetties
aux droits portés par ledit article, pour quelque deftination que ce foit dans le royaume.

26. Les droits des marchandifes des Prifes devant être
acquittés fuivant le prix de leur adjudication, veut fa
majefté que la vente & adjudication en foient faites par
les juges de l'amirauté, par partie d'une même forte &
qualité de marchandifes ; & que les négocians & autres
qui devront en acquitter les droits, foient tenus de rapporter au bureau des fermes, avec leur déclaration, un
certificat de l'amirauté, du prix de l'adjudication de la
marchandife déclarée, avec le numéro, la date & le nom
de l'adjudicataire porté par l'inventaire; ce qui fera vérifié
fur le double dudit inventaire, qui doit être remis au
commis du fermier, fuivant l'article 10 du préfent réglement ; & faute par lefdits négocians & autres de rapporter
certificat dans la forme ci-deffus prefcrite, les droits feront
acquittés à la valeur, fur le pied du plus haut prix qui
fe trouvera porté audit inventaire fur les marchandifes de
même efpèce.

27. Les acquits de payement des droits de deux & demi,
& de cinq ou de dix pour cent, fuivant l'efpèce de mat-

» France, & que les commissaires du conseil
» des Prises ont pensé ne devoir pas juger. Pour

---

chandises, tiendront lieu, tant des droits d'entrée & droits
locaux des traites, dus dans la province où l'adjudication
en aura été faite, que de tous autres droits de traites qui
pourroient se trouver dus au passage par terre d'une province à l'autre, même des vingt pour cent dus sur les marchandises du Levant, pourvu neanmoins que le transport
s'en fasse dans les trois mois de la date de l'acquit de
payement pris au bureau du lieu de l'adjudication. N'enten-
tend sa majesté que la présente disposition puisse avoir lieu
à l'égard des marchandises dont les droits de deux & demi
& de cinq pour cent de l'adjudication, auront été réduits,
en conformité de l'article 25, a ceux portés par les tarifs
& réglemens, lesquelles continueront a payer les différens
droits dus sur leur route. N'entend pareillement sa majesté
exempter les marchandises des autres droits indépendans
des traites ou cinq grosses fermes, auxquelles elles se
trouveroient sujettes, lesquels droits seront payés indépendamment desdits droits de traites, portés par le présent
réglement.

28. Les droits des marchandises ne seront payés que
lorsqu'elles seront enlevées du lieu de l'adjudication, pour
être transportées dans un autre lieu du royaume, ou pour
être consommées dans le lieu de l'adjudication ; & en cas
que les adjudicataires veuillent les tirer du dépôt & les
avoir en leur disposition avant d'en avoir fait la destination, ils seront tenus d'en payer les droits.

29. Les marchandises des Prises conduites dans le port
de Dunkerque, qui seront destinées pour l'intérieur ou
pour passer en *transit* au travers du royaume à l'étranger,
seront représentées au bureau de la basse-ville de Dunkerque,
où la déclaration en sera faite à l'ordinaire, & elles seront
accompagnées d'un certificat de l'amirauté, qui fera foi
qu'elles proviennent de telle Prise, lequel sera dans la
forme prescrite par l'article 26, & sera vérifié dans ledit
bureau, sur le double de l'inventaire qui y sera remis a
cet effet ; & sur lesdits certificats vérifiés, elles seront vi-
sitées, pour être ensuite acquittées ou expédiées en *transit*,

» faire ceffer toute incertitude à cet égard, je
» vous écris cette Lettre, pour vous dire que

& plombées avec acquit à caution, & foumiffion de remplir
les conditions prefcrites par le préfent réglement. Il en fera
ufé de même au bureau de Septême, ou autres premiers
bureaux d'entrée près de Marfeille, pour les marchandifes
des Prifes conduites dans ce port, & qui de là feront
envoyées dans l'intérieur du royaume ou à l'étranger par
tranfit ; réfervant néanmoins fa majefté à l'adjudicataire
général des fermes, & à fes commis établis à Marfeille,
la faculté de prendre connoiffance des marchandifes defdites Prifes qui y feront amenées, & de s'oppofer à l'introduction de celles qui y font défendues par les réglemens.
Entend fa majefté que les tabacs de Prifes, qui entreront
dans la Flandre françoife par le bureau de la baffe-ville de
Dunkerque, acquittent audit bureau le droit de trente
fous par livre de tabac, impofé par la déclaration du 4
mai 1749.

30.) Les marchandifes des Prifes amenées au port de
Bayonne, payeront, après l'adjudication, les droits ordinaires de la coutume, dans le cas où les adjudicataires y
feroient fujets, & elles ne feront affujetties aux droits de
deux & emi, de cinq & de dix pour cent, qu'à la fortie
du coutumat pour la deftination du royaume ; & en jufti-
fiant, comme il eft dit ci-deffus, du prix de leur adjudication. Elles jouiront au furplus du bénéfice du *tranfit*,
tant pour les marchandifes prohibées qui devront être
renvoyées à l'étranger, que pour les marchandifes permifes
que les négocians & autres voudront faire paffer à l'étranger ; le tout en obfervant les formalités prefcrites en pareil cas par le préfent réglement ; & à l'égard des marchandifes permifes, fous la condition qu'elles n'auront pas
été en la difpofition defdits négocians ou autres non privilégiés ; en forte que l'exemption des droits d'entrée & de
fortie ne porte que fur celles defdites marchandifes permifes qui pafferont directement en *tranfit* à l'étranger,
fans avoir été en la difpofition des adjudicataires. Veut fa
majefté que les tabacs provenant des Prifes, & deftinés
pour la confommation de ladite ville de Bayonne, acquittent

» mon

» mon intention eſt que les Priſes qui auront
» été faites par des corſaires que les Etats-Unis
» de l'Amérique auroient armés en France, &.
» qui auroient été conduites dans quelques-uns
» de mes ports, ſoient jugées par le conſeil des
» Priſes dans la même forme que celles des
» corſaires armés par mes ſujers ; & qu'en con-
» ſéquence les officiers des amirautés obſervent
» à leur égard les formalités preſcrites par ma
» déclaration du 24 juin 1778. Je déſire que,
» pour l'entiére exécution de ma volonté à cet
» égard, vous la faſſiez ſavoir dans tous mes ports,
» de manière que les capitaines de ces corſaires en
» ſoient inſtruits, & s'y conforment, ainſi que les

---

le droit de trente ſous par livre de tabac, impoſé par la
déclaration du 4 mai 1749.

31. Le préſent réglement, dans tout ſon contenu, ſera
exécuté pour les marchandiſes provenant des échouemens
des navires ennemis pendant la préſente guerre.

32. Le contenu aux articles ci-deſſus aura pareillement
lieu pour les Priſes faites par les vaiſſeaux de ſa majeſté,
& les droits ordonnés par le préſent réglement ſeront
perçus ſur les marchandiſes de toutes les Priſes faites avant
ſa publication, comme ſur celles qui pourront ſe faire à
l'avenir.

33. La connoiſſance des fraudes & contraventions au
préſent réglement, demeurera aux maîtres des ports &
juges qui ont coutume d'en connoître, ſauf l'appel, ainſi
que de droit. Mande & ordonne ſa majeſté à M. le duc
de Penthievre, amiral de France; aux ſieurs intendans &
commiſſaires départis dans les provinces, aux officiers des
amirautés, maîtres des ports, juges des traites, & tous
autres qu'il appartiendra, de tenir la main à l'exécution du
préſent réglement.

Fait au conſeil d'état du roi, ſa majeſté y étant, te u
à Verſailles le 27 août 1778.

Signé DE SARTINE.

» officiers des amirautés. Et la préfente n'étant
» à autre fin, je prie dieu, mon coufin, qu'il
» vous ait en fa fainte & digne garde. Ecrit à
» Verfailles le dix août mil fept cent quatre-
» vingt.

Signé LOUIS. *Et plus bas ,* DE SARTINE.

Le roi ayant été informé qu'il fe faifoit journellement dans les ports, des marchés ufuraires
relativement aux parts des Prifes faites par les
vaiffeaux de fa majefté ; que des agioteurs , pro-
fitant de l'empreffement que les gens de mer
avoient de recevoir de l'argent comptant, ache-
toient à l'avance leurs parts de Prifes , à des
prix fort au deffous de ce qu'elles valoient ; fa
majefté a rendu en fon confeil, le 12 juin 1781 ,
un arrêt par lequel elle a expreffément défendu aux
officiers mariniers & matelots des équipages de fes
vaiffeaux de vendre à l'avance leurs parts de Prifes, &
à toutes perfonnes de les acheter ou de faire aucun
marché qui y fût relatif, pour quelque caufe, ni fous
quelque prétexte que ce pût être, à peine contre
les contrevenans d'être punis févèrement : elle
a en même temps déclaré nuls tous les marchés
ou autres actes de ventes & ceffions de ces parts
de Prifes, faits avant la publication de fon arrêt,
fauf à ceux qui pourroient avoir quelques répéti-
tions à former contre les officiers mariniers ou
matelots , à fe pourvoir pardevant l'intendant de
la marine ou ordonnateur du département, pour
y être par lui ftatué conformément aux ordonnances.

PRISE A PARTIE. C'eft le recours qu'exerce
une partie contre fon juge dans les cas prévus par

la loi, à l'effet de le rendre responsable du mal jugé, & de tous dépens, dommages & intérêts.

Chez les Romains, un juge ne pouvoit être pris à partie, que quand il avoit donné lieu à un grief irréparable par la voie de l'appel.

On sait qu'anciennement le combat judiciaire étoit pratiqué en France comme un moyen de découvrir la vérité, & que les seigneurs & leurs juges pouvoient être provoqués à ce combat pour mauvais jugement.

Comme la nature de la décision par le combat, étoit de terminer l'affaire pour toujours, & n'étoit pas compatible avec un nouveau jugement & de nouvelles poursuites, l'appel à un tribunal supérieur, pour faire réformer le jugement d'un autre tribunal, étoit inconnu parmi nous.

M. de Montesquieu observe à ce sujet, qu'une nation guerrière, uniquement gouvernée par le point d'honneur, ne connoissoit pas cette forme de procéder ; & que, suivant toujours le même esprit, elle prenoit contre les juges les voies qu'elle auroit pu employer contre les parties.

La provocation au combat judiciaire contre les seigneurs, ou contre les pairs, ou juges de la seigneurie, se nommoit appel de faux jugement.

Beaumanoir, qui donne un détail de cette manière de procéder, rapporte que l'appelant étoit obligé de se battre contre tous les juges qui avoient été d'un même avis. Quand on vouloit prévenir cet inconvénient, on demandoit au seigneur que les opinions se donnassent tout haut : si le premier pair étoit contraire, & qu'on vît que le second alloit opiner de même, on disoit au premier qu'il étoit un méchant, un calomniateur, &, pour le prouver, il falloit fe battre avec lui & le vaincre.

L'appel de refus de juger s'appeloit *appel de dé-faut de droit.*

Ce refus venoit de la part du feigneur ou des pairs : de la part du feigneur, lorfqu'il n'avoit pas affez d'hommes à fa cour pour juger, ou qu'il n'affembloit pas fes juges : de la part des pairs, lorfque l'affaire étant portée devant eux, ils négligeoient de la juger, quoique les délais fuffent expirés.

Au combat judiciaire, auquel étoient affujettis le feigneur ou les pairs pour foutenir leur juge-ment, fuccéda une autre manière de procéder : tous les juges pouvoient être appelés devant leurs fupérieurs pour foutenir le jugement qu'ils avoient rendu.

Mais cet ufage a été abrogé par un ufage con-traire, fur-tout depuis l'ordonnance de Rouffillon qui porte que les hauts-jufticiers, reffortiffant nuement au parlement, feront condamnés, fui-vant l'ancienne ordonnance, en 60 livres parifis pour le mal-jugé de leurs juges.

Il eft feulement refté de cet ancien ufage, que le prévôt de Paris & d'autres officiers du châtele, font obligés d'affifter à l'audience de la grand'chambre à l'ouverture du rôle de Paris.

Du refte, il s'eft établi que l'appel d'un juge-ment devoit être dirigé contre la partie à laquelle il étoit favorable, & que c'étoit à celle-ci à le fou-tenir ; d'où eft venue la maxime, que *le fait du juge eft celui de la partie.*

Mais, en même temps qu'on a penfé qu'un juge ne devoit pas être détourné de fes fonctions pour aller à chaque inftant foutenir fes décifions, on a décidé que s'il venoit à fe comporter d'une manière indigne de fon caractère, il devoit être obligé de réparer le tort réfultant de fa prévarication.

C'eft conformément à ces vûes, qu'entre autres ordonnances, celle de Blois a permis de prendre les juges à partie, lorfqu'ils auroient jugé par dol, fraude ou concuffion, ou que les cours trouveroient qu'ils fuffent en *faute manifefte*, pour laquelle ils duffent être condamnés en leurs noms.

L'article premier du titre 25 de l'ordonnance du mois d'avril 1667, enjoint à tous les juges, tant des cours que des autres juridictions royales ou feigneuriales, de procéder inceffamment au jugement des caufes, inftances & procès qui font en état d'être jugés, à peine de répondre en leurs noms des dommages & intérêts des parties. C'eft en conformité de cette loi, qu'un arrêt du 8 février 1687, rapporté par Boniface, a déclaré légitime la Prife à partie d'un juge & d'un procureur du roi, parce qu'ils avoient négligé de juger un procès criminel.

Obfervez néanmoins qu'un juge ne pouvant rendre fon jugement que quand le procès eft inftruit, & en état d'être décidé, ce n'eft que depuis cet inftant qu'il eft en faute, & qu'il doit perfonnellement dédommager les parties de la perte que fa mauvaife foi ou fa négligence ont pu leur occafionner.

C'eft d'après cette règle, qu'un arrêt du 8 août 1709, rapporté au journal des audiences, a décidé que la Prife à partie ne pouvoit avoir lieu quand le procès n'étoit pas en état.

Il y a plusieurs autres cas où la Prise à partie peut avoir lieu contre un juge; savoir, 1°. lorsque le juge a prononcé un jugement contraire à la disposition des ordonnances. Cependant, pour que la contravention du juge aux ordonnances soit un moyen de Prise à partie, elle doit être affectée & inexcusable. C'est dans ce sens qu'il faut entendre l'article 8 du titre premier de l'ordonnance de 1667.

Ainsi, les nullités que les juges commettent dans l'instruction & le jugement d'un procès civil, ne sont point un cas de Prise à partie : le juge ou le commissaire en doit être quitte en payant les frais de la nouvelle procédure; ce qui s'ordonne le plus souvent sur la simple réquisition de la partie.

Mais un juge seroit bien pris à partie, si, hors le cas de flagrant délit, sans plainte ni dénonciation, il informoit contre quelqu'un d'un fait qui ne seroit pas certain, & faisoit arrêter le prétendu coupable, sur-tout si c'étoit un domicilié, & qu'il se trouvât innocent.

Il en seroit de même d'un juge qui décréteroit quelqu'un, soit de prise de corps, soit d'ajournement personnel, sans une preuve suffisante, ou pour raison d'un crime qui ne mériteroit aucune peine afflictive, ni infamante; sur-tout si la personne décrétée étoit un officier qui par-là se trouvât interdit de ses fonctions. Il seroit juste qu'il obtînt, par la voie de la Prise à partie, la réparation du tort qu'il auroit souffert.

2°. Le juge peut être pris à partie lorsqu'il a excédé son pouvoir, en connoissant d'une affaire qui n'est évidemment pas de sa compétence.

C'est ce qui résulte de l'article premier du titre 6 de l'ordonnance de 1667.

3°. Il en est de même, suivant l'article 2 de ce titre, du cas où le juge évoque une instance pendante au tribunal inférieur, sous prétexte d'appel ou connexité, & qu'il ne la juge pas définitivement à l'audience.

4°. Le juge peut pareillement être pris à partie, lorsqu'une demande originaire n'étant formée que pour traduire le garant hors de sa juridiction, il retient néanmoins la cause, au lieu de la renvoyer pardevant ceux qui en doivent connoître.

5°. La Prise à partie peut aussi avoir lieu contre le juge qui, ayant été récusé, prononce sur une contestation, sans avoir fait décider si la récusation est bien ou mal fondée.

6°. Le juge peut encore être pris à partie, lorsqu'il ordonne quelque chose sans en avoir été requis par l'une ou l'autre des parties.

7°. Il en est de même quand il attente à l'autorité de la cour, en passant outre au préjudice des défenses qui lui sont faites.

Enfin il y a lieu à la Prise à partie, lorsque le juge laïque empêche le juge ecclésiastique d'exercer sa juridiction, mais non pas lorsqu'il prend simplement connoissance d'une affaire qui est de la compétence du juge d'église ; celui-ci, en ce cas, peut seulement revendiquer la cause.

L'édit de 1695 porte, que les archevêques, évêques ou leurs grands vicaires, ne peuvent être pris à partie pour les ordonnances qu'ils auront rendues dans les matières qui dépendent de la juridiction volontaire ; & à l'égard des ordonnances & jugemens que lesdits prélats ou leurs officiaux auront rendus, & que leurs promoteurs auront requis dans la juridiction contentieuse, l'édit décide qu'ils ne pourront pareillement être pris à partie, ni intimés en leur propre & privé nom, si ce n'est en cas de calomnie apparente, & lorsqu'il n'y aura aucune partie capable de répondre des dépens, dommages & intérêts, qui ait requis ou qui soutienne leurs ordonnances & jugemens ; & ils ne sont tenus de défendre à l'intimation, qu'après que les cours l'ont ordonné en connoissance de cause.

Ce n'est pas assez pour pouvoir prendre à partie un juge qui néglige de juger un procès, de prouver que la contestation étoit instruite & en état d'être jugée depuis long-temps. Comme il seroit possible qu'il ignorât lui-même ce fait, l'ordonnance a réglé que pour constater juridiquement que c'étoit en connoissance de cause qu'il avoit refusé son ministère, il falloit le constituer en demeure par deux différentes sommations. Ces sommations doivent être faites par le ministère d'un huissier (*). Il faut d'ailleurs

---

(*) *Formule d'une sommation de juger.*

L'an . . . . à la requête de . . . . . . &c. Je . . . . huissier . . . . soussigné, certifie avoir sommé, prié, & requis M. . . . . . de juger incessamment l'instance d'entre ledit sieur . . . . & . . . . . . laquelle est en état d'être jugée ; sinon & à faute de ce faire, proteste ledit sieur . . . . . . d'en appeler comme de déni de justice, & de rendre mondit sieur . . . . . . responsable de ses dépens, dommages & intérêts, & de le faire intimer à cette fin en son propre & privé nom ; & j'ai à mondit sieur . . . . parlant comme dessus, laissé copie du présent, à ce qu'il n'en ignore.

Il faut réitérer cette sommation dans les délais de l'ordonnance.

qu'elles foient fignifiées au domicile du juge. Cependant, comme il s'agit d'un fait de charge,
la fignification peut auffi fe faire au greffe de la
juridiction : mais pour qu'on foit sûr que la connoiffance a dû en parvenir jufqu'au juge, il faut
que cette fignification ait lieu aux heures où
le greffe eft ouvert, & en parlant au greffier ou
à l'un des commis du greffe.

L'intervalle qui doit fe trouver entre les deux
fommations, eft de huitaine à l'égard des juges
qui reffortiffent nuement aux cours, & de trois
jours à l'égard des autres fiéges.

Lorfque ces fommations n'ont point produit
d'effet, la partie peut appeler comme de déni
de juftice (*); & faire intimer le rapporteur en

_____

(*) *Formule de lettres de relief d'appel de déni de
juftice.*

Louis, par la grâce de Dieu, roi de France & de
Navarre. Au premier notre huiffier ou fergent fur ce
requis ; de la partie de notre amé..... nous a été expofé que (*rendre ici un compte fommaire de l'affaire &
des fommations faites au juge*); ce qui oblige l'expofant
d'avoir recours à nos lettres fur ce néceffaires ; pour ce
eft-il que nous te mandons affigner & intimer à certain
& compétent jour en notre cour de parlement à Paris,
ledit (*ici le nom du juge & de la juridiction*) pour procéder fur l'appel interjeté par l'expofant, & qu'il interjette
d'abondant par les préfentes du déni de juftice à lui fait
par ledit....... & pour fe voir condamner aux
dommages & intérêts de l'expofant à donner par déclaration ; & en outre pour voir dire que ladite inftance fera
renvoyée pardevant le plus prochain juge royal des lieux,
répondre & procéder comme de raifon ; & fera déclaré
que Me..... procureur en notredite cour, occupera
pour l'expofant ; de ce faire te donnons pouvoir. Car
tel eft notre plaifir. Donné en notre chancellerie du pa-

fon nom, s'il y en a un, finon celui qui doit préfider.

Lorfqu'un juge a été déclaré bien intimé fur la Prife à partie, il doit être condamné en fon nom aux dommages & intérêts envers les parties. C'est une difpofition de l'article 3 du titre 25 de l'ordonnance de 1667.

Le juge qui a été intimé ne peut être juge du différend, à peine de nullité & de tous dépens, dommages & intérêts des parties, fi ce n'eft qu'il ait été follement intimé, ou que les deux parties confentent qu'il demeure juge; il doit être procédé au jugement par d'autres juges & praticiens du fiége, non fufpects, fuivant l'ordre du tableau, fi mieux n'aime l'autre partie attendre que l'intimation foit jugée. C'eft ce qui réfulte de l'article 5 du même titre.

On ne peut prendre les juges à partie qu'après en avoir obtenu la permiffion des cours fupérieures auxquelles ils reffortiffent. Cela eft ainfi ordonné par un arrêt de réglement rendu au parlement de Paris le 4 juin 1699 (*).

---

lais le . . . . . l'an de grâce . . . . . & de notre règne le . . . . . par le confeil.

(*) Ce réglement eft ainfi conçu:

Ce jour les grand'chambre & tournelle affemblées, les gens du roi font entrés, & maître Henri-François Dagueffeau, avocat dudit feigneur roi, portant la parole, ont dit à la cour:

Que comme le zèle dont elle eft animée pour tout ce qui regarde l'honneur des juges, ne fe renferme pas dans les bornes de la compagnie, & qu'il fe répand fur tous ceux qui ont une portion de ce caractère éminent, dont elle poffède la plénitude, ils croient devoir lui pro-

Le parlement de Grenoble a rendu un arrêt semblable le 20 mai 1706.

Par un autre arrêt du 15 novembre 1729, le parlement de Bretagne a fait défense aux parties intimées qui ne seroient point appelantes, d'intimer & prendre à partie les juges pour les *avifager* aux inftances d'appel indécifes, fauf à elles, après la caffation définitive des procédures & jugemens par arrêt, à demander permiffion de les prendre à partie, laquelle permiffion ne pourroit être accordée qu'en connoiffance de caufe, &. par délibération de la chambre où l'appel auroit été jugé.

───────────────────────────────

pofer aujourd'hui d'autorifer par un réglement général, & de confirmer pour toujours un ancien ufage digne de la fageffe des premiers magiftrats, & de la protection qu'ils doivent donner aux juges fubalternes, dont l'honneur eft remis entre leurs mains, &c.

Les gens du roi retirés, la matière mife en délibération:

Ladite cour, faifant droit fur les conclufions du procureur général du roi, fait défenfes à toutes perfonnes, de quelque état & qualité qu'elles foient, de prendre à partie aucuns juges, ni de les faire intimer en leur propre & privé nom fur l'appel des jugemens par eux rendus, fans en avoir auparavant obtenu la permiffion par arrêt de la cour, à peine de nullité des procédures, & de telle amende qu'il appartiendra. Enjoint à tous ceux qui croiront devoir prendre des juges à partie, de fe contenter d'expliquer fimplement, & avec la modération convenable, les faits & les moyens qu'ils eftimeront néceffaires à la décifion de leur caufe, fans fe fervir de termes injurieux & contraires à l'honneur & à la dignité des juges, à peine de punition exemplaire. Ordonne que le préfent arrêt fera envoyé aux bailliages & fénéchauffées du reffort, pour y être lu & publié. Enjoint aux fubftituts du procureur général du roi d'y tenir la main, & d'en certifier la cour dans un mois. Fait en parlement le 4 juin 1699.

Signé, DONGOIS.

; Le parlement de Touloufe a pareillement rendu un arrêt le 31 août 1735, par lequel il a défendu aux procureurs d'inférer dans les lettres de relief d'appel qu'ils obtiendroient en chancellerie, la claufe d'intimation & Prife à partie contre les juges, à peine de nullité, & leur a en même temps ordonné de fe pourvoir à la cour pour obtenir arrêt portant permiffion d'intimer les juges & de les prendre à partie en leurs propres & privés noms.

, La cour des aides de Paris a auffi rendu un arrêt de réglement le 27 novembre 1778, par lequel elle a fait défenfe à toutes fortes de perfonnes d'intimer les fubftituts du procureur général en leurs propres & privés noms, à peine de nullité des procedures, & de telle amende qu'il appartiendroit, à moins qu'elle n'en eût accordé la permiffion, & qu'ils ne fuffent dans le cas de la Prife à partie. Il a été ordonné par le même arrêt, que les intimations fur appel de fentences rendues par les officiers du reffort de la cour, fur les conclufions & réquifitoires des fubftituts du procureur général, ne pourroient être faites qu'au procureur général, comme prenant le fait & caufe de fes fubftituts.

Les officiers des cours fouveraines peuvent être pris à partie comme les autres juges. Il n'y a aucune loi qui les en difpenfe, & ils font foumis, comme les autres, à la peine des dommages & intérêts, lorfqu'ils jugent contre la difpofition des ordonnances. C'eft ce qui réfulte évidemment des articles 1 & 8 du titre premier de l'ordonnance du mois d'avril 1667.

C'eft auffi ce que prouvent plufieurs arrêts; l'un, du 11 novembre 1556, a condamné à l'a-

mende honorable & aux dommages & intérêts
des parties, le sieur Taboué, procureur général
au parlement de Grenoble, pour avoir intenté
une accusation calomnieuse.

La cour des monnoies de Paris ayant condamné un accusé à subir la question ordinaire &
extraordinaire, sans autres preuves que des in-
dices arbitraires, au lieu que, suivant les ordonnances, il faut une preuve considérable ; l'accusé
succomba ; les douleurs lui firent convenir qu'il
étoit l'auteur du crime, & il fut ensuite condamné à la mort par arrêt du 3 mars 1691 :
mais son innocence ayant depuis été reconnue,
sa veuve se pourvut & obtint des lettres de
révision du procès, adressées à la chambre de la
tournelle du parlement de Paris, qui, par arrêt
du 18 février 1704, remit les parties en tel &
semblable état qu'elles étoient avant celui du 3
mars 1691, & permit de prendre à partie les juges
de la cour des monnoies qui avoient procédé au
jugement du malheureux accusé.

Mais comme l'arrêt de la tournelle contenoit en
même temps des dispositions contraires aux priviléges que la cour des monnoies prétend avoir, la
connoissance de cette affaire fut évoquée ; & par
arrêt du 15 octobre 1708, rendu au rapport de M. Maboul, maître des requêtes, les
juges qui avoient rendu l'arrêt de 1691 furent
déclarés avoir été bien pris à partie, & condamnés en 6000 livres de dommages & intérêts envers la veuve de l'innocent.

Un autre arrêt rendu au conseil le 20 mai 1733,
a permis à Jean Langier, avocat au parlement de
Provence, demeurant à Barcelonette, de prendre
à partie les juges de la tournelle de cette cour, qui,

par arrêt du 26 novembre 1716, l'avoient condamné aux galères.

Observez qu'il n'y a que le roi qui puisse
permettre de prendre à partie les cours souveraines.

Voyez l'ordonnance du mois d'avril 1667, &
les commentateurs ; le journal des audiences ; le
traité de la justice civile ; les arrêts de Papon ;
la bibliothèque du droit françois ; l'édit du mois
d'avril 1695 ; l'ordonnance du mois d'août 1670 ;
le traité de la justice criminelle, &c. Voyez aussi
les articles JUGE, PROCUREURS DU ROI, MAL-
VERSATION, &c.

PRISE DE CORPS. C'est l'action par laquelle
on saisit un homme au corps pour quelque affaire criminelle, en vertu d'un décret ou ordonnance du juge.

On appelle aussi *Prise de corps,* le décret ou
jugement qui ordonne la Prise de corps (*).

___

(*) *Formule d'un décret de Prise de corps.*

Vu l'information faite par . . . . à la requête
de . . . . demandeur & accusateur, le procureur du roi (ou *fiscal*) joint (*& s'il n'y a point de*
partie civile), à la requête du procureur du roi ou fiscal
accusateur, contre . . . . accusé, de . . . .
(*date de l'information*), conclusion du procureur du roi
ou fiscal, nous ordonnons que ledit . . . . . sera pris &
appréhendé au corps & conduit ès prisons de céans (*ou*
de cette cour), pour y être oui & interrogé sur les faits
résultans desdites charges & informations, & autres sur
lesquelles le procureur du roi *ou fiscal* voudra le faire
entendre ; sinon & après perquisition faite de sa personne,
sera assigné à comparoir à quinzaine, & par un seul cri

· Pour décréter un accusé de Prise de corps, il faut non seulement que le crime dont il est question mérite une peine afflictive ou infamante, mais encore qu'il y ait contre l'accusé une preuve ou du moins une sémi-preuve résultante d'une information préalable.

L'article 8 du titre 10 de l'ordonnance du mois d'août 1670, admet néanmoins diverses exceptions à cette règle : il permet de décréter de Prise de corps, 1°. pour crime de duel, sur la simple notoriété ou bruit public ; 2°. contre les vagabonds & gens sans aveu, sur la seule plainte de la partie publique ; 3°. lorsqu'il s'agit de vol ou délit domestique, sur la plainte des maîtres. L'usage a encore admis une quatrième exception ; c'est en faveur d'une fille séduite par un garçon sans domicile certain : elle peut alors le faire arrêter, en vertu d'une ordonnance du juge rendue sur requête, sans aucune information précédente.

Le décret de Prise de corps peut aussi avoir lieu contre un accusé pris en flagrant délit, ou à la clameur publique ; mais dans ce cas le juge doit ordonner, suivant l'article 9 du titre cité, que cet accusé conduit en prison sera écroué, & que l'écrou lui sera signifié parlant à sa personne.

Le décret de Prise de corps emporte de droit interdiction contre les officiers ; & comme il a pour objet de s'assurer de la personne d'un cri-

___

public à la huitaine ensuivant ; ses biens saisis & annotés, & à iceux établi commissaire ; ce qui sera exécuté nonobstant oppositions & appellations quelconques, & sans préjudice d'icelles. Fait ce, &c.

minel, rien ne doit en arrêter l'exécution, pas même une récufation ni un appel comme de juge incompétent, ou comme d'abus. Il ne faut d'ailleurs ni permiffion ni *pareatis* pour exécuter un tel décret : au furplus, comme il importe que le prifonnier fache à qui s'adreffer dans l'endroit même où il eft emprifonné, pour faire les fignifications que fa défenfe peut exiger, celui à la requête duquel le décret s'exécute, eft tenu, par l'article 13 du titre cité, d'élire domicile dans cet endroit : mais cette élection de domicile n'attribue aucune forte de juridiction au juge du domicile élu. Ce juge ne peut même, fous prétexte que la police des prifons lui appartient, décider de la tranflation du prifonnier, ou ordonner qu'à défaut par la partie civile de le faire transférer dans un certain temps, le prifonnier fera élargi. Ce feroit donner à ce juge la faculté de favorifer un criminel & de le mettre hors des prifons impunément. Il doit donc demeurer pour certain, qu'il n'y a que le juge qui a décerné le décret qui puiffe connoître de fon exécution, dans quelque lieu qu'elle fe faffe.

L'édit de 1695 contient la même difpofition par rapport aux décrets émanés des officiaux : ils peuvent s'exécuter, non feulement hors du reffort de l'officialité, mais encore fans *pareatis* des juges royaux & des feigneurs. Il faut cependant obferver qu'il n'y a que les huiffiers royaux qui puiffent mettre à exécution les décrets des officiaux ; ceux des officialités ou des juftices feigneuriales n'ont pas ce pouvoir.

Les lieutenans généraux des provinces & villes, les baillis & fénéchaux, les maires & échevins, les prévôts des maréchaux, vice-baillis, vice-
fénéchaux,

sénéchaux, leurs lieutenans & archers, sont tenus
de prêter main-forte à l'éxécution des décrets &
autres ordonnances de justice. C'est ce qui résulte
de l'article 15.

L'article 16 veut que les accusés qui sont arrêtés
soient promptement conduits dans les prisons publiques, soit royales ou seigneuriales, sans pouvoir
être détenus dans les maisons particulières, si
ce n'est pendant leur conduite, & en cas de péril
d'enlévement, dont il doit être fait mention dans
le procès-verbal de capture & de conduite.

On étoit autrefois dans l'usage, en certains cas
& relativement à certaines personnes dont on vouloit ménager la réputation, d'adoucir la rigueur du
décret de Prise de corps, en ordonnant que l'accusé seroit amené sans scandale. Cet usage se
pratiquoit sur-tout dans les officialités: mais
comme on ne peut guère arrêter quelqu'un &
le constituer prisonnier sans quelque scandale plus
ou moins grand, l'article 17 a proscrit cette sorte
de procédure.

Quoique dans la règle générale on ne doive
point décerner de décret de Prise de corps contre
des personnes inconnues, il arrive néanmoins quelquefois que les accusés ne sont pas dénommés
par les témoins dans les informations, & qu'ils
y sont seulement désignés par leur taille, leurs
habits, &c. Le juge peut en pareil cas décréter de
Prise de corps sous ces désignations : mais comme
elles sont par elles-mêmes très-équivoques, l'article 18 a encore permis aux parties d'indiquer
les accusés aux officiers chargés de l'exécution des
décrets.

Tome XLVIII. Q

Les procureureurs du roi des justices royales doivent, suivant l'article 20, envoyer aux procureurs généraux, chacun dans leurs ressort, aux mois de janvier & juillet de chaque année, un état signé par les lieutenans criminels & par eux, des écrous & recommandations faits pendant les six mois précédens dans les prisons de leurs siéges, & qui n'ont point été suivis de jugement définitif, contenant la date des décrets, écrous & recommandations ; le nom ; surnom, qualité & demeure des accusés ; & sommairement le titre d'accusation & l'état de la procédure. Les procureurs fiscaux des justices seigneuriales sont obligés de faire la même chose à l'égard des procureurs du roi des siéges royaux où ces justices ressortissent.

Aucun prisonnier pour crime ne peut être élargi que par ordonnance du juge, & après avoir vu les informations, l'interrogatoire ; les conclusions du ministère public, & les réponses de la partie civile, s'il y en a, ou les sommations qui lui ont été faites de fournir ses réponses.

Les accusés ne peuvent pas non plus être élargis après le jugement, s'il porte condamnation à peine afflictive, ou que le ministère public en appelle ; quand les parties civiles y consentiroient, & que les amendes, aumônes & réparations auroient été consignées. C'est ce qui résulte des articles 22, 23 & 24.

Voyez l'ordonnance criminelle du mois d'août 1670 & les commentateurs. Voyez aussi les articles Information, Accusation, Ajournement personnel, &c.

PRISE DE POSSESSION. C'eſt l'acte en vertu duquel on ſe met en poſſeſſion de quelque choſe.

Il y a la Priſe de poſſeſſion en matière profane, & la Priſe de poſſeſſion en matière eccléſiaſtique.

De la Priſe de poſſeſſion en matière profane.

S'il s'agit d'un meuble, on s'en met en poſſeſſion en le prenant dans les mains.

Quant aux immeubles, on n'en prend poſſeſſion que par des fictions de droit, qui expriment l'intention que l'on a de s'en mettre en poſſeſſion, comme en ouvrant & fermant les portes, coupant quelques branches d'arbres, &c.

On prend poſſeſſion de ſon autorité privée, ou en vertu de quelque jugement.

Quand on prend poſſeſſion en vertu d'un jugement, il eſt d'uſage de faire dreſſer un procès verbal de Priſe de poſſeſſion par un huiſſier ou par un notaire, en préſence de témoins, tant pour conſtater le jour & l'heure à laquelle on a pris poſſeſſion, que pour conſtater l'état des lieux & les dégradations qui peuvent s'y trouver.

La Priſe de poſſeſſion d'un immeuble ne peut avoir lieu qu'après que le titre a été inſinué, s'il eſt ſujet à cette formalité.

Si la priſe de poſſeſſion d'un immeuble ſe fait en vertu d'un contrat d'acquiſition volontaire qui ait été contrôlé, il n'eſt dû pour le droit de contrôle de cette Priſe de poſſeſſion, que le quart du droit réglé pour le contrat, par les articles 3 & 4 du tarif du mois de ſeptembre. 1722.

Mais s'il s'agit d'immeubles échus à titre

Q ij

fucceffif., ou adjugés par quelque acte judiciaire; non fujet au contrôle, le droit de contrôle de la Prife de poffeffion doit être perçu fur le pied de la valeur des immeubles, & fuivant les art. 4 & 5 qu'on vient de citer.

Une Prife de poffeffion d'immeubles, faite par huiffier eft fujette au contrôle des actes, & le droit en eft dû fur le pied réglé par l'article 4 du tarif, faute d'évaluation des biens. C'eft ce qui a été jugé dans l'efpèce fuivante.

La dame de Malliot, femme féparée du fieur de Pomiers, obtint un arrêt du parlement, qui condamnoit les neveux & nièces de fon mari à lui rendre une maifon de la fucceffion de fon aïeule, & qui lui permettoit de s'en mettre en poffeffion ; il fut fait, en conféquence, un procès-verbal par un huiffier, qui rapportoit avoir pris cette dame par la main, & l'avoir conduite, en préfence de fes témoins, dans la maifon & lieux en dépendans, où elle avoir pris poffeffion réelle, actuelle, corporelle, &c. Le commis, outre le droit de contrôle aux exploits, perçut 200 liv. pour droit de contrôle aux actes, faute d'évaluation. La dame de Pomiers fe pourvut à l'intendance ; elle expofa que l'arrêt ne lui donnoit aucune nouvelle propriété, & qu'il s'agiffoit moins d'une Prife de poffeffion que d'un fimple procès verbal de l'état des lieux. M. l'intendant réduifit le droit de contrôle aux actes, à 10 fous : mais cette ordonnance fut réformée par une décifion du confeil du 9 avril 1729, qui jugea la perception régulière; il intervint enfuite un arrêt du 24 mai 1729, fur la requête du fermier, par lequel, fans s'arrêter à l'ordonnance du fieur intendant de Bordeaux, il fut ordonné que l'acte de Prise de possession en question seroit contrôlé, & le droit de contrôle payé sur le pied de la seconde section de l'article 70 du tarif du 29 septembre 1722. La dame de Pomiers se pourvut en opposition, & elle en fut déboutée par décision du 3 avril 1730 : elle insista, & elle exposa qu'il s'agissoit d'un acte du ministère d'un huissier, & nullement de celui d'un notaire ; que l'objet de cet acte étoit de se faire connoître aux locataires & de constater les lieux, n'ayant pas besoin d'une Prise de possession, puisqu'elle avoit toujours été propriétaire, &c. Par autre arrêt du conseil du 4 juillet 1730, cette dame fut déboutée de son opposition ; il fut ordonné que celui du 14 mai 1729 seroit exécuté selon sa forme & teneur, & ladite dame de Pomiers fut en outre condamnée au coût des deux arrêts, liquidé à 75 l. pour chacun.

Il est certain que, pour caractériser une Prise de possession, il n'est pas nécessaire qu'il s'agisse d'une propriété de fait, pour être dans le cas de reprendre la possession ; mais lorsque les biens sont désignés, ils sont susceptibles d'évaluation pour liquider les droits.

Par arrêt du 20 février 1740, le conseil a jugé, en faveur du sieur le Chapelier de la Varenne, que pour une Prise de possession de biens situés dans la généralité d'Orléans, qu'il avoit acquis par contrat passé devant les notaires de Paris, le droit de contrôle n'étoit dû que sur le pied de la première section de l'article 70 du tarif, attendu que le contrat passé à Paris, en papier de formule, eſt cenſé contrôlé. *Voyez* CONTRÔLE.

Par un autre arrêt du 8 mai 1744, le conſeil a jugé que les droits de contrôle & de centième denier avoient été bien perçus ſur la valeur des biens dont le ſyndic de l'hôpital de Caſtelnaudari avoit pris poſſeſſion, en vertu de l'union faite à cet hôpital des biens de celui de Villary. L'intendant de Languedoc avoit jugé par deux ordonnances des 26 mai, & 18 ſeptembre 1742, qu'il n'étoit dû que le droit de contrôle fixé à 5 livres, comme pour une Priſe de poſſeſſion de bénéfice; mais ſes ordonnances ont été réformées, ſur le fondement qu'une Priſe de poſſeſſion d'immeubles eſt un acte d'adminiſtration temporelle, pour réunir les biens à titre de propriété, & qu'elle ne pouvoit être conſidérée comme un acte eccléſiaſtique, ayant pour objet le titre du bénéfice.

Par un autre arrêt du 14 décembre 1758, le conſeil a confirmé une ordonnance de l'intendant de Languedoc, qui avoit condamné le greffier en chef de la ſénéchauſſée de Beziers à une amende de 200 livres, pour n'avoir pas fait contrôler, dans la quinzaine, un procès-verbal de Priſe de poſſeſſion qu'il avoit fait en vertu d'une adjudication par décret. Ce greffier diſoit pour moyen d'appel, qu'il s'agiſſoit d'un acte judiciaire & de l'exécution du décret qui l'avoit commis expreſſément pour procéder à la Priſe de poſſeſſion de l'adjudication des biens; mais les Priſes de poſſeſſion, quoique faites en vertu d'arrêts ou autres jugemens, ſont nommément aſſujetties au contrôle par la ſeconde ſection de l'article 70 du tarif, parce que ce ſont des actes purement volontaires, où la préfence du juge n'eft nullement néceffaire.

Les Prifes de poffeffion de biens adjugés au roi à titre de confifcation, d'aubaine ou autrement, ne font affujetties à aucun droit, tant parce qu'elles font faites par des officiers qui connoiffent des domaines, qu'à caufe que le fouverain ne doit pas payer des droits qu'il impofe fur fes fujets. C'eft ce qui réfulte d'une décifion du confeil du 19 mai 1726. Il en eft de même des Prifes de poffeffion de biens réunis au domaine.

De la Prife de poffeffion en matière eccléfiaftique.

La complainte, en matière bénéficiale, étant une action par laquelle un eccléfiaftique demande à être maintenu dans la poffeffion d'un bénéfice, il faut en tirer la conféquence qu'il ne peut intenter cette action fans avoir préalablement pris poffeffion du bénéfice dans la forme ordinaire.

Il y a la prife de poffeffion réelle & la Prife de poffeffion civile.

Pour qu'un eccléfiaftique puiffe prendre poffeffion réelle d'un bénéfice, il faut qu'il ait un titre canonique, c'eft-à-dire des provifions qui juftifient que ce bénéfice lui a été conféré.

Quand ce font des provifions de cour de Rome, & que le bénéfice eft à charge d'ames, il faut, pour que le pourvu puiffe en prendre poffeffion réelle, qu'il ait, outre fes provifions, le *vifa* de l'ordinaire dans le diocèfe duquel eft fitué le bénéfice. Si le bénéfice n'eft pas à charge d'ames, le pourvu n'a befoin du *vifa* de l'ordinaire qu'autant que fes provifions font *in formâ dignum ;* il n'en a pas befoin quand elles font *in formâ gra-*

tiofâ. C'eft ce qui réfulte des articles 2 & 3 de l'édit du mois d'avril 1695 (*).

Les provifions *in formâ dignum* font celles que le pape adreffe à l'ordinaire en lui donnant commiffion de conférer le bénéfice à l'impétrant. Elles font ainfi appelées, parce qu'elles commencent par ces mots, *dignum arbitramur.*

Les provifions *in formâ gratiofâ* font celles par lefquelles le pape confère lui-même directement le bénéfice à l'impétrant, fur le certificat de vie & de mœurs que ce dernier a obtenu de l'ordinaire.

En Artois, en Flandres, & en Provence, il

(*) *Ces articles font ainfi conçus :*

II. Ceux qui auront été pourvus en cour de Rome de bénéfices, en la forme appelée *dignum*, feront tenus de fe préfenter en perfonne aux archevêques ou évêques dans les diocèfes defquels lefdits bénéfices font fitués, & en leur abfence à leurs vicaires généraux, pour être examinés en la manière qu'ils eftimeront à propos, & en obtenir les lettres de *vifa*, dans lefquelles il fera fait mention dudit examen, avant que lefdits pourvus puiffent entrer en poffeffion & jouiffance defdits bénéfices ; & ne pourront les fécrétaires defdits prélats prétendre que la fomme de trois livres pour lefdites lettres de *vifa*.

III. Ceux qui auront obtenu en cour de Rome des provifions en forme gracieufe d'aucune cure, vicariat perpétuel, ou autre bénéfice ayant charge d'ames, ne pourront entrer en poffeffion & jouiffance defdits bénéfices, qu'après qu'il aura été informé de leurs vie, mœurs, religion, & avoir fubi l'examen devant l'archevêque ou évêque diocéfain, ou fon vicaire général en fon abfence, ou après en avoir obtenu le *vifa* : défendons à nos fujets de fe pourvoir ailleurs pour ce fujet, & à nos juges, en jugeant le poffeffoire defdits bénéfices, d'avoir égard aux titres & capacités defdits pourvus, qui ne feroient pas conformes à notre préfente ordonnance.

faut des lettres d'attache pour prendre poſſeſſion en vertu de proviſions de cour de Rome.

Dans les cas où le *viſa* eſt néceſſaire pour prendre poſſeſſion, le pourvu eſt obligé de ſe préſenter en perſonne à l'ordinaire ou à ſes vicaires généraux, qui, après l'examen de ſa vie, de ſes mœurs, de ſa religion & de ſa ſcience, lui accordent le *viſa*. En cas de refus, l'évêque doit exprimer les cauſes de refus dans l'acte qu'il donne au pourvu.

L'eccléſiaſtique qui a les titres néceſſaires pour prendre poſſeſſion réelle d'un bénéfice, peut la prendre en perſonne ou par quelqu'un qui ſoit fondé de ſa procuration ſpéciale.

Obſervez néanmoins que quand il s'agit d'un bénéfice qui peut vaquer en régale, il faut prendre poſſeſſion en perſonne, parce qu'une Priſe de poſſeſſion faite par procureur, n'empêcheroit pas le bénéfice de vaquer en régale.

Quand le bénéfice n'eſt pas un bénéfice qui rende le pourvu membre d'un chapitre, il eſt obligé, pour en prendre poſſeſſion, de ſe rendre en perſonne ou par ſon procureur ſpécial, avec un notaire apoſtolique & deux témoins, dans l'égliſe; & il y prend poſſeſſion avec les cérémonies uſitées dans le dioceſe, de quoi le notaire apoſtolique dreſſe un acte & lui en délivre une expédition.

En cas de refus d'ouvrir les portes de l'égliſe, le notaire apoſtolique en dreſſe un acte, & le pourvu prend poſſeſſion en faiſant ſa prière à la porte, & en touchant la ſerrure; & même, s'il y avoit du danger à s'approcher de l'égliſe, il prendroit poſſeſſion à la vue du clocher : ſi le pourvu eſt preſſé de prendre poſſeſſion pour.

intervenir dans quelque procès, car autrement il ne
seroit pas reçu partie intervenante, le juge l'autorise
à prendre possession dans une chapelle prochaine.

. Lorsque le bénéfice rend le titulaire membre
d'une église cathédrale, collégiale ou conventuelle, dans laquelle il y a un greffier ou secrétaire chargé d'expédier les actes de Prise de possession, le pourvu, pour prendre possession, se
présente en personne, ou par son procureur, au
chapitre, qui le met en possession, & le greffier du
chapitre en dresse un acte dont il délivre une
expédition au pourvu. Ces greffiers ont été expressément maintenus dans ce droit par l'article
3 de l'édit de création des notaires apostoliques.
La même loi a réglé que si le chapitre refu-
soit de mettre le pourvu en possession, & le
greffier du chapitre d'en donner acte, ce pourvu se
présenteroit avec un notaire apostolique, qui en
dresseroit procès - verbal en présence de deux
témoins.

. La Prise de possession réelle met le titulaire
en possession, tant des fonctions spirituelles que
du temporel, qui dépendent du bénéfice.

. On permet en certains cas à l'ecclésiastique qui
n'a pu prendre possession réelle du bénéfice auquel
il a un droit acquis, d'en prendre une espèce de
possession, qu'on appelle *Prise de possession civile*,
pour la conservation de son droit. Cette permission s'accorde au bas d'une requête, & la
Prise de possession se fait par le ministère d'un
notaire apostolique, qui en dresse un acte.

Ainsi lorsqu'un ecclésiastique François a retenu
en cour de Rome une date pour obtenir un bénéfice vacant, & qu'en conséquence du droit qu'il
a acquis de cette manière, le pape refuse ou

diffère de lui faire expédier des provisions, il peut, sur le certificat de la rétention de la date que lui donne le banquier, présenter requête au juge royal, qui lui permet de prendre possession civile du bénéfice.

. Pareillement, quand l'ordinaire a refusé des provisions à un ecclésiastique qui a droit à un bénéfice, tel qu'est un gradué; ou qu'il a refusé un *visa* à un pourvu en cour de Rome, qui est appelant du refus, le juge royal permet à l'ecclésiastique de prendre possession civile.

On ne peut pas prendre possession des bénéfices dont l'élection doit être confirmée par le pape, sans avoir des bulles de cour de Rome: une simple signature ne suffit pas pour des prélatures.

Faute par le pourvu de prendre possession, le bénéfice demeure vacant, & un autre peut s'en faire pourvoir & en prendre possession; & l'ayant possédé par an & jour, il pourroit intenter complainte, s'il étoit troublé par celui qui auroit gardé les provisions sans prendre possession; ou s'il avoit une possession paisible de trois ans, il seroit confirmé par la possession triennale.

Quand plusieurs contendans ont pris possession d'un bénéfice depuis qu'il étoit contentieux entre eux, aucun d'eux n'est possesseur.

Les dévolutaires doivent prendre possession dans l'an; les pourvus par mort ou par résignation, ou autrement, ont trois années.

Il faut néanmoins observer, à l'égard des résignataires, qu'ils n'ont ce délai de trois années que quand le résignant est encore vivant; car s'il meurt dans les six mois de la date des provisions du résignataire, sans avoir été par lui dépossédé, le bénéfice vaque par mort. S'il survient quelque opposition à la Prise de possession celui qui met en poffeffion le pourvu doit paffer outre en obfervant toutes les formalités, & faire mention de l'oppofition ; enfuite. celui qui prétend avoir été troublé. intente complainte devant le juge royal.

Il faut, à peine de nullité, faire infinuer dans le mois la Prife de poffeffion, les procurations, *vifa*, atteftations de l'ordinaire, pour obtenir des bénéfices en forme gracieufe ; les fentences & arrêts qui permettent de prendre poffeffion civile ; il faut auffi, fous la même peine & dans le même temps, faire infinuer toutes les bulles & provifions de cour de Rome & de la légation d'Avignon. Cela eft ainfi ordonné par l'édit de décembre 1691.

La même loi a défendu aux ordinaires d'adreffer leurs provifions aux prêtres pour mettre en poffeffion des bénéfices, & leur a enjoint d'en faire l'adreffe aux notaires royaux & apoftoliques, pour les exécuter.

L'arrêt du confeil du 28 octobre 1698, & l'article 7 de la déclaration du 14 juillet 1699, ont ordonné que tous les actes qui pourroient fervir à obtenir ou poffiéder des bénéfices feroient paffés pardevant les notaires royaux & apoftoliques, ou pardevant ceux qui en feroient les fonctions, & contrôlés, à peine de nullité.

Dans les diocèfes où les offices de notaires apoftoliques n'ont pas été lavés, il eft d'ufage que les Prifes de poffeffion de bénéfices foient reçues par des chanoines ou autres eccléfiaftiques fans miniftère de notaires, attendu la réunion de ces offices faite en faveur du clergé de ces diocèfes par arrêt du 3 août 1694. Mais, dans ce cas, les Prifes de poffeffion n'en font pas moins affujetties au contrôle dans la quinzaine.

Voyez l'édit du mois d'avril 1695 ; les loix ecclésiastiques de France ; le recueil de jurisprudence canonique, & les divers édits & réglemens cités dans cet article. Voyez aussi les articles INSINUATION, CENTIÈME DENIER, CONTRÔLE, POSSESSION, COLLATION, VISA, &c.

PRISÉE. Voyez ESTIMATION.

PRISON. C'est un lieu de sûreté dans lequel on retient l'accusé qui a mérité qu'on décernât contre lui un décret de prise de corps, & le débiteur contre lequel il a été rendu un jugement qui le condamne par corps à payer une somme quelconque, à quoi il n'a pas satisfait.

La Prison n'étant pas instituée par la loi comme un séjour de peine, elle ne devroit donner à celui qui y est retenu d'autre contradiction que celle d'être privé de sa liberté. *Carcer ad continendos homines, non ad puniendos haberi debet. Leg. aut damnum ff. solent. ff. de pœnis.* Cependant il n'est que trop reconnu qu'elle l'expose au danger d'y voir sa santé détruite par l'air qu'il y respire, & à contracter des maladies contagieuses ; si le prisonnier n'est pas en état de se procurer une retraite particulière : de sorte que l'objet de la loi est véritablement trompé ; car en voulant seulement arrêter les pas d'un accusé & l'empêcher d'échapper à la punition s'il est réellement coupable, elle court le risque de donner la mort à un innocent, ou de hâter celle d'un criminel avant qu'il soit convaincu de son crime.

À cette considération puissante, dictée par l'humanité & la justice, il s'en joignoit d'autres qui auroient dû accélérer la réforme que nous avons tant demandée, & que nous avons enfin obtenue:

c'étoient les difpofitions précifes de l'ordonnance de 1670 & celles des arrêts de réglement du 18 juin & du 17 octobre 1717, par lefquels le parlement s'étoit propofé d'apporter quelques foulagemens au fort des prifonniers, d'étouffer de grands abus, de mettre un frein à la cupidité des geoliers, enfin, de faire regner l'ordre au milieu même des perturbateurs de l'ordre.

Et en effet, l'article 17 du titre 13 de l'ordonnance de 1670, porte, » que les Prifons foient » sûres & difpofées *de manière que la fanté du* » *prifonnier n'en puiffe être incommodée* «.

Comment difions-nous dans un ouvrage qui a pour objet de répandre quelques lumières fur la légiflation criminelle, & dont le premier cahier a paru en 1778 fous le titre de *Réflexions phi-lofophiques fur l'origine de la civilifation & fur le moyen de remédier à quelques-uns des abus qu'elle entraîne* ; » comment, après une volonté » fi fage, fi impérieufe, & fi clairement énoncée » il y a plus d'un fiécle, *les cachots exiftent-ils* » *encore ?* Auroit-on penfé que la fanté du captif » qui y eft, pour ainfi dire, englouti, *n'en pou-* » *voit pas être incommodée ?* Il auroit fuffi pour » fortir de cette cruelle erreur, d'arrêter les yeux fur » les hommes qui les ont habités, & qu'on rend à » la lumière «.

Si nous voulons fuivre le véritable efprit de l'ordonnance, » commençons donc par transférer » nos Prifons dans un lieu bien aéré ; qu'une » cour vafte y entretienne la falubrité & donne à » ceux qui ne peuvent que la parcourir, le moyen » d'y prendre un exercice falutaire ; que les » chambres y foient affez exauffées, pour que » l'humidité n'y pénètre pas ; que des chambres » plus commodes & féparées de la foule, foient

» deſtinées à recevoir des accuſés d'une condi-
» tion plus relevée ; ceux-là ont encore plus
» beſoin de la ſolitude, pour méditer leur défenſe
» & repouſſer l'injuſtice. Au lieu de condam-
» ner, comme on le fait, les priſonniers vul-
» gaires à une oiſiveté funeſte, il ſeroit bien
» important de leur faciliter tous les moyens de
» travailler utilement pour eux; ils ne ſortiroient
» pas dés Priſons plus pareſſeux, plus vicieux
» qu'ils n'y ſont entrés. Ces robuſtes ouvriers,
» qui perdent l'uſage de leurs bras, & paſſent
» le jour à s'enivrer, ſcieroient du marbre,
» broyeroient des couleurs, & échapperoient, par
» le mouvement, aux idées qui les tourmentent.
» Il eſt de toute juſtice, ajoutions-nous, que
» les accuſés & les débiteurs ne ſoient point
» renfermés dans les mêmes Priſons ; que l'on
» en ſépare cette foule tumultueuſe & bruyante
» de gens ſans aveu, auxquels la police enlève
» pour quelque temps une liberté funeſte.
» Si l'on croit devoir laiſſer ſubſiſter les priſons
» qui ſont adhérentes à nos tribunaux, toutes
» affreuſes qu'elles ſoient, qu'on n'y amène que
» des accuſés dont l'affaire eſt ſur le point de
» s'inſtruire, afin que le priſonnier n'y coure d'au-
» tres riſques que celui de ſuccomber ſous la
» force des preuves qu'on lui oppoſera, & que
» s'il eſt innocent, il n'ait pas d'abord été ſévé-
» rement puni avant d'avoir été abſous.
» Il ſeroit à ſouhaiter qu'on bannît le cruel
» uſage de ſoumettre les priſonniers à l'avidité
» d'un geolier, qui fait de ſa Priſon ſon domaine,
» & vend ce que le ſouverain doit donner gra-
» tuitement à ceux contre leſquels il exerce la
» partie douloureuſe de ſon pouvoir. Ce ne doit

» jamais être l'argent qui établiffe des différence
» dans la manière de traiter les prifonniers; c'eft
» leur profeffion, leur exiftence fociale, qui, en
» marquant le degré de leur fenfibilité, indiquent
» les égards qu'on leur doit «. ⹂ ᴍᴍᴍᴏᴏ , ᴛᴏᴄ.

Ces réflexions fimples ont fait une forte impreffion fur un homme d'état qui a été précieux
à la nation. Il nous a invités à lui fournir fur le
même fujet un mémoire plus étendu, & qui n'a
point été infructueux, puifque, peu de temps après,
il a été fait, au nom du roi, l'acquifition d'un
hôtel vafte dont on a formé une nouvelle prifon
deftinée à recevoir les prifonniers pour dettes.

Sa majefté, en adoptant un projet fi utile,
a fait éclater des fentimens fi noblement &
fi fagement exprimés dans fa déclaration du 30
août 1780, enregiftrée au parlement le 5 feptembre fuivant, que nous croyons devoir éter-
nifer, autant qu'il dépend de nous, ce monument de
fa bonté & de fa juftice, en le tranfcrivant ici.

» Pleins du défir de foulager les malheureux
» & de prêter une main fecourable à ceux qui
» ne doivent leur infortune qu'à leurs égare-
» mens, nous étions touchés depuis long-temps
» de l'état des Prifons dans la plupart des villes
» de notre royaume, & nous avons, malgré la
» guerre, contribué de nos propres deniers à di-
» verfes reconftructions qui nous ont été pré-
» fentées comme indifpenfables, regrettant feu-
» lement que les circonftances nous aient em-
» pêchés de deftiner à un objet fi digne de nos
» foins tous les fonds qui pourroient le porter
» à fa perfection : mais nous ne le perdrons pas
» de vue, lorfque la paix nous fournira de nou-
» veaux moyens : cependant, informés plus par-
» ticuliérement

» ticuliérement du trifte état des Prifons de notre
» *capitale*, nous n'avons pas cru qu'il nous fût
» permis de différer d'y porter remède. Nous
» fommes inftruits qu'à l'époque reculée de leur
» établiffement, l'on y avoit adapté des bâtimens
» deftinés, lors de leur conftruction, a d'autres
» ufages; en forte que nulle commodité & nulle
» précaution pour la falubrité n'avoient pu y
» être ménagées; que cependant tous ces incon-
» véniens étoient devenus plus fenfibles, à me-
» fure que les bâtimens avoient vielli, & que
» la population de Paris s'étoit accrue; qu'ainfi
» des prifonniers de tout âge, de tout fexe, ou
» pour dettes ou pour crimes, & pour des éga-
» remens paffagers, refferrés dans un trop petit
» efpace, & fouvent confondus, préfentoient
» le fpectacle le plus affligeant, & digne, fous
» tous les rapports, de notre férieufe attention :
» qu'il réfultoit en effet d'un pareil mélange,
» ou une injufte augmentation de peines pour
» ceux qui ne doivent leur captivité qu'à des
» revers de fortune, ou de nouveaux moyens
» de dépravation pour ceux que de premières
» erreurs avoient conduits dans ces lieux de cor-
» rection.

» Déterminé par ces motifs, déjà nous avons
» donné tous nos foins à la conciergerie, nous
» y avons fait préparer de nouvelles infirmeries,
» aérées & fpacieufes où tous les prifonniers
» malades font feuls dans chaque lit, & nous
» y avons ordonné toutes les difpofitions d'ordre
» & d'humanité qui nous ont été propofées. Il
» nous reftoit à trouver un lieu convenable pour
» fuppléer aux autres prifons; mais l'efpace né-
» ceffaire à un pareil établiffement, l'obligation

» de le former à portée des auditoires & des
» juridictions, & d'autres circonstances encore,
» présentoient des obstacles à l'exécution de nos
» projets.

» Enfin, après beaucoup d'examen & diverses
» recherches, nous avons fait choix de l'hôtel
» de la Force : sa position, son étendue, ses
» distributions, & la modicité des fonds demandés
» pour le mettre en état de remplir nos vûes,
» tout nous a déterminé à en faire l'acquisition.
» Nous y ferons préparer des habitations & des
» infirmeries particulières, ainsi que des préaux
» séparés pour les hommes, pour les femmes,
» pour les différens genres de prisonniers ; & la
» totalité du terrain étant dix fois plus consi-
» dérable que celui du Fort-l'évêque & du petit
» châtelet réunis, on a pu ménager à ces di-
» verses distributions un espace suffisant.

» Cependant, avant d'adopter le plan que nous
» annexons à la présente déclaration, nous avons
» recherché, sur tous les moyens de sûreté & de
» salubrité, les suffrages les plus éclairés.

» On nous a fait espérer que tous les travaux
» nécessaires seroient achevés dans peu de temps,
» & nous aurons soin qu'on s'occupe à l'avance
» de la rédaction d'un réglement sur la police
» intérieure de cette Prison, afin de prévenir avec
» soin l'oisiveté, la débauche, l'abus des pouvoirs
» subalternes.

» Cet établissement, une fois formé, notre in-
» tention est de faire abattre le petit châtelet,
» afin de rendre plus faciles les abords d'un quar-
» tier de la ville extrêmement fréquenté, & de
» procurer à l'hôpital de l'hôtel-dieu un plus
» grand volume d'air, avantage désiré depuis

» long-temps. En même temps nous ferons vendre
» le Fort-l'évêque, & le capital qui en provien-
» dra, joint à l'épargne que nous ferons fur les
» frais de tranfport des prifonniers, balanceront
» à peu près la nouvelle dépenfe que nous ferons
» obligés de faire ; en forte que nous aurons la
» fatisfaction de concilier l'exécution d'un projet
» infiniment falutaire, avec nos vûes générales
» d'économie.

» Enfin, au moyen des diverfes difpofitions
» que nous venons de déterminer, le grand châ-
» telet ne fera plus deftiné qu'aux prifonniers
» pourfuivis en matière criminelle ; & leur nom-
» bre n'étant pas difproportionné avec l'efpace
» qui devra les renfermer, nous comptons pou-
» voir, avec quelques réparations & de nouvelles
» diftributions, faire arranger l'intérieur de cette
» Prifon d'une manière convenable, & fur-tout
» détruire alors tous les cachots pratiqués fous
» terre, ne voulant plus rifquer que des hommes,
» accufés ou foupçonnés injuftement, & reconnus
» enfuite innocens par les tribunaux, aient ef-
» fuyé d'avance une punition rigoureufe par leur
» feule détention dans des lieux ténébreux &
» mal-fains ; & notre pitié jouira même d'avoir
» pu adoucir pour les criminels ces fouffrances
» inconnues & ces peines obfcures, qui, du
» moment qu'elles ne contribuent point au
» maintien de l'ordre par la publicité &
» par l'exemple, deviennent inutiles à notre
» juftice, & n'intéreffent plus que notre bonté.
» A ces caufes, & autres à ce nous mouvant,
» de l'avis de notre confeil, & de notre cer-
» taine fcience, pleine puiffance & autorité
» royale, nous avons dit, déclaré & ordonné

» & par ces préfentes, fignées de notre main
» difons, déclarons & ordonnons, voulons &
» nous plaît ce qui fuit :

» Article i. L'hôtel de la Force & fes
» dépendances demeureront deftinés, comme
» nous les deftinons par ces préfentes, à fervir
» de Prifons pour renfermer fpécialement les pri-
» fonniers arrêtés pour dettes civiles. La diftri-
» bution du local fera faite de manière qu'il y
» foit formé des logemens & des infirmeries
» particulières, ainfi que des préaux féparés pour
» les hommes & pour les femmes, fuivant &
» conformément au plan annexé fous le contre fcel
» des préfentes. -

» 2. Lorfque les lieux feront difpofés, il fera
» par des commiffaires de notre parlement qui
» feront nommés à cet effet, fur la requête de
» notre procureur général & en préfence d'un
» de fes fubftituts, dreffé procès-verbal de l'état
» defdits lieux, & procédé de fuite en la forme
» qui fera jugée la plus convenable à la tranfla-
» tion dans ladite Prifon, des perfonnes de l'un
» & de l'autre fexe qui fe trouveront détenues
» pour les caufes ci-deffus exprimées, dans les
» Prifons de la conciergerie de notre palais à
» Paris, & dans celles dites des grand & petit
» châtelet & du Fort-l'évêque.

» 3. Voulons qu'à compter du jour auquel
» ladite tranflation aura été effectuée, lefdites
» Prifons de la conciergerie & du grand châ-
» telet ne foient plus deftinées qu'aux feuls pri-
» fonniers détenus pour efter à droit en perfonne, à
» l'effet de l'inftruction & du jugement de leur
» procès; & à l'égard des prifonniers du même
» genre qui pourroient être reftés détenus dans

» les Prisons du petit châtelet & du Fort-l'évêque,
» après la translation ci-dessus ordonnée & ·
» effectuée, ils seront distribués, ainsi qu'il sera
» avisé par les commissaires de notredite cour,
» dans les Prisons de la conciergerie & du grand
» châtelet, sans que les bâtimens du petit châ-
» telet & du Fort-l'évêque puissent, à l'avenir,
» être destinés à détenir aucuns prisonniers, nous
» réservant de nous expliquer sur la destination
» des terrains & matériaux étant sur iceux, ainsi
» qu'il appartiendra.

» 4. Il sera par nous pourvu à la liquidation
» & remboursement des offices de greffiers des-
» dites Prisons supprimées, & aux indémnités des
» geoliers-guichetiers, tant de la nouvelle Prison,
» que de celles subsistantes de la conciergerie
» & du grand châtelet. Si donnons en mande-
» ment, &c. «

Il est bien à désirer que cette heureuse réforme,
ne se bornant pas aux Prisons de la capitale, s'é-
tende encore à celles des villes de province. Il
en a été construite une à *Valence*, il y a quelques
années, qui fait honneur aux magistrats & au
corps municipal de cette ville, par l'attention
que l'on a eue de procurer aux prisonners tous
les soulagemens qui peuvent adoucir leur état.

C'est sur-tout sur les Prisons des seigneurs
hauts-justiciers que le ministère public doit
arrêter ses regards. Il existe un arrêt de réglement du 1 septembre 1717, qui porte, » que
» les seigneurs hauts-justiciers seront tenus d'a-
» voir des Prisons *au rez-de-chaussée, en bon*
» *état*, sinon qu'elles seroient construites & ré-
» tablies à la diligence des procureurs du roi des
» siéges où les appellations de ces justices res-

„ tiſſent médiatement ou immédiatement, ou
„ connoiſſent des cas royaux dans l'étendue de
„ ces juſtices. Pourquoi il ſera délivré exécutoire
„ auxdits procureurs du roi, de l'autorité des
„ juges, contre les receveurs des terres & ſei-
„ gneuries d'où dépendent ces hauts-juſticiers (*) «.

Ce n'eſt pas aſſez d'avoir fait élever un édi-
fice bien ſûr & bien ſalubre pour garder les
priſonniers, il faut les recevoir d'une manière
légale & conforme à l'article 13 de l'ordonnance
de 1670; les conduire aux interrogatoires, les
ramener avec précaution, les nourrir, les ſervir,
& les élargir lorſque la juſtice l'a ordonné.

C'eſt pour remplir ces diverſes obligations envers les priſonniers, qu'on a établi dans chaque
priſon un greffier, ou du moins un geolier qui
en fait les fonctions, & des guicheriers.

L'article 25 de l'ordonnance de 1670, porte,
„ que les priſonniers pour crime ne pourront
„ prétendre d'être nourris par la partie civile, &
„ qu'il leur ſera fourni, par le geolier, *du pain*,
„ *de l'eau & de la paille bien conditionnés* «.

Si la charité publique ne venoit pas au ſecours
de ces malheureux, il ſeroit trop affligeant de

(*) L'article 39 du titre 13 de l'ordonnance de 1670,
porte, „ que les baux à ferme des Priſons ſeigneuriales
„ doivent être faits en préſence des juges royaux, chacun
„ dans leur reſſort, & qu'ils en taxeront la redevance
„ annuelle, qui ne pourra être excédée par les ſeigneurs, ni
„ affermée à d'autres, à peine de déchéance du droit
„ de haute-juſtice «.
Par une déclaration du roi du 11 juin 1724, les baux
des Priſons royales des villes du royaume ont été „ diſtraits
„ de la ferme des domaines du roi, ſans pouvoir à l'a-
„ venir y être compris, ſous quelque prétexte que ce ſoit «.

penfer que la loi réduit des accufés, qui peut-être font innocens (& auxquels elle enlève la faculté de travailler) , à un régime pire que celui de nos animaux domeftiques.

L'article que nous venons de citer s'obferve exactement dans le reffort du parlement de Paris. Mais il a été rendu, le 4 août 1731, un arrêt de réglement au parlement de Rouen , qui ordonne »que la provifion alimentaire des accufés à la re-» quête des parties civiles, fera de 3 fous 4 den. » par jour, fi mieux n'aime le prifonnier prendre » deux livres de pain en effence «.

L'article 11 de l'arrêt du 18 juin 1717, pour les Prifons de la ville de Paris, n'accorde aux prifonniers *qu'une livre & demie de pain de bonne qualité de bled*. Malgré l'inaction à laquelle ils fe trouvent condamnés, ils en eft beaucoup qui dépériroient s'ils n'avoient pas d'autre nourriture. Voilà l'inconvénient des réglemens généraux & uniformes, à l'égard des individus entre lefquels la nature a mis de grandes différences.

Le même article ajoute » qu'on leur fournira » de la paille fraîche tous les 15 jours, à l'égard » *des cachots noirs*, & tous les mois, à l'égard » *des cachots clairs* «.

Nous rendons trop de juftice à l'humanité des auteurs de ce réglement, pour ne pas être perfuadés que ce ne fut qu'avec répugnance qu'ils fe fervirent de ces mots affreux, *cachots noirs & cachots clairs*, & qu'ils formoient alors des vœux pour que ces gouffres affreux fuffent à jamais comblés.

· En 1665, le parlement donna un jufte exemple de févérité envers les geoliers, fouvent affez avides pour s'engraiffer de la fubfiftance des miférables confiés à leur garde : le 19 mars de cette année, il rendit un arrêt qui condamna un geolier à être *pendu*, pour avoir laissé mourir un prisonnier sans secours, & vraisemblablement d'inanition.

Quoiqu'en général, dans le ressort du parlement, le prisonnier détenu pour crime ne puisse prétendre à être nourri par la partie civile, il y a cependant des cas particuliers où il est fondé à lui demander des alimens. En voici une exemple, que l'on trouve dans le recueil de jurisprudence. Le sieur *Lozier*, accusé du crime d'adultère, &, poursuivi à la requête du nommé *Cagé*, fut condamné, par arrêt du 1 juin 1766, au bannissement pour trois ans, & la femme de Cagé à la peine de l'authentique. L'un & l'autre furent en outre condamnés solidairement en 1500 livres de réparations civiles, au profit de *Cagé* : celui-ci consigna d'abord les alimens pour Lozier, qui resta en Prison pour les 1500 livres de dommages & intérêts ; mais, lui ayant ensuite paru onéreux de nourrir celui qui avoit déshonoré sa couche, il discontinua de fournir des alimens. *Lozier* demanda à être mis hors de Prison, faute d'alimens ; *Cagé* s'y opposa, en soutenant que Lozier ne devoit pas être considéré comme prisonnier pour dettes civiles, mais *pour crime* ; que par conséquent la consignation des alimens ne devoit regarder que le procureur général, qui veille à ce que les jugemens rendus contre les criminels soient mis à exécution. Sur cette contestation, il fut rendu un arrêt qui jugea que si, sous trois jours, à compter de l'arrêt, *Cagé* ne consignoit pas les alimens, Lozier seroit mis hors de Prison.

L'annotateur de *Denifart*, qui rapporte cet arrêt, prétend que les opinions furent très-débattues. Nous avons peine à le croire; car alors Lozier ne pouvoit plus être confidéré que comme fimple débiteur de *Cagé* d'une fomme de 1500 livres. Or, la partie publique n'étoit pas intéreffée à ce que cette fomme fûr payée ou ne le fût pas à la partie civile. C'étoit donc à celle-ci feule à ufer de fes droits, pour forcer fon débiteur à s'acquitter envers elle?

C'eft par cette même raifon que la nourriture des prifonniers pour dettes n'eft pas fournie à ces derniers par le roi.

L'huiffier qui écroue un débiteur doit au même moment configner des alimens pour un mois, entre les mains du greffier ou du geolier, *à peine de nullité de l'emprifonnement.* À l'égard de la fixation de ces alimens, elle varie fuivant les lieux où font fitués les Prifons : & en effet, il eft jufte que le créancier paye en raifon de l'augmentation ou de la diminution du prix des vivres, & qu'il n'y ait pas à cet égard un réglement invariable; il ne faut pas que, dans des temps de calamités où le pain devient très-cher, le prifonnier pour dette foit expofé à mourir de faim dans fa captivité. Il eft d'ufage de payer à Paris une piftole par mois pour le débiteur emprifonné. Il a été rendu différens arrêts à ce fujet. Les plus récens font du 4 décembre 1709, du 1 juillet & du 1 décembre 1710, & du 28 août 1711. Il étoit néceffaire d'affurer, d'une manière indépendante des événemens, cette nourriture que le roi accorde aux accufés retenus captifs. C'eft dans cette vûe que l'article 26 de l'ordonnance de 1670 porte ce

qui fuit : » Celui qui fera commis par notre
» procureur ou ceux de nos feigneurs, pour four-
» nir le pain des prifonniers, fera rembourfé fur
» le fonds des amendes, s'il eft fuffifant, finon
» fur le revenu de nos domaines ; & où notre
» domaine fe trouveroit engagé, les engagiftes
» y feront contraints, & ailleurs les feigneurs
» hauts-jufticiers, même les receveurs & fer-
» miers de nos domaines, ceux des engagiftes
» hauts jufticiers, refpectivement, nonobftant
» oppofition ou appellation, *prétendu manque de*
» *fonds*, & payement fait par avance, & toutes
» faifies ; fauf à être pourvu de fonds au rece-
» veur fur l'année fuivante ; ou faire déduction
» aux fermiers fur l'année fuivante «.

C'eft dans des cas femblables qu'il faut faire
exception à la règle générale, & foumettre les apparences de la juftice à l'empire de la nécefficé.
Nam alimentis mora fieri non debet, dit la loi,
cod. *de alimentis pupillo præftandis.*

Le prifonnier fe trouve encore dans une cir-
conftance plus critique que le pupille : retran-
ché de la fociété, il ne peut pas même offrir
la vue de fa mifère à la commifération publique,
& faire verfer fur elle les dons de la charité :
lorfque celui au nom du quel il a été arrêté ne
lui fournit pas de quoi fubfifter, il faut qu'il
meure de faim, fi on ne lui rend pas l'ufage de
fes bras.

C'eft par cette raifon que, d'un côté, on a ap-
plani tous les obftacles pour alimenter des accufés détenus à la requête du miniftère public ; & que, de l'autre, on ouvre au prifonnier
pour dettes les portes de fa Prifon, au même
inftant où fon créancier a négligé de configner

ſes alimens. Voici ce que l'article 24 de l'ordonnance de 1670, titre 13, dit à ce ſujet:
» Sur deux ſommations faites à différens jours
» aux créanciers qui feront en demeure de
» fournir la nourriture au priſonnier, & trois jours
» après la dernière, le juge pourra ordonner
» ſon élargiſſement, partie préſente ou dû-
» ment appelée «.

La néceſſité de faire deux ſommations, & d'attendre encore trois jours après, avant de demander & d'eſpérer d'obtenir ſon élargiſſement,
a paru ſans doute trop dure. L'article 5 de la
déclaration du 10 janvier 1680, porte, » qu'après
» l'expiration des premiers quinze jours du mois,
» pour lequel la ſomme néceſſaire aux alimens
» du priſonnier n'aura point été payée; les
» conſeillers des cours, commis pour la viſite
» des Priſons, ou les juges des lieux, ordonne-
» ront l'élargiſſement du priſonnier, ſur ſa
» ſimple réquiſition, ſans autre procédure, en
» rapportant le certificat du greffier ou geolier,
» que la ſomme pour la continuation des ali-
» mens n'a point été payée «.

Mais pour que les juges puiſſent, ſur cette
ſimple expoſition & le ſeul vû du certificat
du greffier, ordonner l'élargiſſement, il faut que
les cauſes de l'empriſonnement & des recommandations n'excèdent pas la ſomme de deux
mille livres; car ſi la ſomme eſt plus forte,
le priſonnier doit ſe pourvoir par requête, qui
eſt rapportée, & ſur laquelle les cours prononcent
ſon élargiſſement; il doit être fait mention du
certificat du greffier ou geolier dans le jugement. Il faut auparavant, dans le ſecond cas,
que la requête ait été ſignifiée au créancier, au

domicile par lui élu dans l'acte d'écrou ou de re-
commandation.

L'article 6 de la même déclaration porte
» que le prisonnier qui aura été une fois élargi
» faute d'alimens, ne pourra une seconde fois être
» emprisonné ou recommandé à la requête des
» mêmes créanciers, qu'en payant par eux les
» alimens par avance pour six mois «.

L'article 25 de l'arrêt de réglement du 17
septembre 1717, porte, » que lorsqu'un pri-
» sonnier sera obligé de faire des significations
» ou d'obtenir des jugemens ou arrêts contre
» ses créanciers, pour être payé de ses ali-
» mens, les greffiers des geoles ou geoliers ne
» recevront les créanciers à consigner les alimens
» pour l'avenir, qu'en consignant en même
» temps ceux qui n'avoient point été payés, &
» en remboursant le prisonnier des frais desdites
» significations & jugemens, qui seroient liqui-
» dés, sans autre procédure, par le lieutenant
» général ou autre premier officier du siége
» ordinaire des lieux où les prisons seront situés,
» à peine contre lesdits greffiers & geoliers de
» payer de leurs deniers ce qui pourra être
» dû au prisonnier, tant pour ses alimens, que
» pour les frais qu'il aura faits «. Cette juste
disposition a été confirmée par l'article 35 de
l'arrêt de réglement du 18 juin 1717, rendu
pour les Prisons de Paris.

Plus le séjour des Prisons est affreux, plus
les juges doivent avoir attention de ne pas y
envoyer légérement l'accusé ou le débiteur ; plus
aussi ils doivent apporter de soin pour que celui
qu'ils renferment ne soit point molesté par les
geoliers, guichetiers, & par les autres prisonniers.

Et pour qu'il puiſſe recevoir librement toutes les conſolations, tous les adouciſſemens ſi néceſſaires à ſon état, l'article 11 · de l'ordonnance de 1670 veut que le juge *ait égard à la qualité des perſonnes, parce que le* ſéjour de la Priſon, qui eſt preſque indifférent aux gens du commun, eſt un ſupplice pour les honnêtes domiciliés, & les flétrit, pour ainſi dire, dans l'opinion publique : elle expoſe un marchand à perdre ſon crédit, à *manquer*, & à entraîner dans ſa ` ruine pluſieurs autres dont les intérêts ſont liés au ſuccès de ſes affaires ; elle fait perdre à un commis ſon emploi ; enfin elle nuit à ſon honneur & à la fortune. Auſſi l'article. 19 de l'ordonnance que nous venons de citer, déclare expreſſément » qu'il ne ſera décerné priſe de corps contre » les domiciliés, ſi ce n'eſt pour crime *qui* » *doit être puni de peine afflictive · ou infa-* » *mante* «.

Malheureuſement le juge peut ſe tromper, & non ſeulement décréter de priſe de corps un accuſé innocent ou prévénu d'un délit léger, mais même le condamner à une peine afflictive ou infamante. Ce ſeroit bien pire encore ſi, pour juſtifier la ſévérité de ſon décret, il condamnoit à une peine afflictive ou infamante, celui contre lequel il auroit prononcé une ſimple condamnation d'amende ou de dédommagement, s'il n'eût pas eu d'abord l'imprudence de le décréter de priſe de corps : cela n'eſt peut-être que trop ſouvent arrivé ; car une première injuſtice nous conduit preſque toujours a une plus forte.

Le juge, avant de faire conduire un accuſé en Priſon, doit donc avoir une grande attention à la gravité du crime dont on le charge,

aux degrés de probabilités qui s'élèvent contr
lui, au tort qui peut en réfulter en raifon d
fon crédit, de fon état, de fon âge, de f
famille; il doit auffi lui épargner, autant qu
lui eft poffible, l'humiliation d'être mené pr
bliquement & à pied en Prifon, l'orfque l'ac
cufé peut s'y faire tranfporter en voiture ó
fe dérober à la curiofité infultante de la popu
lace: ce n'eft pas tout; il eft obligé de le pr
téger lorfqu'il eft en Prifon, dordonner qu'on a
des égards à fon âge, à fes infirmités, a fo
caractère. Un vieillard, une femme, un prêtre
un homme de loi, un militaire décoré, mér
rent des ménagemens particuliers, à moins qu'i
n'aient vifiblement commis des crimes qui le
rangent dans la claffe des plus vils fcélérats. L
juge doit auffi, & à bien plus forte raifon, mett
la plus grande célérité dans l'inftruction de
procès criminels, afin de ne pas laiffer langui
long-temps dans les horreurs de la captivité
l'accufé qui fera peut-être abfous, ou auquel i
ne fera infligé qu'une peine légère, lorfque l
vérité aura été éclaircie par l'information.

L'article 1 du titre 7 de l'ordonnance de 167;
porte, » que ceux qui auront figné des lettre
» ou billets de change pourront être contraint
» par corps, enfemble ceux qui auront mis leu
» aval, qui auront promis d'en fournir avec
» remife de place en place, qui auront fait de
» promeffes pour lettres de change à eux fournies
» ou qui le devront être; entre tous négocian
» ou marchands qui auront figné des billets pou
» valeur reçue comptant ou en marchandifes,
» foit qu'ils doivent être acquittés à un particulier,
» à fon ordre, ou au porteur «.

Il résulte de cet article, que non seulement tout marchand commerçant qui fait des billets ou lettres de change, mais même tout autre particulier, s'expose, si la lettre qu'il a eu l'imprudence de tirer ou d'endosser n'est pas acquittée, à être mis en Prison ; mais il ne s'ensuit pas, comme le remarque très-bien le commentateur, que le juge doive toujours autoriser le créancier à faire conduire son débiteur en Prison, parce qu'il n'a pas payé son billet ou sa lettre de change. Le mot *pourront*, indique que le juge est le maître de ne pas ordonner la contrainte par corps, lorsque le débiteur a été surpris., lorsqu'il n'y a pas de mauvaise foi dans ses retards, ou qu'il existe une impossibilité avérée de payer ce qu'il doit.

Un réglement très-sage, c'est celui qui déclare que toutes les lettres que l'on a fait souscrire à des enfans de famille étrangers au commerce, ne seront réputées que simples billets, & n'emporteront pas la contrainte par corps.

Lorsque nous avons fait sentir l'injustice & la dureté qu'il y avoit à confondre le débiteur avec le criminel, nous avions sur-tout en vûe ceux auxquels on n'a pas d'autre reproche à faire que de s'être rendus trop légèrement caution d'un ami malheureux, que de n'avoir pas mis assez d'ordre dans leurs affaires, d'avoir trop compté sur des recouvremens qui leur ont manqué : mais nous n'avons pas entendu parler des banqueroutiers frauduleux, en faveur desquels il ne doit pas y avoir d'exception ; ceux-ci n'ont pas seulement mérité de perdre la liberté, ils ont mérité de perdre l'honneur, &, une fois qu'ils sont poursuivis au criminel, il est juste qu'ils foient renfermés dans la même Prifon que le autres criminels.

Lorfqu'un accufé arrive en Prifon, l'ordonnanc veut qu'il foit mis au fecret, & qu'il lui foit in terdit toute communication avec quelque per fonne que ce foit, avant d'avoir fubi fon inter rogatoire.

Lorfque le juge a complété cet interrogatoire il laiffe ordinairement la liberté d'écrire dans (que l'on nomme *le préau*, qui eft une cour con mune à tous les prifonniers, de recevoir fes amis fes confeils, de communiquer avec le compagno de fa captivité.

Il a paru important à la découverte de la vérit que l'accufé ne pût, avant de fubir interrogatoir voir perfonne, afin que fes complices ou les int reffés à fa confervation ne lui dictaffent pas d réponfes qui le fauvaffent de la punition due a crime.

C'eft par cette raifon qu'on ne lui permet p même d'écrire des lettres, & que l'ordonnanc fait défenfe aux geoliers de lui fournir de l'enc & du papier : s'il obtient la permiffion d'écrire ces lettres doivent paffer fous les yeux du jug avant d'être portées à leur adreffe.

Si néanmoins l'accufé, aprés l'interrogattoire paroiffoit au juge, coupable d'un crime capita il n'obtiendroit pas la liberté de communiqu au dehors & d'aller fur *le préau*. Ce font les a cufés de cette efpèce que l'on avoit cru devo condamner à habiter les cachots ; le même féjou eft encore réfervé pour les accufés dont le pr mier jugement renferme peine de mort, c même peine afflictive, quoiqu'il en eût été i

terje

terjeté appel, foit par eux, foit par le procureur
du roi.

Ces malheureux, ainfi ifolés, ne font pourtant pas privés de l'approche des perfonnes charitables, qui font connues pour venir habituellement vifiter les prifonniers, les exhorter &
les affifter par une attention fingulière. On a
foin de ne pas laiffer ces miférables abfolument
feuls ; mais puifqu'on croit devoir brifer leurs
fombres réflexions, écarter leurs idées de défefpoir
par la préfence d'un être femblable à eux, qui
leur parle, qui agiffe fous leurs yeux ; il feroit
à défirer qu'on ne mît pas à leurs côtés un homme
tout-à-fait oppofé à eux par fon état & par le
genre de fon crime.

Nous fommes bien éloignés de vouloir rien
diminuer de l'horreur des fautes qu'avoit commifes *la Barre*, cet imprudent jeune homme,
accufé d'avoir infulté un chrift, d'avoir troublé
des cérémonies religieufes par des chanfons
fcandaleufes ; transféré de la Prifon d'Abbeville
dans les cachots de la conciergerie, il les a habités jufqu'au jour où il a été renvoyé pour fubir fon jugement. Certainement fi l'on eût placé
près de ce gentilhomme un affaffin qui l'eût entretenu des fes cruautés, de fes brigandages, en
s'étonnant de l'en voir frémir, c'eût été un tourment de plus pour lui, que d'avoir fans ceffe
devant les yeux une bête féroce fous les traits
d'un homme, & d'être condamné à l'entendre.

On a l'attention de féparer les prifonniers qui
font accufés de complicité, & de leur interdire
toute communication ; on ufe de cette précaution même envers les maris & les femmes, que

l'on tient exactement séparés lorfque l'on a à craindre qu'ils ne s'entendent & ne concertent leurs
réponfes.

Il eſt des ſcélérats que le regret d'être enfermés rend furieux, & qui, dans leurs tranſports,
dans leur aliénation, veulent, ou ſe détruire,
ou s'élancer ſur leurs gardiens. On eſt forcé de
les enchaîner pour les contenir, pour les empêcher de porter ſur eux ou ſur les captifs
des mains homicides ; mais on ne doit leur
mettre ces terribles entraves que dans la plus
grande néceſſité, & encore doit-on éviter, autant
qu'il eſt poſſible, de faire ſouffrir celui qui les endure.

Le geolier, tant que les cachots ſubſiſtent, n'a
le droit d'y mettre aucun priſonnier, ni de lui
attacher des fers, avant d'en avoir reçu un ordre par écrit du juge. L'art. 19 du titre 13 de l'ordonnance, en fait la plus expreſſe défenſe, ſous
peine de punition exemplaire.

Lorſqu'il eſt abſolument néceſſaire de mettre
un priſonnier aux fers, s'il n'y en a pas, c'eſt
au procureur du roi ou fiſcal à en faire faire aux
dépens du domaine.

Il eſt d'uſage, par exemple, d'unir par des fers les
pieds des priſonniers que l'on transfère de la province
dans les Priſons de Paris ; ces malheureux, dont
l'extrêmité des jambes eſt meurtrie, ſouffrent
beaucoup au moment où on *dérive* leurs fers
avec un marteau dont les coups redoublés les
expoſent à de nouveaux froiſſemens.

Il feroit poſſible de leur éviter ce ſurcroît de
douleur, en fixant leurs fers de manière à pouvoir les ſéparer ſans le ſecours du marteau. Une
des principales obligations impoſées aux greffiers

& guichetiers, c'est de ne faire passer aucun
prisonnier, soit dans les chambres, soit au secret, sans qu'il leur ait été donné communication des arrêts, jugemens & actes en vertu
desquels les écrous & recommandations ont
lieu. Ils doivent insérer sur leurs registres, re-
» liés, cotés, paraphés par première & der-
» nière · page, lesdits écrous & recommanda-
» tions, le nom de la juridiction dont ils sont
» émanés, ou des notaires qui les ont reçus;
» le nom, surnom & qualité du prisonnier, &
» ceux de la partie qui aura fait faire les écrous
» & recommandations, avec le domicile qui aura
» été par elle élu «.

Il est enjoint par l'article 24 de l'arrêt de réglement de 1717, à tous les huissiers, de donner
eux-mêmes, *en mains propres*, à ceux qu'ils
» constituent prisonniers ou qu'ils recommandent,
» des copies lisibles, en bonne forme, de leurs
» écrous & recommandations, à l'effet de quoi,
» ajoute le même article, lesdits prisonniers
» seront amenés entre les deux guichets, en
» présence desdits greffiers ou geoliers, qui seront
» tenus d'en mettre leur certificat sur leur re-
» gistre, à la fin de chacun desdits écrous &
» recommandations, *à peine d'interdiction* con-
» tre les huissiers, pour la première fois, &
» de privation de leurs charges pour la seconde;
» & contre les greffiers & geoliers, de vingt liv.
» d'amende pour chacune des contraventions, &
» de tous d'pens, dommages & intérêts, même
» de plus grande peine s'il y échet «.

Ces precautions sont bien sages, elles ont pour
objet d'éviter les meprises ou les prévarications;

elles empêchent qu'un citoyen, victime du ressen-
timent d'un huissier ou de celui qui l'auroit cor-
rompu, ne se trouve arrêté & conduit en Prison sar
un ordre légal. Les greffiers & concierges devien
nent par ce moyen juges en quelque façon de l'hui
sier ou de l'officier qui leur amènent un prisonnier ; ils voient sur quel fondement ce pri
sonnier leur est livré, & en vertu de quoi
est privé de sa liberté ; ils font certifier la vérit
des pièces qui leur sont produites par l'huissier
qui s'expose à des peines très-graves si son énonc
est faux.

La copie de l'écrou, celle de la sentence o
de l'arrêt sur lequel il porte, délivrées au prison
nier, sont très-essentielles, parce quelles le mettent
à même d'attaquer le jugement rendu contre lui,
s'il est injuste ; d'actionner celui qui l'a surpris ;
d'en obtenir des dommages & intérêts, & de
faire même condamner l'huissier, s'il y a des irré-
gularités dans sa procédure. Tout ce qui peut assurer la tranquillité publique, arrêter l'oppression,
intimider les prévaricateurs, ne peut être trop rigoureusement maintenu.

Des lettres-patentes du 6 février 1753, regis-
trées le 20 mars suivant, portent, » que la po-
» lice générale des Prisons appartiendra aux
» lieutenans généraux des sénéchaussés & bailliages
» royaux, & autres premiers juges des autres
» justices ordinaires du ressort des cours, chacun
» en ce qui concerne les personnes dépendantes
» de leur juridiction, sous quelque dénomina-
» tion qu'ils aient été crées, & ce privativement aux
» lieutenans criminels ou de police desdits siéges,
» même aux officiers des chambres des comptes ou

» cours des aides, des élections, grenier à sel, &
» autres juridictions «.

Par les mêmes lettres-patentes, » la réception
» des geoliers, des greffiers des Prisons ; les
» paraphes des regiſtres que lesdits geoliers &
» greffiers sont obligés de tenir, conformément
» aux articles 6 & 9 de l'ordonnance de 1670,
» titre 13.; les taxes des alimens, appartiennent
» au lieutenant général, juge-mage ou autre pre-
» mier officier, privativement au lieutenant cri-
» minel, lequel néanmoins a, ainsi que le lieu-
» tenant de police & les autres juges, le droit
» de faire la visite particulière des prisonniers
» dont les causes ou procès sont pardevant lui «.

L'arrêt de la cour du 25 juin 1659, rendu pour
Chaumont en Baſſigny, porte, » que quoique
» la police des Prisons appartienne au lieute-
» nant général, néanmoins s'il se commet quelque
» crime ou délit dans les Prisons par les geoliers
» ou guicheriers, la connoiſſance en appartiendra
» au lieutenant criminel «.

C'est aux juges qui ont la police des Prisons
à faire la réception des geoliers, des greffiers des
Prisons ; ce sont eux qui doivent parapher, *sans
frais*, leurs regiſtres, suivant la déclaration du 6
février 1753, & l'article 3 de l'arrêt du 11 septembre 1717. La police des Prisons appartient
au lieutenant criminel & ensuite au premier officier du siége, lorsque le lieutenant général est
absent.

Il y a des abus que rien ne peut détruire ; il
existe des défenses très-expresses d'exiger de ceux
qui arrivent en Prison ce que l'on nomme *une*

S iij

bien-venue. L'article 14 du titre 15 le défend *fous peine de punition exemplaire.*

L'article 8 de l'arrêt de réglement de 1717 s'exprime ainfi : » Fait défenfes aux Prévôt & au- » tres anciens prifonniers, d'exiger ou de prendre » aucune chofe *des nouveaux venus* en argent, » vivres ou autrement, fous prétexte de *bien-venue,* » chandelle, balais, & généralement fous quel- » que prétexte que ce puiffe être, quand même il » leur feroit volontairement offert, ni de cacher » leurs hardes ou de les maltraiter, à peine d'être » enfermés dans un cachot noir pendant quinze » jours, & d'être mis enfuite dans une autre » chambre ou cabinet que celui où ils étoient » Prévôts, *ou même de punition corporelle,* s'il y » échet; à l'effet de quoi leur procès leur fera » fait & parfait extraordinairement. «. Qui croi- roit que, malgré ces défenfes, fi fortes, fi réi- térées, l'abus de faire payer *la bien-venue* à un miférable qui arrive en Prifon fubfifte encore, & qu'il court le rifque d'être très maltraité s'il fe refufe à cet impôt mis fur le malheur ?

Le vice qui règne dans la conftruction des Pri- fons, le défaut de gages fuffifans accordés par le roi aux concierges ou geoliers, a forcé le parle- ment d'autorifer, par fes arrêts de réglement de 1717, les geoliers à percevoir des droits d'une conféquence très-onéreufe pour le prifonnier qui eft pauvre.

Par l'article 5, il recommande » aux geoliers » de mettre enfemble les prifonniers *d'honnête* » *condition, & d'obferver que* chacun, fuivant » fon ancienneté, ait la chambre ou la place la » plus commode. Il leur fait défenfes de rece-

» voir de l'argent des prisonniers pour les mettre
» dans une chambre plutôt que dans une autre,
» le tout à peine de restitution du quadruple, &
» de destitution s'il y échet «.

Il n'y a rien de si équitable, de si conforme à
l'humanité que cet article ; mais son effet devient
nul, si le prisonnier est sans ressource, & si
ses facultés pécuniaires sont épuisées, puisque
l'article 12 du même réglement autorise le geolier » à exiger de ceux qui veulent coucher seuls
» dans un lit, *cinq sous par jours, trois sous de ceux*
» *qui coucheront deux, trois livres quinze sous s'ils*
» *veulent être à la pension du geolier & avoir une*
» *chambre particulière, même quatre livres si la*
» *chambre est à cheminée* « ; & que l'article 18
permet auxdits geoliers de faire *passer à la paille*
les prisonniers de la pension & des chambres huit
jours après qu'ils seront en demeure de payer leur
gîte & nourriture. Alors, quelles que soient leur condition, leur qualité, leur ancienneté, ils se trouveront donc confondus avec la plus méprisable
canaille ?

L'article 30 du titre 13 dit expressément, » que
» les geoliers, greffiers des geoles, guicheriers,
» cabareriers ou autres, *ne pourront empêcher l'é-*
» *largissement des prisonniers pour frais, nourri-*
» *ture, gîte, geolage,* ou aucune autre dépense «.

Cette défense est fondée sur un principe d'équité :
comme le défaut de payement des frais de nourriture, de gîte, &c. n'emporteroit pas la contrainte
par corps, le créancier ne peut pas ; sous le prétexte qu'il est concierge d'une Prison, être plus
sévère que la loi, & se faire une justice plus pres-
sante que celle qui lui seroit accordée ; mais il

peut, après l'élargissement du prisonnier, exercer son action contre lui, ou faire usage de son privilége sur les effets qu'il laisse dans la Prison.

Les prisonniers qui ne sont point enfermés au secret peuvent se faire apporter de dehors les vivres & tout ce qui peut leur être nécessaire, même un meilleur lit que celui de la Prison.

On n'a pas cru devoir accorder cette liberté à ceux qui habitent les cachots, parce que, devant s'attendre à un jugement au moins flétrissant, il seroit à craindre que leurs parens, pour s'éviter le déshonneur qui s'étend sur la famille du coupable, ne lui fissent porter des mets empoisonnés, ou que les coupables eux-mêmes ne s'en procurassent. La crainte que l'on a aussi qu'ils ne mettent le feu dans leur Prison ou qu'ils ne s'étouffent à dessein, les expose impitoyablement, dans l'hiver, au plus grand froid.

Le réglement de 1717 défend aux geoliers-guichetiers de battre les prisonniers. Il leur arrive néanmoins, lorsqu'ils en trouvent de mutins, de séditieux, de les frapper de leurs bâtons, ou d'envoyer leurs chiens sur eux; mais comme ils sont censés n'employer ces moyens répréhensibles que lorsqu'ils sont eux-mêmes en danger & pour arrêter les prisonniers, on ferme les yeux sur cette contravention.

Au surplus, si les prisonniers éprouvent de la part de leur gardien de mauvais traitemens, sils n'en reçoivent pas les soins que les réglemens & l'ordonnance prescrivent, tels *que de visiter au moins tous les jours une fois ceux qui sont au cachot;* s'il refuse de donner aux procureurs du roi ou à ceux des seigneurs avis des mala-

dies qui peuvent exiger qu'ils foient transférés dans
l'infirmerie ; enfin, s'il les gêne plus que les réglemens ne le permettent, ils ont la faculté de porter
leur plainte & de demander juftice aux commiſ-
faires des Prifons, ou au lieutenant général, qui
doivent faire de fréquentes vifites dans les Prifons,
pour y maintenir le bon ordre & empêcher les
vexations & les oppreſſions.

On n'a pas cru devoir tenir rigoureuſement
la main à l'article 7 du réglement de 1717, qui
fait défenfes » aux geoliers & guichetiers, à
» peine de deftitution, de laiſſer entrer dans les
» Prifons aucunes femmes ou filles, autres que
» les mères, femmes, filles ou fœurs des pri-
» fonniers ; lefquelles même, d'après l'article que
» nous citons, ne pourroient leur parler dans leur
» chambre, même dans la chambre de la penfion,
» mais feulement dans le préau, ou dans la
» cour en préfence du guichetier, à l'exception
» des femmes des prifonniers «.

Tous les jours les prifonniers reçoivent dans
leurs chambres les femmes qui vont les vifiter,
& on ne s'informe pas à quel degré elles leur
font parentes, & même fi elles le font.

Mais l'article 6 du réglement qui veut que les
filles & femmes prifonnières foient mifes dans
des chambres féparées & éloignées de celles des
hommes, qu'elles ne puiſſent aller fur le préau
qu'à une certaine heure ou les hommes font renfermés, s'exécute littéralement ; s'il en étoit autrement, la Prifon deviendroit un lieu de débauche
épouvantable. On permet quelquefois au mari &
à la femme qui font renfermés dans la même
Prifon, pour un crime qui n'eft pas capital ou

pour dette, *d'habiter la même chambre*. Il feroit peut-être à défirer qu'on ne tolérât pas, autant qu'on le fait, l'éxcès avec lequel les prifonniers prennent le vin qu'on leur vend ; mais l'avidité des cabaretiers trouveroit toujours le moyen de paffer par-deffus les bornes qu'on leur a prefcrites : lorfque la paffion & l'intérêt font d'accord pour tromper la loi, il eft bien difficile qu'elle ne foit pas éludée.

Ce n'eft pas affez de veiller à ce que le prifonnier ne fouffre aucun dommage dans fa Prifon, il faut auffi veiller à ce qu'il n'en faffe aucun ; c'eft par cette raifon que, fur la requête de M. le procureur général, le 23 décembre 1732, il a été enjoint aux prifonniers de Paris » de fe » comporter fagement ; qu'il leur a été fait dé- » défenfes de couper & de déchirer les couver- » tures, matelas, traverfins & paillaffes, pour » les appliquer à leurs vêtemens ou befoins par- » ticuliers ; même de caffer les piliers & planches » de leurs lits, les tables & autres meubles des » Prifons, & de les brûler, à peine d'être mis » pour un mois *au cachot* pour la première con- » travention, &, en cas de récidive, d'être mis » au carcan *fur le préau* des Prifons pendant deux » heures, & enfuite remis au cachot, pour y refter » enfermés pendant tout le temps qu'ils refteront » *prifonniers*.

Quelque affreufe que puiffe être la fituation d'un prifonnier, quelque puiffant que foit le motif qu'il a d'en fortir, il ne lui eft pas permis de brifer fa captivité, & d'employer la force pour recouvrer fa liberté. Il a été rendu & publié un arrêt du parlement, le 4 mars 1608, dont

le prononcé eft d'une févérité capable de contenir ceux qui auroient le projet de s'évader.
Nous allons le rapporter : » Sur la plainte faite
» par le procureur général du roi, que les pri-
» fonniers détenus en la conciergerie attentoient
» jour & nuit, par effraction des portes & des
» murailles & autres voies illicites, pour s'é-
» vader des Prifons, & fe trouvoient garnis à
» cet effet de plufieurs inftrumens & ferremens
» propres à ce ; & outre qu'ils outragoient les
» uns & les autres, ils poulloient leur infolence
» jufqu'à battre ceux qui alloient vifiter aucuns
» d'eux, avec tel excès, qu'il s'en trouve en danger
» de leurs perfonnes, à quoi il a requis être pourvu.
» La matière mile en délibération, la cour a fait
» & fait inhibitions & defenfes à tous prifonniers
» d'attenter fortir des Prifons par efcalade, effrac-
« tion ou autre voie illicite, en quelque forte
» que ce foit ; & à toutes perfonnes de leur
» bailler ou porter aucuns ferremens & inftru-
» mens propres à faire effraction, leur aider &
» affifter à évader defdites Prifons, fur peine
» *d'être atteints & convaincus de crime capital.*
» Enjoint aux geoliers de faire exacte vifite par
» chacun jour, des lits, paillaffes & coffres des
» prifonniers, & aux prifonniers de fouffrir lef-
» dites vifites fans y faire réfiftance, ni entre-
» prendre fur le concierge, fes gens & guiche-
» tiers ; & en cas *qu'aucuns prifonniers foient*
» *furpris faifant effraction aux murailles ou portes,*
» *feront pendus, fans autre forme ni figure de*
» *procès, à une potence qui, pour cet effet, fera*
» *plantée au milieu du préau de la conciergerie.*
» Fait défenfes auxdits prifonniers de fe battre ni

» s'outrager les uns les autres, ni ceux qui viendron
» en ladite conciergerie, ni même extorque
» *bien-venue des prisonniers nouvellement amené.*
» èsdites Prisons, sous peine du fouet, & de plu
» grande s'il y écher «.

. Le crime *de bris* de Prison est si grave, que lorsqu'un accusé qui a voulu s'évader est repris le juge doit informer sur ce crime, indépendamment de la première information relative à l'emprisonnement de l'accusé. Par arrêt du parlement de Paris du 14 août 1736, la procédure du juge de la ville *d'Eu* fut déclarée nulle, pour n'avoir pas instruit le crime *de bris de Prison* par information, comme les autres crimes, & s'être contenté d'interroger l'accusé sur ce délit, sans avoir fait une instruction entière. Voyez le traité des matières criminelles par la Combe, 3e partie, chapitre 10.

Il faudroit pourtant distinguer la manière dont le prisonnier se seroit évadé, & s'il étoit retenu pour dette ou pour crime. Un prisonnier qui verroit la porte de sa Prison ouverte, & profiteroit de la négligence du geolier pour recouvrer sa liberté, seroit trop excusable d'avoir suivi le premier mouvement de la nature, pour devoir être puni ; mais si, retenu pour crime, il corrompoit le geolier, & parvenoit à le déterminer à se sauver avec lui, dans le cas où ils viendroient à être repris, tous deux courroient le risque d'être punis de mort.

. Nous ne devons pas dissimuler que l'on se relâche beaucoup de la rigueur de cette jurisprudence criminelle, & que, comme de tous les délits, le plus excusable est celui qui a pour objet de fouftraire fa perfonne au fupplice ou à l'infamie, il arrive très-rarement que le parlement faffe le procès à ceux qui s'en font rendus coupables. Il fe paffe peu d'années fans que quelque prifonnier ne s'échappe de la conciergerie. On vérifie les moyens qu'ils ont, dit-on, employés pour s'enfuir; on oppofe de nouveaux obftacles à ceux qui pourroient en ufer, & on finit par oublier le fugitif.

Lorfque le débiteur retenu pour dettes s'évade par l'inattention du guichetier, le geolier, qui répond de ceux qu'il employe, eft expofé à être pourfuivi par les créanciers, qui peuvent demander & obtenir la contrainte par corps contre le gardien infidèle ou négligent, qui étoit le dépofitaire de leur gage.

Si, au contraire, le prifonnier trouve le moyen de s'enfuir, foit à l'aide d'échelles de corde, foit en faifant une ouverture dans le mur, enfin, de manière que l'on ne puiffe convaincre le geolier de dol ou de négligence, il eft à l'abri de toutes pourfuites, foit de la part de la juftice, foit de la part des créanciers. S'il en étoit autrement, il ne feroit pas poffible de trouver des hommes affez imprudens pour fe charger de la garde des prifonniers.

Le prifonnier, tant qu'il eft dans fa Prifon, c'eft-à-dire au milieu de la gêne & de l'horreur de la captivité, ne peut contracter aucun engagement qui lui foit onéreux, parce que le premier caractère d'un acte, la condition la plus effentielle à fa validité, c'eft la liberté, & que l'on peut croire que celui qui a contracté telle ou telle obligation ne l'auroit pas foufcrire s'il

eût été libre , & qu'il y a acquiescé , soit dans
la crainte de prolonger , par son refus, sa captivité, soit dans l'espérance d'y mettre fin.

Mais comme il est néanmoins de l'intérêt du
prisonnier qu'il puisse se concilier avec ses créanciers , faire des arrangemens avec eux , ou contracter avec d'autres prêteurs , pour se procurer
les moyens de faire cesser son emprisonnement,
on a fixé dans les Prisons un lieu où il lui est
possible de souscrire un engagement valable ;
c'est celui qui sépare les *deux guichets*. Le prisonnier est là considéré comme libre ; néanmoins
le mérite de l'acte qu'il souscriroit dans ce prétendu lieu de liberté, dépend beaucoup du fond
& des conditions qui y sont insérées. On exa-
mine donc s'il est préjudiciable au prisonnier ;
s'il est tel qu'il ne l'eût pas passé étant libre, on
le déclare nul : mais si au contraire le prisonnier
n'a fait entre les deux guichets que ce qu'il
auroit pu ou dû faire hors des Prisons, on déclare
l'acte valable.

Le parlement de Paris, par arrêt rendu en la
tournelle le 1 juin 1714, a admis deux particuliers au bénéfice de restitution contre une
transaction passée entre deux guichets sur une
accusation de banqueroute frauduleuse, parce
qu'il y avoit tout lieu de présumer que les prisonniers n'avoient acquiescé aux conditions énoncées dans la transaction, que par le désir de recouvrer la liberté, si chère à l'homme, & pour
laquelle les sacrifices ne lui coûtent rien.

Aussi-tôt que le jugement qui met fin au
procès d'un accusé, a été rendu, on doit le lui
lire, parce que, s'il est reconnu innocent, il y

auroit une injuftice criante à le retenir un inftant de plus que la loi ne le veut ; s'il eft condamné à une peine pécuniaire par forme de dédommagement, il ne faut pas, dans le cas où il
pourroit s'acquitter fur le champ, que, la négligence du greffier ajoute à fa peine pécuniaire,
celle de la prolongation de fa captivité. C'eft
conformément à ces fages confidérations que l'article 29 du titre 12 de l'ordonnance de 1670
s'exprime ainfi : » Tous greffiers, même de nos
» cours, & ceux des feigneurs, feront tenus de
» prononcer aux accufés les arrêts, fentences &
» jugemens d'abfolution ou d'élargiffement *le*
» *même jour qu'ils auront été rendus* ; & s'il n'y
» a point d'appel par nos procureurs ou ceux des
» feigneurs *dans les vingt quatre heures,* mettre
» *les accufés hors des Prifons,* & l'écrire fur le
» regiftre de la geole, comme auffi ceux qui
» n'auront été condamnés qu'en des peines &
» réparations pécuniaires, en confignant ès mains
» du greffier les fommes adjugées pour amen-
» des, aumône & intérêts civils, fans que, faute
» de payement d'épices ou d'avoir levé les ar-
» rêts, fentences & jugemens, les prononciations
» ou élargiffemens puiffent être différés, *à peine*
» *contre le greffier d'interdiction,* de trois cents
» livres d'amende, dépens, dommages & *intérêts*
» *des parties* œ.

Les prifonniers accufés de crime, dont le
procès eft jugé, ne peuvent être mis hors de
Prifon lorfqu'il y a eu des conclufions contre
eux qui tendoient *à une peine corporelle ou in-*
famante, & *qu'il y a appel* à minimâ.

Il eft défendu aux geoliers de mettre en li-

berté un prisonnier décrété, même sur le consentement de la partie civile & du procureur
général, ou du procureur du roi, si le juge ne
l'a ordonné.

Lorsqu'un prisonnier doit être transféré de la
Prison de la juridiction où il a été jugé, dans
une autre où ressortit l'appel, il doit être mené
avec une escorte suffisante, & toujours entre deux
soleils, pour éviter les surprises & les complots
nocturnes.

Un arrêt imprimé, rendu en forme de réglement le 20 mars 1690, & dont la publication
a été ordonnée dans les bailliages & sénéchaussées
du ressort du parlement de Paris, enjoint » au
» conducteur de la messagerie de Niort à Paris,
» lorsqu'il sera chargé de la conduite des pri-
» sonniers, de les mener avec une escorte suffi-
» sante, & de marcher entre deux soleils, à peine
» d'en répondre «.

Ce même arrêt a encore ordonné » que les
» messagers & autres conducteurs de prisonniers
» qui meneront des prisonniers en la conciergerie
» du palais, prendront leur décharge au greffe
» de la geole de ladite conciergerie, pour les
» remettre dans le mois ès mains des greffiers
» des siéges & juridictions des Prisons desquelles
» lesdits prisonniers auront été transférés, & que
» ceux qui transféreront des prisonniers des Pri-
» sons de ladite conciergerie en celles d'autres
» siéges, s'en chargeront sur le registre de la
» geole de ladite conciergerie, & seront tenus
» de rapporter dans le mois, au greffe de ladite
» geole, un certificat des geoliers des Prisons
» desdits siéges, visé par le juge de la Prison
                                             » &

» & le substitut du procureur général ou le
» procureur fiscal, faisant mention du jour que
» les prisonniers auront été amenés en leur Prison,
» pour être ledit certificat remis ès mains dudit
» procureur général du roi ; à peine de cinq cents
» livres d'amende «. Toutes les dispositions de
cet arrêt ont été confirmées par un autre du 17
août 1747, qui est rapporté dans le recueil chro-
nologique de Jousse.

On trouve aussi dans le recueil des réglemens
de justice, tome 2, un autre arrêt de réglement
du 26 août 1704, qui ordonne » que lorsque
» les prisonniers seront transférés des Prisons
» des siéges, & juridiétions du ressort de la cour
» en celles de la conciergerie du palais, les
» substituts du procureur général & les pro-
» cureurs fiscaux seront tenus d'envoyer audit
» procureur général copie de l'acte par lequel
» les conducteurs des prisonniers s'en seront char-
» gés, contenant les noms, qualités & demeures
» des prisonniers & des conducteurs, le jour de
» leur départ, & ce dans le jour dudit départ,
» & par une autre voie que celle des conducteurs,
» à peine par lesdits substituts & procureurs fis-
» caux d'en répondre en leur propre & privé
» nom «.

Le but de ces arrêts est d'assurer la marche des
prisonniers, & d'empêcher que leurs guides ne
puissent à leur gré la retarder & les retenir plus
qu'il n'est nécessaire dans les endroits par lesquels
ils doivent passer.

Par un arrêt rendu le 9 août 1734, sur la
réquisition des fermiers des coches & messageries
du royaume, la cour » a maintenu lesdits fer-

» miers & leurs prépofés dans le droit de fe
» charger, à l'exclufion de tous autres, de tous les
» prifonniers qui fe trouveroient dans l'étendue
» du département de leurs meffageries, & dont
» la tranflation devroit être faite dans la concier-
» gerie & ailleurs, ainfi que des procès civils &
» criminels dont le tranfport feroit ordonné «.

. Le même arrêt fait défenfes » à tous greffiers,
» tant de la conciergerie qu'autres, de délivrer
» aucun prifonnier ou procès, ou donner au-
» cune décharge, aucun exécutoire, qu'auxdits
» fermiers ou prépofés, fous les peines portées
» par les édits & arrêts «.

. Lorfqu'un prifonnier eft une fois arrêté, il faut
qu'il refte à demeure dans fa Prifon ; l'ordonn-
nance défend, fous peine de galères, aux geoliers de laiffer vaguer les prifonniers, c'eft-à-
dire errer dehors, quand même *ils les accom-*
pagneroient : il eft pourtant quelquefois arrivé
de permettre à des prifonniers malades un élargiffement momentanée, & fous une bonne garde;
mais cela arrive très-rarement : il y a un arrêt
rendu le 10 janvier 1730, fur le réquifitoire
de meffieurs les gens du roi, qui ordonne
» qu'aucun prifonnier détenu même pour dettes
» civiles, ne pourra être mis hors des Prifons à la
» garde d'un huiffier ou autre, *fous quelque prétexte*
» *que ce foit,* fi ce n'eft dans le cas de quelque
» procédure ou acte où la préfence du prifon-
» nier feroit néceffaire, & qui ne pourroit fe
» faire dans la Prifon, pour raifon de quoi pourra
» être ordonné que le prifonnier fera conduit fur
» le lieu, fous bonne & fûre garde, *à la charge*
» *de le réintégrer* dans les Prifons chaque jour,

» fans qu'il puiffe féjourner hors des Prifons, s'il
» y en a dans le lieu, finon détenu fous bonne &
» sûre garde «.

Le parlement fe relâcha de la févérité de cet
arrêt l'année fuivante. Un particulier décrété &
emprifonné, fur les effets duquel le fcellé étoit
appofé, prétendit que le gardien diffipoit ces
mêmes effets, & demanda à la cour qu'il lui
fût permis de fe tranfporter, fous la garde d'un
huiffier, non feulement dans fa maifon, *mais
par-tout où befoin feroit*, pour faifir & revendiquer fes effets.

La caufe ayant été mife au rôle, & perfonne
ne paroiffant pour la partie civile, M. l'avocat
général, après avoir obfervé que le réglement
du 10 janvier, 1730 fembloit s'oppofer à la demande du prifonnier, finit par dire, que puifque perfonne ne combattoit cette demande qui
paroiffoit fondée, il ne croyoit pas devoir s'y
oppofer, pourvu que le prifonnier fût tous les
foirs réintégré dans les Prifons.

La cour, par arrêt rendu à tour des rôles le
10 février 1731, donna défaut fur la demande
du prifonnier; l'arrêt étoit conçu en ces termes:
» Lui a permis de fortir des Prifons à la garde
» d'un huiffier de la cour, pour être transféré
» dans les lieux où font fes effets, pour les reven-
» diquer, à la charge qu'il fera réintégré tous
» les foirs dans les Prifons du lieu où il fe trou-
» vera; à le recevoir tous geoliers contraints,
» leur enjoint de le laiffer fortir le matin, ac-
» compagné de l'huiffier à la garde duquel il
» fera commis «.

Enfin, ce qui prouve que l'humanité & les gas
T ij

particuliers doivent l'emporter sur la rigueur des réglemens, c'est qu'en 1762 on présenta à l'audience la question de savoir si un prisonnier pour dettes, attaqué de maladies auxquelles le séjour des Prisons pouvoit être fatal, étoit recevable à demander sa liberté pour se faire traiter chez lui, en donnant caution de se réintégrer après sa guérison.

M. Séguier, qui portoit la parole dans cette cause, exposa que la maladie étant certaine & prouvée par l'attestation des médecins, la liberté ne pouvoit être refusée au malade, & que puisque les septuagénaires sont déchargés de la contrainte par corps, par la raison que les infirmités de leur âge ne leur permettent pas de supporter la Prison, l'humanité demandoit la même indulgence pour les prisonniers malades, auxquels la Prison pouvoit donner la mort. Il alloit jusqu'à dire que puisque le prisonnier dont il s'agissoit avoit offert de donner caution, il étoit naturel de l'y assujettir ; mais que, quand il n'auroit pas fait de semblables offres, sa liberté ne pourroit lui être refusée dans l'état de maladie où il se trouvoit, parce que la conservation d'un citoyen & de la postérité qui pouvoit en sortir, demandoit qu'on employât tous les moyens en sa faveur, & étoit préférable à des intérêts particuliers. D'après ces touchantes considérations, l'arrêt rendu le 12 juin 1762, accorda la liberté au prisonnier, en donnant la caution qu'il avoit offerte.

Le créancier est aussi le maître d'accorder à son débiteur la faculté de sortir, pour un certain temps, de sa Prison, à la condition d'y rentrer de lui-même, dans le cas où, le délai expiré, il ne l'auroit pas payé. Cela est récemment arrivé. Un des trois officiers condamnés à payer, par forme de réparation & de dommages, quatre-vingt mille francs au sieur Damade, & à garder Prison jusqu'au payement de cette somme, s'étant trouvé très-malade, & soupirant après l'air libre de la campagne, fit demander au sieur Damade la liberté de sortir un mois de la conciergerie, sous la caution de son défenseur & d'un magistrat ; le sieur Damade y ayant consenti, le prisonnier sortit & revint au bout du mois rendre sa personne à son créancier, & délier ses cautions de leur engagement.

Les paroles de M. l'avocat général Séguier, que nous venons de rapporter relativement à la demande du malade qui obtint de se faire transférer chez lui pour sa guérison, nous dispensent de parler de cette louable disposition de la loi, qui ouvre au prisonnier septuagénaire les portes de sa Prison, & met sa personne à couvert des atteintes que l'on voudroit porter à sa liberté. On n'a pas voulu que la vieillesse infirme & débile eût encore pour surcroît de maux l'affliction d'être dans les fers, & que le peu de jours qui lui restoient à exister s'écoulassent dans la captivité : mais cette disposition favorable ne s'applique qu'au prisonnier pour dettes ; car si un centenaire pouvoit commettre un homicide, la justice enchaîneroit son bras meurtrier, & couperoit de son glaive la trame de ses vieux jours, qu'il auroit souillés par le crime.

Les prisonniers pour dettes, qui, par leur misère, sont dans l'impossibilité de s'acquitter, peuvent, malgré l'état déplorable de leurs affaires, se livrer à l'espérance de sortir de Prison. Il y

a, à Paris fur-tout, des perfonnes charitables,
qui penfent, avec raifon, qu'une des meilleures
œuvres dont ils puiffent s'occuper, c'eft de rendre
la liberté aux prifonniers, qui font des hommes
perdus pour l'état, pour leur famille, tant que
leur infortune les condamne à l'inaction. Ces
gens fecourables, foit de leur propre argent, foit
du produit de leur quête, forment ce que l'on
appelle un fonds de charité, qui fert à la déli-
-vrance des prifonniers ; & pour que ce fonds s'é-
puife moins vîte & tourne au profit d'un plus
grand nombre de malheureux, le parlement de
Paris tient, aux grandes fêtes de l'année, fes
féances dans les différentes Prifons de cette ville.
Le prifonnier que la charité veut bien fecourir,
n'a befoin alors que de faire l'offre du tiers de
la fomme pour laquelle il eft retenu, avec une
caution pour le furplus, & il obtient fa liberté.
Mais comme il pourroit arriver qu'un débiteur
dé mauvaife foi offrît de fes propres deniers le
tiers de fa dette pour fortir de Prifon, on exige,
pour prévenir cet abus, que le prifonnier préfente un certificat du geolier, qui attefte que
c'eft véritablement des deniers de charité que
provient l'offre qu'il fait.

–, Lorfque c'eft la bonté du monarque ou celle
de la reine qui vient au fecours de fes fujets
captifs, au lieu du tiers, le quart fuffit pour les
délivrer, & *on n'exige pas de caution pour le
furplus.* Cette différence eft établie pour donner
plus d'effet & un plus libre cours à la bienfaifance royale.

Le débiteur qui fort en offrant un tiers, n'eft
pas, comme on le voit, quitte envers fon créancier, puifqu'il eft tenu de lui donner une bonne

caution pour le furplus. Noùs ne fommes pas
affurés que dans les Prifons des autres parlemens
il exifte , en faveur des prifonniers pour dettes,
les mêmes fecours ; mais ils ne peuvent être trop
multipliés , lorfqu'ils ne s'étendent que fur de
pauvres débiteurs qui languiroient éternellement
en Prifon, fans cet effet falutaire de la bienfaifance
humaine.

Il étoit d'ufage , chez les Romains , à certaines fêtes folennelles, de rendre la liberté aux
prifonniers. Nous avons quelque temps imité ce
grand exemple d'indulgence ; mais il encoura-
geoit la mauvaife foi des débiteurs ; & donnoit
aux criminels le dangereux efpoir de l'impunité.
Ce n'eft plus qu'aux facres des rois que cette faveur
s'étend fur les criminels : mais à tous les heureux
évènemens publics , la famille royale & les corps
municipaux manifeftent leur joie par la délivrance
d'un certain nombre de prifonniers pour dettes.

Ceux fur lefquels tombent principalement , &
avec raifon , les regards de la charité , font les
pères de familles, qui , en ne payant pas à l'étrangère qui a allaité leurs enfans le prix de fa nourriture , fe font expofés à la contrainte par corps :
ce qui doit déterminer à aller au fecours de ces
malheureux de préférence aux autres , c'eft que
le créancier doit être vu auffi favorablement que
le débiteur. Ces prifonniers ne font pas à la
charge du créancier , parce qu'il ne feroit pas
jufte qu'une pauvre nourrice , qui s'épuife pour
nourrir l'enfant , fe ruinât encore pour alimenter
le père : elle ne fe mêle pas même de le faire
arrêter , l'emprifonnement fe fait par l'entremife
de femmes que l'on nomme des *recommandereffes* ,
& dont les devoirs font de veiller à la confer-

vation des nourriſſons , & à ce que les nourrices ſoient payées de leurs ſoins.

On a établi dans les villes des receveurs qui touchent les revenus des fondations établies pour le ſoulagement des pauvres priſonniers , ainſi que les legs & aumônes qui leur ſont faits. Ce ſont ordinairement des perſonnes charitables qui ſe chargent de faire ces recouvremens , & qui le font gratuitement ; néanmoins ces généreux dépoſitaires doivent avoir prêté ſerment devant le juge qui a la police des Priſons. L'article 10 du réglement de la cour du 18 juin 1717 , porte que les aumônes particulières ſeront diſtribuées aux priſonniers en préſence des perſonnes qui les auront faites.

Lorſque le mari & la femme ſont empriſonnés , & que l'un des deux offre de reſter en Priſon juſqu'à ce que les créanciers ſoient ſatisfaits , on donne indiſtinctement la liberté au mari ou à la femme de ſortir , à moins que tous deux ne ſoient arrêtés par des créanciers différens , par la raiſon que tous deux feroient un commerce particulier ; mais autrement on ne retiendroit pas celui qui , par ſon travail , peut parvenir à retirer l'autre de captivité.

Il nous reſte à parler d'une troiſième eſpèce de priſonniers qui ne ſont renfermés , ni en vertu de décrets , ni pour dettes , & qui devroient, comme nous l'avons dit plus haut , être retenus dans une Priſon particulière. Ce ſont les *tapageurs* , les joueurs ſuſpects , & tous ceux que la police fait arrêter de nuit ou envoye de jour en Priſon.

Dans une ville immenſe comme la capitale, remplie de gens de toute eſpèce , de toute na-

tion, dont les uns n'existent que par la ruse &
la fraude, qui se livrent à toutes sortes d'excès,
d'injustices, d'emportemens, de tyrannies ; qui
abusent de leurs facultés, de leurs armes, il est
nécessaire qu'il y ait une force dominante, un
pouvoir rapide, qui les contienne & les punisse.
On a répandu à cet effet, dans les différens quartiers de la ville, des juges subalternes, mais qui
sont revêtus d'une autorité suffisante pour en impo-
ser au peuple, & pour réprimer les perturbateurs ; ce sont les commissaires. La garde de
Paris, qui parcourt la ville la nuit & le jour, leur
amène tous ceux qui ont troublé l'ordre public,
ou commis quelques injustices.

· Un arrêt de réglement du 17 août 1750 prononce, « que les ordonnances & arrêts de régle-
» ment de la cour pour la police de la ville &
» fauxbourgs de Paris, seront exécutés selon leur
» forme & teneur ; ce faisant que les officiers
» & archers, tant du guet que de robe-courte &
» autres chargés de capture pour contravention à
» la police pendant le jour, seront tenus, lors-
» qu'ils arrêteront des *contrevenans, de les conduire*
» *sur le champ dans la maison du commissaire*
» dans le quartier duquel lesdites captures auront
» été faites, & de remettre entre ses mains les
» pièces servant à conviction, dont ils seront saisis,
» à l'effet par lui d'interroger lesdits contrevenans,
» d'entendre les témoins, si aucun y a, & de
» faire toutes les procédures nécessaires pour assu-
» rer la preuve de la contravention, pour en-
» suite ordonner par le commissaire, s'il y échet
» & s'il le juge à propos, *l'élargissement de celui*
» *ou de ceux qui auront été arrêtés*, ou faire
» conduire lesdits contrevenans dans les Prisons,

» ou en donner avis fur le champ au lieutenant
» général de police , ou au lieutenant criminel
» du châtelet , fuivant l'exigence des cas , pour
» être par eux ordonné ce qu'il appartiendra;
» dont & de tout fera dreffé procès-verbal, en-
» femble les pièces fervant à conviction, qui le
» auront été remifes , dépofées au greffe dans le
» vingt-quatre heures «.

Cet arrêt a donné une jufte interprétation à
la difpofition d'un autre précédent, en date du
7 feptembre. 1725 , qui ordonnoit que *quand*
les officiers ou archers du guet arrêteroient ceux
qui commettent du défordre la nuit , ils les condui-
roient dans des Prifons du grand châtelet , fans
les pouvoir conduire en aucunes maifons parti-
culières , fi ce n'eft chez les commiffaires au châ-
telet. Il feroit d'une conféquence dangereufe de
livrer la liberté d'un citoyen domicilié, au caprice ou à l'humeur d'un archer du guet : il
eft très-effentiel que le *guet* ne puiffe, de fa
feule autorité , conduire en Prifon aucun particulier , fous prétexte de défordre, & fans auparavant l'avoir mené chez un commiffaire qui
entend l'accufateur & l'accufé.

Dans le cas même où celui-ci feroit mécon-
tent de l'ordonnance du commiffaire, & la trouveroit injufte , il eft le maître de demander un
référé, foit devant le lieutenant de police, s'il
eft arrêté pour fait de police, foit devant le
lieutenant criminel, fi c'eft pour un délit qui
concerne ce magiftrat.

Quoique nous ayons dit que la Prifon ne
doive pas être confidérée comme une peine, il eft
pourtant vrai quelle s'inflige par forme de correction à ceux qui font arrêtés d'ordre du roi , ou

de la police, & qui, après avoir subi une captivité plus ou moins longue en proportion de leur délit, sont rendus à la liberté.

Il y a des cas, très-rares à la vérité, où un accusé est condamné à la Prison perpétuelle; mais ce n'est qu'en commutation d'une peine plus forte, telle que celle des galères, ou de la peine de mort, & elle est prononcée par *lettres du prince.* Les tribunaux ordinaires, qui n'ont pas le droit de l'infliger, insèrent quelquefois dans leurs arrêts, que le roi sera supplié d'ordonner que l'accusé sera renfermé à perpétuité dans un château fort. Cela est arrivé à l'égard du sieur de la *Maugerie*, qui depuis a été élargi & admis à se pourvoir au conseil, où son affaire a été vue sous un jour bien différent, puisqu'il a obtenu le succès le plus complet contre son adversaire. La Prison perpétuelle ordonnée dans pareille circonstance, emporte la mort civile & la confiscation des biens.

Elle ne produit pas cet effet lorsqu'elle est prononcée contre un gentilhomme, ou contre un militaire par le tribunal des maréchaux de France.

Nous pourrions sans doute donner à cet article beaucoup plus d'étendue, si nous voulions nous arrêter sur tout ce qui concerne les prisonniers, les greffiers, & sur-tout les geoliers, auxquels on ne peut trop recommander de ne pas aggraver, par une brutalité qui n'est que trop ordinaire, les contradictions du prisonnier. Si l'accusé est coupable d'un grand crime, son jugement le punira assez; s'il ne l'est pas, c'est une raison de plus pour diminuer, autant qu'il est possible, les funestes inconvéniens des erreurs de la justice.

Que les geoliers ne se contentent donc pas de visiter une fois le jour le malheureux qui est au secret, ainsi que l'ordonnance le leur prescrit.

Il faut qu'ils observent attentivement s'il n'est pas livré à une douleur meurtrière, s'il n'est pas incommodé par la présence des animaux qui viennent lui disputer sa pâture; si sa santé n'est pas altérée par le mauvais air : ils doivent apporter remède, autant qu'ils le peuvent, à tous ses maux, en donner avis au juge, aux médecins, pour qu'il soit transféré à l'infirmerie avant que sa maladie n'empire.

Le geolier doit veiller sur les guichetiers qu'il employe à son service, leur donner des gages suffisans pour qu'ils ne soient pas dans la nécessité de vivre aux dépens des prisonniers; qu'il se garde d'abuser de l'empire qu'il peut avoir sur une femme captive, pour satisfaire sa passion; car il s'exposeroit, par son audace, à la peine de mort. il doit savoir lire & écrire, afin de pouvoir lire les jugemens; transcrire les écrous, donner des décharges, & porter au procureur du roi, ou au procureur général, dans les vingt-quatre heures au plus tard, des notes des prisonniers qui lui sont amenés pour crime, avec copie des écrous & recommandations.

Dans les Prisons seigneuriales, le geolier fait les fonctions de greffier, parce qu'il ne peut y avoir de greffier que dans les Prisons royales.

Un des devoirs que l'humanité prescrit aux geoliers, c'est de donner une entrée facile aux personnes charitables qui viennent apporter des fecours aux pauvres prifonniers ; d'empêcher que ces fecours ne tournent à leur détriment, en les laiffant s'enivrer de vin & d'eau-de-vie.

Enfin, il ne doit ufer de févérité envers les prifonniers, qu'à propos, & épuifer les avis, les menaces, avant d'employer la violence contre eux ; ne pas oublier qu'à moins qu'un danger preffant ne l'ait requis, il n'eft pas excufable de contrevenir à l'ordonnance, qui lui fait les plus expreffes défenfes *de battre les prifon-niers, de les mettre au cachot ou aux fers, de fa feule autorité, & fans auparavant en avoir reçu l'ordre par écrit du juge,* auquel il doit faire part des troubles & des délits qui exigent cet acte de févérité.

Il eft très - repréhenfible lorfqu'il n'a pas d'égard à la qualité du prifonnier, & lorfque l'intérêt le porte à traiter fans pitié, & aux horreurs *de la paille,* un accufé d'une condition honnête qui fe trouve dans une impoffibilité abfolue de s'acquitter envers lui.

Il mérite d'être févérement puni, s'il exige des droits d'emprifonnement, de tranflation, qui ne lui font pas dus, ou des avances de *gîte,* de nourriture, de geolage ; s'il a la baffeffe de s'appliquer les aumônes ; s'il ne met pas la plus grande attention dans la tenue de fes livres, en évitant toute abréviation ; enfin, s'il compromet, par fa négligence, l'honneur ou la liberté d'un citoyen.

Comme on ne peut pas attendre, de la part de ceux qui fe dévouent à l'état de geolier, une exactitude volontaire à remplir les devoirs que la loi leur impofe, les juges ne peuvent apporter trop d'attention à les furveiller. Combien il seroit à souhaiter que l'article 35 du titre 13 de l'ordonnance de 1670, & l'arrêt de réglement de la cour du mois de septembre 1717, qui veut que les procureurs du roi & ceux des seigneurs hauts-justiciers visitent les Prisons *une fois chaque semaine, pour y recevoir les plaintes des prisonniers*, fussent observés ! Le même arrêt de réglement exige des procureurs du roi, *qu'ils entendent les prisonniers sans que les greffiers, geoliers, ou guichetiers soient présens, pour savoir si les arrêts & réglemens de la cour, concernant les prisons, sont fidélement exécutes.* Comme il seroit peut-être dangereux pour un juge d'aller seul au milieu des prisonniers, les interroger tous ensemble sur les traitemens qu'ils éprouvent de la part de leurs gardiens, & sur la qualité des alimens qu'on leur fournit, il est de la prudence du juge, pour ne pas compromettre sa personne & la dignité de sa place, de faire venir dans une chambre particulière plusieurs prisonniers les uns après les autres, de comparer leur rapport, & de s'assurer du fondement de leurs plaintes. Il doit ensuite, accompagné des guichetiers, & même, s'il le veut, d'une escorte plus forte, visiter toutes les chambres, les infirmeries, observer les prisonniers, leur montrer de l'intérêt, prendre des informations sur les causes de leur détention, & protéger le malheur & l'indigence.

' Nous finirons cet article par une réflexion peut-être décourageante. Il y a peu d'objet de la législation criminelle, sur lequel il ait été fait de plus sages réglemens, & rendu des ordonnances plus louables, plus humaines que sur les Prisons; & cependant il n'y a pas de lieux plus affreux

où l'humanité foit plus dégradée, plus expofée
à la contagion du mauvais air & des maladies.

Nous efpérons que la retraite du miniftre, qui,
au milieu des foins & des embarras de fon adminiftration, s'eft occupé de remédier à de fi
grands abus, n'influera pas fur le fort des prifonniers, & n'empêchera pas l'exécution de la
déclaration du 30 août 1780, qui fait tant
d'honneur au règne de Louis XVI.

Des Prifons d'état.

Les Prifons d'état font celles où un fujet eft
renfermé par ordre du roi, figné par ordre d'un
fecrétaire d'état. La feule puiffance qui y retient le
captif, peut lui en ouvrir les portes. Comme des
raifons politiques font cenfées déterminer, abréger,
ou prolonger ces détentions, le fouverain ne
rend compte à perfonne des motifs qui les lui
ont fait ordonner.

Il s'en faut de beaucoup cependant qu'on
doive regarder tous les prifonniers d'état comme
des hommes fufpects, contre lefquels des intérêts politiques ont fait décerner des ordres qui
affurent de leur perfonne.

Le plus grand nombre y eft détenu pour des
fautes particulières, foit à la requête des parens,
foit par égard pour leur nom, & afin de les
préferver de la honte d'une Prifon de ville, &
des fuites d'un décret.

Voici les réflexions que ce fujet nous a fait
naître.

Dans un état où les fautes feroient perfonnelles, où la honte attachée à la punition
des crimes, n'obfcurciroit que la tête du cou-

pable ; où l'accusé, saisi par la main de la Justice
se trouveroit tout à coup isolé, & ne tenir qu'au
loix qu'il pourroit seules invoquer ; les Prisons pe
pétuelles ne devroient retenir que des furieux
que des insensés, & être absolument supprimé
à l'égard des criminels. En effet, pourquoi l'état
chargeroit-il de nourrir & de faire surveiller un suje
qui auroit porté atteinte à l'ordre social, & qui
condamné à demeurer oisif le reste de ses jour
ne pourroit, en aucune manière, le dédomma
ger des soins que l'on prendroit de lui, & d
la perte des hommes consacrés à le garder & à
servir ?

S'il est véritablement criminel, pourquoi n
pas tirer un exemple utile du châtiment qui l
seroit infligé, en le punissant d'une manière lé
gale, ou dans ses biens, ou corporellement
Pourquoi, lorsqu'il peut réparer le dommag
privé ou le dommage public, par sa force, p
son industrie, & par son courage, l'enchaîner da
l'inaction ?

Un homme captif dans un *donjon*, dans un
citadelle, ne répare rien ; il ne fait au contrai
que continuer le dommage, puisqu'il devie
tous les jours à charge à la société. Il perd te
lement ses facultés physiques & morales, qu
ce qui peut lui arriver de pire, s'il est san
fortune, est, qu'après un certain nombre d'anné
on lui ouvre les portes de sa Prison ; sans forc
sans industrie, il se trouve au milieu de la so
ciété, comme les oiseaux domestiques, qu
n'ont pas plus tôt recouvré leur liberté, que, mé
connus des oiseaux de leur espèce, ils périsse
de misère, en regrettant leur cage & la main qu
les nourrissoit.

Malheureusemen

· Malheureusement il exifte parmi nous un préjugé barbare, plus fort que la raifon, qui, confondant les innocens & les coupables, répand la honte & l'opprobre fur tous ceux qui tiennent par les liens du fang à un criminel que la loi a frappé de fon glaive; qui force de braves guerriers de quitter les étendards de la victoire, d'aller s'enfevelir dans la folitude, & d'y refter inutiles pour leur patrie; qui condamne à une funefte incapacité, à un fatal repos, des magiftrats intègres, éclairés, que la juftice voudroit en vain retenir dans fes tribunaux, pour y combattre la mauvaife foi. Tant que ce préjugé infenfé fubfiftera, les Prifons d'état qui ne déroberont au châtiment public que des criminels dont la deftruction ou l'infamie entraîneroit la perte de plufieurs fujets utiles, doivent être confolidées par une fage politique; &, loin de nous alarmer, loin qu'elles doivent jeter l'effroi dans nos ames, elles doivent au contraire raffurer les familles, dont elles protègent & confervent l'honneur.

Si nous voulons que les Prifons d'état, près defquelles nous ne paffons pas fans frémir, foient abbatues, hâtons - nous d'étouffer l'opinion abfurde qui en rend l'exiftence néceffaire; ne nous éloignons plus du citoyen, par la feule raifon que fon fils, que fon frère, ont expiré fous la main.du bourreau. Plaignons-le; mais ne le méprifons pas : s'il eft brave, honnête, qu'il lui foit permis de fervir fa patrie, foit dans les camps, foit dans les cités; qu'on ne lui refufe pas l'honneur. de prouver que le crime & la vertu peuvent croître dans une même famille & y produire leurs fruits fi différens.

Alors, il n'y aura plus de raifons pour épar-

le criminel & l'enfevelir dans une éternelle captivité ; il marchera fans obftacle à l'échafaud,
fi la loi le condamne à y offrir au peuple affemblé le fpectacle affreux de fa deftruction.

Oui, malgré l'ennui & l'effroyable privation
attachés à la captivité perpétuelle, on ne peut
pas fe diffimuler que ce ne foient l'humanité &
l'efprit de douceur, de modération, qui l'ayent
enfantée ; elle eft un des effets de la civilifation.
Comment des fauvages, des barbares retien-
droient-ils éternellement prifonniers leurs ennemis, ou ceux d'entre eux qui auroient violé les
loix que la nature leur a dictées ? Leur ôter
la vie, ou les bannir de la fociété, voilà la
vengeance qu'il leur eft feulement poffible d'en
tirer ; ce n'eft donc que pour éviter de répandre
le fang, ou pour ne pas réduire au défefpoir
un exilé, qu'on a imaginé, parmi les hommes
civilifés, de renfermer & de nourrir dans une
Prifon, des hommes dont on avoit à fe plaindre
ou que l'on redoutoit, pour les y laiffer attendre
languiffamment le terme de leur vie.

Des fentimens de bonté, des diftinctions
particulières, ont infenfiblement multiplié parmi
nous ces éternelles détentions ; ainfi, en blâmant
les abus qui en réfultent, on ne peut qu'en
louer le motif.

Si l'on excèpte quelques gentilhommes ou
militaires, que des jugemens émanés du tribunal des maréchaux de France, retiennent dans
les Prifons d'état ; la plupart de ces châteaux
ne font habités que par des fujets condamnés
miniftériellement. Différens délits provoquent
ces condamnations, ou plutôt ces ordres fupérieurs ; les uns font, comme nous venons de

le dire, prononcés fur le vœu d'une famille qui
a lieu de craindre que l'inconduite d'un feul de fes
membres n'amène la honte & l'opprobre fur tous;
d'autres font rendus du propre mouvement du
roi. Sous des règnes moins équitables que celui
fous lequel nous vivons, & à la juftice duquel
nous devons la plus douce des fécurités, plufieurs
de ces ordres ont été fignés d'après des délations
fecrètes ou de fimples foupçons faciles à diffiper, fi l'on eût attaché plus d'importance à la
liberté de celui fur qui ils s'étendoient.

Avant donc de fe récrier contre ces détentions en
général, il en faudroit approfondir les motifs particuliers. Par exemple, lorfqu'un fujet a bleffé, par des
écrits féditieux ou même par des paroles mena-
çantes, la majefté royale, pour arrêter, d'un côté,
les effets de fa licence audacieufe, ne pas laiffer
fon crime impuni, & de l'autre, pour fauver
cet homme téméraire des peines très - graves
prononcées contre lui par nos loix; le gouvernement croit devoir l'enlever à la fociété, & l'en-
fermer plus ou moins févérement dans une des
forterefles confacrées à la détention des criminels d'état. Certainement, fi le captif eft véritablement auteur de l'écrit qu'on lui attribue;
fi la publication de cet écrit pouvoit offenfer la
diginité du roi, affoiblir le refpeſt des fujets pour
leur fouverain, lui faire perdre, aux yeux des nations étrangères, une partie de l'éclat dont il brille,
ou du pouvoir qui leur en impofe; cet écrivain feroit
très-criminel; la main qui l'enchaîneroit ne feroit
point une main de vengeance, mais une main
tout à la fois équitable & bienfaifante, puifqu'elle fouftrait la perfonne du coupable aux
peines infamantes & corporelles que la loi pro-

nonce contre lui. Ainfi, quant au fond, ce captif
ni nul autre pour lui, ne peut murmurer contr
l'autorité qui le prive de fa liberté, à moins qu'i
ne préférât d'être puni fuivant la rigueur de l
loi. Mais, dira-t-on, fi par hafard il avoit ét
injuftement dénoncé, s'il n'étoit pas coupable
comment auroit-il pu fe défendre? Si nos loi
s'oppofent à ce qu'un accufé perde la vie lorf
qu'il n'exifte pas contre lui une preuve irréfif
tible de fon crime, n'eft-ce pas éluder ces loi
fages & humaines, que de ravir à un accufé,
fur de fimples préfomptions, le feul bien qu
puiffe donner quelque prix à la vie? Pour qu
la main qui le fauve de la mort, en le fixan
dans la captivité, foit réellement bienfaifante,
il faut donc qu'elle ne l'y retienne qu'après
que l'accufé aura eu les mêmes moyens de fe
juftifier, que s'il eût été livré au cours de la
juftice ordinaire. J'avoue que je n'ai point de
réponfe raifonnable à faire à cette objection, &
c'eft fans doute parce qu'elle avoit été preffentie
par un homme vertueux, qui a porté, dans une
place éminente, les principes de la magiftrature,
que nous avons vu, fous fon miniftère, les Prifons d'état forcées de rendre tant de captifs
qu'elles retenoient depuis nombre d'années dans
leur fein, & un tribunal s'élever pour apprécier
les dénonciations qui tendoient à priver un citoyen
des priviléges communs à tous les autres.

Comme notre objet n'eft point de prendre
ici la défenfe de ceux que le gouvernement a
cru devoir féparer de la fociété, & qu'il ne nous
appartient pas de fonder les raifons particulières
des ordres fecrets, devenus infiniment plus rares,
à mefure que nous avons eu des rois moins impé-

rieux & des miniftres plus juftes ; nous ne nous
arrêterons qu'à faire fentir combien ces longues
détentions font affreufes ; combien elles font nuifibles à ceux qui y languiffent, & combien, par
cette raifon, il eft jufte de faire précéder ces condamnations rigoureufes, d'un examen auffi atten-
tif que celui qui doit éclairer les jugemens que
la juftice ordinaire prononce. Eh ! qui peut refufer
fa pitié à un être que la nature avoit rendu libre,
auquel elle a donné le befoin de fe transporter
d'un lieu dans un autre, de promener fes regards
fur des objets divers ; à qui elle a accordé un doux
penchant à fe rapprocher de fes femblables, à
leur communiquer fes penfées, & qui feroit condamné à ne plus parcourir qu'un efpace rétréci ;
pour lequel le fol immenfe qu'il habitoit fe trouve
tout à coup réduit à quelques pieds ; dont le
cœur ne peut plus produire que de ftériles fentimens ; qui n'a plus que les mêmes objets à voir,
les mêmes voix à entendre ; les mêmes actions à répéter ; enfin, dont tous les jours font
enveloppés de la plus ennuyeufe uniformité !
Son imagination ne lui rappelle que des jouif-
fances perdues pour jamais, ne lui ramène que
des regrets accumulés & des privations éternelles ;
s'il veut marcher, un mur épais l'arrête dès
fes premiers pas ; heureux encore fi fa tête n'eft
pas courbée fous la voûte qui lui dérobe l'af-
pect du ciel ! Combien de fois ne lui arrive-t-il
pas de fe jeter avec rage, avec défefpoir fur fon
grabat, de s'y rouler furieux, de s'irriter de
plus en plus de fon impuiffance, & d'y demeurer épuifé de fes vains emportemens. Si
l'on pouvoit calculer ou réunir fur un même point
tous les inftans de fouffrances phyfiques & mo-

rales, qui agitent ce captif isolé, abandonné à lui-même, on verroit que la vie qu'on lui laisse est souvent convertie en douloureuse sensibilité, cruellement prolongée, & peut-être pire que le supplice dont on a cru lui faire grâce. Mais c'est sur-tout en raison du sentiment intérieur qu'il peut avoir de son innocence, ou de l'excessive rigueur du châtiment qu'il endure, que le regret de ses privations le déchire; car, s'il est vraiment criminel, s'il ne peut pas se dissimuler qu'il ait mérité l'infamie ou la mort, l'horreur du jugement auquel il a échappé peut alors transformer à ses yeux sa captivité en une sorte de jouissance. Chaque instant où il respire lui semble un don; peut-être, pour le pénétrer d'avantage de ce sentiment, seroit-il avantageux pour lui qu'il eût toujours sous les regards la preuve de son crime & la disposition terrible de la loi, afin qu'il pût faire une comparaison de son existence actuelle avec l'horreur du néant ou d'un opprobre public, qui auroit déshonoré tous les siens.

L'isolement total, la privation de toutes les jouissances naturelles, l'ennui, la gêne & l'éternelle contradiction dans laquelle les prisonniers d'état passent leur vie, rendent leur sort si malheureux, qu'il y auroit de la cruauté à ajouter quelque chose de plus à cette punition que l'on a cru devoir substituer à la peine légale qu'ils ont encourue. Le calme dans lequel ils paroissent languir, ne fait que donner aux remords plus de prise sur leur esprit. S'ils n'éprouvent pas d'autres tourmens que celui de la captivité, ils ne détestent que les actions qui les y ont plongés; mais si on aggrave leur supplice par de continuelles vexa-

tions, par des injustices tyranniques ; alors ils ne
haïssent plus que les autres hommes ; & , loin de
se reprocher le mal qu'ils ont fait à la société ,
ils regrettent au contraire de n'en avoir pas fait
davantage à leurs bourreaux dans le temps où ils
en avoient le pouvoir. Il règne en général beaucoup plus de modération & d'équité dans les
Prisons d'état qui sont sous l'empire d'un gouverneur
militaire , que dans celles qui sont sous l'ins-
pection des religieux. Peut être ces derniers ont-ils
besoin, pour se faire respecter des prisonniers, d'user
envers eux de plus de sévérité ; peut-être aussi ,
séparés par état des autres hommes , ne regar-
dent-ils plus ceux qu'on met sous leur garde,
comme leurs semblables , & se vengent-ils sur
eux du mépris qu'ils leur ont montré dans le
monde.

Il n'y a pas long-temps qu'une femme de qualité qui étoit venue me demander des conseils , me fit frémir, en me peignant la déplorable situation dans laquelle elle avoit trouvé son
mari. Ce malheureux, presque sexagénaire, détenu
depuis plusieurs années , d'après le vœu de sa
famille, dans une Prison d'état située sur les limites de la France , & dont l'administration est
confiée à des moines, parut devant elle si pâle,
si défait, si changé, qu'elle l'envisagea long-temps
sans le reconnoître. Le premier mouvement qu'il
fit en la voyant, fut d'ouvrir un vieux manteau
déchiré qui le couvroit à peine , pour lui prouver
qu'on ne lui donnoit point de linge. Surprise ,
indignée de le trouver sous les apparences d'une
misère aussi affreuse, elle lui demande pourquoi
sa famille, payant une pension assez forte pour

subvenir à tous fes befoins, il eft dénué des chofes les plus néceffaires?

Avant de répondre à cette queftion, il promène des regards inquiets autour de lui, & femble craindre que fa réponfe ne foit entendue. Nous fommes, lui dit-il d'une voix baffe, fous une tyrannie qui n'a point d'exemple; dépouillés, condamnés à vivre d'alimens groffiers, & que la faim feule peut nous faire dévorer, nous n'ofons pouffer le moindre murmure. Si, lorfque l'intendant de la province fait fa vifite, & nous interroge fur les fujets de plainte que nous pouvons avoir contre nos gardiens, un d'entre nous prend fur lui de dénoncer quelque injuftice, quelques vexations; à peine le protecteur que le roi nous donne eft-il éloigné, que le prifonnier, devenu fans appui, eft puni de fa témérité, non feulement par une captivité plus refferrée, mais encore par des traitemens fi cruels, qu'il court fouvent le rifque d'en perdre la vie. Et moi-même, ajouta-t-il, je l'ai éprouvé au point d'avoir été plus de quinze jours privé de l'ufage de mes membres.

Des abus auffi puniffables, fi oppofés à l'efprit du gouvernement, fi contraires à fon intention, ne peuvent être trop hautement dénoncés aux miniftres, & fur-tout aux intendans des provinces, chargés fpécialement de les prévenir: le repos forcé eft fi funefte à l'homme, qu'il y auroit de la cruauté à refufer aux prifonniers condamnés à fouffrir une longue détention, les moyens de fe procurer un exercice falutaire.

Qu'il leur foit permis fur-tout de diffiper leur mélancolie, autant qu'il eft poffible, par le tra-

vail auquel leur inclination les conduit. Si vous
voulez qu'ils meurent, ne soyez pas plus cruels
que les bourreaux, tranchez rapidement le fil de
leurs jours. Si au contraire votre humanité croit
devoir respecter leur vie, ne l'abrégez donc pas
en les fatiguant par d'inutiles & injustes contradictions qui amènent à leur suite des maladies
douloureuses.

Si l'on pouvoit douter que la longue & étroite
captivité ne fût pas elle seule un supplice presque insupportable, il suffiroit, pour s'en convaincre, de se rappeler tous les efforts qu'ont employés,
tous les dangers auxquels se sont exposés des
prisonniers d'état pour recouvrer la liberté, le
continuel objet de leurs désirs & de leurs
regrets.

Les uns, par une constance incroyable, sont
parvenus, sans outils, sans autres instrumens que
leurs mains, à briser, à détacher les barreaux
de fer, à séparer des pierres énormes, à soulever
des portes monstrueuses, à creuser de longs sou-
terrains.

D'autres se sont courageusement précipités du
haut d'une tour dans la mer qui baigne le pied
de leur Prison, au risque d'être brisés sur la
roche, ou engloutis dans les eaux. Plusieurs ont
eu l'imprudence de confier tout le poids de leurs
corps à de fragiles lanières qui ne pouvoient tout
au plus (en ne se brisant pas) les conduire qu'à
une certaine distance de quarante ou de cinquante
pieds de la terre, tant la mort leur paroissoit peu
effrayante en comparaison de la continuité de leur
tourment.

Il y a à Venise une Prison qui est un chef-
d'œuvre de barbarie ; celui qui en a donné la

construction, mérite d'être placé à côté de ce
monstres de cruauté dont l'antiquité nous a transmis les noms avec horreur. Au haut d'une tour
très-élevée, sont plusieurs espèces de cages de trois
pieds en carré, recouvertes de lames de plomb,
& exposées à toute l'ardeur du soleil, qui darde,
dans toute sa force, ses rayons sur leur voûte:
le malheureux dont le corps est ramassé dans
cette espace rétréci, y souffre des douleurs plus
affreuses que celles qui faisoient pousser des mugis
femens aux victimes renfermées dans le taureau
de Phalaris, puisqu'elles sont plus durables.

Quoiqu'on ne condamne à ce supplice horrible que les grands criminels, il faut avouer
qu'il n'est pas possible d'imaginer qu'ils aien
commis des crimes assez énormes, pour entrer
en balance avec un tourment aussi prolongé.

Les Prisons d'état, en France, étant destinées
à retenir seulement les sujets que le souverain
fait conduire en son nom, de son autorité expresse, tous ceux qui y sont renfermés ne doivent y éprouver d'autres peines que celles de la
captivité, parce que la main royale peut bien
contenir un sujet rebelle ou perturbateur, mais
il seroit contraire à sa dignité qu'elle le blessât
elle-même, & lui fît sentir autre chose que son
pouvoir & sa force.

N'arrêtons pas nos regards sur cette Prison
qui reçoit dans son sein & l'extrême misère &
la débauche honteuse (*). Nous rendons trop de
justice à l'équité du magistrat qui préside à la
police de la capitale, pour ne pas être persuadé

_____

(*) Bicêtre.

qu'il préfervera toujours un citoyen qui attacheroit quelque prix à l'eftime publique, du malheur d'être plongé dans ce gouffre de corruption & d'ignominie; une captivité auffi flétriffante feroit, pour l'homme honnête, la mort de l'ame. Obligé de renoncer à tout efpoir d'eftime, de confidération, exclus de toutes les charges, de tous les emplois, il ne verroit plus autour de lui que honte, qu'aviliffement : dédaigné des gens dont l'eftime lui feroit précieufe, méprifant les autres, la fociété deviendroit pour lui une folitude, & la vie un fupplice.

Malgré la gêne inféparable du fujet que nous traitons, effayons de réfumer les idées qu'il nous a fait naître. Les Prifons d'état doivent, fous un Prince dur, alarmer les fujets, parce qu'elles préfentent l'image d'un pouvoir trop impérieux & fupérieur aux loix. Sous un prince doux, bienfaifant, tel enfin que nous avons lieu d'efpérer que fera toujours le nôtre, elles font un adouciffement à la rigueur de la loi, confervent l'honneur des familles innocentes, étouffent des crimes honteux, fourniffent aux pères un moyen falutaire de prévenir des défordres d'une conféquence très-funefte, & qu'ils ne pourroient arrêter, fi la puiffance royale ne venoit au fecours de la leur.

Plus, fous ce point de vue, les Prifons d'état font utiles, plus il eft néceffaire de les environner de la lumière de la juftice, d'extirper les abus qui multiplient & prolongent les détentions nuifibles à l'exiftence des prifonniers, & onéreufes au gouvernement. Tel enfant diffipateur, tel citoyen perturbateur, tel fujet téméraire, ont mérité d'être féparés de la fociété, pour être livrés à la réflexion de la folitude, qui, au bout de fix mois d'emprisonnement, peuvent, sans danger pour l'état, & utilement pour eux recouvrer leur liberté. Il seroit donc à souhaiter qu'il existât un commissaire général des Prisons d'état, qui remplît, à l'égard de ceux qui y sont renfermés, les mêmes fonctions que celles dont sont chargés les gens du roi envers les autres citoyens, c'est-à-dire, qui fût leur appui, leur organe auprès de l'autorité souveraine ; qui fût le dépositaire de leurs plaintes, de leurs demandes, même de leur justification ; qui balançât les causes de leurs détentions avec les motifs de leur élargissement, fît valoir les uns & les autres, & ne craignît pas de se rendre quelquefois importun, pour sauver des citoyens du malheur d'être totalement oubliés de l'autorité qui a cru devoir s'en assurer.

Prisons des officialités.

Ces Prisons, qui dépendent des tribunaux ecclésiastiques, ne doivent recevoir que ceux qui doivent être jugés par l'official ou par le bailli de l'évêché.

Il a été rendu au bailliage d'Orléans, le 11 juillet 1653, une sentence qui fait défenses au nommé Bataille, concierge de l'officialité d'Orléans, de recevoir d'autres prisonniers que ceux de l'official ou du bailli de l'évêché.

Un arrêt du conseil avoit, depuis, fait exception en faveur des collecteurs des tailles, mais ils ont été ensuite compris dans la règle générale.

Prisons militaires.

Lorsque nous avons dit que la Prison n'étoit pas une peine, mais seulement un lieu de sû-

reté dans lequel la loi fixe celui qu'elle foup-
çonne d'être l'auteur d'un délit, nous n'avons
entendu parler ni des Prifons d'état, ni des Prifons militaires.

Les hommes enrôlés au fervice de l'état font
foumis à des ordonnances, à des châtimens dif-
tincts de ceux des autres citoyens. Une des
peines particulières à la claffe militaire, c'eft la
Prifon ; elle eft également infligée au foldat &
à l'officier par fon fupérieur, & il n'y a que celui
qui a pu l'y condamner qui puiffe la limiter.

Un juge civil n'a pas le droit de faire élargir
un foldat emprifonné par l'ordre d'un officier
militaire ; mais fi le foldat commettoit un délit
dans la Prifon, qui eût donné-lieu à une plainte,
le lieutenant criminel feroit autorifé à l'y retenir
pour faire l'inftruction de fon procès, & à le
juger fuivant la rigueur des ordonnances.

Nous nous garderons bien de donner notre
opinion dans une matière qui eft fi étrangère à
notre profeffion ; mais qu'il nous foit permis de
rappeler ce qui a été dit par des officiers fupérieurs, & exprimé dans une ordonnance militaire
qui n'a pas eu fon exécution, parce qu'elle étoit
trop oppofée au fentiment de la nation françoife.
La Prifon eft en général très-funefte au foldat ;
elle le plonge dans une inaction nuifible, elle
l'énerve, elle l'abrutit, elle rejette le poids de
fon fervice fur les bons fujets. Il eft donc à
défirer qu'on fubftitue à la Prifon militaire une
autre peine, qui, loin d'attaquer les qualités principales du foldat, leur donne au contraire un
nouveau développement ; c'eft aux feuls gens du
métier qu'il appartient de l'indiquer.

(*Cet article eft de M. DE LA CROIX, avocat
au parlement.*)

PRISONNIER. Celui qui est arrêté pour être mis en Prison, ou qui y est détenu. Voyez les articles PRISON, CONTRAINTE PAR CORPS, & GARDES DU COMMERCE.

Malgré les mesures employées pour la garde des Prisonniers de la maison de Bicêtre, il s'en évadoit souvent, qui, abusant de leur liberté, se livroient à des excès & à des crimes, au préjudice du bon ordre & de la tranquillité publique; pour prévenir à l'avenir ces désordres, faire reconnoître ces Prisonniers & en faciliter la capture en cas d'évasion, le roi a rendu, le 17 avril 1778, une ordonnance qui contient les dispositions suivantes :

» ARTICLE 1. Tous les Prisonniers renfermés
» à Bicêtre, soit dans les cabanons, soit dans les
» salles communes, seront habillés à neuf. La
» moitié de chaque vêtement sera noir, & l'autre
» gris d'hôpital : les habillemens seront compo-
» sés d'un bonnet de bure, une soubreveste,
» un gilet, un pantalon sans poches, des chauf-
» sons de bure dans leurs sabots, & lesdits vê-
» temens seront doublés de même couleur.

» 2. Lesdits Prisonniers auront les cheveux
» coupés dès leur entrée à Bicêtre; &, pendant la
» durée de leur détention, leurs cheveux seront
» coupés, tous les deux mois.

» 3. Sa majesté enjoint à l'économe & autres
» officiers de l'hôpital de Bicêtre, de veiller à ce
» qu'il ne soit fourni à aucun desdits Prisonniers
» d'autres vêtemens que ceux prescrits par la
» présente ordonnance, & fait défenses à tous
» employés, gardes, serviteurs, domestiques, &
» généralement tous autres, de leur en procurer,
» à peine de punition exemplaire.

» 4. Défend fa majesté à toutes personnes,
» de quelque état & condition qu'elles foient,
» notammeut à tous cabaretiers, logeurs & au-
» bergiftes, tant des villes que des campagnes,
» de donner retraite à tous ceux qui fe préfen-
» teront vêtus de l'habillement de l'hôpital de
» Bicêtre : leur enjoint d'en donner avis, favoir,
» dans les villes, aux officiers de police, &
» dans les campagnes, aux officiers & cavaliers
» de maréchauffée, le tout à peine, contre les
» contrevenans, de telle amende qu'il appar-
» tiendra «.

On appelle *Prifonnier de guerre*, celui qui a
été pris en guerre, & qui ne peut recouvrer fa
liberté que du confentement de fon ennemi.

C'étoit un ufage affez univerfellement établi
autrefois, que tous ceux qui étoient pris dans
une guerre folennelle, foit qu'ils fe fuffent rendus eux-mêmes, ou qu'ils euffent été enlevés de
vive force, devenoient efclaves dès l'inftant qu'ils
étoient conduits dans quelque lieu de la dépendance du vainqueur, ou dont il étoit le maître.
Cet ufage s'étendoit même à tous ceux qui fe
trouvoient pris malheureufement fur les terres
de l'ennemi, dans le temps que la guerre s'étoit
allumée. De plus, non feulement ceux qui étoient
faits Prifonniers de guerre, mais encore leurs defcendans qui naiffoient dans cet efclavage, étoient
réduits à la même condition.

Il y a quelque apparence que la raifon pour
laquelle les nations avoient établi cette pratiqué
de faire des efclaves dans la guerre, étoit principalement de porter les troupes à s'abftenir du
carnage, par le profit qu'on retiroit de la poffeffion des efclaves ; auffi les hiftoriens remarquent

que les guerres civiles étoient beaucoup plu
cruelles que les autres, en ce que le plus fou
vent on tuoit les Prisonniers, parce qu'on n'e
pouvoit pas faire des esclaves.

Les chrétiens entre eux ont aboli l'usage d
rendre esclaves les Prisonniers de guerre ; on s
contente, de les garder jusqu'à la paix, ou jus
qu'à ce qu'on ait payé leur rançon, dont l'esti
mation dépend du vainqueur, à moins qu'il n'
ait quelque cartel qui la fixe.

L'article 507 de l'ordonnance du roi du 1
février 1753, porte, que sa majesté payera la ran
çon des officiers & soldats qui seront faits Pri
sonniers dans les actions de guerre ; mais qu'
l'égard de ceux qui auront été pris dans tout
autre circonstance, les officiers payeront leur ran
çon, & celle des soldats sera payée par leu
capitaine.

L'article 508 veut que dans les vingt-quatr
heures de la prise d'un soldat ou de la rentré
du détachement dans lequel il a été pris, l
capitaine en remette une note au major du régi
ment, & que celui-ci en fasse part aussi-tôt a
major général.

Enfin il est ordonné, par l'article 509, a
major général de tenir un état, par régiment &
par compagnie, des officiers & des soldats qu
ont été faits Prisonniers de guerre ; & d'y mar
quer les occasions où ils ont été pris, afin d'y
avoir recours lorsqu'il s'agit de constater par qu
leur rançon doit être payée.

Une ordonnance du roi du 4 novembre 1760
a réglé ce qui devoit être observé relativemen
aux Prisonniers de guerre faits à la mer. Elle port
ce qui suit :

» ARTICL

» ARTICLE. 1. Tout capitaine commandant un
» navire armé avec commiſſion en guerre, qui
» aura fait des Priſonniers à la mer, ſera tenu
» de les garder à ſon bord juſqu'au lieu de ſa
» première relâche dans un port du royaume,
» ſous peine de payer, pour chaque Priſonnier
» qu'il aura relâché, cent livres d'amende, qui
» ſera retenue ſur ſa part aux priſes, ou ſur ſes
» gages.

» 2. Lorſque le nombre des Priſonniers de
» guerre excédera celui du tiers de l'équipage,
» permet cependant ſa majeſté au capitaine pre-
» neur d'embarquer le ſurplus de ce tiers; & dans
» le cas où il manqueroit de vivres, un plus
» grand nombre ſur les navires des puiſſances
» neutres qu'il rencontrera à la mer, en prenant
» au pied d'une liſte des Priſonniers ainſi débar-
» qués, une ſoumiſſion ſignée du capitaine du
» bâtiment pris & des autres principaux Priſon-
» niers, portant qu'ils s'engagent à faire échanger
» & renvoyer un pareil nombre de Priſonniers
» françois de même grade; laquelle liſte origi-
» nale ſera remiſe à la première relâche dans les
» ports du royaume, à l'intendant ou au com-
» miſſaire de la marine, & dans les ports étran-
» gers, au conſul de la nation françoiſe, pour être
» envoyée au ſécrétaire d'état ayant le département
» de la marine.

» 3. Permet auſſi ſa majeſté auxdits capitaines
» qui relâcheront dans les ports des puiſſances
» neutres, d'y débarquer les Priſonniers de guerre
» qu'ils auront faits, pourvu qu'ils en aient
» juſtifié la néceſſité aux conſuls ou autres char-
» gés des affaires de France, dont ils ſeront obli-
» gés de rapporter une permiſſion par écrit; leſ-

» quels remettront lesdits Prisonniers aux consuls
» de la nation ennemie, & en retireront un reçu
» avec obligation de faire tenir compte de l'échange
» desdits Prisonniers, par un pareil nombre de
» Prisonniers françois de même grade.

» 4. Dans l'un & l'autre cas, les capitaines
» preneurs seront obligés, sans pouvoir s'en dis-
» penser, sous quelque prétexte que ce puisse
» être, de garder à leur bord le capitaine avec
» un des principaux officiers de l'équipage du
» bâtiment pris, pour les ramener dans les ports
» de France, où ils seront détenus aux frais du roi
» pour servir d'otages, jusqu'à ce que l'échange
» promis ait été effectué «.

Par convention signée à Versailles le 12 mars
1780, & à Londres le 28 du même mois, il
a été arrêté entre la France & la Grande-Bretagne
un cartel pour l'échange général de tous les
Prisonniers pris en mer & amenés en Europe (*)

_____

(*) Ce cartel ayant été dicté par la sagesse & l'humanité, nous croyons devoir le transcrire ici comme un modèle
à suivre pour adoucir les maux que la guerre entraîne
après elle.

L'intention de nos souverains respectifs étant de rendre
mutuels les avantages d'un échange général de tous les
Prisonniers pris en mer, entre la France & la Grande-
Bretagne, depuis le commencement des hostilités ; nous,
soussignés, nous sommes fait un devoir de conduire cette
négociation avec toute la candeur & l'intégrité qu'on doit
attendre dans une matière qui intéresse aussi essentiellement
l'humanité, la justice & la vraie politique ; on a développé
tous les efforts possibles, en formant ce cartel, pour y établir la plus parfaite égalité & la réciprocité la plus complette, ainsi que pour éviter ou concilier de bonne foi
les difficultés que le défaut d'une correspondance exacte

On a réglé en même temps ce qui doit être ob-

---

entre les rangs établis dans le fervice militaire des deux nations, ou tout autre motif pourroit occafionner.

Autorifés par nos cours refpectives, de la part de fa majefté très-chrétienne, Louis-Grégoire le Hoc, écuyer, avocat en parlement, & l'un des chefs des bureaux de la marine de fadite majefté : & de la part de fa majefté britannique, les commiffaires chargés du foin des matelots malades & bleffés, & de l'échange des Prifonniers de guerre, à prendre les mefures convenables pour mettre en exécution la remife réciproque des Prifonniers, nous fommes convenus des articles fuivans :

ARTICLE I. Tous les Prifonniers qui ont été pris en mer depuis le commencement des préfentes hoftilités, & qui fe trouvent dans les domaines de l'une ou de l'autre puiffance en Europe, ainfi que tous les Prifonniers qui feront pris dans la fuite, & conduits dans les ports defdites puiffances en Europe, feront échangés homme pour homme, felon leurs rangs ou qualités, ou pour un certain nombre de fimples matelots, comme un équivalent, ou pour certaines fommes en forme de rançons, ainfi qu'il eft ci-après fpécifié.

2. Tous les officiers des vaiffeaux du roi, feront échangés felon la table qui fuit :

FRANÇOIS.	ANGLOIS.
Vice - amiral.	Amiral commandant en chef.
Lieutenant général.	Amiral portant un pavillon au grand mât de hune. — Vice-amiral.
Chef d'efcadre.	Rear-admiral.
Capitaines de vaiffeaux commandans des divifions, ou qui ont le rang de brigadier des armées.	Commodores.
Capitaines de vaiffeaux du rang de colonel.	Poft-capitaines depuis trois ans, dont le rang répond à celui de colonels.

ſervé relativement aux paſſagers , aux femmes

FRANÇOIS.	ANGLOIS.
Lieutenans de vaiſſeaux commandans des frégates depuis 50 juſqu'à 20 canons, & qui ont rang de lieutenans-colonels.	Tous autres *poſt-capitaine* qui ont le rang de lieutenant colonel.
Lieutenans de vaiſſeaux du rang de majors.	*Maſters and commanders*, capitaines *not-poſt* du rang de majors , parmi leſquels ſont compris les capitaines de brûlots , qui ſont *maſters and commanders*.
Tous autres lieutenans de vaiſſeaux ſans diſtinction.	Lieutenans ſans diſtinction.
Capitaines de brûlots du rang de capitaines d'infanterie, enſeignes de vaiſſeaux du rang de lieutenans d'infanterie , lieutenans de frégates ou capitaines de flûte en pied, ou pour la campagne , & du rang de lieutenant d'infanterie.	Lieutenans , lorſque les lieutenans de vaiſſeaux françois ſeront échangés , & au défaut de lieutenans anglois, des *midshipmen*.
Gardes de pavillon ou de la marine.	*Midshipmen.*

OFFICIERS MARINIERS.

Maîtres , Boſſemans , Canonniers , Charpentiers.	Contre ceux de la même dénomination , ou d'un rang égal.

aux enfans , aux domestiques, &c. pris sur les divers bâtimens de mer.

FRANÇOIS.	ANGLOIS.

OFFICIERS SUBALTERNES.

Seconds maîtres d'équipages, \
Maîtres voiliers, \
Armuriers, \
Capitaines d'armes, \
Maîtres d'école, \
Volontaires.

Contre ceux de la même dénomination, ou en même degré.

Tous les autres officiers subalternes, matelots & autres de différentes dénominations, seront échangés, sans distinction, homme pour homme ; & au défaut de ceux de cette classe de la marine royale, de part ou d'autre, ceux de la même classe de la marine marchande, ou des corsaires, seront regardés comme un équivalent en échange.

3. Le nombre de simples matelots à donner comme un équivalent pour les officiers, contre lesquels il n'y auroit point d'officiers de même rang à délivrer en échange de part ou d'autre, sera fixé à

Hommes.

François. Vice-amiral . . . . } 60.
Anglois. Amiral commandant en chef . . . . }

F. Lieutenant général . . . .
A. Amiral portant un pavillon au grand mât de } 40.
   hune, & vice-amiral. . . . . . . }

F. Chef d'escadre . . . .
A. *Rear-admiral* . . . . } 30.

F. Capitaines de vaisseaux commandans des \
   divisions, ou qui ont le rang de brigadier } 20.
   des armées . . . . \
A. Commodores . . . .

F. Capitaines de vaisseaux du rang de colonels . \
A. *Post-capitaines* depuis trois ans, qui ont } 15.
   rang de colonels . . . .

X iij

PRIVILÉGE. Ce mot se dit de toutes sortes de droits, de prérogatives, d'avantages attachés

	Hommes.
F. Lieutenans de vaisseaux commandans des frégates depuis 50 jusqu'à 20 canons, & qui ont rang de lieutenans-colonels . . / *A.* Tous les autres *post-capitaines*, qui ont rang de lieutenans-colonels	10.
F. Lieutenans de vaisseaux commandans des frégates de 20 canons & au dessous, & qui ont rang de majors . . . . . . / *A.* *Masters and commanders* ou capitaines *not-post* du rang de majors, parmi lesquels sont compris les capitaines de brûlots, qui sont *masters and commanders*	8.
F. Tous lieutenans de vaisseaux sans distinction . . . . / *A.* Tous lieutenans sans distinction	6.
F. Capitaines de brûlots du rang de capitaines d'infanterie, enseignes de vaisseaux, lieutenans de frégates, ou capitaines de flûte en pied ou pour la campagne . . . . / *A.* Lieutenans, quand tous les lieutenans de vaisseaux françois seront échangés, & au défaut de lieutenans anglois, des *midshipmen*	4.
F. Garde de pavillon ou de la marine. . . . / *A.* *Midshipmen*	3.
F. Officiers de pilotage ou mariniers . . . / *A.* *Warrant officers*	2.
F. Officiers subalternes . . . . / *A.* *Petty officers*	2.

4. Les sommes à payer en forme de rançons, pour les officiers quelconques, contre lesquels il n'y auroit point, de pair ou d'autre, d'officiers correspondans ou de matelots à

aux charges , aux emplois , aux conditions , aux états , &c.

---

donner en échange , ainsi qu'il a été stipulé dans les articles précédens , seront fixées à

	Liv. sterling.
François. Vice - amiral *Anglois*. Amiral commandant en chef	60.
F. Lieutenant général A. Amiral portant pavillon au grand mât de hune , & vice-amiral	40.
F. Chef d'escadre A. *Rear - admiral*	30.
F. Capitaines de vaisseaux commandans des divisions , & qui ont rang de briga-diers des armées A. Commodores	20.
F. Capitaines de vaisseaux du rang de co-lonels A. *Post - capitaines* depuis trois ans , du rang de colonels	15.
F. Lieutenans de vaisseaux commandans des frégates depuis 50 jusqu'à 20 ca-nons , & qui ont rang de lieutenans-colonels A. Tous les autres *post - capitaines* , ayant le rang de lieutenans - colonels	10.
F. Lieutenans de vaisseaux commandans des frégates de 20 canons & au dessous, & du rang de majors A. *Masters and commanders* ou capitaines *not-post* , du rang de majors , parmi lesquels sont compris les capitaines de brûlots, qui sont *masters and com-manders*	8.
F. Les autres lieutenans de vaisseaux sans distinction A. Lieutenans de vaisseaux sans distinction	6.

X iv

On diftingue les Priviléges en Priviléges écri
& non écrits, réels & perfonnels, odieux &

	Liv. sterlin
F. Capitaines de brûlots, du rang de capitaines d'infanterie, enfeignes de vaifleaux, lieutenans de frégates, ou capitaines de flûte en pied ou pour la campagne.	
A. Lieutenans, lorfque tous les lieutenans de vaifleaux françois feront échangés, & au défaut de lieutenans anglois, des *midshipmen*	4.
F. Gardes de pavillon ou de la marine .	
A. Midshipmen .	3.
F. Officiers de pilotage ou mariniers .	
A. Warrant officers .	2.
F. Officiers fubalternes .	
A. Petty officers .	2.
F. Matelots & autres confidérés comme fimples matelots .	
A. Matelots & autres confidérés comme fimples matelots .	1.

5. Tous les officiers de vaifleaux de roi, frégates, floop
& autres bâtimens, actuellement Prifonniers fur leur parole, feront immédiatement échangés felon les convention
du préfent cartel. Tous les officiers de vaifleaux de roi
frégates, floops & autres bâtimens, jufqu'aux grades d
lieutenans & d'enfeignes inclufivement (mais aucun d'une
qualité inférieure), auront à l'avenir la permiffion d
donner leur parole d'honneur de ne point fervir jufqu'
ce qu'ils aient été échangés, & de retourner dans leur
pays par la voie la plus convenable, tous lefdits officier
au fervice du roi, devant être les premiers échangés ; tou
les officiers d'un rang inférieur à ceux de lieutenant & d'en
feigne, qui auront été délivrés par préférence, feront porté
dans le compte général des échanges, & regardés comm
libres de rentrer au fervice.

6. Il a été agréé entre les deux cours, que tous le

favorables, gracieux & rémunératoires, purs &
conventionnels, momentanés & perpétuels,

---

chirurgiens & garçons chirurgiens des vaiſſeaux & bâtimens de roi ; & même tous les chirurgiens & garçons
chirurgiens des vaiſſeaux marchands, corſaires & autres
bâtimens, ſeroient mis en liberté, ſans être regardés
comme Priſonniers : les Chirurgiens des troupes de la
marine royale, des troupes de terre, ſervant comme
troupes de marine, ou des forces de terre ne ſervant
point à bord des vaiſſeaux, pris en mer ſur des vaiſſeaux
de roi ou autres bâtimens, ſeront à l'avenir, ainſi que
leurs garçons chirurgiens, compris dans la même convention, & mis immédiatement en liberté. Il eſt pareillement
agréé que la même convention ſera obſervée à l'égard
des ſecrétaires de tous les amiraux; commis de tous les
capitaines, & chapelains ou miniſtres deſdits vaiſſeaux
& bâtimens : & comme il n'y a point dans la marine
françoiſe, de qualités qui correſpondent exactement à celle
des *Purſers* de la marine angloiſe, les premiers commis
des munitionnaires ſeront regardés comme équivalens en
échange.

7. Tous les officiers & autres Priſonniers pris ſur des
navires marchands, corſaires ou autres bâtimens n'étant
point vaiſſeaux de roi, ſeront échangés comme il ſuit :

S A V O I R :

FRANÇOIS.		ANGLOIS.
Capitaines.		Capitaines.
Seconds capitaines.		Lieutenans ou *mates*.
Lieutenans.	Sans distinction.	Capitaines ou lieutenans
Maîtres.		des troupes de marine.
Aides-maîtres.		Maîtres de priſes.
Pilotes.		Pilotes & *midshipmen*.
Enſeignes.		

Deux lieutenans ou *mates* ſeront alloués pour chaque
centaine d'hommes.

Tous les autres, de toute dénomination, appartenans
auxdits navires marchands, corſaires ou autres bâtimens,

affirmatifs & négatifs ; *motu proprio aut super* *inflantiam* ; ceux qui font exprimés dans le droit

---

n'étant point vaiffeaux de roi , feront échangés fans diftinction, hom me pour homme.

8. Le nombre de fimples matelots à donner en échange, comme un équivalent pour lefdits officiers & autres pris fur lefdits navires marchands, corfaires & autres bâtimens, n'étant point vaiffeaux de roi, contre lefquels l'une ou l'autre nation n'auroit point de Prifonniers d'une qualité correfpondante à échanger, fera fixé à .

	Hommes
François. Capitaines. . . . . }	4.
Anglois. Capitaines. . . . . . . }	
F. Seconds capitaines ou lieutenans.	
A. Lieutenans ou *mates.*	
F. Maîtres. . . . . , . .	
A. Capitaines & lieutenans des troupes de marine.	2.
F. Seconds maîtres.	
A. Maîtres de prifes.	
F. Pilotes & enfeignes.	
A. Pilotes & *midshipmen.*	

9. Les fommes à payer en forme de rançons pour les uns ou les autres des officiers defdits navires marchands, corfaires ou autres bâtimens n'étant point vaiffeaux de roi, pour lefquels il n'y auroit point, de part ou d'autre, d'officiers de même grade , ou de fimples matelots à donner en échange , ainfi qu'il a été ftipulé par les articles immédiatement précédens, feront fixées à

	Liv. fterling.
François. Capitaines.	
Anglois. Capitaines.	4.

& ceux qui n'y font point exprimés, ceux qui
regardent le for intérieur, & ceux qui regardent

	Liv. sterling.
F. Seconds capitaines & lieutenans. . .	
A. Lieutenans & *mates*.	
F. Maîtres.	
A. Capitaines & lieutenans des troupes de marine.	2.
F. Seconds maîtres.	
A. Maîtres de prifes.	
F. Pilotes & enfeignes.	
A. Pilotes & *midshipmen*. . . .	
F. & A. Matelots & autres confidérés comme fimples matelots	1.

10. L'échange des capitaines & autres defdits navires
marchands, corfaires & autres bâtimens, fera confommé
felon l'ancienneté de la date de leur prife, autant que les
circonftances le permettront.

11. Tous les paffagers n'étant point au fervice de terre
ou de mer, n'importe fur quel bâtiment ils auront été
pris, ne feront point regardés comme Prifonniers, mais
ils feront mis en liberté de retourner chez eux, fans être
portés dans le compte des échanges, auffi-tôt qu'ils auront
prouvé par des certificats authentiques qu'ils font réellement dans le cas de l'exception. Toutes les femmes, enfans, domeftiques, au deffous de douze ans, ne feront
ni regardés comme Prifonniers, ni portés fur le compte
des échanges; mais néanmoins il leur fera paffé, lorfqu'ils
en auront befoin, une fubfiftance en argent, de la valeur
de fix deniers fterling par jour à chacun, ou en vivres
pour lefdits domeftiques en prifon, jufqu'à ce qu'ils foient
mis en état de partir : lefdites femmes auront la liberté
de prendre un parent ou un ami pour les accompagner
dans leur pays ; & fi ce parent ou ami appartient au
fervice de terre ou de mer, il fera porté fur le compte des
échanges.

12. Les valets de chambre & laquais des officiers des
vaiffeaux de guerre, depuis le plus haut grade jufqu'à
celui de lieutenant & d'enfeigne, inclufivement, des offi-

le for extérieur, le bien commun ou le bien particulier.

ciers des troupes de la marine royale, & des officiers des forces de terre, pris en mer, jufqu'aux capitaines incluſivement; des capitaines de vaiſſeaux marchands & de corſaires, dont l'équipage ne ſera pas au deſſous de cinquante hommes, ſeront mis en liberté avec leurs maîtres; mais ils ſeront portés ſur le compte des échanges, & compté comme ſimples matelots. Les valets de chambre & laquais des paſſagers des deux ſexes ſeront mis en liberté avec leurs maîtres & maîtreſſes, ſans être portés ſur le compte des échanges.

13. Toutes perſonnes, n'importe de quelle dénomination de part ou d'autre, qui auront fait naufrage, ſur quelque vaiſſeau ou bâtiment que ce puiſſe être, à moins que ce ne ſoit en voulant prendre terre, ou en protegeant quelque déprédation ſur les côtes ou dans les îles de l'un ou l'autre des deux royaumes, ſeront immédiatement miſes en liberté, & on leur fournira les moyens de retourner dans leurs pays reſpectifs, ainſi que des vêtemens, ſi elles en ont beſoin, auſſi-tôt que la ſituation deſdites perſonnes ſera connue, & qu'on aura pu prendre les meſures convenables pour cet effet.

14. Tous les Priſonniers qui ont été ou ſeront échangés avant que le préſent cartel ait lieu, ſoit par préférence, ou par des échanges particuliers, ſeront portés ſur le compte général des échanges; & il ſera réciproquement fourni, de part & d'autre, des liſtes exactes de leurs noms, avec les pièces juſtificatives de leur échange.

15. Foi ſera ajoutée au compte des échanges de tous les Priſonniers délivrés aux conſuls reſpectifs des deux nations, conformément à l'accord actuellement ſubſiſtant entre les deux couronnes; les rangs & rançons ſeront réglés conformément à ce qui a été convenu à cet égard dans le préſent cartel; & les pièces juſtificatives originales ou copies authentiques d'icelles, ſeront mutuellement envoyées.

16. A l'égard des officiers de marine, officiers de troupes de terre, ſervant comme troupes de marine, officiers des forces de terre, pris en mer, ne ſervant poi

Le Privilége écrit eſt celui que l'on juſtifie
par un acte authentique que l'on produit ; celui

ſur les vaiſſeaux , ainſi que les ſimples ſoldats deſdites
troupes de marine & forces de terre ; afin d'éviter l'embarras qui réſulteroit de la diſcuſſion minutieuſe des différens grades comparés les uns aux autres , & des variations
qui peuvent ſe trouver entre les établiſſemens reſpectifs des
deux nations ; & afin que les échanges deſdits officiers &
des ſoldats des troupes & forces de terre puiſſent être
réglés avec la plus grande facilité, ils feront échangés de
la même manière qui a été arrêtée à l'égard des officiers
& matelots des deux marines, homme pour homme, ſelon
leurs rangs & qualités dans le ſervice auquel ils appartiennent actuellement , ou pour un certain nombre de
ſimples ſoldats , comme un équivalent , ou pour certaines
ſommes en forme de rançons , ainſi qu'il eſt ci-après
ſpécifié.

17. Tous les officiers brevetés , déſignés dans l'article
précédent , depuis les grades ſupérieurs , ſans aucune diſtinction de premier, ſecond lieutenant, &c. juſqu'aux en-
ſeignes incluſivement, feront échangés , homme pour
homme , contre des officiers de mêmes grades , & dénommés de même par leurs brevets ; tous les officiers non
brevetés , juſqu'aux caporaux incluſivement, homme pour
homme , ſelon leurs grades ou dénominations ; & tous les
autres officiers non brevetés & ſimples ſoldats , n'importe
de quelle dénomination , feront échangés ſans diſtinction ,
homme pour homme : & au défaut d'hommes de cette
dernière claſſe deſdits corps de part ou d'autre , les ſimples
matelots , ou ceux conſidérés comme tels , des vaiſſeaux
de roi , vaiſſeaux marchands , corſaires ou autres bâtimens ,
feront regardés & échangés comme égaux.

18. Le nombre d'hommes à donner comme un équivalent pour les ſuſdits officiers brevetés & non brevetés , pour
leſquels il n'y auroit point , de part ou d'autre , d'officiers
correſpondans à échanger , ſera fixé à

	Hommes.
François. Maréchal de France	
Anglois. Capitaine général ou *fieldmarshal*	60.

qui n'eſt pas écrit, a été accordé de vive voix
ou a été preſcrit par la coutume. Réguliéreme

		Homm
A.	Général.	40.
F.	Lieutenant général. }	30.
A.	Lieutenant général. }	
F.	Maréchal de camp. }	20.
A.	Major général. }	
F.	Brigadier des armées. }	15.
A.	Brigadier général. }	
F. } A.	Colonels. }	12.
F. } A.	Lieutenans - colonels. }	10.
F. } A.	Majors. }	8.
F. } A.	Capitaines. }	6.
F. } A.	Lieutenans ſans diſtinction. }	4.
F. } A.	Enſeignes ſans diſtinction. }	3.
F. } A.	Officiers non brevetés, juſqu'aux caporaux } incluſivement. }	2.

19. Les ſommes à payer en forme de rançons pour l
officiers & autres, contre leſquels il n'y auroit point, d
part ou d'autre, d'officiers ou de ſimples ſoldats à échanger
comme il a été ſtipulé dans les articles précédens, ſero
fixées à

		Liv. ſterling
François.	Maréchal de France. }	60.
Anglois.	Capitaine général ou *fieldmarshal*. }	
A.	Général.	40.
F.	Lieutenant général. }	30.
A.	Lieutenant général. }	

le Privilége non écrit ne peut fervir qu'au for
intérieur de la confcience , fi l'on ne prouve au

		Liv. fterling.
F. Maréchal de camp.	}	20.
A. Major général.		
F. Brigadier des armées.	}	15.
A Brigadier général.		
F. } Colonels.	}	12.
A. }		
F. } Licutenans - colonels.	}	10.
A. }		
F. } Majors.	}	8.
A. }		
F. } Capitaines.	}	6.
A. }		
F. } Lieutenans fans diftinction.	}	4.
A. }		
F. } Enfeignes fans diftinction.	}	3.
A }		
F. } Officiers brevetés jufqu'aux caporaux	}	2.
A. } inclufivement.		
F. } Simples foldats.	}	1.
A. }		

20. Tous lefdits officiers de marine, officiers des troupes
de terre, fervant comme troupes de marine, & des forces
de terre, pris en mer, ne fervant pas fur les vaiffeaux, qui
font actuellement Prifonniers fur leur parole, & tous les
fimples foldats defdits corps, feront immédiatement échangés felon ces conventions, & autant que les circonftances
le permettront, de préférence à tous les officiers ou matelots des vaiffeaux marchands, corfaires ou autres bâtimens
n'étant point vaiffeaux de roi ; & tous lefdits officiers de
marine, officiers des troupes de terre, fervant comme
troupes de marine, & des forces de terre, pris en mer,
ne fervant point à bord des vaiffeaux, jufqu'aux enfeignes
inclufivement, auront à l'avenir la permiffion de figner
leur parole d'honneur de ne point fervir qu'ils n'aient été
échangés, & de retourner chez eux jufqu'à ce que leur
échange puiffe être confommé ; & aucun des officiers in-

moins par écrit la coutume sur laquelle il est
fondé.

---

férieurs aux enseignes n'aura à l'avenir la permission de
donner sa parole de ne point servir qu'il n'ait été échangé
& tous lesdits officiers inférieurs aux enseignes, qui au
ront été élargis par préférence, seront portés sur le compte
général des échanges, & regardés comme libres de rentrer
au service.

21. Il sera expressément défendu, & l'on ne souffrira
en aucune manière, que qui que ce soit emploie les in
trigues, la séduction ou la force, pour engager ou con
traindre aucun des Prisonniers, de part ou d'autre, à
changer de religion, ou à violer la fidélité qu'il doit à son
roi & à son pays, en entrant au service de la puissance
dans les domaines de laquelle il peut être Prisonnier.

22. Tous les Prisonniers pris en Amérique ou tout
autre partie du monde, & conduits dans les domaines de
l'une ou de l'autre puissance en Europe, jouiront des avan
tages du présent accord ; & il sera laissé à la bonne foi de
deux nations d'arranger, conformément au réglement qui
contient, les échanges qui peuvent avoir été consommés
en vertu de quelque cartel déjà arrêté entre le gouverneur
de Minorque, & toutes personnes à ce dûment autorisées
par la France, à l'égard des Prisonniers conduits dans cette
île & dans les ports françois de la Méditerranée ; & pour
lever toutes difficultés relativement auxdits Prisonniers,
dont l'échange doit être consommé dans lesdits ports de la
Méditerranée, il sera donné les ordres convenables, aussi
tôt qu'il sera possible, après la ratification du présent
cartel, afin qu'ils soient réciproquement mis en liberté &
échangés de temps à autres, sans égard pour leur nombre
ou leurs qualités ; & les agens & commissaires respectifs
des deux nations feront passer les certificats nécessaires,
pour que la balance du compte général des échanges
puisse être dûment réglée entre nous.

Transport des Prisonniers.

23. Il a été convenu que, pour effectuer le présent
échange des Prisonniers respectifs, il sera employé des

Le

· Le Privilége réel eft celui qui eft accordé à
quelque lieu , dignité , office , monaftère , églife , ‹

---

bâtimens des deux nations ; c'eft-à-dire des bâtimens
anglois pour le tranfport des Prifonniers françois , & des
bâtimens françois pour le tranfport des Prifonniers anglois ; mais afin de rendre les frais de tranfport le moins
onéreux qu'il fera poffible pour chaque nation , il eft convenu que les bâtimens de chacune , employés comme bâtimens parlementaires pour tranfporter les fujets de l'autre ,
remporteront de même en retour , à chaque voyage , autant que les circonftances le permettront , les fujets de
leur propre nation. ·

24. Comme le nombre des Prifonniers des nations refpectives , actuellement en France & en Angleterre , eft affez
confidérable pour que les deux nations occupent des bâtimens à ce fervice en même temps , elles y en emploie-
ront toutes les deux , jufqu'à ce que , de part ou d'autre ,
le nombre des Prifonniers foit affez diminué pour ne pas
mériter l'envoi d'un bâtiment parlementaire particulier ;
l'une ou l'autre nation devra à l'avenir employer refpectivement lefdits bâtimens , à mefure qu'elle aura un nombre
fuffifant des fujets de l'autre pour compléter un chargement ; & chaque bâtiment parlementaire tranfportera ,
lorfque les circonftances le permettront , autant de Prifonniers qu'il pourra convenablement en contenir.

25. Il fera donné avis , un mois d'avance , à compter
de la date des lettres refpectives à Verfailles & à Londres ,
de l'intention où l'on fera d'envoyer quelque bâtiment
parlementaire , du nombre des Prifonniers qu'on fe propo-
fera de faire paffer , ainfi que du port pour lequel le
bâtiment devra faire voile , afin que chaque nation puiffe
faire , de fon côté , tous les efforts convenables pour
raffembler un nombre équivalent des fujets de l'autre , &
les renvoyer en retour , tant que les circonftances pourront
le permettre , & afin que le vaiffeau parlementaire ne foit
retenu que le moins de temps qu'il fera poffible après 'on
arrivée. ·

26. Chaque nation fixera les ports les plus convenables
pour l'embarquement & le débarquement des Prifonniers ,
en évitant avec une attention particulière l'inconvénient

ordre , ou à quelques perſonnes en conſidération de ces choſes ; le perſonnel au contraire eſt

---

des longues marches de ces Priſonniers , des lieux de leur
détention aux ports d'embarquement ; & l'on fera reſpectivement des efforts pour raſſembler un nombre ſuffiſant
de Priſonniers , & les faire paſſer en retour ſur chaque
bâtiment parlementaire ; mais, en certain cas, on renoncera
à ce parti , pour épargner aux Priſonniers de trop longues
marches des environs d'un port à un autre plus éloigné
dans tous les cas , la différence que le défaut de Priſonniers à renvoyer de part ou d'autre en retour , pourra
quelquefois occaſionner dans les frais de tranſport , a
faveur ou au détriment de l'une ou de l'autre nation,
ſera regardée comme un inconvénient inévitable du ſervice

27. La déſignation des ports où les vaiſſeaux de cartel
auront ordre de débarquer reſpectivement leurs Priſonniers
ſera laiſſée a la déciſion de la puiſſance dans les états à
laquelle ils devront être débarqués ; & s'il devenoit néceſſaire de faire quelque addition ou changement aux ports
particuliérement énoncés dans le préſent cartel , ces additions ou changemens ſeront obſervés comme s'ils étoient
inférés dans les préſentes. -

28. Les Priſonniers anglois renvoyés des ports de France
ſur des bâtimens françois , ſeront envoyés ſeulement dans
les ports de Douvres , Pool & Falmouth , ou tels autres
qui pourroient être déſignés par la ſuite.

29. Les Priſonniers françois renvoyés des ports d'Angleterre ou d'Irlande ſur des vaiſſeaux anglois , ſeront envoyés ſeulement dans les ports de Morlaix , de Saint-
Malo , du Havre & de Calais , ou tels autres qui pourroient
être déſignés par la ſuite.

30. Le prix par tête pour le tranſport deſdits Priſonniers,
ſera fixé ſelon la table ſuivante ; & ſi quelque changement devenoit néceſſaire de part ou d'autre , relativement
auxdits ports de débarquement , le changement du prix , s'il
eſt néceſſaire , ſe fera à l'amiable , & la convention ſera
obſervée comme ſi elle étoit inférée dans les préſentes.

De Douvres à Calais. . . . . } 6 ſous ſterl.
De Calais à Douvres. . . . .

accordé à une perfonne en confidération d'elle-
même ; en forte que comme le Privilége réel

De tous autres ports d'Angleterre dans la Manche, dans les ports françois dans la Manche, marqués pour le débarquement des Prifonniers françois ; & *vice verfâ*, de tous autres ports de France dans la Manche, à l'un des ports quelconques d'Angleterre dans la Manche, marqués pour le débarquement des Prifonniers anglois. . . .	10 f. 6 d. ft.
Des ports quelconques de la Grande-Bretagne ou d'Irlande, aux ports de France hors de la Manche, marqués pour le débarquement des Prifonniers françois ; & *vice verfâ*, des ports de France hors de la Manche, aux ports Anglois marqués pour le débarquement des Prifonniers Anglois.	1 guinée

31. Les vaiffeaux parlementaires de chaque nation feront munis, s'il eft néceffaire, de paffeports dans la forme ufitée chez chaque nation, & lefdits vaiffeaux porteront pavillon de trève ; il ne pourra être chargé à bord aucune marchandife, ni autres chofes que les pro-vifions néceffaires pour la fubfiftance de l'équipage & des Prifonniers ; &'nul bâtiment parlementaire anglois ne fera envoyé avec des Prifonniers françois, de Douvres à Calais ; de même que nul bâtiment parlementaire fran-çois avec des Prifonniers anglois, de Calais à Douvres, avec moins de quarante Prifonniers, à moins qu'on n'y ait confenti d'avance.

32. Les Prifonniers feront bien traités de part & d'autre à bord des vaiffeaux de tranfport pendant leur traverfée, & il leur fera fourni chaque jour :

ne finit qu'avec la chofe à laquelle il eft attaché, le Privilége perfonnel finit avec la perfonne.

FRANÇOIS.	ANGLOIS.
Pain. . . . 1 liv. ¼.	Pain. . . . 1 liv.
Bœuf. . . : . ¾.	Bœuf. . . . 1
Bière. . . . 2 quart.	Bière. . . . 2 quart.
	ou
	Vin. . . . 1
	Sur les vaiffeaux Fran-
	çois.

Excepté entre Douvres & Calais, où l'on paffera
chaque Prifonnier des deux nations, au lieu de viande,

Beurre. . . . . . . 4 onces
ou
Fromage. . . . . 6.

La table de la ration fera affichée aux mâts des bâtimens parlementaires.

33. Il fera donné aux maîtres des bâtimens parlementaires, des liftes des Prifonniers embarqués, fignées par
les commiffaires de la marine en France, & par les
agens pour les Prifonniers en Angleterre, refpectivement,
lefquelles liftes feront remifes aux agens & commiffaires
refpectifs, dans les ports pour lefquels les vaiffeaux devront faire voile, ou aux agens, commiffaires ou confuls, ou, au défaut defdits agens, commiffaires ou confuls, aux principaux magiftrats, dans les ports où ils
pourroient arriver, dans le cas où quelques-uns defdits
bâtimens feroient pouffés, par le mauvais temps, dans tous
autres ports que ceux pour lefquels ils feront deftinés; &
lefdites liftes feront regardées comme des titres fuffifans
pour chaque nation, pour obtenir de l'autre un nombre
de Prifonniers égal à celui qui y fera contenu.

34. Il fera arrêté tous les trois mois des comptes
d'échanges, conformément aux réglemens ci-deffus, & la
balance fera payée en argent à celle des deux nations
laquelle elle fe trouvera due; lorfqu'elle fe trouvera

à qui il a été accordé. On peut renoncer à celui-ci, & non à l'autre.

Un Privilége est odieux quand le tiers en souffre, comme de ne point payer la dixme; il est favorable, quand le tiers n'en souffre point, comme le Privilége d'entendre la messe pendant un temps d'interdit. Régulièrement les Priviléges sont censés défavorables, &, comme tels, on doit toujours les interpréter rigoureusement.

On appelle Privilége gratuit ou gracieux, *Privilegium gratiosum,* celui qui est accordé gratuitement, *non habitâ ratione meritorum.* Le rémunératoire est celui qui est accordé *ratione*

---

faveur de la France, elle sera payée à Paris par une personne employée par le roi de la Grande Bretagne; & quand elle se trouvera en faveur de l'Angleterre, elle sera acquittée à Londres par une personne employée par sa majesté très-chrétienne, au taux le plus exact du change courant. La balance des frais de transport sera arrêtée & payée de la même manière & au même taux.

35. S'il s'élevoit quelques difficultés relativement à la présente convention, elles seront conciliées à l'amiable; & ce qui aura été déterminé à cet égard, sera considéré & observé comme s'il étoit inséré dans les présentes.

36. Et pour accélérer l'exécution du présent cartel, lui donner toute sa force, & le faire observer d'une manière inviolable, nous l'avons signé & y avons apposé nos sceaux, le déclarant de la même force & validité que s'il eût été signé par nos souverains respectifs; les doubles devant être échangés entre nous dans le terme de trois semaines, ou plus tôt s'il est possible, à compter du jour où il aura été signé.

Fait à Versailles le 12 mars 1780. *Signé,* LE HOC.

Et à Londres, le 28 des mêmes mois & an. Et *Signé,* IN. BELL, WALLER FARQUHARSON, VIN. CORBETT, ROBERT LULMAN.

meritorum five ipfius Privilegiati , five aliorum.
Les religieux prétendent que tous leurs. Priviléges font rémunératoires ; ils difent même que
leur étant accordés . par le pape , qui a toute
puiſſance, ils ne font tort à perſonne : *Cum papa*
nullius lætitiam lædit. D'où ils concluent, qu'on
doit les interpréter . favorablement. Mais cette
conféquence eſt contraire à la juriſprudence établie & rappelée au mot Exemption.

Le Privilége . eſt conventionnel ou même con-
ditionnel, . quand il eſt intervenu quelque pacte
dans ſa conceſſion ; & il eſt pur & ſimple,
quand il a été accordé abſolument ſans pacte ni
condition.

· Le Privilége eſt perpétuel , quand il eſt accordé ſans limitation de temps , ou qu'il eſt attaché à une choſe qui de ſa nature eſt perpétuelle,
comme à un monaſtère : il eſt temporel & mo-
mentané , quand il eſt perſonnel , ou qu'il eſt
accordé ſous quelque condition dont l'accom-
pliſſement doit le rendre inutile.

Le Privilége affirmatif eſt celui qui donne la
faculté de faire quelque choſe ; il eſt négatif,
quand il accorde la permiſſion de ne point faire
quelque choſe ; il eſt accordé ſur l'inſtance ,
quand le privilégié l'a demandé, & *motu proprio*,
quand il n'a fait aucune demande. ·

Le Privilége qu'exprime le droit , eſt celui
qui · eſt renfermé dans quelque canon du droit
ancien & nouveau ; ceux que renferment des bulles
& autres écrits particuliers , font des Priviléges
qu'on appelle *extrà jus inſerta.*

Le Privilége qui regarde le bien commun eſt
tel, qu'une communauté de perſonnes en reçoit
un avantage prochain, comme le Privilége du

canon , *ſi quis ſuadente.* Le Privilége qui n'a que l'intérêt du privilégié pour objet , ne peut regarder le public qu'en ce qu'il lui importe que les Priviléges ſoient accordés aux perſonnes qui les méritent ou qui en ont beſoin.

Quant aux Priviléges qui regardent le for intérieur , ils ne peuvent ſervir au for extérieur.

C'eſt à celui qui allègue un Privilége à le prouver.

Les Priviléges ne s'étendent point par interprétation d'une perſonne à une autre , ni d'une choſe à une autre , ni d'un cas à un autre.

Les eccléſiaſtiques & communautés ſéculières & régulières du royaume ne peuvent jouir d'aucun Privilége ou exemption , qu'autant qu'ils leur ont été accordés expreſſément par nos rois. Ainſi il ſeroit inutile de recourir aux Priviléges & exemptions accordées aux eccléſiaſtiques , ſoit par les papes ou les empereurs romains , autres que ceux qui en même temps ont été rois de France. Cette maxime eſt fondée ſur ce principe du droit naturel , qui eſt que les ſouverains , en ſe faiſant chrétiens , n'ont perdu ſur leurs ſujets aucun des droits attachés à leur ſouveraineté.

Les Priviléges qui appartiennent à chaque office, à chaque corps, à chaque particulier, ſont détaillés aux articles qui concernent les uns & les autres.

PRIVILÉGE ſignifie auſſi la préférence que l'on accorde à un créancier ſur les autres , non pas eu égard à l'ordre des hypothèques , mais à la nature des créances , & ſelon qu'elles ſont plus ou moins favorables , & qu'un créancier ſe trouve avoir un droit ſpécial ſur un certain effet. Y iv

Les loix & la jurifprudence ont établi divers Priviléges, tant fur les effets mobiliers que fur les immeubles.

Les créances privilégiées fur les effets mobiliers, font, 1°. les frais de juftice qui font faits pour parvenir à la vente & à la diftribution des effets, attendu que c'eft par le moyen de ces frais que ces créances peuvent être acquittées.

2°. Les frais funéraires. Voyez FRAIS FUNÉRAIRES.

3°. Les loyers des maifons & les fermages des biens de campagne. Voyez l'article BAIL.

4°. L'article 175 de la coutume de Paris accorde un Privilége aux aubergiftes fur le prix des chofes que les voyageurs ont amenées dans leurs auberges.

5°. Les frais de voiture & de meffagerie font pareillement une créance privilégiée fur les chofes voiturées. On autorife même les voituriers à garder les effets qu'ils ont conduits, jufqu'à ce que la voiture en foit payée.

6°. Les médecins, les chirurgiens & les apothicaires ont un Privilége fur le prix des effets mobiliers d'une fucceffion, pour le prix de leurs vifites, panfemens & médicamens concernant la dernière maladie du défunt.

7°. Les gages des domeftiques font auffi une créance privilégiée fur les meubles du maître, pour la dernière année qu'ils l'ont fervi.

8°. La jurifprudence des arrêts a attribué aux bouchers & aux boulangers un Privilége fur les meubles de leur débiteur pour ce qu'ils lui ont fourni durant la dernière année. Voyez BOUCHER & BOULANGER.

9°. Lorfque des créanciers faififfent des meubles, le vendeur peut s'oppofer à la vente, & doit être préféré fur la chofe aux autres créanciers.

Le parlement de Paris a même jugé, par arrêt du 21 mai 1767, qu'un tapiffier qui avoit reçu d'avance mille écus pour le tiers du prix des meubles qu'il s'étoit obligé de fournir à une actrice, devoit être préféré pour le refte de fa créance, fur le produit de la vente des meubles qu'il avoit fournis.

Lorfqu'il s'agit de diftribuer le prix d'un immeuble vendu, la préférence entre les créanciers privilégiés ne fe règle point fur la date de l'obligation, mais fur le plus ou le moins de faveur de la créance. Ceux qu'on préfère à tous les autres privilégiés font, 1°. les feigneurs pour les droits feigneuriaux : 2°. le pourfuivant pour les frais des criées & de l'ordre : 3°. les frais funéraires du défunt & ceux de fa dernière maladie, lorfque le bien eft décrété fur l'héritier ou fur le curateur à la fucceffion vacante, & que les créanciers n'ont pas pu être payés fur les effets mobiliers. La néceffité de ces dépenfes a introduit ce Privilége en faveur de ceux qui les ont faites.

Mais doit-on colloquer ces trois fortes de créances privilégiées dans l'ordre où nous venons de les ranger ? Il y a là-deffus quelque difficulté relativement aux droits feigneuriaux échus avant la vente du bien. La coutume d'Auvergne, qui eft fuivie par quelques autres, dit, en parlant de la diftribution du prix des biens décrétés, que les frais des criées feront pris & payés *avant tous autres*, & *après les arrérages des cens des héritages criés*, *fi aucuns en font dus & deman-*

dés. D'autres coutumes veulent seulement que les frais du décret soient payés avant toutes les autres dettes. D'un autre côté, la coutume de Paris porte, que le seigneur sera payé des droits qui lui sont dus, avant tout autre créancier ; la coutume de Bretagne, article 179, & plusieurs autres coutumes s'expliquent de la même manière. Il n'y a point de doute que chacune de ces coutumes ne doive-être suivie dans son ressort, n'y ayant point d'ordonnance qui y déroge. Dans les coutumes muettes à cet égard, il faut suivre la disposition de celle de Paris ; car les créanciers que le poursuivant représente ne devroient, dans la rigueur, avoir qu'une hypothèque, tant pour être payés du principal de leur créance, que pour les frais ; au lieu que le seigneur conserve toujours le domaine direct du fief, ou de la censive ; & pour marque de reconnoissance de ce domaine direct, il est présumé s'être réservé des droits ordinaires ou casuels par l'acte d'inféodation, ou du contrat de censive, sans lequel le créancier n'auroit eu aucun droit sur le fonds. Ainsi le Privilége du seigneur est plus favorable que celui du poursuivant. C'est pour cela que la saisie féodale l'emporte sur la saisie réelle, & que si un seigneur saisit féodalement un fief mis à bail judiciaire, il fait les fruits siens jusqu'à ce qu'on lui ait fait la foi & hommage. L'usage de colloquer le seigneur pour les droits féodaux échus avant les frais extraordinaires du décret, est fort ancien au parlement de Paris. M. le Maître en rapporte un arrêt de 1467.

4°. Après les créanciers privilégiés dont on vient de parler, on doit colloquer dans l'ordre ceux qui ont vendu le fonds, ou qui ont contribué, par leurs déniers ou par des travaux, à le conserver à la partie saisie, ou à l'améliorer. Il est juste que le vendeur qui n'a point été payé soit préféré à tous les autres créanciers : la raison en est, qu'il n'est censé avoir vendu que sous la condition tacite que l'acquéreur ne deviendroit propriétaire absolu que quand il auroit payé le prix entier de son acquisition. Le fonds est un gage que le vendeur se réserve jusqu'à ce que le prix soit acquitté ; il ne fait par-là aucun tort aux créanciers de l'acquéreur, puisqu'ils n'auroient point eu de droit sur ce fonds, s'il ne l'avoit point vendu à leur débiteur. C'est ce qui se trouve bien expliqué dans plusieurs loix du digeste. Il en seroit de même d'un entrepreneur qui auroit fait quelque ouvrage sans lequel le fonds auroit été emporté par la mer ou par une rivière ; car cet entrepreneur a conservé ce fonds pour l'intérêt commun du propriétaire & de ses créanciers : *Salutem fecit totius pignoris causam*, comme dit la loi 6, au digeste *qui potiores in pignoris*. On ne peut donc se dispenser de déclarer ce fonds affecté par Privilége à la sûreté de sa créance. Mais les entrepreneurs ou les ouvriers qui ont travaillé à réparer une maison, ou à faire de nouveaux bâtimens sur le fonds, n'ont de Privilége que sur leurs ouvrages, puisque sans ces ouvrages le fonds seroit toujours resté aux créanciers antérieurs, qui auroient pu le faire vendre tel qu'ils l'auroient trouvé. Il faut donc examiner jusqu'à quel point les réparations ou les augmentations rendent le fonds plus considérable, & donner aux entrepreneurs & aux ouvriers un Privilége sur le prix de cette augmentation ; eu égard à la valeur de. la totalité du prix du fonds. Par exemple, fi l'on reconnoît par le rapport des experts, qu'une maison auroit été vendue moitié moins fans les augmentations ou les grolles réparations qui y ont été faites ; il faut donner un Privilége aux entrepreneurs & aux ouvriers fur la moitié du prix total de l'adjudication ; & fi ce qui leur eft dû excède cette moitié, ils ne doivent, pour le furplus, venir en ordre que comme créanciers hypothécaires, s'ils ont un acte qui emporte hy-pothèque ; ou comme chirographaires, fi leur titre eft fous feing privé. Cette jurifprudence, fondée fur des principes d'équité, eft fuivie de-puis long-temps au parlement de Paris. Gonget en rapporte d'anciens arrêts dans fon traité des criées. Il y en a un qui a jugé la même quef-tion de cette manière le 15 janvier 1653 ; & Bafnage, dans fon traité des hypothèques, cite des arrêts du parlement de Normandie dans lefquels on a obfervé la même règle.

Au furplus, pour qu'un ouvrier puiffe exercer avec fuccès fon Privilége fur le prix du bâtiment auquel il a travaillé, il faut, dans le reffort du parlement de Paris, qu'il fe foit conformé aux difpofitions de l'arrêt de réglement que cette cour a rendu le 18 août 1766, & que nous avons rap-porté à l'article BATIMENT.

5°. Celui qui a prêté les deniers pour acquérir les fonds, ou pour faire faire les réparations & les améliorations, a, dans le droit romain, le même Privilége fur le fonds qu'auroient eu le vendeur, les entrepreneurs ou les ouvriers ; mais il falloit, pour que le fonds devînt ainfi le gage fpécial de celui qui avoit prêté les deniers, qu'il l'eût ftipulé expreffément. Parmi nous, pour être ſubrogé au vendeur, il faut, ſuivant le réglement du parlement de Paris du 6 juillet 1690, qu'avant le payement du prix du fonds, & dans le temps du payement, il ait été ſtipulé par un acte paſſé pardevant notaire, que les deniers ſeroient employés à payer le vendeur, & que dans l'acte qui tient lieu de quittance, paſſé auſſi pardevant notaire, il ſoit dit que le payement a été fait des deniers qui ont été prêtés à cet effet, ſans qu'il ſoit beſoin que la ſubrogation ſoit conſentie par le vendeur ou par les autres créanciers, ni ordonnée en juſtice. Si ce prêt a été fait pour des améliorations ou des réparations, il faut que l'acte d'emprunt faſſe mention de l'emploi des deniers, & qu'il ſoit marqué dans les quittances des entrepreneurs & des ouvriers, de qui les deniers proviennent.

6°. Lorſqu'un cohéritier eſt créancier pour ſoute de partage, il doit être regardé comme vendeur d'une partie de ſa part dans la ſucceſſion, & avoir Privilége juſqu'à concurrence de cette ſoute ſur tous les biens que ſon cohéritier a eus en partage. Le parlement de Paris l'a ainſi jugé par arrêt du 27 mars 1689, rapporté au journal des audiences.

7°. Les oppoſans à fin de diſtraire ou à fin de charge, dont l'oppoſition, formée trop tard, a été convertie en oppoſition à fin de conſerver, doivent, relativement à la portion du fonds dont ils avoient la propriété, être colloqués au même rang que le vendeur, & concurremment avec lui, puiſqu'en effet c'eſt une partie de leur fonds qui ſe trouve vendue.

8°. Le fermier qui, par le bail judiciaire, a été empêché de recueillir les fruits des terres qu'il

avoit enfemencées, doit être rembourfé par pré
férence de fes frais de culture, attendu que, s'il
ne les eût pas faits, les créanciers n'auroient pas
profité de la récolte.

9°. Suivant la loi *affiduis*, au code *qui potiores*, la femme devoit être préférée, pour la reftitution de fa dot, à tous les créanciers du mari,
quoiqu'antérieurs à fon contrat de mariage : mais
cette loi ne s'exécute en France que dans le
reffort du parlement de Touloufe, avec les mo-
difications dont on a parlé à l'article DOT.

10°. Chez les Romains, le fifc avoit une hypothèque fur tous les biens des fermiers & des
comptables par le titre de leur engagement;
& fur les biens qu'ils acquéroient poftérieuremènt
à leur engagement, le fifc étoit préféré à tous
les autres créanciers, quoique leurs créances fuffent antérieures à la fienne. Parmi nous, l'édit
du mois d'août 1669 a attribué de femblables
Priviléges au roi fur les biens des officiers comptables, des fermiers & des autres perfonnes qui
ont le maniement de fes deniers. Il eft dit, par
l'article 4 de cette loi, que fur les immeubles
des comptables acquis avant le maniement des
deniers, fa majefté a hypothèque du jour des
provifions de l'office comptable, des baux de
fes fermes ou des traités & commiffions : fi les
immeubles ont été acquis depuis le maniement
des deniers royaux, le Privilége du roi eft précédé par celui du vendeur & de la perfonne dont
il confte que les deniers ont été employés à faire
l'acquifition. Au refte, le roi doit être préféré
au vendeur même, fur le prix de l'office comptable & des droits qui y font annexés, lorfque
la créance de fa majefté procède de l'exercice de
l'office.

11°. Suivant l'article 4 du titre commun pour toutes les fermes de l'édit du mois de juillet 1681, les fermiers des droits du roi ont contre les sous-fermiers les mêmes actions, Priviléges & hypothèques qu'il a sur les biens des fermiers, pourvu qu'ils exercent leur action dans les cinq ans, à compter du jour de l'expiration des fermes. Le roi, expliquant son intention d'une manière encore plus précise par sa déclaration du 11 octobre 1707, a ordonné que les fermiers des gabelles, aides, cinq grosses fermes, domaines & autres revenus, auroient, sur les offices des receveurs généraux & particuliers, & des autres officiers qui ont le maniement des deniers de ses fermes, pour tout ce qui se trouveroit dû de l'exercice de ces offices, la même préférence sur tout créancier, même sur les vendeurs & ceux qui auroient prêté les deniers pour acquérir les offices, qu'il a sur les offices comptables en ses chambres des comptes; il a même dispensé les fermiers de former opposition aux sceaux des provisions de ces offices, & il a voulu qu'il fût fait mention dans ces provisions, que l'office demeureroit affecté & hypothéqué, par Privilége & préférence à tous créanciers, aux dettes, tant des exercices des nouveaux pourvus que de leurs prédécesseurs.

Le Privilége qu'ont les créanciers de l'officier, pour fait de son office, d'être préférés à tous les autres créanciers, même aux vendeurs, n'est point particulier aux offices des fermes. Cette règle a lieu pour tous les offices dont les pourvus ont la gestion & le maniement des deniers publics, comme nous l'avons établi à l'article FAIT DE CHARGE.

12°. Quand il s'agit de diftribuer à des créanciers privilégiés le prix des vaiffeaux vendus par décret, on doit diftinguer les vaiffeaux qui n'ont point fait de voyage avant le décret, de ceux qui en ont fait un ou plufieurs. Pour les premiers, l'ordonnance de la marine du mois d'août 1681, veut que le vendeur, les charpentiers, calfateurs & autres ouvriers employés à la conftruction, & les créanciers pour les bois, cordages & autres chofes fournies pour le bâtiment, foient payés par préférence à tous créanciers, & par concurrence entre eux. Pour ce qui eft des vaiffeaux qui ont fait un ou plufiers voyages, on colloque d'abord les matelots pour les loyers du dernier voyage, après eux les oppofans qui ont prêté leurs deniers pour les néceffités du navire, enfuite ceux qui ont prêté pour radoub, victuailles & équipement avant le départ, enfin les marchands chargeurs.

La même ordonnance veut que les créanciers étant en même degré de Privilége, viennent par concurrence ; de forte que fi plufieurs perfonnes avoient prêté pour le radoub, les victuailles, l'équipement du vaiffeau, celui qui auroit prêté le premier les deniers, n'auroit aucune préférence fur les créanciers poftérieurs, & que fi le fonds venoit à manquer fur ce degré de Privilége, chacun d'eux fupporteroit une partie de la perte à proportion de la créance.

Mais en feroit-il de même du prix des fonds de terre que de celui des vaiffeaux ; & fi deux particuliers avoient prêté des deniers pour acquérir une maifon, celui qui auroit prêté le premier feroit-il payé de toute fa créance avant que celui qui a prêté après lui pût rien toucher ? L'opinion qui paroît la plus commune fur cette matière eft de dire, qu'entre deux privilégiés, dont le titre du Privilége est également favorable, le premier en date doit être le premier payé, sans aucune concurrence; la raison qu'en rend Basnage, qui a embrassé cette opinion, est, 1°. que comme un privilégié ne peut se servir de son Privilége contre un autre privilégié, il faut en revenir au droit commun, qui, dans la concurrence de créanciers, donne la préférence à celui qui est le premier en date; 1°. que ces deux privilégiés ne font point égaux en toute chose, puisque l'un d'eux a en sa faveur la prérogative de la date. Il joint à ces raisons des arrêts du parlement de Rouen, qui donnent, en ce cas, la préférence à celui des deux privilégiés qui a prêté le premier son argent. Bardet rapporte un arrêt du parlement de Paris du 12 juillet 1629, par lequel on a aussi jugé, qu'entre deux créanciers qui avoient prêté leurs deniers pour acquérir une maison, celui qui avoit prêté le premier devoit être pareillement le premier colloqué dans l'ordre de cette maison, vendue sur l'acquéreur.

D'un autre côté, il est certain que la loi *Privilegia, ff. de reb. autor. jud.* décide que quand il s'agit de Privilége on n'a point d'égard au temps de la créance, mais à la faveur qu'elle peut mériter; de sorte que, si les privilégiés ont des titres égaux, ils doivent être payés par concurrence. *Privilegia non ex tempore estimantur, sed ex causâ, etsi ejusdem tituli fuerint, concurrunt, licet diversitates temporis in his fuerint.* La loi 7, ff. *qui potiores in pignore*, décide que quand un bien a été acheté des deniers de deux mineurs, ils viennent par concurrence sur le bien, à proportion de ce qu'ils ont fourni pour l'acquisition: *si duorum pupillorum nummis res fuerit comparata, ambo*

Tome XLVIII.   Z

in pignus concurrent pro his portionibus quæ in pretium rei fuerint expensæ.

Il est vrai que ceux qui soutiennent la première opinion, disent que la loi *Privilegia* ne regarde que ceux qui, n'ayant point stipulé d'hypothèque, avoient un Privilége purement personnel; & que dans le cas de la seconde loi, l'on a admis la concurrence entre deux mineurs, par la raison qu'ils n'avoient pas non plus stipulé d'hypothèque. Mais la règle que pose Ulpien dans la loi *Privilegia* est générale; & il y a d'autant moins d'apparence que ce jurisconsulte ait voulu la restreindre aux Priviléges personnels, que, sans la stipulation d'hypothèque, il n'y auroit point eu de prétexte de faire valoir la priorité de la date, qui n'a de force qu'entre les créanciers hypothécaires. Il falloit, dans l'espèce de la seconde loi, que l'on eût stipulé une hypothèque sur le bien pour les mineurs, puisque la loi dit, *in pignus concurrent,* & que la loi 17, au code *de pignorib.* porte, que celui qui a prêté de l'argent pour acquérir un fonds, ne peut regarder ce fonds comme un gage de la créance, à moins qu'il n'y ait été spécialement ou généralement obligé.

On doit d'autant moins écouter ceux qui cherchent des interprétations pour éluder la force de ces loix, qu'elles sont conformes aux principes de l'équité & aux règles qu'on suit en France sur les Priviléges des créanciers. En effet, c'est une maxime constante parmi nous, que, même entre créanciers hypothécaires, on n'a point d'égard à la date des titres de créance, dès qu'il s'agit de Privilége; d'où il suit, que la priorité de la date n'étant point considérée en cette matière, ne doit donner aucune prérogative à l'un des privilégiés sur l'autre. L'uni que motif de la décision eft ici la faveur de la créance; ainfi, la faveur de l'un & de l'autre créancier étant égale, il n'y a point d'autre parti à prendre que celui de les payer dans le même ordre & par concurrence, comme le décide Domat dans fon traité des loix civiles.

D'ailleurs, le premier créancier, des deniers duquel l'acquéreur a payé une partie du fonds, ne fe trouve fubrogé au vendeur que jufqu'à concurrence de ce qu'il a fourni pour payer le vendeur, auquel on ne peut contefter un Privilége au moins égal à celui du premier prêteur, pour ce qui lui refte dû du prix du fonds ; & ceux qui fourniffent les deniers pour achever de payer ce qui eft dû au vendeur, font fubrogés à fes droits jufqu'à concurrence de ce qu'ils lui ont payé du prix du fonds : ils doivent donc avoir fur le fonds un Privilége égal à celui de la perfonne qui a fourni la première des deniers pour payer une partie de l'acquifition.

Celui qui a le premier prêté les deniers à l'acquéreur, feroit encore plus mal fondé à prétendre la préférence, fi tout le prix de l'acquifition avoit été payé en même temps au vendeur; car, comme ce Privilége n'eft acquis que par la déclaration faite dans la quittance, que les deniers proviennent des perfonnes qui y font nommées, le Privilége eft acquis en même temps à tous ceux qui ont rembourfé l'acquéreur, quoique l'un ait prêté l'argent avant l'autre.

PRIVILÉGE, en terme de librairie, fe dit de l'acte par lequel le roi accorde à quelqu'un le droit exclufif de faire imprimer & publier un livre.

Différentes loix, telles que l'ordonnance de

Moulins, la déclaration du 16 avril 1571, les lettres-patentes du 12 octobre 1586, deux déclarations de 1626 & 1627, les ordonnances du mois de janvier 1629 & du 29 novembre 1643, l'édit du mois d'août 1686, les lettres patentes du 2 octobre 1701, la déclaration du 12 mai 1717, & enfin le réglement du 28 février 1723, ont fait défense à toutes fortes de personnes d'imprimer, vendre ou débiter aucun livre sans Privilége scellé du grand sceau, sous peine d'amende, de confiscation, &c.

Il faut d'ailleurs, suivant l'article 103 du réglement du 28 février 1723, que le Privilége soit inféré au commencement ou à la fin du livre, ainsi que l'approbation sur laquelle il a été obtenu.

Les Priviléges doivent, dans les trois mois qu'ils ont été obtenus, être enregistrés sur le registre de la communauté des imprimeurs & libraires de Paris, fidélement, tout au long, sans interligne ni ratures, à peine de nullité; & aucun livre ne peut, sous la même peine, être affiché ni exposé en vente qu'après cet enregistrement. Les mêmes règles doivent être observées à l'égard de cessions de Privilége. C'est ce qui résulte de divers arrêts de réglement, & particuliérement de l'article 106 de celui du 28 février 1723.

Ayant été présenté divers mémoires au roi sur la durée des Priviléges & sur la propriété des ouvrages, sa majesté a reconnu que le Privilége en librairie étoit une grâce fondée en justice, & qui avoit pour objet, si elle étoit accordée à l'auteur, de récompenser son travail; & si elle étoit obtenue par un libraire, de lui assurer le remboursement de ses avances & l'indemnité de ses

Z

frais ; que cette différence dans les motifs qui déterminoient les Priviléges, en devoit produire une dans la durée de ces sortes de grâces : que l'auteur avoit sans doute un droit plus assuré à une grâce plus étendue, tandis que le libraire ne pouvoit se plaindre si la faveur qu'il obtenoit étoit proportionnée au montant de ses avances & à l'importance de son entreprise : que la perfection de l'ouvrage exigeoit cependant qu'on en laissât jouir le libraire durant la vie de l'auteur avec lequel il avoit traité ; mais qu'accorder un plus long terme, ce seroit convertir une jouissance de grâce en une propriété de droit, & perpétuer une faveur contre la teneur même du titre qui en fixe la durée ; ce seroit consacrer le monopole, en rendant un libraire le seul arbitre à toujours du prix d'un livre ; ce seroit enfin laisser subsister la source des abus & des contrefaçons, en refusant aux imprimeurs de province un moyen légitime d'employer leurs presses. Sa majesté a pensé qu'un réglement qui restreindroit le droit exclusif des libraires au temps qui seroit porté dans le Privilége, seroit leur avantage, parce qu'une jouissance limitée, mais certaine, étoit préférable à une jouissance indéfinie, mais illusoire ; qu'il seroit l'avantage du public, qui devoit en espérer que les livres tomberoient à une valeur proportionnée aux facultés de ceux qui voudroient se les procurer ; qu'il seroit favorable aux gens de lettres, qui pourroient, après un temps donné, faire des notes & commentaires sur un auteur, sans que personne pût leur contester le droit de faire imprimer le texte ; qu'enfin ce réglement seroit d'autant plus utile, qu'il ne pourroit qu'augmenter l'activité du commerce,

& exciter entre tous les imprimeurs une émulation favorable au progrès & à la perfection de
leur art. En conféquence, le roi a rendu en fon
confeil, le 30 août 1777, un arrêt qui contient
les difpofitions fuivantes :

» ARTICLE 1. Aucuns libraires & imprimeurs
» ne pourront imprimer ni faire imprimer aucuns
» livres nouveaux, fans en avoir préalablement
« obtenu le Privilége ou lettres fcellées du grand
» fceau :

» 2. Défend fa majefté à tous libraires, im-
» primeurs ou autres qui auront obtenu des lettres
» de Privilége pour imprimer un livre nouveau,
» de folliciter aucune continuation de ce Privi-
» lége, à moins qu'il n'y ait dans le livre aug-
» mentation au moins d'un quart, fans que,
» pour ce fujet, on puiffe refufer aux autres la
» permiffion d'imprimer les anciennes éditions
» non augmentées.

» 3. Les Priviléges qui feront accordés à l'a-
» venir, pour imprimer des livres nouveaux, ne
» pourront être d'une moindre durée que de dix
» années.

» 4. Ceux qui auront obtenu des Priviléges
» en jouiront non feulement pendant tout le temps
» qui y fera porté, mais encore pendant la vie
» des auteurs, en cas que ceux-ci furvivent à l'ex-
» piration des Priviléges.

» 5. Tout auteur qui obtiendra en fon nom
» le Privilége de fon ouvrage, aura droit de le
» vendre chez lui, fans qu'il puiffe, fous aucun
» prétexte, vendre ou négocier d'autres livres,
» & jouira de fon Privilége, pour lui & fes
» hoirs à perpétuité, pourvu qu'il ne les ré-
» trocède à aucun libraire ; auquel cas la durée

» du Privilége fera, par le fait feul de la cef-
» fion, réduite à celle de la vie de l'auteur.

» 6. Tous libraires & imprimeurs pourront
» obtenir, après l'expiration du Privilége d'un
» ouvrage & la mort de fon auteur, une per-
» miffion d'en faire une édition, fans que la
» même permiffion accordée à un ou plufieurs,
» puiffe empêcher aucun autre d'en obtenir une
» femblable.

» 7. Les permiffions portées en l'article pré-
» cédent feront expédiées fur la fimple figna-
» ture de la perfonne à laquelle M. le chancelier
» ou garde des fceaux aura confié la direction
» générale de la librairie ; & pour favorifer les
» fpéculations de commerce, il fera donné à
» ceux qui folliciteront une permiffion de cette
» efpèce, connoiffance de toutes les permiffions
» du même genre qui auront été données à
» d'autres pour ce même ouvrage, & du nombre
» d'exemplaires qu'il leur aura été permis d'en
» tirer.

» 8. Sa majefté ne voulant pas permettre que
» l'obtention de ces permiffions foit illufoire,
» & qu'on en obtienne fans l'intention de les
» réalifer, ordonne qu'elles ne feront accordées
» qu'à ceux qui auront acquitté le droit porté
» au tarif qui fera arrêté par M. le garde des
» fceaux.

» 9. Les fommes auxquelles monteront ces
» droits feront payées entre les mains des fyndic
» & adjoints de la chambre fyndicale de Paris,
» ou de celui qu'ils commettront à ladite re-
» cette, fans qu'ils puiffent fe deffaifir de ces
» deniers que fur les ordres de M. le chance-
» lier ou garde des fceaux, pour les émolumens

» des infpecteurs & autres perfonnes prépofées
» à la manutention de la librairie.

: » 10. Lefdites permiffions feront enregiftrées,
» dans le délai de deux mois, fur les regiftres
» de la chambre fyndicale dans l'arrondiffement
» de laquelle feront domiciliés ceux qui les au-
» ront obtenues, à peine de nullité.

: » 11. Sa majefté défirant traiter favorablement
» ceux qui ont obtenu, antérieurement au préfent
» arrêt, des Priviléges ou continuations d'iceux,
» veut qu'ils foient tenus de remettre ; favoir,
» les libraires & imprimeurs de Paris dans deux
» mois, les libraires & imprimeurs de pro-
» vince dans trois mois pour tout delai, les
» titres fur lefquels ils établiffent leur propriété,
» entre les mains du fieur le Camus de Néville,
» maître des requêtes, que fa majefté a commis
» & commet à cet effet, pour, fur le compte
» qu'il en rendra, leur être accordé par M. le
» chancelier ou garde des fceaux, s'il y échet,
» un Privilége dernier & définitif.

: » 12. Ledit délai de deux mois pour les li-
» braires & imprimeurs de Paris, & de trois
» mois pour les libraires & imprimeurs des pro-
» vinces, étant expiré, ceux qui n'auront pas
» repréfenté leurs titres ne pourront plus efpérer
» aucune continuation de Privilége.

» 13. Les Priviléges d'ufages des diocèfes &
» autres de cette efpèce, ne feront point compris
» dans le préfent. Ordonne fa majefté que le
» préfent arrêt fera enregiftré dans toutes les cham-
» bres fyndicales, imprimé, publié & affiché par-
» tout ou befoin fera. Fait, &c. »

Par un autre arrêt rendu au confeil le même
jour, le roi a réglé ce qui devoit être obfervé

relativement aux livres contrefaits qui exiftoient alors, & à augmenté les peines qu'encourroient ceux qui, à l'avenir, contreferoient les ouvrages revêtus de priviléges (*). Mais ce réglement eût

---

(*) *Voici cet arrêt :*

Le roi s'étant fait rendre compte, en fon confeil, des mémoires de plufieurs libraires, fur le tort que caufe à leur commerce la multiplicité des contrefaçons faites au préjudice des Priviléges qu'ils ont obtenus ; fa majefté a reconnu que cet abus eft deftructif de la confiance qui eft le lien du commerce, & contraire à la bonne foi qui lui fert de bafe ; que les auteurs ne font pas moins intérellés que les libraires à voir réprimer, par la févérité des peines, la licence de ces contrefacteurs avides, qui ne prennent confeil que d'un intérêt momentanée, & qui feroient d'autant moins excufables aujourd'hui, qu'une loi favorable leur affure le droit d'imprimer chaque ouvrage après l'expiration de fon Privilége ; qu'il eft enfin indifpenfable de ramener tout le corps de la librairie à un plan de conduite, dont la raifon, la prudence & l'intérêt réciproque auroient dû lui faire fentir plus tôt la néceffité. Et comme on a repréfenté au roi qu'il exiftoit un grand nombre de livres contrefaits antérieurement au préfent arrêt, & que ces livres formoient la fortune d'une grande partie des libraires de province, qui n'avoient que cette reffource pour fatisfaire à leurs engagemens ; fa majefté a penfé qu'il étoit de fa bonté de relever les poffeffeurs defdites contrefaçons de la rigueur des peines portées par les réglemens, & que cet acte d'indulgence, à leur égard, feroit pour l'avenir le gage de leur circonfpection. À quoi voulant pourvoir ; le roi étant en fon confeil, de l'avis de M. le garde des fceaux, a ordonné & ordonne ce qui fuit :

ARTICLE I. Défend fa majefté à tous imprimeurslibraires du royaume de contrefaire les livres pour lefquels il aura été accordé des Priviléges, pendant la durée defdits Priviléges, ou même de les imprimer fans permiffion après leur expiration & le décès de l'auteur, à peine de fix mille livres d'amende pour la première fois, de

été infuffifant pour arrêter le cours des contrefaçons, & pour empêcher qu'elles ne demeuraf-

---

pareille amende & de déchéance d'état en cas de récidive.

2. Les éditions faites en contravention à l'article premier,
feront faififfables fur le libraire qui les vendra, comme
fur l'imprimeur qui les aura imprimés ; & le libraire qui
en aura été trouvé faifi fera foumis aux mêmes peines.

3. Les peines portées en l'article premier n'empêcheront
pas les poffeffeurs du Privilége, au préjudice duquel une
édition aura été faite, de former, tant contre l'imprimeur
qui aura contrefait l'ouvrage, que contre le libraire qui
aura été trouvé faifi d'exemplaires de ladite contrefaçon,
fa demande en dommages-intérêts, & d'en obtenir de
proportionnés au tort que ladite contrefaçon lui auroit fait
éprouver dans fon commerce.

4. Autorife fa majefté tout poffeffeur ou ceffionnaire
de Priviléges, ou de portions d'iceux, à fe faire affifter,
fans autre permiffion que le préfent arrêt, d'un infpecteur
de librairie, ou, à fon défaut, d'un juge ou commiffaire
de police, pour vifiter à fes rifques, périls & fortunes,
les imprimeries, boutiques ou magafins des imprimeurs,
libraires ou colporteurs, où il croiroit trouver des exemplaires contrefaits des ouvrages dont il a le Privilége ou
partie ; à la charge cependant qu'avant de procéder à aucune vifite, il exhibera à l'infpecteur, ou au juge ou
commiffaire de police, l'original du Privilége ou fon duplicata collationné. Autorife auffi fa majefté ceux chez
qui on fera de femblables vifites, à fe pourvoir en dommages-intérêts contre ceux qui les feront, s'ils ne trouvent pas de contrefaçons des ouvrages dont ils auront
exhibé le Privilége, encore qu'ils en euffent trouvé
d'autres.

5. Les exemplaires faifis, tant des éditions faites au
préjudice d'un Privilége, que de celles faites fans permiffion, feront tranfportés à la chambre fyndicale dans l'arrondiffement de laquelle la faifie aura été faite, pour y
être mis au pilon en préfence de l'infpecteur.

6. Quant aux contrefaçons antérieures au préfent arrêt,
fa majefté, voulant ufer d'indulgence, relève ceux qui s'en
trouveront faifis, des peines portées par les réglemens,

sent impunies, si, par un autre arrêt rendu au
conseil le 30 juillet 1778, le roi n'eût donné la
facilité d'acquérir des preuves contre les contrefacteurs, en autorisant les parties lésées à procéder contre eux par voie de plainte & d'infor-

***

en remplissant par eux les formalités prescrites par l'article
suivant.

7. Les possesseurs des contrefaçons antérieures au présent
arrêt, seront tenus de les représenter dans le délai de deux
mois, à l'inspecteur & à l'un des adjoints de la chambre
syndicale dans l'arrondissement de laquelle ils sont domiciliés, pour être la première page de chaque exemplaire estampillée par l'adjoint & signée par l'inspecteur.

8. Le délai de ces deux mois de grâce commencera à
courir contre les imprimeurs ou libraires domiciliés dans
l'arrondissement des différentes chambres syndicales du
royaume, à compter du jour de l'enregistrement du présent arrêt dans chacune d'icelles.

9. Ledit délai de deux mois expiré, l'inspecteur ren-
verra à M. le garde des sceaux l'estampille qu'il en aura
reçue, avec le procès-verbal de ses opérations; & dès
ce moment, tous les livres contrefaits qui seront trouvés
dénués de la signature de l'inspecteur & de la marque de
l'estampille, seront regardés comme nouvelles contrefaçons, & ceux sur lesquels ils seront saisis, soumis aux
peines portées par l'article 1. Enjoint sa majesté au sieur
Lenoir, conseiller d'état, lieutenant général de police de
la ville, prévôté & vicomté de Paris, & aux sieurs intendans, commissaires départis pour l'exécution de ses
ordres dans les différentes généralités du royaume, de tenir
la main, chacun en droit soi, à l'exécution du présent
arrêt, qui sera imprimé, publié & affiché par-tout où
besoin sera, enregistré dans toutes les chambres syndicales, & envoyé par les syndic & adjoints de chacune
d'icelles, à tous les imprimeurs & libraires de leur arrondissement. Fait au conseil d'état du roi, sa majesté y
étant, tenu à Versailles le 30 août 1777.

Signé, AMELOT.

mation (*). Ce moyen avoit été indiqué à l'article CONTREFAÇON, comme le seul frein qui pût être oppofé à l'avidité des contrefacteurs.

_____

(*) *Cet arrêt eft ainfi conçu :*

Le roi s'étant fait rendre compte, en fon confeil, des différentes repréfentations auxquelles ont donné lieu les réglemens du 30 août dernier fur le fait de la librairie, a diftingué, parmi les mémoires remis à ce fujet à M. le garde des fceaux, les obfervations de fon académie françoife. Sa majefté a vu avec fatisfaction que ces obfervations étoient principalement l'expreffion de la reconnoiffance de fon académie françoife, & que, s'il reftoit aux membres qui la compofent quelques vœux à former, ils n'avoient pour objet, en rendant grâce à fa majefté des foins qu'elle a bien voulu prendre en faveur des gens de lettres, que d'obtenir que les nouveaux avantages que leur affurent les réglemens du 30 août dernier, deviennent encore plus ftables & plus folides. Sa majefté s'eft déterminée d'autant plus volontiers à manifefter plus particuliérement fes intentions à cet égard, qu'elle n'a vu dans les demandes de l'académie que le développement de l'efprit des réglemens ou l'indication des moyens d'en affurer l'exécution ; & qu'en confacrant ces demandes par fon autorité, elle donne une nouvelle preuve de fa protection à ceux de fes fujets qui, par leurs travaux & leurs veilles, concourent au progrès des lettres & des fciences. A quoi voulant pourvoir ; le roi étant en fon confeil, de l'avis de M. le garde des fceaux, a ordonné & ordonne ce qui fuit :

ART. 1. L'article 3 de l'arrêt du confeil du 30 août 1777, *portant réglement fur la durée des Priviléges en librairie,* fera exécuté felon fa forme & teneur ; en conféquence, ceux qui obtiendront à l'avenir des Priviléges pour imprimer des livres nouveaux, en jouiront pendant tout le temps que M. le chancelier ou garde des fceaux aura jugé à propos d'accorder, fuivant le mérite ou l'importance de l'ouvrage, fans qu'en aucun cas ces Priviléges puiffent être d'une moindre durée que de dix années.

PRIVILÉGE DES NOBLES, OU DE LA NOBLESSE. Quelques coutumes appellent de ce nom le droit qu'elles accordent au survivant de deux époux nobles, de prendre dans la succession du prédécédé la totalité des meubles, à la charge de payer les dettes mobilières. De ce nombre, sont quelques coutumes de Picardie, entre autres celle de Péronne, qui s'exprime ainsi, article 126 : » Entre nobles vivant noblement, il est

---

2. L'article 5 du même arrêt du conseil sera exécuté selon sa forme & teneur ; en conséquence, tout auteur qui aura obtenu en son nom le Privilége de son ouvrage, non seulement aura le droit de le faire vendre chez lui, mais il pourra encore, autant de fois qu'il le voudra, faire imprimer, pour son compte, son ouvrage par tel imprimeur, & le faire vendre aussi pour son compte par tel libraire qu'il aura choisi, sans que les traités ou conventions qu'il fera pour imprimer ou débiter une édition de son ouvrage, puissent être réputés cession de son Privilége.

3. Les articles 65 de l'édit du mois d'août 1686, 109 du réglement de 1723, 1 & 3 de l'arrêt du conseil du 30 août 1777, concernant les contrefaçons, seront exécutés selon leur forme & teneur : &, pour en faciliter l'exécution, sa majesté ordonne que dans toutes les lettres - patentes de Priviléges qui seront expédiées à l'avenir, il soit énoncé qu'il sera procédé par voie de plainte & information contre tous auteurs, possesseurs, distributeurs & fauteurs de contrefaçons, sans que les peines portées par les lettres - patentes de Priviléges puissent, en aucun cas & pour quelque cause que ce soit, être remises ni modérées.

4. Ordonne au surplus sa majesté que tous les réglemens du 30 août dernier continueront d'être exécutés selon leur forme & teneur. Et sera le présent arrêt imprimé, publié & affiché par-tout où besoin sera, & registré sur les registres de toutes les chambres syndicales du royaume. Fait au conseil d'état du roi, sa majesté y étant, tenu à Versailles le 30 juillet 1778. *Signé*, AMELOT.

» loifible au furvivant de deux conjoints par. ma-
» riage , de prendre par *Privilége de noblesse*,
» tous les meubles qui communs étoient entre
» eux au jour du trépas du prédécédé ; & le
» furvivant ayant fait telle appréhenfion en fa
» juftice , ou pardevant fon juge ordinaire , eft
» tenu de payer toutes les dettes mobilières de la
» communauté «.

La dénomination de Privilége des nobles n'appartient au droit qui défère les meubles au furvivant des époux , que dans les coutumes qui ne
l'accordent qu'aux conjoints nobles , & en confidération de leur noblesse : mais comme cet avantage eft aufli déféré par quelques coutumes aux
époux roturiers & aux époux nobles , quoique
vivant roturiérement , il eft plus jufte , comme
il eft plus d'ufage , de l'appeler préciput legal ;
c'eft un nom qui convient plus généralement à
cette efpèce de droit , & que par cette raifon lui
donnent prefque toüs les auteurs ; c'eft aufli fous
ce mot qu'il en a été traité dans ce livre. Ainfi
voyez PRÉCIPUT LÉGAL.

*(Article de M. SANSON DUPERRON , avocat
au parlement.)*

PRIX. C'eft la valeur , l'eftimation d'une
chofe.

Pour former un contrat de vente , il faut
qu'il y ait un Prix convenu entre les parties.

Ce Prix doit être férieux, c'eft-à-dire, qu'on
a dû convenir qu'il feroit exigible. D'où il fuit,
que fi quelqu'un vous avoit vendu un héritage
pour mille écus, & que par le contrat il vous
eût fait remife de cette fomme , un tel acte ne
feroit pas une vente ; mais une donation.

Il faut aussi que le Prix, pour être sérieux, ne soit pas sans une certaine proportion avec la valeur de la chose vendue. Par exemple, si l'on vendoit une maison pour vingt sous, il n'y auroit point de véritable vente; ce seroit une donation qu'on auroit mal-à-propos qualifiée de vente, & l'acte seroit sujet à toutes les formalités prescrites pour les donations, d'où il suit qu'il ne produiroit aucun effet entre des gens qui ne pourroient pas faire une donation l'un à l'autre.

Ne croyez pas cependant qu'il soit nécessaire que, pour être sérieux, le Prix soit égal à la juste valeur de la chose; il suffit qu'il ne soit point illusoire ou qu'il ait une certaine proportion avec cette valeur. Ainsi, lorsque, pour gratifier l'acheteur, le vendeur n'a exigé qu'un Prix au dessous de la valeur de la chose, l'acte n'en doit pas moins être considéré comme un contrat de vente. Il doit en être de même dans le cas où le vendeur, pressé par le besoin d'argent, a été obligé de vendre sa chose pour le Prix qu'on lui en offroit, & qui étoit fort inférieur à la valeur. Mais quand la lésion est énorme, le vendeur peut obtenir des lettres de rescision. Voyez Lésion.

Observez encore sur cette matière, que pour qu'un contrat de vente faite à un Prix fort inférieur à la valeur de la chose soit valable, il faut que l'acheteur soit capable d'accepter du vendeur une donation; sinon l'infériorité du Prix fait présumer que les parties ont traité pour une donation qu'elles ont déguisée sous le nom de vente.

Une autre qualité du Prix d'une vente, est qu'il soit certain & déterminé, ou du moins qu'il doive devenir tel , fans que la fixation en foit laiffée à l'arbitrage de l'une des parties. Par exemple , fi je vous vends une maifon pour le Prix qu'elle fera eftimée par experts , la vente eft valable , parce que , quoique le Prix ne foit pas certain au moment de la vente , il doit le devenir par l'eftimation des experts.

Il en feroit de même fi je vous vendois cent muids de blé pour le Prix auquel le blé fe vendra fur le marché à la faint Martin.

Enfin le Prix d'une vente doit être une fomme d'argent ; car s'il confiftoit en autre chofe , le contrat feroit plûtôt un contrat d'échange qu'un contrat de vente.

C'eft le Prix ftipulé par les contrats , & non la valeur des biens vendus , qui règle les différens droits qui en font dus.

Lorfque le Prix de l'aliénation eft ftipulé payable en rente viagère , les cours confidèrent fouvent l'âge de la perfonne fur la tête de laquelle la rente doit être payée , pour en évaluer le capital ; & pour fixer en conféquence les droits feigneuriaux : c'eft ainfi qu'en a ufé le parlement de Paris dans l'arrêt rendu contre le fieur Langlois le 8 février 1744 : mais les droits de contrôle & de centième denier fe fixent toujours fur le capital au denier dix des rentes viagères. Cette règle a été établie pour prévenir les difficultés.

Il peut néanmoins encore s'en rencontrer ; foit lorfque la valeur du bien aliéné excède le capital au denier dix de la rente viagère , foit lorfque le Prix eft payable en rentes viagères fur plufieurs têtes.

Dans le premier cas , les droits fe réglent fur

la

la valeur des chofes aliénées. Le confeil l'a ainfi jugé par décifion du 27 mai 1741 contre les adminiftrateurs de l'hôpital général de Touloufe.

Dans le fecond cas, c'eft-à-dire, lorfque pour le Prix d'une aliénation faite par deux particuliers, il leur eft conftitué une rente viagère payable fur la tête de l'un & de l'autre, & jufqu'au décès du furvivant, les fentimens font partagés fur la règle qu'on doit fuivre pour évaluer le capital de cette rente, & trouver par-là le Prix de la vente.

Suppofez, par exemple, que deux frères vendent un bien qui leur appartient en commun, moyennant mille livres de rente viagère payable jufqu'au décès du dernier mourant : les uns prétendent que les droits font dus fur le pied de quinze mille livres, qui eft le capital au denier quinze de la rente ; ils fe fondent fur ce que les tribunaux ordinaires évaluent les capitaux des rentes viagères eu égard aux circonftances ; fur ce que la rente créée fur deux têtes eft d'un objet & d'une valeur plus confidérable que celle qui n'eft créée que fur une tête, & que la valeur en eft même fixée par l'arrêt du confeil du 13 mai 1748, qui permettoit à la compagnie des Indes, d'emprunter à rente viagère fur deux têtes, à raifon de fept & demi pour cent.

D'autres oppofent que ce qui a été permis pour faciliter des emprunts, ne peut fervir de règle pour fixer des droits qui, en cas de vente, ne font pas dus fur la valeur des biens, mais fur le Prix ; que la rente viagère, qui forme ce Prix, ne peut, fuivant les réglemens, être évaluée qu'à raifon du denier dix ; que celle qui eft créée fur deux têtes, même fur celles de cent perfonnes actuellement exiftantes, n'eft qu'une rente viagère, qui s'éteindra à la mort du dernier de ceux qui doivent en jouir, & que, fi l'on admettoit le fyftême de la progreffion, il s'enfuivroit que la rente viagère créée fur la tête de quatre à cinq perfonnes, devroit être évaluée au delà du capital d'une rente qui feroit perpétuelle ; ce qui fuffit pour faire rejeter cette progreffion.

Cette dernière opinion eft la plus jufte. Au refte, il faut obferver que la rente viagère, qui eft le Prix de la vente d'un bien commun, devant appartenir en entier à celui des covendeurs qui furvivra & qui n'étoit propriétaire du bien qu'en partie, il y a, par ce moyen, un avantage ftipulé en fa faveur, dont le droit d'infinuation, fuivant le tarif, eft dû dès l'inftant du contrat, fans attendre l'évènement, & dans la proportion de l'avantage dont il peut profiter.

Quand par un même contrat on vend des meubles & des immeubles, les droits réels font dus fur le tout, s'il n'y a pas un Prix diftinct pour chaque partie, & fi l'on n'a pas annexé un état des meubles à la minute du contrat.

Lorfqu'on vend fimplement la nue propriété d'un bien avec réferve de l'ufufruit, foit en faveur du vendeur, ou de quelque autre perfonne, les différens droits font dus à l'inftant même fur le Prix ftipulé & fur les autres charges impofées à l'acquéreur, qui font de nature à y être jointes : mais doit-on regarder la réferve de l'ufufruit comme faifant partie du Prix ou des charges impofées ?

Pour réfoudre cette queftion relativement aux droits feigneuriaux, ceux qui foutiennent que l'ufufruit retenu doit être joint au Prix de la propriété, difent qu'une terre vendue dix mille livres avec réferve d'ufufruit, vaut le double; que l'acquéreur, en payant actuellement cette fomme de dix mille livres, fans avoir la jouiffance de la terre, perd l'intérêt de fon argent, qui fait partie du Prix; que l'on doit confidérer que c'eft l'acquéreur même qui cède au vendeur la jouiffance de la terre, comme une partie du Prix qui augmente le fort principal; que c'eft la même chofe que fi le tout avoit été vendu moyennant dix mille livres en argent & fous la condition de payer une rente viagère de mille livres au vendeur, en argent ou en une certaine quantité des productions de la terre; enfin, que fi l'on réduifoit les droits feigneuriaux fur le Prix ftipulé, ce feroit autorifer un moyen de frauder les droits des feigneurs, en ne paffant que des contrats de vente de la nue propriété, & en ufant de la facilité qu'il y a de faire paffer l'ufufruit à l'acquéreur de la propriété, foit par des actes publics dans les coutumes qui n'accordent point de droits feigneuriaux pour la ceffion d'ufufruit en faveur du propriétaire, foit par des actes fecrets ou fimulés dans les autres coutumes.

On oppofe à tout ce raifonnement, qu'il pêche dans le principe, parce que les droits feigneuriaux ne fe règlent pas fur la valeur des biens vendus, mais uniquement fur le Prix ftipulé dans les contrats, en y joignant les charges réductibles en deniers, impofées à l'acquéreur; que l'ufufruit d'un immeuble eft immeuble, & que c'eft une partie de l'héritage même; la réferve qui en eft faite l'excepte expreffément de la vente ; or , s'il n'eſt pas vendu , l'acquéreur n'en doit pas les droits ; il les doit ſeulement ſur le Prix de ce qu'il acquiert, & il n'acquiert que la nue propriété. La réſerve de l'uſufruit ne lui impoſe aucune charge ; elle ne fait que retarder ſa jouiſſance : il n'a rien à payer à ce ſujet ; il n'en doit donc aucun droit. La raiſon de la perte de l'intérêt n'eſt pas de la plus légère conſidération , non ſeulement parce que l'argent de lui-même ne produit rien , mais encor parce que ſi le vendeur profite de l'intérêt du Prix qui lui eſt payé , le ſeigneur profite également de l'intérêt des lods qui lui ſont payés du même Prix avant la mutation dans la poſ-ſeſſion utile. Comme l'uſufruit n'eſt point vendu, & qu'au contraire il eſt expreſſément reſervé, il n'eſt pas poſſible de ſe prêter à la ſuppoſition qu'il ait été acquis & enſuite cédé au vendeur en payement d'une partie du Prix ; on ne peut pas non plus comparer la réſerve qui en eſt faite, à une charge de payer une rente viagère au ven-deur, parce qu'encore une fois l'uſufruit réſervé n'eſt point vendu ; il eſt excepté de la vente, ſans impoſer à cet égard aucune charge à l'ac-quéreur, qui n'en profite pas actuellement ; au lieu que dans l'eſpèce de la rente viagère en argent ou en nature, l'uſufruit eſt transféré con-jointement avec la propriété à l'acquéreur, qui peut dès ce moment jouir de la terre comme il lui plaît , en payant le Prix principal , & en acquittant annuellement la rente qui lui eſt im-poſée comme une charge faiſant partie du Prix. Cette charge peut être appréciée , & tous les auteurs conviennent qu'elle fait partie du Prix ſur lequel les droits ſeigneuriaux ſont dus , ou la diftinguant abfolument de la fouffrance de l'ufufruit réfervé par la vente de la propriété. Enfin, les raifons tirées de la poffibilité de frauder les droits des feigneurs, ne font d'aucune confidération : les feigneurs ont la voie du retrait, ils peuvent même faire affirmer les parties lorfqu'il y a foupçon de fraude ; mais ils ne peuvent étendre leurs droits fous prétexte de prévenir la fraude, parce que ce feroit faire tomber la peine de cette fraude, tant fur ceux qui font déterminés à la pratiquer, que fur les contractans de bonne foi : ainfi il en réfulteroit une injuftice évidente à l'égard de ceux-ci, dont le fort ne doit pas être aggravé, pour favorifer les feigneurs, qui ont plufieurs moyens pour punir la fraude.

Les différens auteurs qui ont agité la queftion dont il s'agit, fe réuniffent pour rejeter la prétention des feigneurs comme extenfive : on peut voir Dumoulin, Dargentré, Dupleffis, Livonnière, Guyot & Poullain.

Il a été rendu fur cette queftion un arrêt au parlement de Bretagne le 13 août 1750, dans l'efpèce fuivante : M. Bifien, vicomte de Lezard, avoit acquis, au mois de feptembre 1748, de la dame de Coëtandoeh, des terres & feigneuries mouvantes du duché de Penthièvre, moyennant quarante-un mille livres, & avec claufe que cette dame continueroit d'en jouir pendant fa vie. Le fieur le Demour, de Kernilien, fermier du duché de Penthièvre, ayant prétendu que les lods devoient être payés fur le pied du doublement du Prix ftipulé, fut débouté de cette prétention, & condamné aux dépens par fentence du fiége de Guingamp. Sur l'appel au

A a iij

parlement, la caufe a été appointée à écrire &
produire ; & l'arrêt cité a mis l'appel au néant,
ordonné que la fentence fortiroit fon plein &
entier effet, & condamné l'appelant à l'amende
& aux dépens de la caufe d'appel.

La même queftion portée au parlement de
Rouen, y a été jugée différemment le 14 juin
1751. Le fieur du Bofc, lieutenant général du
bailliage de Thorigny, avoit vendu, le 30 mars
1742, au fieur Auvray, avocat, une terre mou-
vante en partie de la feigneurie de Rouffeville,
moyennant huit mille cinq cents livres, dont une
partie fut payée comptant, & le furplus conftitué en rente rembourfable toutes fois & quantes,
fous la condition que l'acquéreur n'entreroit en jouiffance qu'après le décès du vendeur, qui fe réfervoit
l'ufufruit de la terre. L'acquéreur ayant été trouver
le fieur le Prévôt de Rouffeville, feigneur, celui-
ci prétendit le treizième (lods & ventes) fur le
double de la fomme de fept mille fix cents liv.,
à laquelle étoit fixé le prix de ce qui relevoit
de lui, & l'acquéreur foutint qu'il ne le devoit
que fur ce Prix feulement ; ils convinrent ver-
balement de prendre l'avis de trois avocats du
parlement : deux de ces avocats furent favorables à la prétention du feigneur ; mais le troifième s'y oppofa fortement, en forte que l'acquéreur ne crut pas devoir acquiefcer : le fieur de
Rouffeville le fit affigner devant fon fénéchal,
qui, par fentence du 30 avril 1743, condamna
le fieur Auvray à payer fix cent trente-trois livres
fix fous huit deniers pour le treizième de la
vente de la propriété, & pareille fomme pour le
treizième de l'ufufruit. Le fieur Auvray interjeta
appel au bailliage de Thorigny, où la fentence

du sénéchal fut confirmée après partage, le 27 juillet 1743. Sur l'appel au parlement, il est intervenu, après une ample instruction, arrêt le 14 juillet 1751, par lequel la cour, toutes les chambres assemblées, a mis l'appellation & ce dont étoit appel au néant : émendant, sans s'arrêter aux offres d'Auvray de la somme de six cent trente - trois livres six sous huit deniers pour le treizième du contrat du 30 mars 1742, l'a condamné à payer au seigneur de Rousseville le treizième entier du contrat, y compris l'usufruit retenu par icelui, défalcation faite des charges étant sur la terre, autres que l'usufruit, ensemble de la portion d'héritages qui ne relèvent point dudit seigneur, pour la liquidation duquel treizième a renvoyé les parties au bailliage de Thorigny...... Et il a été ordonné que cet arrêt serviroit de réglement, &, en conséquence, que le treizième des contrats de ventes faites avec rétention d'usufruit, seroit payé, tant du Prix porté auxdits contrats, que de l'usufruit retenu par iceux, &c.

Les motifs de ces deux arrêts opposés l'un à l'autre, se trouvent dans les loix féodales des deux provinces. En Bretagne, les lods sont dus sur le Prix comme ailleurs : l'usufruit d'un immeuble est immeuble, & la vente de cet usufruit est sujette aux lods & ventes, suivant l'article 57 de la coutume, qui n'excepte pas la vente faite au propriétaire: ainsi, par la vente de la propriété avec rétention d'usufruit, le vendeur se réserve un immeuble qui n'est pas vendu; il n'est donc pas juste d'en faire payer les lods par l'acquéreur de la propriété, qui les devra pour cet usufruit, s'il le confolide à Prix d'argent pendant la vie de celui auquel il eft réfervé.

Les lods ou le treizième ne font également dus en Normandie que fur le Prix, fuivant l'article 173 de la coutume; l'ufufruit d'un immeuble y eft pareillement confidéré comme immeuble, article 508; mais l'article 502 décide que l'ufufruit n'eft fujet au retrait que lorfqu'il eft vendu à autre qu'au propriétaire; & comme la règle du retrait fait, dans cette province, celle des cas où le treizième eft dû, il s'enfuit que ce droit n'eft pas dû pour la vente de l'ufufruit en faveur de celui qui eft propriétaire; en forte qu'un particulier peut acquérir aujourd'hui la nue propriété, & demain l'ufufruit, fans être tenu de payer le treizième pour le dernier contrat. C'eft vraifemblablement pour remédier à cette fraude que le parlement de Rouen a jugé que le droit feroit payé pour la vente de la propriété, tant du Prix ftipulé que de l'ufufruit réfervé.

Ainfi, en adoptant ces deux arrêts, il s'enfuivra que dans les pays où l'ufufruit vendu au propriétaire eft fujet à lods & ventes, ces droits ne feront dus pour la vente de la nue propriété que fur le pied du Prix ftipulé par le contrat; & que, dans les pays où il n'eft point dû de lods pour la vente de l'ufufruit faite en faveur de celui qui eft propriétaire, les droits de la vente de la nue propriété feront dus, tant du Prix ftipulé que de l'ufufruit réfervé.

A l'égard des droits de contrôle & de centième denier d'une vente de la nue propriété d'un bien, fous la réferve de l'ufufruit, le confeil juge que ces droits ne doivent être perçus que sur le Prix stipulé.

Prix se dit aussi de ce qui est proposé pour être donné à celui qui réussira le mieux dans quelque exercice, dans quelque ouvrage.

Par une ordonnance du 28 décembre 1777, le roi a institué un Prix public en faveur des nouveaux établissemens de commerce & d'industrie (*).

(*) *Voici cette ordonnance :*

.Le roi, dans le compte qui lui a été rendu de ses finances, a approuvé les dispositions qui lui ont été présentées pour assurer des secours pécuniaires aux nouveaux établissemens de commerce & de manufacture qui méritent ces encouragemens. Et sa majesté désirant entretenir encore l'émulation par des motifs de gloire & d'honneur, a jugé à propos de fonder un Prix annuel en faveur de toutes les personnes, qui, en frayant de nouvelles routes à l'industrie nationale, ou en la perfectionnant essentiellement, auront servi l'état & mérité une marque publique de l'approbation de sa majesté. Le Prix honorable que son amour pour les travaux utiles l'engage à instituer, consistera dans une médaille d'or du poids de douze onces, ayant d'un côté *la tête du roi*, & de l'autre, une exergue & une légende analogues au sujet.

Cette médaille sera décernée dans les premiers mois de chaque année, à commencer en mars 1779, pour l'année 1778, & ainsi de suite, au jugement d'une assemblée extraordinaire, composée du ministre des finances, de trois conseillers d'état, des intendans du commerce, & à laquelle seront appelés les députés & les inspecteurs généraux du commerce. Sa majesté veut que les intendans du commerce rendent compte à cette assemblée de tous les nouveaux établissemens dont on aura eu connoissance dans le cours de l'année, & qu'ils ne négligent rien pour l'acquérir, soit par leurs correspondances avec tous les inspecteurs du royaume, soit par les avis qui leur seront

PROCÉDURE. C'eſt l'inſtruction judiciaire d'un procès, ſoit en matière civile, ſoit en matière criminelle.

Il ſuit de cette définition, que ſous le terme de procédure, on comprend tous les actes, tels que les exploits de demande, les cédules de préſentation, les exceptions, les défenſes, les ſommations & autres qui ont lieu, tant pour introduire une demande, que pour parvenir à la faire juger.

La matière des procès, & les moyens qui établiſſent le droit des parties, ſont ce qu'on appelle le *fond*, au lieu que la Procédure s'appelle *la forme*.

Les formes judiciaires qui furent établies chez

---

donnés par les commiſſaires du roi départis dans les provinces; enfin, les perſonnes même qui croiront avoir des droits à ce concours, pourront adreſſer leurs titres au ſecrétaire général du commerce. Sa majeſté veut que le Prix ne puiſſe jamais être adjugé aux auteurs de ſimples mémoires, mais ſeulement aux perſonnes dont les idées utiles auront été miſes en exécution. Le roi permet que la perſonne qui aura obtenu ce Prix lui ſoit préſentée par le miniſtre de ſes finances; ſe réſervant encore ſa majeſté d'ajouter à cet honneur de nouvelles grâces, ſelon le mérite & l'importance de la découverte qui aura été couronnée; elle approuve même que l'aſſemblée nommée pour juge puiſſe demander la permiſſion de décerner un ſecond Prix, s'il arrivoit que deux citoyens euſſent des droits à peu près égaux à cette marque de diſtinction. Enfin, l'intention du roi eſt que ces médailles deviennent, dans les familles, une preuve ſubſiſtante d'un ſervice rendu à l'état, & un titre à la protection particulière de ſa majeſté.

Fait à Verſailles le 28 décembre 1777.

Signé LOUIS. *Et plus bas*, AMELOT.

les Romains par la loi des douze tables, furent empruntées des Grecs.

Ces formes étoient singulières : par exemple, la première qu'on observoit avant de commencer les Procédures civiles, étoit que les parties comparoissoient devant le préteur : là, dans la posture de deux personnes qui se battent, elles croisoient deux baguettes qu'elles tenoient entre les mains ; c'étoit-là le signal des Procédures qui devoient suivre. Cela a fait penser à Hotman, que les premiers Romains vidoient leurs procès à la pointe de l'épée.

Indépendamment de ce qui étoit porté par la loi des douze tables, pour la manière d'intenter les Procédures civiles ou criminelles, on introduisit beaucoup d'autres formules, appelées *legis actiones*, qui étoient la même chose que ce que la Procédure & le style sont parmi nous. On étoit obligé d'observer les termes de ces formules avec tant de rigueur, que l'omission d'un seul de ces termes essentiels faisoit perdre la cause à celui qui l'avoit omis.

Ces anciennes formules furent la plupart abrogées par Théodose le jeune; cependant plusieurs auteurs se sont empressés d'en rassembler les fragmens ; le recueil le plus complet est celui que le président Brisson en a donné, sous le titre *de formulis & solemnibus populi Romani verbis.* Ces formules regardent non seulement les actes & la Procédure, mais aussi la religion & l'art militaire.

A mesure que les anciennes formules tombèrent en désuétude, on en introduisit de nouvelles plus simples & plus claires; il y avoit des appariteurs qui faisoient les actes que font aujourd'hui les fergens & huiffiers; des procureurs *ad lites*, que l'on appeloit *cognitores juris*, & des avocats. Ainfi l'on ne peut douter qu'il n'y ait toujours eu chez les Romains des formules judiciaires pour procéder en juftice.

La Procédure ufitée chez les Romains dut probablement être pratiquée dans les Gaules, lorfqu'ils en eurent fait la conquête, vu que tous les officiers publics-étoient Romains; & que les Gaulois s'accoutumèrent d'eux-mêmes à fuivre les mœurs des vainqueurs.

Lorfque les Francs eurent à leur tour conquis les Gaules fur les Romains, il fe fit un mélange de la pratique Romaine avec celle des Francs. C'eft ainfi, qu'au lieu des preuves juridiques, on introduifit en France l'épreuve du duel, coutume barbare qui venoit du Nord.

Dans ces premiers temps de la monarchie, la juftice fe rendoit militairement; il y avoit pourtant quelques formes pour l'inftruction, mais elles étoient fort fimples, & en même temps fort groffières. Il y avoit des avocats & des fergens; mais on ne fe fervoit point du miniftère des procureurs *ad lites*; il étoit même défendu de plaider par procureur; les parties étoient obligées de comparoître en perfonne.

Ce ne fut que du temps de faint Louis que l'on commença à permettre aux parties de plaider par procureur en certains cas, en obtenant pour cet effet des lettres du prince.

Ces permiffions devinrent peu à peu plus fréquentes, jufqu'à ce qu'enfin il fut permis à chacun de plaider par procureur, & que l'on établit des procureurs en titre.

Depuis cet établiffement, les Procédures fe

sont beaucoup multipliées, parce que l'instruction des procès s'est faite plus régulièrement.

On a compris que le bon droit seroit souvent sacrifié, s'il n'y avoit point de règles certaines pour le faire connoître.

Ces règles se trouvent dans la forme ou la Procédure. En effet, sans la Procédure, le juge ne pourroit pas être instruit, & l'action de rendre la justice ne seroit plus que l'exercice d'un pouvoir arbitraire & une précipitation de jugement.

Pour prouver ces vérités, il suffit d'examiner ce qui doit se pratiquer quand il s'agit de rendre justice à des parties litigentes.

On sait que celle qui forme une prétention contre l'autre, doit d'abord exposer sa demande au juge, & ensuite la justifier par des preuves légitimes, pour faire condamner la partie adverse.

Mais s'il importe que le juge ne condamne pas sans preuves, il convient aussi que la partie qu'on attaque soit entendue dans la défense qu'elle peut avoir à proposer contre la demande.

Ainsi, il est nécessaire que le défendeur soit cité à la requête du demandeur; & afin que cette citation soit prouvée, & qu'elle ne puisse pas être altérée, elle doit se faire par écrit.

Il faut d'ailleurs que le défendeur ait un certain temps pour se consulter & faire la recherche des pièces qui peuvent être nécessaires à sa défense : d'où il suit que ce temps doit être déterminé dans la citation.

Comme les preuves qui peuvent justifier une demande ne sont pas toujours fondées sur des écrits, & même que les écrits sur lesquels elles sont fondées sont souvent en d'autres mains que celles du demandeur, on a introduit les interlocutoires, tels que la preuve par témoins, les rapports d'experts, les compulsoires, &c.

L'équité exigeant que le défendeur puisse employer pour se défendre tous les moyens convenables, il a le droit, selon les circonstances, de décliner la juridiction du juge devant lequel il est assigné, de demander un délai pour délibérer, de reprocher les témoins, &c.

Il y a des affaires qui, par la nature de l'objet, veulent être traitées plus sommairement que les autres; c'est pourquoi l'on a établi deux sortes de Procédures; l'une ordinaire, & l'autre particulière, qu'on appelle *sommaire*. Celle-ci est l'objet du titre 17 de l'ordonnance du mois d'avril 1667.

La crainte que les premiers juges n'abusassent de leur autorité, ou ne fussent point assez éclairés pour juger convenablement, en dernier ressort, les affaires importantes, a fait introduire la voie de l'appel : mais comme il y a des cas, tels qu'en matière de promesses reconnues, où il importe que ce moyen soit restreint, le législateur a voulu que dans ces cas l'appel n'empêchât pas que le premier jugement ne s'exécutât par provision.

Les jugemens dont l'effet ne peut pas être suspendu par un appel, ne devant pas être illusoires, on a établi que la personne contre laquelle ils auroient été rendus, pourroit être contrainte à les exécuter, soit par la perte de sa liberté, soit par la privation de ses biens. Telle est l'origine des saisies, des emprisonnemens, & des autres contraintes.

Il est évident, par ce qu'on vient de dire,

que la Procédure fait un point capital dans l'administration de la justice, d'où il suit que l'étude n'en doit point être négligée.

Nous ne donnerons point ici les règles qui sont propres à chaque sorte de Procédure, elles se trouvent expliquées sous les noms des différens actes, tels qu'*ajournement, enquête, exploit, requête, appointement, &c.*

PROCÈS. Instance devant un juge sur un différend entre deux ou plusieurs parties.

On appelle *Procès civil*, celui qu'on instruit par la voie civile. *Et Procès criminel*, celui qui a pour objet la réparation d'un délit.

On commence un Procès civil par une assignation, & un Procès criminel par une plainte.

Suivant l'article premier du titre 20 de l'ordonnance du mois d'août 1670, les juges peuvent ordonner qu'un Procès commencé par la voie civile, sera poursuivi extraordinairement, s'ils connoissent qu'il peut y avoir lieu à quelque peine corporelle.

Au reste, le juge d'instruction ne peut pas seul prononcer cette conversion du civil au criminel; le conseil l'a ainsi jugé par arrêt du 30 mars 1719, servant de réglement pour les officiers du présidial de Brives.

L'article 2 du même titre porte, *qu'en instruisant les Procès ordinaires, les juges pourront, s'il y échet, décerner décret de prise de corps ou d'ajournement personnel, suivant la qualité de la preuve, & ordonner l'instruction à l'extraordinaire.*

L'article 3 veut que s'il paroît, avant la confrontation des témoins, que l'affaire ne doive pas être poursuivie criminellement, les juges reçoivent les parties en Procès ordinaire, au civil ; auquel cas ils doivent ordonner que les informations feront converties en enquête, & qu'il fera permis à l'accufé d'en faire de fa part, felon la forme prefcrite pour les enquêtes.

On ne reçoit pas les parties en Procès ordinaire, lorfque le miniftère public eft accufateur, & qu'il n'y a point de partie civile.

Après la confrontation des témoins, on ne peut plus recevoir l'accufé en Procès ordinaire, & l'on doit prononcer définitivement fur fon abfolution ou fa condamnation. C'eft ce qui réfulte de l'article 4.

Il eft dit par l'article 5, que quoique les parties aient été reçues en Procès ordinaire, la voie extraordinaire fera reprife, fi la matière y eft difpofée.

On appelle *Procès de commiffaires au parlement*, certains Procès dont nous avons parlé à l'article COMMISSAIRE.

PROCESSIONS. C'eft une efpèce de prière publiques ufitées dans l'églife.

On voit déjà les Proceffions en ufage dans le Gaules au commencement du fixième fiècle. La ville de Vienne, dans la province nommée aujourd'hu Dauphiné, avoit reffenti depuis un an de fréquen tremblemens de terre ; les incendies qui en avoien été la fuite, avoient détruit ce que les tremble mens de terre avoient épargné ; les maladies qu avoient fuccédé à tant de malheurs, avoient fai de cette ville une folitude ; faint Mamert, fon évêque, crut devoir tout mettre en œuvre pou fléchir la colère du ciel. Il ordonna pour les jour

qu

qui précèdent l'ascension, des Processions, des jeunes & des prières. Ces Processions ont été depuis continuées tous les ans dans l'église de France, & ensuite dans toute l'église d'occident; & ce sont celles que l'on nomme les rogations.

La peste causée à Rome par l'inondation du Tibre, l'an 594, donna lieu à saint Grégoire d'ordonner ces Processions qui sont appelées dans l'histoire *litania major Gregoriana*. Elles se firent avec la plus grande célébrité : tout le peuple de Rome y assista, & ce saint pape divisa la multitude immense qui le composoit en sept classes ; la première, du clergé ; la seconde, des abbés & des moines ; la troisième, des abbesses & de leurs communautés ; la quatrième, des enfans ; la cinquième, des veuves ; la sixième, des laïcs ; & la septième, des femmes mariées.

Les Processions furent bientôt la cérémonie qu'on employa dans l'église pour toutes les occasions extraordinaires. On en fit dans les calamités publiques, & toutes les fois qu'il fut question de rendre grâces à dieu de quelque bienfait signalé ; usage qui subsiste encore aujourd'hui.

Enfin, elles sont devenues si communes, qu'elles font, en quelque façon, partie de l'office ordinaire de l'église. Les cathédrales, les grandes abbayes, les paroisses, ne célèbrent point la messe les dimanches ordinaires, & ne la disent pas les autres jours avec quelque solennité, qu'elle ne soit précédée d'une Procession.

Il faut donc distinguer deux espèces de Processions ; celles qui font partie de l'office ordinaire du diocèse ; telles sont celles des dimanches & des fêtes solennelles : & les Processions extraordinaires, qui sont ordonnées dans les temps de calamités, ou pour rendre à dieu des actions de grâces publiques.

Entre les Proceſſions ordinaires, les ſeules qui préſentent quelque queſtion à examiner, ſont les Proceſſions des paroiſſes. L'uſage ayant attribué des diſtinctions & des honneurs aux perſonnes qualifiées qui demeurent ſur une paroiſſe, on demande quel rang elles doivent tenir entre elles aux Proceſſions qui s'y font.

. Le patron a droit de marcher le premier à la Proceſſion. Cet uſage eſt très-ancien ; puiſque l'ordre romain dit, qu'il a été ordonné par les anciens canons, que le fondateur de l'égliſe & ſes héritiers iroient les premiers à la Proceſſion, le jour qu'on célèbre l'anniverſaire de la dédicace de l'égliſe. *A ſanctis patribus ſtatutum eſt in die dedicationis anniverſario ſolemni fundatores, & eorum hæredes in Proceſſionibus primos eſſe debere.* Aujourd'hui ce n'eſt point ſeulement le jour de l'anniverſaire de la dédicace de l'égliſe que le patron a le privilége de marcher le premier à la Proceſſion ; il peut jouir de ce droit toutes les fois qu'on en fait une.

. Après le patron, la préféance eſt due au ſeigneur haut-juſticier qui a permis qu'on bâtît l'égliſe ſur ſon territoire. Viennent enſuite le ſeigneur moyen-juſticier, & le bas-juſticier ſur le fief duquel l'égliſe eſt bâtie. Ils ont la préféance ſur tous les autres ſeigneurs & gentils-hommes de la paroiſſe, quoique ces ſeigneurs & gentilshommes y poſſèdent des fiefs, & que leurs fiefs ſoient de plus grande valeur que ceux qu'y poſſèdent les ſeigneurs haut, moyen & bas-juſticiers ſur la juſtice deſquels eſt ſituée l'égliſe.

. Le ſeigneur du fief ſur lequel l'égliſe eſt bâtie,

marche avant le magiſtrat ; mais le magiſtrat
marche avant les ſimples gentilshommes. Un
officier de juſtice royale dans une cour ſupérieure,
ou même dans une cour inferieure, eſt élevé,
par la dignité dont il eſt revêtu, au deſſus du rang
des ſimples particuliers, au lieu que le ſimple
gentilhomme n'eſt rien autre choſe qu'un homme
privé.

Entre gentilshommes qui demeurent ſur une
même paroiſſe, ceux qui y poſsèdent un fief marchent avant ceux qui n'en poſsèdent point. S'il
eſt queſtion de gentilshommes qui n'ont ni juſtice
ni fief dans la paroiſſe, la préféance eſt due à celui
qui, avec la nobleſſe, eſt revêtu de quelque
office de la maiſon du roi, ou qui eſt parvenu
à quelque grade dans les armées ; & lorſqu'aucun
d'eux n'a de charge ou de dignité, celui qui poſsède dans la paroiſſe des rotures en propriété,
précède celui qui n'y poſsède aucun fonds.

Les ſimples gentilshommes ont le pas ſur les
officiers de juſtice des ſeigneurs, ſi ceux-ci ne
ſont pas gradués ; lorſqu'ils le ſont, ils ont tous
les honneurs dont jouiroit le ſeigneur qu'ils re-
préſentent, à l'excluſion des gentilshommes qui
demeurent dans la paroiſſe.

A l'égard des Proceſſions extraordinaires, on
peut demander à qui il appartient de les ordonner, quel rang doivent tenir entre eux les différens
corps qui y aſſiſtent, & quelle place ils doivent
occuper dans l'égliſe lorſqu'ils s'y raſſemblent pour
y aſſiſter ?

Les cas où il eſt queſtion d'ordonner des
prières publiques, ſont les temps de calamités,
lorſqu'il s'agit de rendre grâces à dieu de quelque bienfait que la ville, le diocèſe, ou le

royaume en ont reçu, ou quand il y a un jubilé
& qu'il faut en déterminer les stations. C'est
toujours aux évêques seuls à prescrire l'ordre des
Processions qui se font alors ; ils en indiquent
le jour & l'heure, lorsque ce sont eux qui les
ordonnent de leur propre mouvement, & qu'il
n'y a dans leur ville épiscopale ni parlement, ni
chambre des comptes, ni cour des aides, ou
qu'il ne s'y trouve point le gouverneur ou le
lieutenant général de la province.

Mais quand c'est le roi qui a ordonné de
rendre à dieu de solennelles actions de grâces
par tout son royaume, il indique quelquefois
l'heure & le jour de ces prières dans la lettre
qu'il écrit aux évêques pour les instruire de sa
volonté. S'il ne l'a point indiquée, c'est aux
évêques à le faire, à moins qu'ils n'aient dans
leur ville un parlement, une chambre des comptes,
ou une cour des aides, ou bien que le gouverneur, ou le lieutenant général de la province
ne s'y trouvent ; car, dans ce dernier cas, l'évêque
doit convenir avec le gouverneur, le lieutenant
général, & avec les cours supérieures, du jour
& de l'heure à laquelle se feront les prières.

C'est la disposition formelle de l'article 46
de l'édit du mois d'avril 1695 : » Lorsque nous
» aurons ordonné de rendre grâces à dieu, ou de
» faire des prières pour quelque occasion, sans en
» marquer le jour & l'heure, les archevêques
» & évêques la donneront, si ce n'est que nos
» lieutenans généraux & gouverneurs pour nous
» dans nos provinces, ou nos lieutenans en leur
» absence, se trouvent dans les villes où la cé-
» rémonie devra être faite, ou qu'il y ait au-
» cunes de nos cours de parlement, chambres

» de nos comptes , ou cours des aides qui y
» foient établies , auquel cas ils en conviendront
» enfemble , s'accommodant réciproquement à la
» commodité les uns des autres , & particulié-
» rement à ce que lefdits prélats eftimeront le
» plus convenable au fervice divin «. Edit du
mois d'avril 1695 , article 46.

Quand ce font les évêques qui indiquent les
prières publiques de leur propre mouvement,
& qu'il y a dans leurs villes un parlement ,
une chambre des comptes , ou une cour des
aides , ou que le gouverneur & le lieutenant général de la province y réfident , ils ont foin de même
de convenir avec eux de l'heure & du jour auquel
elles fe feront.

Les mandemens que les évêques ou leurs vicaires généraux font fur ces matières , qui font
de police ecléfiaftique purement extérieure ,
doivent être obfervés , tant pour le jour que
pour l'heure & la manière de faire ces prières
dans toutes les églifes de leurs dioéfes , même
par les chapitres féculiers & réguliers qui fe prétendent exempts de la jurididion de l'ordinaire.
La déclaration du 30 juillet 1710 y eft formelle :
» Voulons & nous plaît que les mandemens des
» archevêques & évêques & de leurs vicaires
» généraux , qui feront purement de police ex-
» térieure ecléfiaftique , comme pour les fon-
» neries générales , ftations du jubilé , Proceffions
» & prières pour les néceffités publiques , actions
» de grâce , & autres femblables fujets , tant
» pour les jour & heure que pour la manière
» de les faire , foient exécutés par toutes les
» églifes & communautés ecléfiaftiques , fécu-
» lières & régulières , exemptes & non exemptes ,

» fans préjudice à l'exemption de celles qui
» prétendent exemptes en autres chofes «. Déclaration du 30 juillet 1710. Le concile de Rouen
de l'an 1581, avoit déjà décidé, que dès que
l'évêque a indiqué des prières publiques, tous
les corps eccléfiaftiques, féculiers & réguliers, font
obligés de s'y rendre, à moins qu'ils ne faffent
comme les chartreux, profeffion d'une clôture
très-étroite. *Exempti omnes clerici, tam regulares, quàm feculares, ad publicas Proceffiones
vocati accedere compelluntur, his tamen excepti
qui in flrictiori claufurâ perpetuò vivunt.*

Le droit d'ordonner des prières publiques &
des Proceffions eft tellement propre aux évêques
que les réguliers qui jouiffent de l'exemption la
plus étendue, & même de la juridiction épifcopale fur un territoire déterminé, ne peuvent
le faire, à moins qu'ils n'aient la poffeffion à cet
égard. Le grand-prieur de France a la juridiction épifcopale dans l'enceinte du Temple à Paris.
Il entreprit de faire chanter, le 15 mai 1745,
dans fon églife du Temple, un *te deum* pour la
victoire remportée par Louis XV à Fontenoi
& publia à cet effet un mandement imprimé.
L'archevêque de Paris déclara nul ce mandement,
& défendit, fous peine de fufpenfe, au prieur
curé du Temple de l'exécuter. Le grand-prieur
de France ayant entrepris de foutenir fon mandement, le roi, par arrêt de fon confeil du 1
juin 1745, lui fit défenfes, par provifion &
en attendant un plus ample éclairciffement, d'en
donner de femblables à l'avenir, ordonnant, en
conformité de la déclaration du 30 juillet 1710
tant à lui qu'à tous autres exempts prétendant
même avoir juridiction épifcopale, d'exécuter la

mandemens qui feront donnés dans cette matière par les évêques.

Les maire & échevins de la ville de Provins, diocéfe de Sens, avoient ordonné de chanter le *te deum*, de leur autorité privée, fans attendre l'orde de l'archevêque de Sens; ils avoient contraint les eccléfiaftiques de la ville d'y affifter; &, ne fe contentant pas de cette entreprife fur l'autorité eccléfiaftique, ils avoient fait défenfes d'exécuter fon mandement lorfqu'il l'avoit envoyé. L'archevêque de Sens fe pourvut au confeil du roi; &, le 14 décembre 1638, il obtint un arrêt qui fait défenfes " aux bailli, maire & " échevins de la ville de Provins de s'ingérer " en aucune façon, ni ordonner ès chofes qui " appartiennent à l'églife, & de troubler ledit " fieur archevêque aux fonctions de fa charge, " à peine de trois mille livres d'amende, dépens, " dommages & intérêrs ".

Les corps qui affiftent aux Proceffions extraordinaires, font les parlemens, les chambres des comptes, les cours des aides, dans les villes où ces cours font établies; les préfidiaux, dans les villes où il y a des préfidiaux, & les officiaux municipaux des villes. Ces différens corps tiennent entre eux le rang qui leur eft affigné dans les autres circonftances, & que la fupériorité des fonctions ou l'ufage ont déterminé.

Lorfque les cours fouveraines fe rendent au chœur de l'églife cathédrale pour une Proceffion extraordinaire, elles fe placent dans les hautes chaires du chœur; mais elles font obligées d'en laiffer un certain nombre vide de chaque côté pour les chanoines & les dignités. " Défendons, " dit l'article 47 de l'édit de 1691, à toutes

» personnes, de quelque qualité & condition
» qu'elles puissent être, d'occuper, pendant le
» service divin, les places destinées aux ecclé-
» siastiques. Voulons que lorsque les officiers de
» nos cours, allant en corps dans les églises cathé-
» drales ou autres, se placeront dans les chaires
» destinées pour les dignités & chanoines, ils
» en laissent un certain nombre vide de chaque
» côté pour les dignités & chanoines qui ont
» accoutumé de les remplir «, Édit de 1695,
article 47.

Cette disposition de 1695 étoit observée depuis long-temps à Paris; le parlement occupoit
les hautes chaires du côté droit du chœur, après
en avoir laissé la moitié vers l'autel pour les
dignités & chanoines de l'église. La chambre des
comptes & la cour des aides se plaçoient dans
celles du côté gauche, après avoir laissé un pareil nombre de chaires vacantes du côté de l'autel, qui étoient occupées par les chanoines & par
les dignités.

La même chose avoit aussi été décidée avant
l'édit de 1695, toutes les fois qu'il étoit sur-
venu quelques contestations entre les chapitres
& les cours souveraines au sujet de leur séance
dans les hautes chaires de l'église.

Le parlement de Rouen & la chambre des
comptes de cette ville eurent, au commencement
du siècle passé, une difficulté avec le chapitre
de l'église métropolitaine, au sujet des chaires
que ces cours occuperoient au chœur lorsqu'elles
seroient obligées de s'y rendre pour les cérémonies publiques. L'arrêt qui intervint au conseil
privé sur cette affaire le 19 mai 1618, décida
qu'il seroit réservé quatre chaires vers le grand

autel, du côté où feroit le parlement, pour les
dignités & les chanoines, & huit chaires pareillement pour eux vers l'autel, du côté où fe
placeroit la chambre des comptes.

Un autre arrêt du confeil privé du 30 octobre
1637, avoit réfervé fix chaires de chaque côté
du chœur dans l'églife de Rennes, outre la place
de l'évêque, pour les dignités & les chanoines,
lorfque le parlement y affifteroit en corps, & avoit
fait défenfes au parlement de troubler l'évêque de
Rennes dans fa juridiction.

Une conteftation de même nature étant fur-
venue entre le parlement de Metz & le chapitre
de l'églife cathédrale de cette ville, le roi, par
arrêt de fon confeil privé du 29 décembre 1690,
ordonna que les chanoines abandonneroient aux
officiers du parlement quatorze chaires du côté où
avoit coutume de fe placer le premier préfident,
& treize chaires de l'autre côté, & que le refte
des chaires du chœur feroit occupé par les
doyen, chanoines & chapitre de l'églife cathédrale.

Il ne nous refte plus qu'à parler de ceux à
qui eft dû l'honneur de la Proceffion, c'eft-à-
dire de ceux que l'on eft obligé d'aller recevoir en Proceffion lorfqu'ils arrivent dans
l'églife.

Ce droit n'appartient aujourd'hui qu'aux évêques & aux princes. Le refpect dû à la majefté
royale, la protection que les princes accordent
aux églifes, les biens qu'ils leur ont donnés &
qui peuvent les en faire regarder comme fondateurs, ont rendu cette cérémonie très-ancienne
à leur égard; elle fut pratiquée pour les empe-

reurs prefque auffi-tôt leur converfion au chrif-
tianifme.

Nous voyons auffi cet ufage très-anciennement
obfervé pour les évêques. Lorfque faint Athanafe
révint d'Alexandrie après fon exil, le clergé &
le peuple allèrent au devant de lui en chantant
des hymnes & des cantiques. Saint Chyfoftôme
fortit auffi avec tout fon clergé au devant de
faint Epiphane, évêque de Salamine, lorfqu'il
vint à Conftantinople. Soitomene, livre 8,
chapitre 14.

Mais ce qui n'étoit dans le commencement
qu'un effet de l'empreffement & du zèle d'une
églife à l'égard d'un évêque dont elle refpectoit
la fainteté & le mérite, eft devenu une obligation : l'honneur de la Proceffion a été confidéré depuis comme un des droits épifcopaux.
L'évêque doit être reçu en Proceffion dans toutes
les églifes de fon diocèfe, & même dans celles
des réguliers. L'article 21 du réglement des réguliers ordonne qu'ils le recevront proceffionnel-
lement en habits d'églife.

Un texte du pape Gelafe, mal entendu, a fait
accorder autrefois aux patrons l'honneur de la
Proceffion, & ils en jouiffent encore aujourd'hui
dans les autres royaumes catholiques. Le pape
Gelafe, en parlant du fondateur, dit qu'il n'a point
d'autre droit dans l'églife qu'il a fondée, qu'une
place à la Proceffion, qui eft due à tous les
chrétiens. *Sciturus fine dubio præter Proceffionis
aditum, qui omni chriftiano debetur nihil, ibidem
fe proprii juris habiturum.* Canon. 26, cauf. 16,
quæft. 7.

Il eft évident qu'il ne s'agit point ici d'un
honneur particulier, puifqu'il n'eft queftion que

d'une chofe qui lui eft commune avec tous les autres fidèles, & que par conféquent le mot *Proceſſionis aditus* ne peut fignifier ce que nous entendons aujourd'hui par l'honneur de la Proceſſion.

Cependant dans le douzième fiècle les canoniſtes ont commencé à conclure de cette expreſſion, que l'honneur de la Proceſſion étoit dû au fondateur de l'églife. Et le pape Alexandre III a confacré cette erreur, en reconnoiſſant, dans une décrétale inférée dans le droit, que les anciens canons accordent au patron cette prérogative. *Pro fondatione quoque ecclefiæ honor Proceſſionis fundatori fervatur ..... ficut in facris eſt canonibus inſtitutum. Extrà de jure patronatûs.*

Aujourd'hui, en France, on n'accorde point cet honneur aux patrons particuliers, quels qu'ils foient.

) Article de M. l'abbé LAUBRI, avocat au parlement.)

PROCÈS-VERBAL. Ce nom s'applique aux defcentes de juges, vifites & rapports d'experts, appofitions & levées de fcellés, faifies-exécutions, faifies réelles, captures, rebellions, contraventions, & généralement à tous les actes dreſſés & arrêtés par gens ayant ferment à juſtice, & qui contiennent & établiſſent un fait par le rapport des dires, conteſtations, comparutions ou abfences des parties & de toutes les circonſtances qui peuvent fervir à le conſtater.

Il feroit trop long de traiter ici de chacun de ces actes en particulier. Nous ne parlerons que de ce qui eſt relatif aux Procès-verbaux des employés des fermes. Il fera queſtion des autres aux articles qui les concernent : ainſi, voyez les mots DESCENTE DE JUGES, RAPPORT D'EXPERTS, SCELLES, &c.

Les commis du fermier, comme ayant prêté ſerment en juſtice, ont la faculté de dreſſer Procès-verbal des fraudes & autres incidens qui peuvent ſurvenir dans le cours de leurs fonctions. Ils ont auſſi le droit de ſaiſir l'objet de la fraude, & en cela ils participent aux fonctions des huiſ-ſiers : leurs Procès-verbaux ſont proprement une dépoſition ſuivie d'une ſaiſie.

Ces actes doivent être conformes à la vérité, contenir le détail clair & précis de toutes les circonſtances eſſentielles, & la mention graduelle de tout ce qui s'eſt paſſé dans l'ordre des temps, ſans intervertir la marche des différentes ſcènes, & placer avant ce qui néceſſairement n'eſt arrivé qu'après.

Les commis ne peuvent donc être trop ſcru-puleux dans leurs rapports ; ils ne doivent ſup-poſer, diſſimuler ni déguiſer les faits ; & comme il eût été dangereux de laiſſer à leur mémoire le ſoin de les conſerver & d'en remettre la deſ-cription à un temps poſtérieur à celui auquel ils ſe ſont paſſés, l'ordonnance des fermes du mois de juin 1680, & les réglemens intervenus de-puis, ont voulu que les Procès verbaux fuſſent rédigés ſur le champ & à l'inſtant même de la fraude, à moins qu'il n'y eût rebellion ou autre empê-chement dont, dans ce cas, il doit être fait mention.

On ſuit cependant un autre uſage dans le reſſort de la cour des aides de Normandie. Les droits de détail étant conſidérables dans cette province, la perception en avoir ſouvent été troublée. Lorfque les commis découvroient des fraudes & des contraventions, il leur étoit difficile, quelquefois même dangereux, de dreffer leurs Procès-verbaux fur le lieu & à l'inftant de la découverte de la fraude. Pour obvier à ces inconvéniens, il eft intervenu le premier feptembre 1750 une déclaration regiftrée en la cour des aides de Rouen le premier octobre fuivant, qui, articles 1 & 3, a autorifé les commis à rédiger leurs Procès-verbaux où ils jugeroient à propos, en laiffant aux prévenus, pour leur sûreté, un billet, qu'on appelle *billet fommaire*, dans lequel ils exprimeroient fuccinctement l'objet & la qualité de la fraude.

Les commis, en Normandie, n'en ont pas moins la liberté de dreffer leurs Procès-verbaux fur le champ; mais alors, ou quand ils font empêchés par rebellion ou autrement, ils ne font pas obligés de laiffer un billet fommaire, pourvu que, dans ce dernier cas, ils aient l'attention de faire mention, comme ci-deffus, des obftacles qu'ils peuvent avoir rencontrés.

Comme le témoignage de deux commis fuffit pour opérer la condamnation d'un fraudeur, & qu'aux termes de l'article 19 du titre commun pour toutes les fermes de l'ordonnance du mois de juillet 1681, leurs Procès-verbaux doivent être crus jufqu'à infcription de faux, on a affujetti ces Procès-verbaux à différentes formalités, dont l'obfervation eft abfolument de rigueur Les unes tiennent à l'effence même de ces fortes d'actes, & les autres, quoiqu'acceffoires, n'en influent pas moins fur leur validité.

Voici en quoi confiftent les premières:

Pour qu'un Procès-verbal foit valable, il faut

d'abord qu'il foit dreffé fur papier marqué du timbre de la généralité de laquelle dépend le chef-lieu de la direction d'où relèvent les commis inftrumentaires.

Cette formalité eft prefcrite par arrêt & lettres-patentes des 15 & 26 mars 1720, regiftrés en la cour des aides de Rouen le 17 juin fuivant, & par un autre arrêt & lettres-patentes des 21 & 30 juin de la même année, regiftrés en la cour des aides de Paris le premier août.

Il faut enfuite qu'il y foit fait mention, 1°. de l'année, du jour, & du mois, & fi c'eft avant ou après midi que les commis inftrumentent.

Les dates doivent être en toutes lettres, & non en chiffres.

Il n'eft pas néceffaire de fpécifier l'heure; c'eft ce qui a été jugé par arrêt de la cour des aides de Paris du 6 feptembre 1718.

2°. Du nom du fermier à la requête duquel il eft rendu, & du lieu où il fait élection de domicile.

A l'égard de fon domicile de fait, il n'eft pas d'une obligation abfolue d'en faire mention : la cour des aides de Paris l'a ainfi jugé par arrêts des 26 août & 7 feptembre 1740, 13 juin, 6 feptembre 1741, 17 mars & 9 avril 1756.

La déclaration du 27 mars 1708 a également difpenfé les commis de nommer les cautions du fermier.

3°. Du nom & de la demeure du directeur à la pourfuite & diligence duquel les commis verbalifent.

4°. Des noms, furnoms, qualités & fonctions

des commis, de leur résidence actuelle, s'ils en ont une, ou, s'ils n'en ont pas de certaine, du bureau principal de la direction dans l'étendue de laquelle ils instrumentent.

5°. De la juridiction où les commis ont été reçus & ont prêté serment.

Il est à observer à cet égard, que lorsque les commis ont une fois prêté serment, soit dans une cour supérieure, soit dans une juridiction subalterne qui connoît des droits du roi, ils ne sont plus obligés de se faire recevoir ni de prêter un nouveau serment dans les autres juridictions dans le ressort desquelles ils exercent.

L'ordonnance de 1680 ne dispensoit d'un nouveau serment que les commis qui avoient été reçus en la cour des aides, & elle les assujettissoit à faire enregistrer en l'élection de leur domicile le serment qu'ils avoient prêté en cette cour : mais étant sujets à de fréquens changemens, l'observation de cette formalité devenoit aussi embarrassante que dispendieuse ; ils en ont en conséquence été dispensés par des arrêts du conseil & lettres-patentes des 26 octobre & 5 décembré 1719, registrés en la cour des aides de Paris le 14 du même mois de décembre. Aux termes de ces régiemens, les commis, ceux même qui ont été reçus dans une juridiction subalterne, sont seulement tenus de faire mention de cette juridiction dans leurs Procès-verbaux, pour y avoir recours en cas de besoin.

6°. Les commis doivent ensuite spécifier, autant qu'ils le peuvent, les noms, surnoms, qualités & demeures de ceux contre qui ils procèdent ; exposer le genre de fraude, la manière dont elle a été découverte, les circonstances qui l'ont accompagnée, & les preuves qui la conftatent, tirées, foit de ces circonftances mêmes, foit des réponfes & aveux des parties.

7°. S'il s'agit de boiffons vendues ou trouvées en fraude des droits, les commis doivent en faire la déguftation, en établir la couleur, la qualité & la quantité; il faut, après cela, qu'ils contremarquent les tonneaux avec la rouanne, & qu'ils faffent mention de cette contremarque. S'il eft queftion d'autres marchandifes, ils font également obligés d'en conftater la nature, la qualité & la quantité.

8°. Lorfque la fraude eft préfentée dans tout fon jour, les commis doivent déclarer par leur Procès-verbal, la faifie des objets dont ils ont fait la defcription, & les faifir effectivement, en fe fervant de ces termes, *comme de fait nous les avons faifis.*

9°. Quand la faifie eft faite dans une maifon, & que la partie faifie eft préfente, fi elle n'eft pas folvable, il faut la fommer de donner bonne & fuffifante caution, & fur fon refus lui déclarer que les marchandifes faifies feront tranfportées & dépofées au bureau : dans le cas contraire, c'eft-à-dire, fi elle eft en état de répondre des objets faifis, il convient de les lui laiffer à fa charge & garde, aux peines de droit, après toutefois en avoir fait l'évaluation de gré à gré.

Quand au contraire les chofes font faifies à la campagne, on peut ne faire qu'une defcription en gros, fauf, lorfqu'elles ont été conduites au plus prochain bureau, à en faire une defcription plus détaillée. Voyez au furplus ce que prefcrit

à

à cet égard le titre 11 de l'ordonnance des fermes du mois de février 1687.

10°. Après la faisie, les commis doivent procéder à la rédaction de leur Procès-verbal dans le lieu même du délit, & en préfence de la partie faisie (s'ils n'en font empêchés par rebellion ou quelque caufe légitime, à moins que ce ne foit dans le reffort de la cour des aides de Rouen, par la raifon dont on a rendu compte plus haut), lui en faire lecture, la fommet de figner tant ce Procès-verbal que fes dires, réponfes, déclarations, reconnoiffances, charges & garde ; faire une mention exacte de toutes ces circonftances, ainfi que de fes acceptations ou refus de figner, enfin figner ce Procès-verbal & lui en, remettre une copie, finon lui déclarer que cette copie lui fera apportée dans le délai prefcrit par les réglemens ; ce qui, dans l'un & l'autre cas, doit être fpécifié dans l'acte.

Lorfque la partie faifie s'oppofe à ce que le Procès-verbal foit rédigé dans fa maifon, foit en maltraitant les commis, foit de quelque autre manière, ils doivent lui déclarer Procès-verbal, tant de fa fraude que de fes rebellion, injures, menaces, voies de fait, fuivant les circonftances ; qu'ils vont fe retirer, foit au bureau, s'il y en a un fur le lieu, foit dans telle maifon qu'ils indiqueront, & là, fommer de les y fuivre pour affifter à la rédaction de leur Procès-verbal, en entendre lecture, le figner, & en recevoir copie.

Si la partie faifie fe rend à cette fommation, ils rédigeront leur Procès-verbal, dans lequel ils feront mention de fa comparution. Dans le cas contraire, ils établiront fon refus, & qu'ils ont verbalifé en fon abfence.

L'ordonnance de 1680 (titre 5, des exercices des commis, article 7) veut *que les Procès-verbaux concernant les fraudes & autres incidens furvenus dans le cours defdits exercices, foient fignés de deux commis.* Ainfi un Procès-verbal rendu par un feul commis, feroit radicalement nul, & ne donneroit aucune action au fermier.

Un commis cependant, qui, fe doutant de quelque fraude, n'auroit pas à fa proximité un de fes confrères avec lequel il lui fût poffible de la conftater, pourroit fe faire affifter d'un huiffier ou autre officier ayant ferment à juftice, &, conjointement avec lui, en rédiger Procès-verbal, en faifant, par l'huiffier ou autre officier, mention de fa réfidence actuelle, de fes fonctions ordinaires, & de la juridiction à laquelle il auroit prêté ferment, pour y avoir recours le cas échéant. C'eft ce qui a été ordonné par les arrêts du confeil & lettres-patentes des 26 octobre & 5 décembre 1719, ci-deffus cités.

Après avoir ainfi tracé la marche que les commis des fermes doivent tenir pour opérer d'une manière régulière & conforme au vœu des réglemens, il refte à rendre compte des formalités qu'ils doivent obferver après la clôture de leurs Procès-verbaux; formalités qui ne font pas moins de rigueur que les premières, & dont l'omiffion opéreroit également la nullité de leurs actes.

Lorfqu'ils n'ont pas laiffé à la partie faifie copie du Procès-verbal, au moment même de fa rédaction, ils font obligés de la lui délivrer le même jour. Telles font les difpofitions de l'ordonnance de 1680.

Cette énonciation, *dans le même jour*, ayant donné lieu à plufieurs difficultés, elles ont été levées par la déclaration de 1717, qui a ordonné que la copie des Procès-verbaux faits avant midi, feroit délivrée le même jour; & qu'elle le feroit le lendemain dans la matinée jufqu'à midi, à l'égard de ceux qui auroient été faits après midi : & c'eft pour mettre à portée de reconnoître fi la règle prefcrite à cet égard a été fuivie; que les commis font tenus de faire mention dans leurs Procès-verbaux, s'ils font dreffés avant ou après midi.

La délivrance de la copie du Procès-verbal, dans l'hypothèfe que l'on vient de pofer, doit être conftatée par un acte particulier, figné des commis & de la partie faifie, ou elle dûment fommée de le faire; fi elle refufe, il eft né-ceffaire d'en faire mention; & en cas d'empê-chement de fa part à la rédaction de cet acte, ou de rebellion, les commis doivent fuivre ce qui a été obfervé relativement aux Procès-verbaux.

Il y a cependant des circonftances où les com-mis ne font pas tenus de délivrer copie de leurs Procès-verbaux; par exemple, lorfqu'on leur a fait rebellion, & que les injures & voiés de fait font affez graves pour mériter d'être pour-fuivies à l'extraordinaire, dans ce cas, la décla-ration du premier feptembre 1750 les difpenfe de remplir cette formalité.

L'ordonnance de 1680, la déclaration du 30 janvier 1717, celle du 4 octobre 1725, veulent

que les Procès-verbaux soient affirmés en matière criminelle comme en matière civile.

Cette affirmation doit se faire dans la quinzaine
au plus tard, à l'égard des élections composées de
cent paroisses & au dessus ; & dans la huitaine
pour les autres élections (Ordonnance de 1680,
titre 5 des exercices des commis, article 7.).

Il n'en est pas de même en matière de
traites ; l'ordonnance de 1687, titre 11, article 8,
veut que les Procès-verbaux soient affirmés dans
le jour.

Aux termes de ces deux ordonnances, l'affirmation doit être faite pardevant *un juge des
droits du roi*. Mais la déclaration du 30 janvier
1717, article 3, permet de *la faire devant les
juges des lieux*, *ou autres plus prochains juges
soit royaux ou seigneuriaux*, *sans néanmoins
aucune attribution de juridiction*, *qui demeure
conservée aux juges auxquels elle appartient*.

Il faut nécessairement que l'officier qui reçoit
cette affirmation, ait réellement caractère de juge
dans une juridiction royale ou seigneuriale, encore
ne peut-il la recevoir que dans l'étendue de sa
juridiction ; raison pour laquelle le lieu où il
la reçoit doit être énoncé dans l'acte qui le
constate.

Il est encore à observer, qu'en permettant les
affirmations pardevant *tous juges*, la déclaration
de 1717 n'autorise pas à la faire devant ceux qui
les suppléent, tels que les procureurs du roi,
les procureurs d'office, les avocats, procureurs
ou praticiens, qui, dans d'autres occasions, rem-
plissent les fonctions de juges.

Les subdélégués ne peuvent recevoir que les

affirmations des Procès-verbaux qui font dans
le cas d'être fuivis devant MM. les intendans,
à moins toutefois qu'ils ne réuniffent à la
qualité de fubdélégué, celle de juge d'une jurifdiction, auquel cas il doit en être fait mention
dans l'acte.

Il n'eft pas néceffaire qu'une affirmation foit
écrite de la main même du juge ; il eft même
affez d'ufage que les commis en dreffent l'acte
tout prêt, afin que l'officier qui la reçoit n'ait
plus qu'à figner. Plufieurs juridictions de la
province de Normandie avoient annullé des
Procès-verbaux, fur le fondement que l'acte
d'affirmation étoit écrit de la main des commis ; mais, les lettres-patentes du 24 février
1733 ont ordonné que les affirmations feroient valables, de quelque main qu'elle fuffent
écrites.

Il n'eft pas befoin de fignifier ces affirmations ;
c'eft ce qui a été ordonné par un arrêt de la
cour des aides du 3 juin 1681.

Par arrêt du confeil du 22 octobre 1718, &
lettres-patentes expédiées fur icelui, il eft ordonné *que les Procès-verbaux faits par les*
commis du fermier, en préfence & affiftés d'un
officier de l'élection, ou autre juge à qui il ap-
partient de les faire, feront valables, fans qu'il
foit befoin que lefdits Procès-verbaux foient en-
fuite affirmés par les commis.

Il eft bon d'obferver à cet égard, que fi
le juge qui auroit affifté les commis, ne fignoit
pas leur Procès-verbal, ils ne pourroient fe difpenfer de l'affirmer ; l'affirmation ne peut être
fuppléée que par l'atteftation du juge, portant

qué les faits se sont passés en sa présence ; [
sont conformes à la vérité.

Si un Procès - verbal étoit rendu par tro
commis ou par un plus grand nombre, il
seroit pas d'une nécessité absolue qu'il fût affirm.
par tous ; pourvu qu'il le soit par deux il e[
valable (Ordonnance de 1680, & arrêt du cou[
seil du 6 janvier 1722.).

Différens réglemens avoient-ordonné que l[
commis seroient tenus de remettre, dans l'in[
tant de l'affirmation, un double signé d'eux
de leurs Procès-verbaux, au greffe de l'électio[
mais cette formalité, sur-tout depuis la décl[
ration de 1717, n'est plus d'étroite obligatio[
de la part des commis, & le défaut de s[
conformer n'emporte pas la nullité des Procè[
verbaux. On peut voir à cet égard les arr[
de la cour des aides de Paris, des 10 '& [
janvier 1721, 18 juin 1740, 9 août 1741, [
janvier, 6 & 13 mars 1742, & 22 avril 1749.

Lorsque les commis ont affirmé leurs Procè[
verbaux, les contrevenans doivent être assign[
dans les délais prescrits par l'ordonnance de 16[
(article 7 du titre 5 des exercices des commis[
c'est à-dire dans la huitaine du jour de l'affi[
mation. Quand, par exempl. ; le Procès-verb[
a été affirmé le premier du mois, l'assignatio[
doit être donnée le 8, & le 22, si l'affirmatio[
est du 15.

L'ordonnance de Rouen diffère de celle [
Paris, en ce qu'elle porte pour les assignatio[
le même délai que pour les affirmations, c'e[
à dire, de huitaine ou quinzaine, suivant [
consistance des élections.

Les délais pour comparoître sur cette assign[

tion, font à trois jours pour ceux domiciliés dans le lieu où le siège est établi ; à huit jours pour ceux qui demeurent dans le ressort ; & pour ceux dont le domicile est hors du ressort, également à huit jours, outre un jour pour dix lieues de distance.

Cette règle ne s'applique point à la partie des traites. L'ordonnance de 1687, ci-dessus citée, porte, article 7 du titre 11, *qu'il sera donné assignations aux marchands ou voituriers, par le Procès-verbal de saisie à comparoir dans le jour, si la saisie est faite au lieu où il y ait un juge des droits du roi ; & que si la saisie est faite à la campagne, l'assignation sera donnée au jour suivant ; enfin, qu'en cas que le juge soit éloigné de plus de dix lieues, le delai sera augmenté d'un jour pour dix lieues.*

Les assignations doivent être, comme les Procès-verbaux, sur papier du timbre de la généralité dans le ressort de laquelle est le chef-lieu de la direction d'où dépendent les commis.

Il faut aussi qu'elles soient contrôlées dans les trois jours de la date, quand les Procès-verbaux sont faits dans une ville ou autre lieu où il y a bureau de contrôle ; & dans la huitaine, lorsqu'ils sont faits à la campagne, ou dans les lieux éloignés des bureaux.

La déclaration du roi du 29 mai 1685, & un arrêt du conseil du 26 mars 1720, ont autorisé les commis à donner assignation sans se servir du ministère des huissiers, pourvu que ce fût à la suite & par le même contexte de leurs Procès verbaux ; mais alors ces Procès-verbaux doivent être contrôlés ; ce cas excepté, ils n'y font pas fujets. On a jugé que l'acte d'affirmation ayant le même effet que le contrôle, devoir y fuppléer (Arrêt du confeil du 30 octobre 1708, & arrêt de la cour des aides de Rouen du 27 novembre 1509.).

Telles font les formalités que les commis des fermes doivent obferver pour la rédaction & la fuite de leurs Procès-verbaux.

-Il y en a encore d'autres, dans le détail defquelles il eft inutile d'entrer, parce qu'elles ne font que d'ordre & de ftyle, & qu'elles n'influent pas auffi effentiellement fur la validité des Procès-verbaux. On s'eft propofé de ne rapporter ici que celles qui, comme on la déjà dit, font de rigueur, & dont l'omiffion peut opérer une nullité.

(*Article de M.* BUGNIATRE *, avocat & directeur des aides.*)

PROCLAMATION. Voyez PUBLICATION.

PROCONSUL. On a ainfi appelé celui qui, chez les Romains, gouvernoit une province avec l'autorité de conful.

Les Proconfuls, les préteurs & les proprérteurs avoient des lieutenans fous eux dans leurs gouvernemens, quelquefois jufqu'à trois, felon l'étendue de chaque gouvernement ; car, en décernant les provinces, le fénat marquoit l'étendue de chacune, régloit le nombre des troupes, affignoit des fonds pour leur paye & leur fubfiftance, nommoit les lieutenans que le gouverneur devoit avoir, & pourvoyoit à la dépenfe fur la route, ainfi qu'à leur équipage, qui confiftoit en un certain nombre d'habits, de meubles, de chevaux, mulets & tentes qu'on leur faifoit délivrer lorfqu'ils partoient pour leur gouvernement, & qu'on appeloit *viaticum*, afin qu'ils ne fuffent point à charge aux provinces.

PRO CUPIENTE PROFITERI. C'eft une claufe en vertu de laquelle un eccléfiaftique féculier peut être nommé à une bénéfice régulier, fous la condition expreffe de faire profeffion dans l'ordre ou la maifon dont dépend le bénéfice.

. Les abbayes étoient anciennement les feuls bénéfices réguliers ; l'ordre demandoit qu'on ne les confiât qu'à des moines exercés dans la vie religieufe, & capables, par leur âge & par leur expérience, d'être les pères des autres. Tous les canons qui concernoient le choix des abbes contenoient à cet égard des difpofitions expreffes. Il devoit donc être interdit par toutes les règles eccléfiaftiques de donner des bénéfices réguliers à des clercs féculiers, fous la condition de faire profeffion. Auffi le concile de Rome, tenu fous Nicolas II en 1059, veut que perfonne ne prenne l'habit religieux, ayant l'efpérance ou la promeffe d'être élu abbé. *Prohibemus ne ullus habitum monachi fucipiat, fpem aut promiffionem habens ut abbas fiat.* Boniface VIII, chapitres *cùm ad noftram.*, & *officii*, *de electione*, défend expreffément d'élever aucun religieux à une prélature régulière, qu'il ne foit profès dans un ordre régulier. *Nullus religiofus ad prælaturam fuæ vel alterius religionis de cætero eligatur, nifi anteà fuerit ordinem regularem expreffè profeffus.* Et Clément V, dans le concile de Vienne, chap. *ne in agro*, §. *fancimus*, comprend dans cette défenſe les prieurés conventuels & les offices clauſtraux.

L'uſage étoit déjà changé à cet égard dans le temps du concile de Trente, puiſque ce concile ordonne que les bénéfices réguliers ne ſoient donnés qu'à des réguliers, ou qu'à des clercs qui ſoient tenus de faire profeſſion dans l'ordre dont dépendent les bénéfices. *Regularia beneficia in titulum regularibus profeſſis provideri conſueta religioſis tantùm illius ordinis, vel iis qui habitum omninò fuſcipere & profeſſionem emittere teneantur, & non aliis conferantur.* Seſſ. 14, cap. 10. Suivant la diſcipline moderne de l'égliſe de France, le pape peut conférer non ſeulement les cures régulières, les places monacales, les offices clauſtraux, mais les abbayes mêmes, à des eccléſiaſtiques ſéculiers qui ont deſſein de faire profeſſion.

Il paroîtroit que les ordinaires devroient avoir, comme le pape, le droit de conférer les bénéfices réguliers aux eccléſiaſtiques ſéculiers qui veulent ſe faire religieux; il n'y a aucune loi qui le leur interdiſe. Fagnan rapporte une déclaration de la congrégation des cardinaux, qui les y autoriſe expreſſément, en exceptant néanmoins les bénéfices réguliers auxquels ſont annexées quelque dignité ou quelque adminiſtration. Ce célèbre canoniſte aſſure de plus, qu'ils ſont en poſſeſſion de conférer ainſi les bénéfices réguliers en Italie, en Eſpagne, dans les états du duc de Savoie; cependant on n'admet en France les proviſions des bénéfices réguliers avec la clauſe *Pro cupiente profiteri*, que lorſqu'elles ſont émanées du pape.

La juriſprudence du parlement de Paris ſur

ce point, est constatée par son arrêt du 7 février 1634. Celle du grand conseil n'est pas moins constante à cet égard. Antoine Pujol est admis au noviciat le 13 janvier 1682 dans l'ordre de Cluni ; il obtient le lendemain, du prieur, des provisions pour l'office claustral de camerier du prieuré de Tours. Louis Saulier se fait pourvoir en cour de Rome le 19 février suivant, avec la clause *Pro cupiente profiteri.* L'affaire s'étant engagée au grand conseil entre les deux pourvus du bénéfice, il intervint arrêt, le 7 août 1683, qui maintint le pourvu par le pape.

La même chose fut encore jugée au grand conseil par arrêt du 14 mars 1722. Par cet arrêt, un prêtre séculier pourvu en cour de Rome du prieuré-cure de Courberie, ordre de saint Augustin, diocèse du Mans, fut maintenu préférablement à un autre séculier que l'abbé y avoit nommé antérieurement avec la même clause ; & qui non seulement avoit dessein de se faire religieux, mais même avoit commencé son noviciat dans la cure où on l'avoit envoyé ; après lui avoir donné l'habit de l'ordre.

De tous les collateurs du royaume, il n'y a que les commandeurs de l'ordre de Malte qui puissent donner des bénéfices de leur ordre à des séculiers, à la charge d'y faire profession dans l'an ; mais ils ont obtenu sur ce sujet des bulles des papes, & ils jouissent de priviléges extraordinaires, qui ne leur sont point communs avec les autres religieux.

Le pape ne peut être obligé à donner des provisions avec la clause *Pro cupiente profiteri.* Ce sont des actes, non de justice, mais de pure grâce de sa part.

C'est une question de savoir de quel temps il faut dater l'année, ou les six mois accordés par le pape à ceux qui sont pourvus de cette manière, pour faire profession. Les auteurs ont été partagés sur ce sujet ; les uns ont prétendu qu'ils devoient se compter du jour de la provision, & les autres seulement du jour de la paisible possession. Gilbert ne décide rien sur ce sujet. Il y a, dit-il tome 2 de ses institutions, titre 234, sur cette matière des raisons pour » & contre, qui forment une diversité, non » seulement de sentimens, mais encore de ju- » risprudence, & qui obligent ceux qui se trou- » vent dans le cas, à se conformer aux usages reçus » dans les provinces «.

D'Héricourt, dans ses loix ecclésiastiques, chapitre de l'âge & des qualités requises pour posséder les bénéfices, nº 25, semble décider que l'année doit se compter du jour des provisions. » Quand on donne des provisions d'un bénéfice » régulier à un clerc séculier, à condition de » se faire religieux dans les six mois ; s'il manque » à exécuter la condition, le bénéfice devient » vacant & impétrable dès que les six mois, » à compter du jour de la provision, sont ex- » pirés. Il y en a un arrêt du 11 mars 1647, » rapporté dans la deuxième centurie de Soëfve «.

Lacombe, au contraire, décide dans son recueil de jurisprudence, canon. verbo. Pro cupiente profiteri, que l'année ne doit se compter que du jour de la paisible possession. C'est ainsi qu'il s'exprime sur ce sujet : » Un séculier pourvu en » cour de Rome d'un bénéfice régulier, Pro cu- » piente profiteri, doit faire profession dans l'an » de la paisible possession, à peine de nullité des

» provisions , suivant la signature , » qui porte :
» *Secùs præsens gratia sit ipso jure nulla.* Ainsi
» jugé par arrêt du grand conseil du 7 août
» 1741 «.

Ce dernier sentiment est celui que nous sui-
vrons de préférence ; il n'est pas moins autorisé
par les arrêts que le premier. Les bénéfices qui
exigent un certain ordre dans celui qui en est
pourvu, peuvent être comparés , par rapport à
la question dont il s'agit ici , aux bénéfices réguliers qui exigent la profession religieuse. Cependant l'année accordée à un titulaire pour se faire
promouvoir à l'ordre que demande son bénéfice ,
ne commence à courir que du jour de sa paisible possession ; il n'y a point là-dessus, de difficulté. Pourquoi ne pourroit-on pas dire de même
que l'année qui est accordée à un pourvu avec
la clause *Pro cupiente profiteri* , ne commence à
courir que du temps de sa paisible possession ?

Encore faut-il , pour que cette année doive
se compter du moment de la paisible possession ,
qu'il n'ait pas été empêché d'exécuter la condition sous laquelle il a été pourvu du bénéfice ,
ou qu'il n'ait point obtenu un rescrit de prorogation de temps. Lacombe , dans l'endroit déjà
cité , enseigne que le terme fatal ne courroit
pas contre lui , » s'il y avoit quelque empêche-
» ment ou refus des religieux du monastère , qui
» fût constaté «. Dupperai , dans une note
qu'il fait sur le n°. 25 du chapitre de l'âge &
des qualités requises pour posséder les bénéfices
des loix ecclésiastiques , observe, » qu'il y a des
» arrêts qui ont jugé, que quand il y a des em-
» pêchemens , le décret , quoiqu'irritant , n'a
» point de lieu , comme si le *cupiens profiteri*

» avoit fait des sommations aux religieux du
» monastère d'où dépend le bénéfice, ou s'il
» avoit eu un rescrit de prorogation de temps «.
Et la note en réponse à l'observation de Dupperai,
convient de la vérité de ces maximes. » On n'est
» point responsable, y est-il dit, de n'avoir point
» exécuté une condition, lorsque l'on a fait tout
» ce que l'on a pu pour l'exécuter, & qu'on
» en a été empêché par un tiers ; ou quand
» celui qui a mis la condition & qui avoit le
» pouvoir de proroger le temps pour l'exécu-
» tion, a lui même accordé un nouveau délai «.
Mais il ne suffit pas que le pourvu avec la
clause *Pro cupiente profiteri*, ait approuvé un refus quelconque du premier supérieur auquel il
s'est présenté, il faut qu'il ait fait toutes les diligences convenables pour être reçu, qu'il n'ait
point tenu à lui qu'il ne l'ait été, & qu'il ait
soin de faire constater le refus qu'on lui a fait
de l'admettre. Quand le refus n'est point motivé
ou fondé sur de justes raisons, on n'y a aucun
égard, l'admission à la profession religieuse est,
dans ce cas, un acte de justice qui est dû à celui
qui est pourvu du bénéfice, & qui ne doit pas
dépendre du caprice d'un supérieur.

Quand nous disons que le temps accordé par
le pape pour faire profession, ne doit se compter
que du jour de la possession paisible, cela ne
doit s'entendre que du cas où le pape n'auroit
pas inséré cette clause expresse, que ce temps
commencera à courir du jour des provisions. Si
des provisions contenoient une pareille clause,
le temps accordé pour faire profession commen-
ceroit à courir du moment où elles ont été expédiées : des provisions de cette espèce sont une

pure grâce du pape, & celui qui accorde une grâce y met les conditions qu'il juge à propos.

(*Article de M. l'abbé LAULEY, avocat au parlement.*)

PROCURATION. C'eſt un acte par lequel une perſonne donne à quelqu'un le pouvoir d'agir pour elle, comme elle pourroit faire elle-même.

On appelle *mandataire* ou *procureur conſtitué*, celui qui eſt chargé de la Procuration d'une per-ſonne.

L'engagement du mandataire ou procureur conſtitué ſe forme par l'acceptation ou par l'exé-cution qu'il fait de la Procuration.

Il y a différentes ſortes de Procurations; les unes ſont générales, les autres ſpéciales: les pre-mières s'appliquent à toutes les affaires du conſti-tuant, & cependant elles ne comprennent ordi-nairement que les actes d'adminiſtration: les autres n'ont d'effet que pour l'affaire qui y eſt ex-primée (*).

_____

(*) *Formule d'une Procuration générale & ſpéciale.*

Pardevant les notaires, &c. fut préſent Louis, &c. lequel a fait & conſtitué ſon procureur général & ſpé-cial..... auquel il donne pouvoir de pour lui & en ſon nom régir & adminiſtrer tous ſes biens & affaires, pré-ſens & à venir, & en recevoir les revenus, ſoit loyers, fermages, arrérages de rentes ou autrement, recevoir toutes les ſommes mobilières qui lui ſont & pourront être dues, de quelque nature que ce ſoit & puiſſe être, même recevoir les ſommes qui ſeront ordonné être payées par ſa majeſté, ſoit pour penſions, gratifications, appointe-mens ou autrement; comme auſſi recevoir tous rembour-ſemens qui pourroient être offerts; rendre & remettre tous titres & pièces néceſſaires; compter avec les débiteurs,

Ainfi celui auquel on a donné une procuration générale, peut, 1°. bailler à ferme où à loyer

---

fermiers & autres redevables dudit fieur conftituant;
former débats & arrêter leurs comptes ; en recevoir les
reliquats ; du reçu du tout donner quittances & décharges
valables ; à refus de payement faire toutes pourfuites,
contraintes & diligences néceffaires, tant par faifie-exécu-
toires de leurs meubles, que faifie réelle d'immeubles, donner
main-levée, pourfuivre jufqu'a fin defdites faifies.

Comme auffi ledit fieur conftituant donne pouvoir audit
fieur procureur d'affermer & renouveler les baux de fes
biens à telles perfonnes, moyennant les prix, temps,
charges, claufes & conditions qu'il avifera, faire paffer
titres nouvels & reconnoiffances des rentes appartenantes
audit fieur conftituant, & les paffer de celles qu'il doit.

Recueillir toutes fucceffions qui pourroient lui écheoir
purement & fimplement, ou par bénéfice d'inventaire;
faire procéder à tous procès-verbaux d'appofition de fcellé,
inventaire & partage, convenir d'officiers, prendre communication du tout, &, fi ledit procureur le juge à propos,
renoncer à icelles fucceffions, accepter les lots qui éche-
ront audit fieur conftituant, payer foute ou la recevoir,
accepter toutes donations & legs qui pourront être faits
audit fieur conftituant.

Pourfuivre toutes les inftances qu'il a ou aura ci-après,
tant en demandant que défendant, en tels tribunaux, contre
telles perfonnes, & pour quelques caufes que ce foit &
puiffe être, & ce jufqu'à fentence & arrêt définitifs ; les
mettre à exécution, tranfiger, traiter & compofer des
droits dudit fieur conftituant, pour tels prix, charges,
claufes & conditions que ledit fieur procureur jugera à
propos.

Faire tous payemens pour ledit fieur conftituant ; requérir & faire toutes fubrogations & declarations requifes &
néceffaires avec ou fans garantie ; retirer les pièces juftificatives des fommes qui feront payées.

Emprunter de telles perfonnes qu'il avifera, par billets,
promeffes, obligations, conftitutions & autrement, jufqu'à la fomme de ...... même vendre, céder & tranfporter auffi à telles perfonnes, moyennant les prix,

les

les biens du conftituant ou les faire valoir par fes mains : mais les baux ne doivent point excéder le temps ordinaire, qui eft au plus de neuf ans;

---

charges, claufes & conditions qu'il avifera, une maifon fife à .... appartenant audit fieur conftituant; recevoir le prix de ladite vente, ou en accorder termes & délais, & à la garantie des fommes qui pourront être empruntées, & de ladite vente; obliger ledit fieur conftituant & tous fes biens préfens & à venir; & fur le tout plaider, &c. oppofer, &c. appeler, &c. élire domicile, fubftituer un ou plufieurs procureurs, en tout ou partie du préfent pouvoir; les révoquer, en conftituer d'autres. Ces préfentes demeurant toujours valables jufqu'à révocation d'icelles, nonobftant furannation; & à l'effet de tout ce que deffus, paffer tous contrats & autres actes qu'il appartiendra; promettant ledit conftituant d'avoir le tout pour agréable, & le ratifier quand il en fera requis; obligeant. Fait & paffé, &c.

Formule d'une Procuration fpéciale pour faire un emprunt.

Pardevant les notaires, &c. furent préfens Nicolas.... & Marie .... fa femme, de lui autorifée à l'effet qui fuit, demeurans .... lefquels ont fait & conftitué leur procureur .... auquel ils donnent pouvoir de pour eux & en leurs noms, emprunter d'une ou plufieurs perfonnes jufqu'à la fomme de huit mille livres, par obligation ou conftitution, pour employer .... en cas de conftitution, garantir, tant en principal qu'arrérages, la rente qui fera conftituée; & en cas d'obligation, promettre de payer dans le temps convenu; & dans les deux cas, obliger folidairement lefdits conftituans, fous les renonciations requifes, & tous leurs biens, meubles & immeubles, préfens & à venir; & fpécialement une maifon fife à Paris .... à eux appartenante; élire domicile, paffer à ce fujet les obligations ou conftitutions qu'il avifera; & faire pour les payemens des arrérages de la rente qui pourra être conftituée, toutes délégations fur les loyers de ladite maifon, & généralement, &c.

Tome XLVIII. D d

ceux qui feroient faits pour un temps plus long
tiendroient de l'aliénation, & excéderoient par conféquent les bornes d'une adminiftration.

2°. Par une Procuration générale, le procureur
conftitué eft autorifé à traiter avec des ouvriers
pour les réparations qui font à faire aux biens du
conftituant.

3°. Il eft pareillement autorifé à acheter les
chofes néceffaires pour l'exploitation des biens du
conftituant qu'il fait valoir par fes mains.

4°. Il peut recevoir les deniers qui peuvent
être dus au conftituant, & en donner des quittances
valables aux débiteurs ; & fi ceux-ci étoient
en demeure ou refufoient de payer, il pourroit
les contraindre au payement, fous le nom du
conftituant, en vertu des titres exécutoires qui
feroient entre fes mains.

5°. Il peut auffi, fous le nom du conftituant,
former des demandes en juftice pour faire condamner des débiteurs contre lefquels il n'y a point
de titre exécutoire : il eft de même autorifé à
intenter, fous le nom du conftituant, toute action
poffeffoire pour s'oppofer au trouble apporté à la
poffeffion du conftituant : il peut pareillement
s'oppofer à un décret pour la confervation des
droits du conftituant, & former des demandes
pour faire paffer titre nouvel.

Toutes ces actions étant des chofes qui appartiennent à l'adminiftration des biens, la procuration générale donne le pouvoir de les former
& de les pourfuivre, fans que le conftituant
puiffe être admis à défavouer les procureurs &
les huiffiers que fon procureur conftitué en a
chargés.

Mais s'il s'agiffoit d'une demande qui ne peut

point être confidérée comme faifant partie des affaires courantes & ordinaires du conftituant, le procureur conftitué devroit, pour la former, prendre un pouvoir fpécial.

Il faut d'ailleurs obferver que quelque étendue que foit une Procuration générale, elle ne peut point s'appliquer aux actions criminelles qu'on intente par la voie de plainte. L'article 4 du titre 3 de l'ordonnance du mois d'août 1670, veut que tous les feuillets d'une plainte foient fignés par le plaignant ou par fon procureur fondé de Procuration fpéciale.

6°. Tout ainfi qu'un procureur conftitué peut, en vertu d'une Procuration générale, former des demandes judiciaires fous le nom du conftituant, il eft pareillement autorifé à propofer des défenfes contre les actions mal fondées qui tendent à faire condamner le conftituant à quelque payement, &c. & il peut acquiefcer aux demandes contre lefquelles il n'a rien de folide à oppofer.

7°. En vertu d'une procuration générale, le procureur conftitué peut employer les deniers de fon adminiftration à payer les créanciers du conftituant.

8°. Comme une Procuration générale ne donne au procureur conftitué que l'adminiftration, & non la difpofition des biens du conftituant, il faut en conclure que le pouvoir que renferme une telle Procuration, fe borne aux aliénations qu'exige l'adminiftration, & ne s'étend pas aux autres.

9°. Le procureur conftitué peut hypothéquer pardevant notaires les biens du conftituant, aux obligations dépendantes de fon adminiftration, telles que font celles qu'il contracte envers des ouvriers, pour réparer une maison, pour faire valoir une métairie, &c.

Il peut même, en pareil cas, donner en nantissement les effets qui peuvent être entre ses mains, sur-tout si le constituant étoit dans l'usage d'emprunter sous gages.

Mais si le procureur constitué empruntoit, en vertu de sa Procuration générale, une somme considérable qui excédât les bornes de son administration ou dont l'emploi ne seroit pas justifié, il iroit au delà de son pouvoir, & il n'obligeroit ni la personne ni les biens du constituant.

10°. Une Procuration générale autorise le procureur constitué à accepter les donations qui sont faites au constituant. L'article 5 de l'ordonnance des donations du mois de février 1731 porte, que *les donations entre vifs ne pourront engager le donataire, ni produire aucun autre effet que du jour qu'elles auront été acceptées par le donataire ou par son procureur général ou spécial.*

La Procuration générale autorise pareillement le procureur constitué à recevoir la délivrance des legs, soit particuliers, soit universels, qu'on a faits au constituant.

Mais il en seroit autrement d'une succession qui viendroit à écheoir au constituant : le procureur constitué ne pourroit pas l'accepter en vertu de sa Procuration générale.

La raison de différence est sensible : l'acceptation d'une donation ou d'un legs même universel ne peut jamais nuire au donataire ni au légataire. Car quoiqu'un donataire ou légataire universel soit tenu des dettes, ce n'est que jusqu'à concurrence de ce qui lui a été donné ou légué : ainsi il peut toujours se faire décharger des dettes en

abandonnant la donation où le legs : mais il en
est autrement de l'acceptation d'une succession ;
celui qui se rend héritier contracte l'obligation de
payer toutes les dettes du défunt, quand même
elles excéderoient la valeur de la succession. On
doit donc présumer que le constituant n'a point
entendu, en donnant une Procuration générale,
que le procureur constitué pourroit lui faire contracter des obligations indéfinies, telles que celles
qui résultent de l'acceptation d'une succession. Ainsi,
dans le cas où le procureur constitué auroit fait
acte d'héritier au nom du constituant, celui-ci seroit fondé à le désavouer, & pourroit renoncer à
la succession, en rendant compte des choses dont son
procureur constitué se seroit mis en possession.

Il faudroit décider différemment, si le procureur constitué se fût mis en possession des biens
de la succession au vu & au su du constituant :
celui-ci seroit alors censé avoir fait acte d'héritier lui-même, & avoir donné à son procureur
un pouvoir spécial tacite d'agir conséquemment
à cette qualité d'héritier.

11°. Une Procuration générale, quelque étendue qu'elle soit, ne peut point autoriser le procureur constitué à disposer par donation d'aucune
des choses dont on lui a confié l'administration.
Il est évident qu'il n'y a que le propriétaire d'une
chose qui soit en droit de la donner.

Il suit de là, qu'un procureur constitué ne
peut pas, sans un pouvoir spécial, faire une remise gratuite des droits qui appartiennent au constituant, parce qu'une telle remise est une véritable
donation.

Cette règle reçoit néanmoins quelques excep-

tions ; il y a des remifes qu'on peut regarder
comme dépendantes de l'adminiftration de celui
qui a une Procuration générale. Telles font les
remifes que des créanciers font à leur débiteur
par un contrat d'attermoiement, pour ne pas
perdre la totalité de leurs créances : telle eft
auffi la remife que le procureur conftitué fait
d'une partie des droits feigneuriaux à une perfonne qui eft fur le point d'acquérir des héritages dans la mouvance d'une feigneurie dont
il a l'adminiftration. Ces fortes de remifes étant
faites pour l'intérêt du conftituant, elles n'excèdent point les bornes de l'adminiftration.

Le conftituant eft engagé envers le procureur
conftitué auffi-tôt que celui-ci a accepté la commiffion ou qu'il a commencé à l'exécuter ; & le
premier eft obligé d'approuver & de ratifier tout
ce que le fecond a fait en vertu de la Procuration
qui lui a été donnée.

Relativement aux droits auxquels les Procurations font affujetties par les réglemens, on diftingue celles qui font données en matière eccléfiaftique pour raifon des bénéfices, de celles qui
font données en matière laïque.

Les Procurations données en matière eccléfiaftique pour prendre poffeffion de bénéfices ou
dignités, ou pour s'en démettre ; celles qui portent réfignation ou rétroceffion, ou qui font con-
çues en des termes qui peuvent difpenfer les
réfignataires de paffer d'autres actes pardevant
notaires, pour parvenir à l'obtention des provifions, font comprifes dans la première fection
de l'article premier du tarif du 29 feptembre
1722, & le droit de contrôle en eft fixé à cinq
livres en principal.

Les Procurations données pour compromettre, requérir, résigner, céder ou rétrocéder un bénéfice ; celles qui ont pour objet de notifier les noms, titres & qualités des gradués, ou de consentir création ou extinction de pension, ensemble les révocations de ces Procurations, sont comprises dans la troisième section du même article premier, qui en fixe le droit de contrôle à vingt sous.

Ces dispositions ont été confirmées par les articles 4 & 6 de l'arrêt du conseil du 30 août 1740.

On vient de voir que le droit de la Procuration qui porte résignation, diffère de celui de la Procuration donnée pour résigner. La raison en est, que la première remet directement le bénéfice entre les mains du collateur, & que la seconde doit nécessairement être suivie d'un acte de résignation de la part du procureur fondé.

Par une déclaration du 14 février 1737, enregistrée au parlement le 13 mars suivant, le roi a réglé la forme dans laquelle les Procurations pour résigner des bénéfices doivent être faites (*).

(*) *Voici cette loi :*

Louis, &c. Salut. La multiplication des fraudes & des abus qui s'étoient glissés dans les résignations en faveur, depuis que l'usage en avoit été introduit dans notre royaume, obligea le roi Henri II à y apporter les remèdes convenables par son édit du mois de juin 1550. Ce fut dans cette vûe qu'il ordonna, entre autres choses, que les Procurations pour résigner les bénéfices ne pourroient être reçues par un notaire seul, & sans la présence de deux

L'article 74 du tarif du 29 septembre 1722 règle le droit de contrôle qui doit être perçu

---

témoins connus & domiciliés, qui ne fussent ni domestiques ni parens ou alliés, jusqu'au degré de confingermain inclusivement, soit du résignant ou du résignataire. Le feu roi, notre très - honoré seigneur & bisaïeul, a renouvelé & même étendu les dispositions d'une loi si nécessaire, par sa déclaration du mois d'octobre 1646, & par son édit du mois de décembre 1691; mais il manquoit encore quelque chose à la perfection de ces loix, puisqu'en prescrivant des règles pour les Procurations qui font reçues par un notaire avec des témoins, elles n'avoient rien déterminé par rapport aux Procurations qui font passées pardevant deux notaires, où il n'est pas d'usage d'appeler deux témoins; & ayant résolu de suppléer à cette omission, nous avons considéré que les résignations se faisant le plus souvent dans la pensée de la mort, & étant exposées aux mêmes surprises que les dispositions de dernière volonté, on ne pouvoit y pourvoir d'une manière plus sûre qu'en rendant la forme des Procurations pour résigner des bénéfices, presque semblable à celle que nous avons autorisée par notre ordonnance du mois d'août 1735, pour les actes à cause de mort qui font reçus par des notaires; nous obligerons par-là ceux qui recevront les Procurations pour résigner, à y apporter la même attention, pour connoître l'état du résignant & lui faire expliquer sa volonté en leur présence, que lorsqu'il s'agit de s'assurer de l'état d'un testateur, & de lui entendre prononcer ses dispositions. Et comme il arrive souvent que les démissions pures & simples font une espèce de résignation secrète en faveur de celui qui en est l'objet, & que les permutations de bénéfices, qui renferment toujours une résignation réciproque, font aussi susceptibles de différens genres de fraudes qu'il est important d'empêcher, nous avons jugé à propos d'assujettir les unes & les autres à l'observation des règles que nous établirons par notre présente déclaration. A ces causes, &c.

ARTICLE I. Les Procurations pour résigner des bénéfices ne pourront être faites que par des actes passés en présence de deux notaires, ou en présence d'un notaire avec

pour les Procurations simples données en matière laïque. Voyez ce que l'on a dit sur ce sujet à l'article CONTRÔLE.

---

deux témoins au moins de la qualité qui sera ci-après marquée, & il sera fait mention dans lesdits actes, de l'état de santé ou de maladie dans lequel sera le résignant, le tout à peine de nullité.

2. Lesdits notaires, ou l'un d'eux, écriront l'acte de Procuration, suivant la déclaration que le résignant leur fera de ses intentions, & lui en feront ensuite la lecture, de laquelle il sera fait une mention expresse ; après quoi l'acte sera signé, tant par le résignant que par les deux notaires, ou par le notaire & les témoins ; & en cas que le résignant déclare qu'il ne peut signer, il en sera fait aussi mention ; le tout à peine de nullité.

3. Ne pourront être pris pour assister auxdits actes que des témoins connus & domiciliés, qui seront âgés au moins de vingt ans accomplis, & qui ne soient ni parens ni alliés du résignant ou du résignataire, jusqu'au dégré de cousin-germain inclusivement, ni serviteurs ou domestiques de l'un ou de l'autre. Voulons en outre, conformément aux articles 40, 41, 42 & 44 de notre ordonnance concernant les testamens, qu'il ne puisse être admis dans lesdits actes que des témoins qui sachent & puissent signer, & qui soient mâles, régnicoles, & capables d'effets civils, sans que les réguliers, novices ou profès de quelque ordre que ce soit, ni les clercs, serviteurs ou domestiques du notaire qui recevra la Procuration, puissent être pris pour témoins ; le tout à peine de nullité.

4. Voulons, conformément à l'article 48 de notredite ordonnance, que ceux desdits notaires ou témoins qui auront signé lesdites Procurations sans avoir vu le résignant & l'avoir entendu prononcer & expliquer ses intentions, soient poursuivis extraordinairement à la requête de nos procureurs, comme pour crime de faux.

5. Il restera minute desdites Procurations, à peine de nullité.

6. La disposition des quatre articles précédens aura lieu pareillement pour les Procurations & actes qui se font à

On appelle *Procuration ad refignandum*, u

l'effet de permuter des bénéfices, & pour les actes de démiffions pures & fimples.

7. N'entendons au furplus rien innover par ces préfentes, fur les règles, conditions & formalités établies par ledit édit de 1550, & autres ordonnaces, édits & déclarations poftérieures ; toutes lefquelles loix continueront d'être exécutées felon leur forme & teneur. Si donnons en mandement, &c.

Formule d'une Procuration conformément à la déclaration qu'on vient de rapporter.

Pardevant les confeillers du roi, notaires au châtelet de Paris, fouffigné, fut préfent meffire Jofeph-François R., prêtre . . . demeurant . . . . ledit fieur R. étant en fanté, allant & vaquant à fes affaires, fuivant qu'il eft apparu auxdits notaires, s'étant rendu en l'étude de l'un d'eux, où fon confrère eft venu, y ayant été mandé à l'effet des préfentes ; lequel fieur R. a déclaré que fon intention eft de fe démettre de la chapelle de .... érigée en l'églife de... dans la ville de ....(ou *cure*, ou *prieuré*, ou *conventualité, qu'il faut défigner*) dont il eft pourvu ; en conféquence, ledit fieur R. a fait & conftitué pour fes procureurs généraux & fpéciaux M. & N., auxquels il donne pouvoir de pour lui & en fon nom réfigner & remettre ès mains de notre faint père le pape, monfeigneur fon vice-chancelier, ou autres ayant à ce pouvoir, ladite chapelle de . . . . en faveur du fieur Etienne L., clerc tonfuré du diocèfe de . . . . & non d'autre ; confentant que toutes provifions lui en foient expédiées, fcellées & délivrées, jurant & affirmant ledit fieur R., qu'en ces préfentes n'eft intervenu ni interviendra aucune fimonie ni autre convention illicite & contraire aux difpofitions canoniques ; promettant, &c. obligeant, &c. Fait & paffé à Paris en l'étude dudit . . . . notaire, le . . . . mil fept cent . . . .

Sur les . . . . heures du matin ou de relevée, & a figné après que ces préfentes ont été lues audit fieur R. par l'un defdits notaires, l'autre préfent, ainfi qu'il eft dit en ladite minute defdites préfentes, qui ont été fignées dudit R. ; & demeurées audit . . . . notaire.

acte par lequel le titulaire d'un office donne pouvoir de le réfigner ou remettre entre les mains du roi, de M. le chancelier ou autre collateur, pour en difpofer. Voyez les articles OFFICE & CONTRÔLE.

On appelle *droit de Procuration*, un droit dont les évêques & les archidiacres ont la jouif-fance, & qui confifte à fe faire loger, nourrir & défrayer eux & ceux de leur fuite pendant tout le cours de leurs vifites, lorfqu'ils en font en perfonne.

Fevret rapporte l'origine du droit de Procura-tion, à ce que, dans les premiers temps du chrif-tianifme, les évêques employoient les revenus eccléfiaftiques à faire des charités fi nombreufes, que fouvent il ne leur reftoit plus de quoi vivre. Ainfi il étoit jufte qu'on les défrayât lorfqu'ils vifitoient leurs diocèfes, puifqu'autrement ils n'euffent pas pu les vifiter.

Quoique le motif qui a fait établir le droit de Procuration ne fubfifte plus, ce droit ne laiffe pas d'être dû par toutes les églifes vifitées, même par les cures à portion congrue, ainfi que l'a jugé un arrêt du parlement de Paris du 30 août 1678, rapporté dans les nouveaux mémoires du clergé.

Obfervez néanmoins que cette décifion ne s'applique point aux cures des exempts. L'article 3 de l'édit de décembre 1606, l'a ainfi réglé.

Les maîtres d'école & les autres laïcs fujets à la vifite des évêques ou archidiacres, font pa-reillement exempts du droit de Procuration.

Il y a dans la bibliothèque de Bouchel un arrêt de réglement rendu pour le diocèfe de Meaux en 1567, qui a jugé que le droit de

Procuration fe payeroit en argent ou en vivre, au choix du bénéficier.

D'autres arrêts ont défendu de percevoir ce droit en argent:

Au furplus, c'eſt la poſſeſſion & l'uſage qui règlent la qualité & la quotité du droit de Procuration.

L'article 6 de l'ordonnance d'Orléans veut que le droit de Procuration fe prenne ſi modérement, que perſonne n'ait ſujet de s'en plaindre.

Les conciles tenus à Toulouſe & à Londres en 843 & 1342, ont réglé que quand l'évêque viſiteroit pluſieurs égliſes en un même jour, il ne feroit dû qu'un feul droit de Procuration.

Et un capitulaire de Charles le Chauve de l'an 844, a décidé que les égliſes feroient exemptes de ce droit pour une feconde viſite dans la même année.

C'eſt devant les juges féculiers qu'il faut fe pourvoir relativement aux conteſtations que peut occaſionner le payement du droit de Procuration. Le juge d'égliſe ne pourroit pas, fans abus, connoître de ces conteſtations.

PROCUREUR. C'eſt celui qui a pouvoir d'agir pour autrui, qui eſt fondé de la Procuration d'un autre pour faire quelque choſe pour lui. *Voyez ſur cette eſpèce de Procureur les articles* MANDAT & PROCURATION.

PROCUREUR *AD-LITES* ou PROCUREUR POSTULANT, ou ſimplement PROCUREUR. C'eſt un officier établi pour agir en juſtice au nom de ceux qui plaident dans quelque juridiction.

L'établiſſement des Procureurs eſt fort ancien.

Il y en avoit pour le châtelet, en particulier, dès l'an 1327, comme le prouvent des lettres de Philippe VI du mois de février de cette année, qui défendent à tout particulier d'être en même temps avocat & Procureur.

Il y avoit aussi des Procureurs au parlement en 1341. On voit que cette année ils instituè-rent entre eux une confrérie de dévotion, au sujet de laquelle ils firent un traité avec le curé de Sainte-Croix.

Dans l'origine, le nombre des Procureurs de chaque siége n'étoit pas limité parmi nous; le juge en recevoit autant qu'il jugeoit à propos. On se plaignit au châtelet que le nombre des Procureurs étoit excessif; c'est pourquoi Charles V, par des lettres du 16 juillet 1378, ordonna que le nombre de ces officiers seroit réduit à quarante; mais Charles VI, par des lettres du 19 novembre 1393, ordonna que le nombre des Procureurs du châtelet ne seroit plus fixé à quarante, & que tous ceux qui voudroient exercer cet emploi, pourroient le faire, pourvu que trois ou quatre avocats notables de cette cour certifiassent au prévôt de Paris qu'ils en étoient capables.

Le nombre des Procureurs au parlement s'étoit aussi multiplié à tel point, que Charles VI, par des lettres du 13 novembre 1403, donna pou-voir aux présidens du parlement de choisir un certain nombre de conseillers de la cour avec lesquels ils diminueroient celui des Procureurs; il leur ordonna de retrancher tous ceux qui n'au-roient pas les qualités & capacités requises; mais il ne fixa point le nombre de ceux qui devoient être conservés.

Louis XII, en 1498, ordonna pareillement

que le nombre des Procureurs au parlement feroit réduit par la cour, & que les autres juges feroient la même chofe chacun dans leur fiége.

Mais ces projets de réduction, renouvelés encore fous François premier & fous François II, ne furent point exécutés ; le nombre des Procureurs augmentoit toujours, foit parce que les juges en recevoient encore malgré les défenfes, foit parce qu'une infinité de gens fans caractère fe mêloient de faire la profeffion de Procureur.

Il arriva néanmoins un grand changement à leur égard. Henri II avoit, par des lettres du 8 août 1552, permis aux avocats d'Angers d'exercer l'une & l'autre fonction d'avocat & de Procureur, comme ils étoient déjà en poffeffion de le faire : cet ufage étoit particulier à ce fiége ; mais l'ordonnance d'Orléans étendit cette permiffion à tous les autres fiéges ; elle ordonna même qu'en toutes matières perfonnelles qui fe traiteroient devant les juges des lieux, les parties comparoîtroient en perfonnes, pour être ouïes fans affiftance d'avocat ou de Procureur.

Dans la fuite, Charles IX confidérant que la plûpart de ceux qui exerçoient alors la fonction de Procureur dans les cours & autres fiéges, étoient des perfonnes fans caractère, reçues au préjudice des défenfes qui avoient été faites, ou qui avoient furpris de Henri II des lettres pour être reçus en l'état de Procureur, quoiqu'ils n'euffent point les qualités requifes, il révoqua, par un édit du mois d'août 1561, & annula toutes les réceptions faites depuis 1559 : il défendit à toutes fes cours & autres juges de recevoir perfonne au ferment de Procureur, & ordonna qu'advenant le décès des Procureurs anciennement reçus,

leurs états demeureroient supprimés, & que dès-
lors les avocats de ses cours & autres juridictions royales exerceroient l'état d'avocat & de
Procureur ensemble, sans qu'à l'avenir il fût besoin d'avoir un Procureur à part.

Il seroit à désirer que l'édit de Charles IX,
dont on vient de parler, n'eût point été révoqué;
car ce seroit un grand avantage pour les peuples,
que l'instruction de la procédure fût confiée aux
avocats. On sait que le succès d'une affaire dépend souvent de la manière dont on la commence; il seroit donc à propos que la contestation fût dirigée dans l'origine par un avocat plutôt que par un Procureur, qui, par état, n'est
point obligé à l'étude du droit. D'ailleurs l'avocat, en instruisant la procédure, connoîtroit mieux
la cause qu'il doit plaider; le particulier n'auroit
affaire qu'à une personne, &, ce qui est bien
plus important encore, l'avocat, qui a nécessairement l'honneur & l'estime publique en vue
dans son travail, n'useroit presque jamais de ces
chicanes ou subtilités qui composent toute la
science de la plupart des Procureurs, & par le
moyen desquelles ils savent si bien, pour leur
profit & à la ruine de leurs parties, multiplier
les actes & éterniser les procès.

Aujourd'hui les Procureurs sont établis par-
tout en titre d'office, excepté dans les juridictions consulaires, où il n'y a que de simples
praticiens, qu'on appelle postulans, parce qu'ils
sont admis à postuler pour les parties; encore ne sont elles pas obligées de se servir de
leur ministère.

Pour être reçu Procureur, il faut être laïc;
ce qui est conforme à une ancienne ordonnance

donnée au parlement de la Touſſaints en 1287, qui reſtreigiñit aux ſeuls laïcs le droit de faire la fonction de Procureur.

Tout aſpirant à l'état de Procureur doit être âgé de vingt-cinq ans, à moins qu'il n'ait des lettres de diſpenſe d'âge. Il ne doit d'ailleurs être reçu qu'après information de ſes vie & mœurs, & après avoir été examiné par le juge ſur ſa capacité.

Le ſerment que les Procureurs prêtent à leur réception, & qu'ils renouvellent tous les ans à la rentrée, eſt de garder les ordonnances, arrêts & réglemens. Leur habillement pour le palais eſt la robe à grandes manches & le rabat.

Aux ſiéges des maîtres particuliers, élections, greniers à ſel, traites foraines, conſervations des priviléges des foires : aux juſtices des hôtels & maiſons de ville & autres juridictions inférieures, & dans toutes les juſtices ſeigneuriales, les parties ne ſont point obligées de ſe ſervir du miniſtère des Procureurs, quoiqu'il y en ait d'établis dans pluſieurs de ces juridictions : les parties ſont ouïes en l'audience vingt - quatre heures après l'échéance de l'aſſignation, & jugées ſur le champ ; mais comme la plupart des parties ont beſoin de conſeil pour ſe défendre, elles ont ordinairement recours à un Procureur, lors même qu'elles ne ſont pas obligées de le faire.

Dans tous les autres tribunaux, le demandeur doit coter un Procureur dans ſon exploit, & le défendeur qui ne veut pas faire défaut, doit auſſi en conſtituer un de ſa part.

Les Procureurs doivent avoir un regiſtre pour enregiſtrer les cauſes, & faire mention par qui ils en ſont chargés.

· Ils

Ils font auffi obligés d'avoir des regiftres féparés en bonnes formes, pour y écrire toutes les fommes qu'ils reçoivent de leurs parties ou par leur ordre, & les repréfenter & affirmer véritables toutes les fois qu'ils en font requis, à peine contre ceux qui n'ont point de regiftres ou qui refufent de les repréfenter & affirmer véritables, d'être déclarés non recevables en leurs demandes & prétentions de leurs frais, falaires & vacations.

Le miniftère des Procureurs confifte à poftuler pour les parties, c'eft-à-dire, à occuper pour elles ; en conféquence, ils fe conftituent pour leur partie par un acte qu'on appelle acte d'occuper ; ils fe préfentent au greffe pour leur partie ; ils fournifent pour elle des exceptions, fins de non recevoir, défenfes, répliques & requêtes ; ils donnent copie des pièces néceffaires, font les fommations pour plaider, font fignifier les qualités, lèvent les jugemens, les font fignifier ; & en général ce font eux qui font entre eux les fignifications qu'on appelle expéditions de palais, ou de Procureur à Procureur.

A l'audience, le Procureur affifte l'avocat qui plaide la caufe de fa partie.

L'ufage a auffi introduit que les Procureurs peuvent plaider fur les demandes où il s'agit plus de fait & de procédure que de droit.

Dans les inftances & procès, ce font eux qui mettent au greffe les productions, qui font les productions nouvelles & autres écritures de leur miniftère.

Les Procureurs ne font garans de la validité de leur procédure, que dans les décrets feulement, & cette garantie ne dure que dix ans.

Dans les autres matières, s'ils excèdent leur pouvoir, ils font sujets au défaveu.

Ainſi, quoique le Procureur chargé d'un exploit puiſſe faire, au nom de la partie pour laquelle il occupe, toutes les procédures qui conviennent à la demande formée par cet exploit, il ne doit pas, ſans un pouvoir particulier, former de nouvelles demandes, ni augmenter, ni diminuer celle qui eſt portée par le même exploit; autrement il pourroit être défavoué.

Il en feroit de même ſi, ſans un pouvoir ſpécial, il intervenoit dans une affaire, s'il prenoit le fait & cauſe de quelqu'un, s'il faiſoit des offres, s'il donnoit un conſentement préjudiciable à ſa partie, s'il s'inſcrivoit en faux, s'il paſſoit un compromis, s'il interjetoit un appel, s'il prenoit des lettres de reſciſion contre un acte, &c.

Lorſqu'un Procureur fait quelque procédure contraire aux ordonnances & réglemens, on la déclare nulle, ſans aucune répétition contre ſa partie.

Un Procureur eſt obligé d'occuper pour ſa partie juſqu'à ce qu'il ſoit révoqué. Cette révocation peut avoir lieu toutes les fois qu'une partie le juge à propos. Mais la partie qui révoque ſon Procureur doit non ſeulement en conſtituer un autre, il faut encore qu'elle notifie la révocation de l'ancien & la conſtitution du nouveau aux parties adverſes, ſinon tout ce que ces dernières ſignifieroient au Procureur révoqué ſeroit valable.

Quand une partie vient à décéder, le pouvoir de ſon Procureur eſt fini; il lui faut un nouveau pouvoir des héritiers, pour reprendre & occuper pour eux.

Lorsque c'est le Procureur qui décède pendant le cours de la contestation ; on assigne la partie en constitution de nouveau Procureur.

Les Procureurs ont hypothèque du jour de la procuration.

Lorsque leur partie obtient une condamnation de dépens qu'ils ont avancés , ils peuvent en demander la distraction , & , dans ce cas, les dépens ont la même hypothèque que le titre.

Suivant la jurisprudence du parlement de Paris, il est défendu aux Procureurs de retenir les titres & pièces des parties, sous prétexte de défaut de payement de leurs frais & salaires ; mais on ne peut les obliger de rendre les procédures, qu'ils ne soient entiérement payés.

La déclaration du 11 décembre 1597 porte, que les Procureurs , leurs veuves & héritiers ne pourront être poursuivis ni recherchés directement ni indirectement pour la restitution des sacs & pièces dont ils se trouveront chargés cinq ans avant l'action intentée contre eux, lesquels cinq ans passés , l'action demeurera nulle , éteinte, & prescrite ; l'arrêt d'enregistrement du 15 mars 1603, porte, qu'ils seront pareillement déchargés, au bout de dix ans , des procès indécis & non jugés , de ceux qui sont jugés au bout de cinq ans , & que leurs veuves ou autres ayant droit d'eux seront déchargés au bout de cinq ans , après le décès des Procureurs , des procès, tant jugés qu'indécis.

Les procédures qui sont dans l'étude d'un Procureur forment ce qu'on appelle sa pratique ; c'est un effet mobilier que les Procureurs , leurs veuves & héritiers peuvent vendre avec l'office , ou séparément.

Les Procureurs ne peuvent être cautions pour leurs parties ; ils ne peuvent prendre le bail judiciaire, ni se rendre adjudicataire des biens dont ils poursuivent le décret, à moins qu'ils ne soient créanciers de leur chef, & poursuivans en leur nom, suivant le réglement du parlement du 22 juillet 1690.

Quand un Procureur se trouve en même temps chargé de défendre les intérêts du mari & de la femme, il ne doit pas faire une double procédure, ni agir pour chacun d'eux séparément. Le parlement de Paris l'a ainsi jugé par arrêt du 23 octobre 1724.

Suivant l'édit des criées de 1551, les enchères des biens dont on poursuit l'adjudication en justice, ne peuvent se faire que par le ministère des Procureurs. *Voyez ce que nous avons dit sur cet objet à l'article* ENCHÈRE.

On a prétendu que les Procureurs étoient incapables de recevoir des donations universelles de la part de leurs cliens durant le cours d'un procès ; mais il y a des exemples que de telles libéralités ont été confirmées : ainsi la validité des legs ou donations de cette espèce dépend des circonstances qui peuvent écarter les soupçons de suggestion.

Il y a à ce sujet un arrêt fameux du 22 juin 1700, qui confirma un legs universel valant plus de cinquante mille écus, que la dame Buat avoit fait par un testament olographe, trois ans avant sa mort, à Me François Pilon, son Procureur au châtelet. Après la prononciation de l'arrêt, M. le premier président de Harlay dit, que la cour avertissoit le barreau, qu'en confirmant la disposition faite au profit de Pilon, elle n'entendoit point autorifer les donations faites au profit de perfonnes qui ont l'adminiftration des affaires d'autrui ; que la décifion de ces caufes dépendoit des circonftances du fait ; que ce qui avoit déterminé la cour, dans l'efpèce particulière, à confirmer le legs, étoit la probité & le défintéreffement de François Pilon, reconnus dans le public.

Quelques auteurs ont prétendu que la profeffion des Procureurs dérogeoit à la nobleffe : mais cette opinion n'eft tout au plus fondée qu'à l'égard des Procureurs des fiéges inférieurs : quant aux Procureurs des cours fouveraines, nos meilleurs auteurs font d'avis qu'ils ne dérogent pas. C'eft ainfi que l'ont penfé Balde, Budée, Tiraqueau, Pithou, Guypape, la Rocheflavin, Zypœus, Chriftin, Deghewiet, &c.

Il y a même une déclaration du 6 feptembre 1500, obtenue par les Procureurs de la chambre des comptes de Paris, qui porte qu'ils ne dérogent point à la nobleffe.

.C'eft auffi ce qui réfulte de divers arrêts que les parlemens de Touloufe, de Bordeaux & de Bretagne, ont rendus en faveur de plufieurs Procureurs exerçant dans ces cours.

Par arrêt rendu au confeil d'état du roi le 15 mai 1764, fa majefté a déclaré que les fonds que les comptables étoient dans l'ufage de remettre à leurs Procureurs des comptes pour acquitter leurs débats, ne feroient à l'avenir regardés que comme un dépôt de confiance, pour raifon duquel ces comptables ne pourroient acquérir leur libération, ni aucun privilége ou hypothèque pour la reftitution, dans les cas où les

E e iij

mêmes procureurs n'auroient pas porté ces fonds au tréfor royal, & feroient devenus infolvables.

PROCUREUR DU ROI. C'eft un officier qui remplit les fonctions du miniftère public dans une juftice royale, telle qu'un bailliage, une prévôté, &c.

L'établiffement des Procureurs du roi eft fort ancien : il y en avoit dès le treizième fiècle, comme le prouvent les regiftres du parlement.

· En entrant en charge, ils devoient prêter ferment de faire juftice aux grands & aux petits, & à toutes perfonnes de quelque condition qu'elles fuffent, & fans aucune exception ; qu'ils conferveroient les droits du roi, fans faire préjudice à perfonne ; enfin, qu'ils ne recevroient ni or, ni argent, ni aucun autre don, quel qu'il fût, finon des chofes à manger ou à boire, & en petite quantité; de manière que, fans excès, tout pût être confommé en un jour.

A chaque caufe qu'ils pourfuivoient, ils devoient prêter le ferment, appelé en droit *calumnia*.

Lorfqu'ils prenoient des fubftituts, c'étoit à leurs dépens.

Ils ne pouvoient pas occuper pour les parties, à moins que ce ne fût pour leurs parens.

Philipe V, par fon ordonnance du 18 juillet 1318, fupprima tous les Procureurs du roi, à l'exception de ceux des pays du droit écrit ; & il ordonna que, dans le pays coutumier, *les baillis foutiendroient fes caufes par bon confeil qu'ils prendroient*.

Le Procureur du roi ne devoit faire aucune

pourſuite pour délits & crimes, qu'il n'y eût . information & ſentence du juge.

Il ne pouvoit pas non plus ſe rendre partie dans quelque cauſe que ce fût, à moins qu'il ne lui fût ordonné par le juge en jugement, & parties ouïes.

Les Procureurs du roi qui quittoient leur charge, étoient tenus de reſter cinquante jours, depuis leur démiſſion, dans le lieu où ils exer-çoient leurs fonctions, pour répondre aux plaintes que l'on pouvoit faire contre eux.

Il y a préſentement des Procureurs du roi, non ſeulement dans tous les ſiéges royaux or-dinaires, mais auſſi dans tous les ſiéges royaux d'attribution & de privilége.

Ils ſont ſubordonnés au Procureur général de la cour ſupérieure à laquelle reſſortit le tribunal où ils ſont établis; c'eſt pourquoi, quand on parle d'eux dans cette cour, on ne les qualifie que de ſubſtituts du Procureur général, quoi-que la plupart d'entre eux aient eux-mêmes des ſubſtituts; mais, dans leurs ſiéges, ils doivent être qualifiés de Procureurs du roi.

Nous allons rapporter les principales diſpoſi-tions des ordonnances & réglemens relatifs aux fonctions & aux obligations des Procureurs du roi (*).

___

(*) *La Lorraine a ſur cette matière une loi particu-lière dans l'ordonnance du duc Léopold, du mois de no-vembre 1707. Le titre qui concerne les Procureurs du roi contient les diſpoſitions ſuivantes :*

ARTICLE I. Nos Procureurs porteront la parole pour nous ès audiences, & concluront ès procès éſquels nous aurons

Ces officiers font tenus de veiller à l'obfervation des loix & ordonnances du royaume. Ils

---

intérêt, ou les communautés, corps de métiers, les
mineurs, ou le public.

2. Il en fera de même en matière de différends d'officiers de juftice, pour leurs droits & fonctions ; comme
auffi pour les préféances, privilèges de nobleffe, franchifes,
& tout ce qui peut concerner la police, l'ordre public,
& l'état des perfonnes.

3. Ils auront droit pareillement de conclure en toutes
affaires éfquelles il s'agira de l'entérinement de lettres de
nous obtenues, foit qu'elles foient principales, foit inci-
dentes, à l'exception de celles qui feront fondées feulement fur dol réel entre majeurs, pour léfion d'outre
moitié de jufte prix.

4. Les déclinatoires, demandes en renvois, appels
d'incompétence, conflits & différends de juridiction, ne
pourront être jugés fans leurs conclufions, qui feront auffi
néceffaires fur les requêtes à fin de *pareatis*.

5. Ils auront auffi communication des procès concernant
les fucceffions vacantes & abandonnées, pour y conferver
notre droit, encore qu'elles foient défendues par les curateurs en titre, ou autres à ce commis.

6. Les officiers ne pourront être reçus, fi leurs provifions, difpenfes, certificats, & autres titres, ne font
communiqués à nos Procureurs, pour y donner des conclufions, foit préparatoires, foit définitives.

7. Nos Procureurs feront parties néceffaires dans tous
les procès de grand criminel, qui ne pourront s'inftruire
qu'à leur requête, ou bien à leur adjonction, s'il y a
partie civile. Il en fera de même des affaires d'injures,
lorfqu'elles feront atroces, & des excès & voies de fait,
lorfqu'ils feront qualifiés & qu'il y aura rapport de chirurgiens, lequel leur fera mis entre les mains, fi c'eft
pour plaider à l'audience, finon fera joint au procès.

8. Ordonnons que tous les procès, même inftruits au
petit criminel, éfquels le délit fera difpofé à quelque
amende excédant l'amende coutumière de plainte, ou
même à condamnation d'aumône, leur feront communi-

adreſſent chaque nouvelle loi aux ſiéges de
leur reſſort, pour qu'elle y ſoit lue & publiée ;

---

qués, pour y donner leurs concluſions ; mais ſi les procès
ſont civiliſés, ils pourront être jugés ſans concluſions.

9. La taxe de nos Procureurs ès commiſſions ſera
toujours réduite aux trois quarts de celle du commiſſaire,
de quelque qualité qu'il ſoit, ès commiſſions qui ſeront
faites à la campagne ; & aux deux tiers, ès commiſſions
en ville ; à charge néanmoins que lorſqu'il y aura partie
civile èſdites commiſſions en ville, comme informations,
recollemens & confrontations, ils auront ſeulement le droit
de leurs concluſions au bas de chacun acte ou procès-
verbal auquel ils auront conclu, à raiſon du tiers des
épices, s'il intervient jugement ; ſinon à raiſon d'un franc
pour chaque concluſion ès bailliages, huit gros ès prévôtés & juſtices inférieures.

10. Ils ne pourront aſſiſter aux vues ni deſcentes de
lieux, ni ès enquêtes faites à la campagne, même ès
affaires èſquelles les mineurs ou les communautés auront
intérêt, lorſque les uns & les autres ſeront défendus, à
moins que l'une & l'autre des parties n'y conſentent par
écrit, ſans préjudice néanmoins de celles èſquelles il s'agira
de la conſervation de notre domaine, ou d'un abornement
de finages entre deux ou pluſieurs communautés voiſines.

11. Nos Procureurs n'auront aucune communication des
demandes intentées en réparation de trouble, & au poſ-
ſeſſoire purement civil entre perſonnes non privilégiées ;
& dans les affaires de communautés portées à l'audience,
èſquelles ils ont droit de conclure, ils ne pourront prendre
un double droit de concluſions, ni prendre auſſi aucun
droit de conſeil, pour quelques affaires que ce ſoit.

12. Ils ne pourront taxer aucunes amendes ; mais la
taxe en ſera faite à leur réquiſition par les juges.

13. Enjoignons à nos Procureurs dans les bailliages, qui
ont droit de juger les affaires de grurie, de faire toutes
réquiſitions néceſſaires pour maintenir l'ordre des juridictions, & revendiquer les cauſes de juſtice ordinaire, qui
pourroient être portées en grurie, & réciproquement ſans
aucune faveur ni connivence, à peine d'en répondre en
leur propre & privé nom.

& les Procureur fifcaux de ces fiéges doivent certifier les Procureurs du roi de cette lecture

----

14. Laiffons à la prudence de nos juges d'ordonner la communication à nos Procureurs, des caufes qui concernent quelque point de coutume important, fur-tout ès matières de teftament, retrait lignager, ou autres femblables, même entre majeurs.

15. Les avocats feront tenus de communiquer à nos Procureurs les caufes fujettes à communication, vingt-quatre heures au moins avant l'audience, & leur mettre les pièces entre les mains, pour en faire leurs extraits.

16. Nos Procureurs ne pourront être interrompus en plaidant, ni les affaires appointées lorfqu'ils feront en état d'y parler, finon après avoir été entendus, s'ils le requièrent.

17. Les greffiers feront tenus de faire mention, en rédigeant les fentences, des réquifitions que nos Procureurs trouveront à propos de faire pour notre intérêt ou celui du public, foit que nos juges y faffent droit ou non.

18. Nos Procureurs ès petits bailliages & fiéges bailliagers jouiront de la faculté de poftuler pour les parties, mais n'auront voix délibérative ès affaires où nous n'auront aucun intérêt, finon dans les fiéges où l'attribution de la voix délibérative leur aura été faite d'ancienneté, ou par l'édit de création des offices, à charge, en ce cas, de ne pouvoir poftuler; èfquels fiéges ils prendront rang comme auparavant, fi aucun ils ont eu, quand ils voudront faire fonction de juges, finon du jour de leur réception; & à charge qu'ils n'auront aucune part dans les droits d'audience, quand même ils y affifteront comme juges.

19. Ils ne pourront monter ès fiéges des juges, & defcendre à leur place ordinaire en la même audience, pour éviter l'indécence; & feront néanmoins appelés par les juges, en cas de contrariété d'avis, préférablement aux avocats & praticiens du fiége, ès affaires èfquelles ils ne prendront aucun intérêt.

20. Ils auront un fiége féparé au pied des juges, dans le parquet ou à côté, felon la difpofition du lieu.

& publication. C'eft ce qui réfulte de divers réglemens, & particulièrement d'un arrêt du 22 juillet 1752.

21. Ils auront un regiftre en bonne forme, pour recevoir les dénonciations de parties, qui feront circonftanciées & fignées.

22. Ils ne feront tenus d'attendre des dénonciateurs pour faire punir les crimes, quand les prévenus feront arrêtés en flagrant délit ou à la clameur publique, ou quand il y aura évidente fame ou renommée.

23. Ne pourront compofer avec les accufés avant ou après l'accufation, à peine de concuffion.

24. Ils feront tenus d'envoyer de fix mois en fix mois, à notre Procureur général en notre cour fouveraine, un état des procédures criminelles qui feront pendantes en leur fiége, en y exprimant le titre de l'accufation, & les procédures qui auront été faites pour l'inftruction.

25. En cas d'abfence, maladie, ou légitime empêchement, leurs fonctions feront fuppléées par le plus ancien avocat du fiége, à l'exception des lieux où il y aura un fubftitut en titre d'office.

26. Ils auront droit d'affifter aux affemblées de police & aux délibérations des hôtels-de ville du lieu de leur établiffement, avec place honorable, & feront toutes réquifitions néceffaires pour le bien de notre fervice & celui du public, fans rien innover en la forme établie à cet égard en notre ville de Nancy.

27. Ils auront droit de faire les tutelles, curatelles, émancipations, inventaire de bien de mineurs, & autres fonctions pareilles, dans les lieux où les coutumes leur défèrent cette prérogative; à charge qu'ils fe ferviront du miniftère des greffiers ordinaires, qui feront obligés de tenir des regiftres des affaires tutélaires, féparés des autres matières.

28. Déclarons le réglement fait le 22 décembre 1633, pour l'exercice de jurifdiction tutélaire au bailliage de Nancy, commun pour tous les fiéges éfquels nos Procureurs ou ceux des feigneurs jouiffent de cette prérogative; & en conféquence, ne pourront ouïr les comptes de tutelle, fauf à y affifter feulement, ni faire faire pardevant eux les

‹ L'article 5 de l'ordonnance de Moulins veut
que les Procureurs du roi faſſent chaque année

---

décrets des biens des mineurs, leſquels feront faits de l'autorité des juges.

29. Ils appoſeront le ſcellé ès maiſons mortuaires, in-
continent après la mort des perſonnes décédées, quand il
y aura des enfans mineurs, lorſque les ſurvivans n'emporteront point tous les meubles, ſoit en vertu de la coutume, ſoit en vertu du contrat de mariage qui aura été
paſſé; & requerront ſeulement cette appoſition ès lieux où
il n'y aura que des héritiers préſomptifs, majeurs & abſens, de même qu'ès cas d'aubaine, de déshérence, main-
morte, bâtardiſe, & autres droits de pareille nature. ·

30. Les fonctions ci-deſſus feront exercées par nos Procureurs ès bailliages, ſur les biens des perſonnes ſeulement
qui y ſont juſticiables en première inſtance; & le même
droit appartiendra aux ſubſtituts de nos prévôts & Procureurs d'office des ſeigneurs, chacun à leur égard, ſur
les biens des perſonnes qui ſont ſoumiſes à leurs juridictions.

31. Dans les ſiéges où nos Procureurs exercent la juridiction tutélaire, lorſqu'il s'agira de faire inventaire des
biens de mineurs, en cas de décès des pères ou mères; ſi
le ſurvivant excipe qu'il n'y a point d'inventaire à faire,
ſoit à cauſe de la diſpoſition de la coutume, attributive
des meubles au ſurvivant, ſoit par les conventions du
contrat de mariage, donation, ou autre titre authentique
qui ſera repréſenté; il en ſera dreſſé un procès-verbal ſom-
maire, pour lequel ils pourront ſe taxer un droit mo-
dique; après quoi ils ſe retireront ſans faire inventaire.
Ce que nous déclarons commun pour les juges mêmes,
lorſqu'il leur ſera repréſenté des Procurations en bonne
forme des héritiers abſens majeurs, pour inventorier &
partager les effets à l'amiable.

32. Les appellations des actes & ordonnances de nos
Procureurs en fait de juridiction tutélaire, feront portées
& relevées en notre cour ſouveraine; & celles des ſubſtituts des prévôtés & juſtices ſeigneuriales feront relevées
en nos bailliages & ſiéges bailliagers.

33. Lorſqu'en cas d'abſence, maladie, ou légitime

un état des ordonnances mal obfervées, & qu'ils l'envoient aux Procureurs généraux des parlemens, avec le détail des caufes de cette négligence, afin qu'il y foit remédié.

---

empêchement de nos Procureurs, leurs fonctions feront fuppléées par le plus ancien avocat du fiége, il fera tenu de leur repartager la moitié des émolumens en provenant; pourvu que lefdites fonctions foient faites en ville & dans l'établiffement du fiége; mais hors d'icelui, le tout appartiendra à l'ancien avocat.

34. Les inftances & procès qui devront être communiqués à nos Procureurs, leur feront mis ès mains par le greffier, auffi-tôt qu'ils feront en état, pour y donner leurs conclufions dans trois jours au plus tard, & les remettre enfuite au greffe, en fe faifant décharger fur le regiftre; & fi les greffiers y avoient manqué, les rapporteurs feront tenus de le faire. Défendons à nos juges de juger aucuns procès de cette qualité fans conclufions de nos Procureurs, à peine d'en répondre en leur pur & privé nom, même de nullité s'il échet, en certain cas, & de tous dépens, dommages & intérêts.

35. Ils tiendront la main à ce que toutes nos ordonnances foient gardées & exécutées, publiées & regiftrées où befoin fera. A l'effet de quoi ils feront tenus de les envoyer dans les prévôtés, ainfi que les réglemens de nos compagnies fouveraines, & fe faire rendre compte par les fubftituts des prévôtés, de l'enregiftrement & publication qu'ils en auront fait faire, dont fera envoyé acte de publication; ce qu'ils feront auffi de leur part à l'égard de nos Procureurs généraux.

36. Toutes expéditions de juftice fe feront gratuitement & fans frais, foit en première inftance, foit en caufe d'appel, foit ès affaires civiles ou criminelles, pour nos Procureurs, lorfqu'ils agiront d'office; à charge néanmoins que s'ils obtiennent condamnation de dépens, ils feront toutes diligences pour les recouvrer fur les parties condamnées, & payeront, en cas de recouvrement, les frais defdites expéditions, dont ils feront tenus de rendre compte, s'il échet.

Suivant les ordonnances de Moulins & de Blois., les Procureurs du roi font obligés de veiller à la confervation du domaine & des droits de fa majefté , & d'empêcher qu'il ne foit fait d'autres levées de deniers, que celles qui font autorifées par des édits ou ordonnances du roi.

Ils doivent , conformément à l'édit du mois de juin 1666, empêcher qu'il ne fe faffe des affemblées illicites , ni aucun établiffement de congrégation , communauté ou confrérie , fans lettres-patentes du roi dûment vérifiées.

Ils font tenus de veiller à l'exécution des ordonnances concernant la difcipline du palais. C'eft pourquoi leurs conclufions font néceffaires lorfque les juges veulent ordonner quelque chofe au fujet de cette difcipline , ou changer l'ordre & l'heure des audiences. C'eft ce qui réfulte de deux arrêts des premier février 1694 & 22 juillet 1752.

Sil arrive que quelques officiers du fiége s'écartent de leur devoir, le Procureur du roi doit les exhorter avec prudence & ménagement d'y rentrer, & fi fes remontrances ne produifent aucun effet, il doit informer le Procureur général , pour qu'il y pourvoie.

L'article 14 du titre 24 de l'ordonnance du mois de novembre 1667, charge les Procureurs du roi d'avertir les Procureurs généraux, des contraventions qu'un juge peut commettre contre les difpofitions relatives aux follicitations auxquelles il eft autorifé dans les procès que lui ou fes parens peuvent avoir dans la juridiction où il eft attaché.

Les Procureurs du roi ne peuvent affifter à

la vifite ni aux jugemens d'aucun procès , foit civil
ou criminel ; mais ils ont le droit d'entrer, quand
ils jugent à propos, à la chambre du confeil, pour
y faire les remontrances & les réquifitions qu'exige
leur miniftère ; & après que leurs conclufions font
prifes , ils doivent fe retirer , pour qu'il en foit
délibéré par la compagnie. Cela eft ainfi ordonné
par différentes loix , telles que les ordonnances
de juillet 1493 , novembre 1507, octobre 1535;
l'édit de mars 1551 ; l'ordonnance du mois d'août
1670; l'édit de février 1705 , & le réglement
du 22 juillet 1752 , rendu pour Tours , dont
l'article 7 porte, que dans le cas ou la préfence
des gens du roi fera néceffaire, celui qui préfi-
dera fera tenu de leur donner audience , & le
greffier d'écrire les réquifitions & remontrances
qu'ils feront , foit à la chambre du confeil , foit
aux audiences, ou ailleurs.

L'article 8 du même réglement veut que , conformément à l'ufage , les gens du roi faffent leurs
réquifitions à la chambre du confeil, debout der-
rière le barreau, ainfi qu'ils le font à l'audience.
Suivant l'ordonnance d'Orléans, le Procureur
du roi eft tenu de s'informer exactement des
vie & mœurs des officiers qui doivent être reçus,
& adminiftrer les témoins néceffaires à cet effet.

Il doit pareillement veiller à ce qu'il ne foit
reçu aucun avocat qui n'ait pas rempli les formalités prefcrites par la déclaration du 3 avril
1710.

Le Procureur du roi eft obligé de tenir différens regiftres : dans l'un , il doit enregiftrer les
caufes qui concernent l'intérêt du roi , ou celui
du public, ou les droits de la juridiction à laquelle
il eft attaché.

, .Dans un autre , doivent être enregiftrées les caufes criminelles.

Dans un autre, les dénonciations; & dans un autre, les conclufions concernant les affaires qui lui ont été communiquées.

Toutes les caufes qui peuvent être pourfuivies à la requête du Procureur du roi, doivent lui être communiquées, lorfqu'elles font pourfuivies à la requête d'une partie civile.

On doit pareillement lui communiquer toutes les caufes qui peuvent intéreffer le roi, l'églife ou le public, & celles où il s'agit de l'obfervation des ordonnances ou de l'interprétation d'une coutume. C'eft ce qui réfulte d'un grand nombre de réglemens, tels que les arrêts rendus au parlement de Paris les 28 mars 1557, 18 juillet 1648, 23 juin 1649, & 7 feptembre 1660; l'édit du mois de juin 1661; les arrêts de la même cour des 3 feptembre 1667, 12 mai 1671, 31 août 1689, 8 juin 1714, &c.

L'arrêt de réglement du 30 juin 1689, rendu pour Angoulême, veut que les gens du roi aient communication de toutes les affaires concernant le domaine de fa majefté, le fonds des biens de l'églife, de l'œuvre & fabrique des paroiffes; les réparations des églifes; les droits honorifiques & les bancs dans l'églife; les legs faits au profit de l'églife, quand il n'y a ni adminiftrateur ni marguillier qui foit partie; les dixmes, & les droits de juftice, de corvée & de banalité; les réglemens relatifs aux arts & métiers ou à la police, & les réceptions d'officiers.

Le même réglement veut que l'on communique pareillement aux gens du roi les caufes & procès où les communautés, tant laïques qu'ecclésiaftiques cléſiaſtiques ſont parties pour raiſon de la propriété de leurs biens.

Ils doivent auſſi, ſuivant ce réglement, avoir communication des affaires concernant les entre-priſes ou uſurpations qui tendent à gêner le paſ-ſage ſur les grands chemins royaux, & ils peuvent aſſiſter aux deſcentes & viſites qui ſe font à ce ſujet.

Cette loi veut encore que les affaires concer-nant l'état des perſonnes, les ſéparations de corps d'entre mari & femme, les inſcriptions de faux & les déclinatoires ſoient communiquées aux gens du roi, & qu'ils puiſſent aſſiſter ſans frais aux baux des domaines, ainſi qu'aux inventaires, tant des biens des receveurs de ces domaines, qu'à ceux des mineurs qui ſe font par autorité de juſtice avant qu'il y ait des tuteurs ou cu-rateurs.

L'arrêt du 22 juillet 1752, rendu pour Tours, porte, que les juges ne pourront faire aucun ré-glement en général ſans le communiquer aux gens du roi.

Les lettres de bénéfice d'âge, d'émancipation, de bénéfice d'inventaire, de répit, de naturalité, de légitimation, d'anobliſſement & de réha-bilitation, ainſi que toutes les procédures qui ſe font ſur ces lettres, doivent être communiquées au Procureur du roi, conformément à un arrêt du parlement du 7 ſeptembre 1660, & à un édit du mois de juin 1661.

Il a été auſſi ordonné par divers arrêts, que les commiſſions émanées du conſeil ou des cours ſupérieures ſeroient communiquées au Procureur du roi, & enregiſtrées ſur ſes concluſions.

Suivant l'ordonnance de Blois, les Procureurs

du roi doivent aſſiſter aux ſcellés & inventaires qui ont lieu dans les cas d'aubaine, confiſcation, bâtardiſe ou déshérence (*).

(*) *Les receveurs du domaine dans la province de Bretagne, ayant prétendu, contre les Procureurs du roi de cette province, qu'ils avoient droit de faire faire en leur nom, par tel Procureur qu'ils jugeoient à propos, les pourſuites néceſſaires en cas d'aubaine, de bâtardiſe, ou de deshérence, & qu'ils pouvoient faire faire la levée des ſcellés, l'inventaire & la vente des meubles, ſans que les Procureurs du roi puſſent y aſſiſter, le parlement de Rennes a rendu ſur cette conteſtation, le 11 avril 1753, un arrêt de réglement qui contient les diſpoſitions ſuivantes :*

ARTICLE I. Fait défenſes à qui que ce ſoit de troubler les ſubſtituts du Procureur général aux ſiéges royaux dans les fonctions de leurs charges ; ce faiſant, les a maintenus dans le droit & dans la poſſeſſion de faire toutes les pourſuites néceſſaires dans les ſucceſſions échues à ſa majeſté par droit d'aubaine, bâtardiſe, déshérence, &c. faire appoſer & lever les ſcellés, procéder en leur préſence à l'inventaire & vente, au bail des fruits & adjudications des meubles, ſauf aux receveurs généraux des domaines, leurs commis ou prépoſés, à y aſſiſter, ſi bon leur ſemble ; à laquelle fin leſdits ſubſtituts dénonceront la vacance, l'inventaire & la vente, aux commis ou prépoſés des receveurs généraux ſur les lieux ; ou, s'il n'y en a point, au receveur général à ſon domicile.

2. Fait défenſes aux ſubſtituts de faire créer des curateurs aux biens vacans, & ordonne qu'ils feront toutes les pourſuites en leur propre nom, le plus promptement que faire ſe pourra, à faute de quoi les receveurs généraux des domaines pourront les interpeller ; & même, en cas de refus ou de négligence marquée de leur part, demander à être ſubrogés à les faire.

3. A maintenu les receveurs généraux des domaines dans leurs fonctions, ſuivant les édits & déclarations de ſa majeſté, arrêts & réglemens de la cour, & fait défenſes à qui que ce ſoit de les y troubler ; ce faiſant, ordonne que dans le délai fixé pour le contrôle de la vente

Les nominations de tuteurs & curateurs à la personne des mineurs, des prodigues ou des insensés, & les destitutions de ces tuteurs & curateurs doivent se faire en présence du Procureur du roi ou du Procureur fiscal dans les justices seigneuriales. C'est ce qui résulte de différentes loix, telles que l'édit du mois de juin 1661, & les arrêts de réglement rendus au parlement de Paris les 14 juillet 1640, 22 juin 1688, 31 août 1689, 8 juin 1714, & 20 décembre 1724.

Lorsqu'il survient quelque contestation sur les listes des parens ou autres, présentées pour l'élection d'un tuteur ou curateur, elles doivent être arrêtées par le Procureur du roi. L'arrêt de réglement rendu pour Tours le 22 juillet 1752, l'a ainsi décidé.

Suivant les arrêts de réglement des 3 septembre 1667 & 5 septembre 1703, les causes sujettes

---

des meubles, le greffier qui en recevra le prix, sera tenu de le remettre au bureau des receveurs généraux, à la déduction de ses vacations & de celles du substitut, pour leur assistance, & du Procureur ancien des créanciers, s'il y en a. Que huitaine après le bail des fruits, & quinzaine après l'adjudication des fonds desdites successions, le substitut dénoncera au commis ou préposé des receveurs généraux, le nom des adjudicataires & le prix de leur adjudication, pour en faire le recouvrement.

4. Ordonne que les receveurs généraux seront tenus de payer, sans délai, aux substituts le montant de leurs vacations & frais de poursuites, suivant l'exécutoire qui leur en sera décerné par les juges des lieux ; & aux créanciers le montant de leurs crédits, suivant l'ordre qui aura été réglé entre eux, quoique ce soit jusqu'à concurrence des deniers qui auront été remis à leur bureau, à la déduction des droits qui leur sont attribués par les édits & déclarations.

à communication, doivent être communiquées au parquet, & non en l'hôtel du Procureur du roi.

A l'égard des actes d'inftruction de la juridiction volontaire, le Procureur du roi peut y donner fes conclufions en fon hôtel, ou en l'hôtel du juge, pour ceux qui s'y font & auxquels le Procureur du roi affifte.

L'article 19 du titre 25 de l'ordonnance criminelle du mois d'août 1670, enjoint au Procureur du roi de pourfuivre fans délai ceux qui font prévenus de crimes capitaux ou qui méritent peine afflictive. Et cette pourfuite doit avoir lieu, dans le cas même où la partie offenfée a tranfigé avec l'auteur du crime.

Lorfqu'il y a une partie civile & que le crime eft de nature à mériter peine afflictive, le Procureur du roi doit intervenir & fe joindre à la partie civile.

Différentes loix ont défendu aux juges, aux Procureurs du roi, aux Procureurs fifcaux des juftices feigneuriales & aux feigneurs de ces juftices à qui les amendes & confifcations appartiennent, de faire aucune compofition relativement aux crimes dont ils font obligés de prendre connoiffance, à peine contre les officiers qu'on vient de nommer, de privation de leurs charges & d'autres peines exemplaires, & contre les feigneurs, de privation de leurs juftices.

Dans le cas d'une accufation calomnieufe, le Procureur du roi peut être condamné aux dépens, dommages & intérêts des parties, & même à plus grande peine, s'il y échet.

L'article 3 du titre 14 de l'ordonnance criminelle autorife les Procureurs du roi à donner des mémoires au juge pour interroger un accufé, tant sur les faits portés par l'information qu'autres, & le juge fait de ces mémoires tel usage qu'il trouve à propos.

Le Procureur du roi peut interjeter appel des jugemens rendus en matière criminelle ; &, dans ce cas, l'accusé prisonnier ne peut pas être élargi, quand même il auroit été absous par le jugement.

Suivant un arrêt de réglement du 3 septembre 1667, le Procureur du roi est obligé de veiller à ce que les seigneurs fassent nourrir les enfans trouvés dans leurs justices, & il doit faire les poursuites nécessaires à cet égard.

La déclaration du 25 février 1708 veut que le Procureur du roi se fasse remettre tous les trois mois, par les curés du ressort, un certificat de la publication de l'édit de Henri II du mois de février 1556, concernant la grossesse des filles & des veuves.

L'article 3 de l'édit du mois de mars 1697, enjoint au Procureur du roi de faire saisir les revenus des curés & autres prêtres qui marient des personnes qui ne sont pas de leurs paroisses, sans le consentement de leur propre curé.

Deux arrêts du parlement de Paris des 18 novembre 1662 & 7 septembre 1701, ont ordonné que les Procureurs du roi seroient tenus de se faire remettre des extraits des testamens & autres actes contenant des dispositions pieuses ou en faveur des pauvres, aussi-tôt que ces testamens ou actes auroient eu lieu.

Suivant l'ordonnance d'Orléans & de Blois, & l'édit du mois d'avril 1695, le Procureur du roi du bailliage ou autre siège ressortissant nuement au parlement, doit veiller à ce que les ecclésiastiques qui pofsèdent des bénéfices à charge d'ames , y réfident exactement , & à ce que les titulaires des bénéfices faffent exactement acquitter le fer- vice ainſi que les aumônes dont ils peuvent être chargés , & entretiennent en bon état les bâti- mens qui font à leur charge : en cas de négli- gence de la part des bénéficiers , le Procureur du roi peut faire faiſir juſqu'à concurrence du, tiers du revenu de leurs bénéfices, pour être em- ployé à ces objets , ou diſtribué , à l'égard de ceux qui ont négligé de réſider trois mois après l'a- vertiſſement qui leur en a été fait, aux pauvres des lieux , ou appliqué à d'autres œuvres pies , felon que les fupérieurs eccléſiaſtiques en auront décidé.

L'article 21 du même édit de 1695 veut que quand les eccléſiaſtiques qui jouiſſent des dixmes dépendantes de leurs bénéfices, & fubfidiairement ceux qui pofsèdent des dixmes inféodées , négli- gent d'entretenir en bon état le chœur des égliſes paroiſſiales dans l'étendue deſquelles ils perçoivent des dixmes , & d'y fournir les calices , livres & ornemens néceſſaires , lorſque les revenus des fa- briques ne fuffifent pas pour cet effet , le Pro- cureur du roi du baillage ou autre fiége reſſor- tiſſant nûment au parlement, y pourvoie avec foin, & qu'il faſſe exécuter par toute voie , même par faiſie & adjudication des mêmes dixmes, les ordonnances que les archevêques ou évêques ont pu rendre au ſujet de l'entretien & des ornemens dont il s'agit.

Suivant l'article 17 de la même loi , les Pro- cureurs du roi & ceux des feigneurs font obligés de veiller à l'exécution des ordonnances que les évêques ou les archidiacres rendent dans le cours

de leurs vifires au fujet des comptes de fabrique,
& particuliérement pour le recouvrement & l'emploi dés deniers en provenant ; & de faire avec
les marguilliers, & même feuls, à défaut de ceux-
ci, les pourfuites néceffaires à cet égard.

Les Procureurs du roi doivent veiller à ce que
les juges inférieurs rempliffent leurs obligations,
en rendant la juftice, en pourfuivant la punition
des crimes, & à ce qu'il y ait dans les juftices
feigneuriales des prifons sûres.

Quand il n'y a point de prifons dans ces
juftices, ou qu'elles font en mauvais état, le
procureur du roi eft obligé, conformément à
l'arrêt de réglement du parlement de Paris du
premier feptembre 1717, d'en faire conftruire
ou de les faire rétablir aux dépens des feigneurs.

Les Procureurs du roi font auffi obligés de veiller
à ce que les officiers, tant d'églife que des hauts-
jufticiers, n'entreprennent point fur la juridiction
qui appartient aux officiers du roi.

Ils font pareillement obligés de veiller à ce que
les avocats, les procureurs, les notaires, les
greffiers, les huiffiers & les autres miniftres de
la juftice n'abufent point de leurs fonctions, &
ils doivent pourfuivre ceux qui fe rendent coupables de quelque exaction ou prévarication. C'eft
ce qui réfulte de différentes loix.

Les exploits faits à la requête du Procureur du
roi dans les affaires, tant civiles que criminelles,
où il eft feul partie pour l'intérêt public, font
exempts du droit de contrôle.

Les Procureurs du roi ne peuvent, fans l'avis
& le confeil des avocats du roi, intenter aucun
procès en matière civile, à peine d'en répondre
en leur propre & privé nom ; & en général ils

font tenus de communiquer aux avocats du roi toutes les affaires qui concernent le service de fa majesté, à la réserve de celles dont l'adresse leur est faite en particulier. C'est ce qui résulte de différentes loix & réglemens ; tels que l'édit de mars 1498, les arrêts du parlement de Paris des 29 novembre 1596, 2 juin 1623, & 6 juillet 1706, & l'arrêt du conseil du 20 avril 1624.

Réciproquement, les avocats du roi ne peuvent, dans les assemblées qui ont lieu pour le service de fa majesté ou du public, faire aucune remontrance, ou requérir aucune chose, qu'après en avoir délibéré avec le procureur du roi (*).

_____

(*) *En prononçant fur une contestation qui s'étoit élevée entre divers officiers de la sénéchauffée & siége présidial de Rennes, le parlement a rendu, le 13 août 1740, relativement aux fonctions des avocats & Procureurs du roi, & des greffiers civil & criminel de ce siége, l'arrêt de réglement que nous allons transcrire.*

Entre écuyer Jean-Jacques Bossard, sieur Duclos, & noble & discret messire Marie-Claude-Auguste Bossard, chanoine de Vannes, ayant repris au lieu & place d'écuyer Jean-François Bossard, sieur Duclos, & maître Joachim Blain, sieur de Saint-Aubin, conseillers, avocats du roi au présidial de Rennes, demandeurs en requête & lettres de commission du 29 décembre 1722, d'une part, & messire Jean-Zacharie Anger, sieur du Chalonge, maître à la chambre des comptes de Paris, fils & héritier de défunt messire Jean-François Anger, sieur du Chalonge, vivant, maître à la chambre des comptes de Paris, & avant substitut du Procureur général au présidial de Rennes, ayant repris le procès en son lieu & place, & en cette qualité défendeur ; & ledit Blain, demandeur en requête du 2 décembre 1724, à fin de rapport d'arrêt du 17 novembre de la même année, & Blaise-François-Marie Bonnescuelle, écuyer, sieur de la Roche-Durand, conseiller-secrétaire du roi, & substitut de M. le Procureur général du roi au siége présidial de

Les cahiers & mémoires destinés pour le Procureur
général doivent être dressés par avis commun des

Rennes, défendeur ; & lesdits Bossard & Blain, demandeurs en requêtes des 15 janvier, 16 & 17 février 1725 ;
la première, à fin de faire déclarer commun avec eux l'arrêt
du 5 mai 1690, & la seconde, à fin d'exécution des arrêts
des 19 juillet 1636 & 28 novembre 1644, aux termes de
l'arrêt du 2 décembre 1717 : & maître Louis-Anne-Fran-
çois Farault, sieur de la Ville Bœuvre, greffier civil du
présidial de Rennes, défendeur ; & lesdits Bossard & Blain,
demandeurs en requête & lettres de commission du 13
décembre 1726 ; & ledit Bonnescuelle, défendeur, & lesdits Bossard & Blain, demandeurs en autre requête &
lettres de commission du 17 octobre 1727, & maître Mi-
chel Doultremer, conseiller du roi, juge criminel de Rennes,
défendeur ; & ledit de Saint-Aubin Blain, demandeur en
requête du 23 décembre 1728, & ledit Bonnescuelle, défendeur, & ledit Blain, demandeur en autre requête du 26
juillet 1730, & ledit Farault, défendeur, & maître Tous-
saint-Pierre Barre, conseiller & avocat du roi en la sénéchaussée & siége présidial de Rennes, demandeur en requête du 19 décembre 1737, à fin d'intervention, & en
autre requête du 8 mai 1738 ; & lesdits Anger & Bonnescuelle,
défendeurs ; & lesdits Blain & Barre, demandeurs en requêtes
des 21 mai 1738 & 22 novembre dit an 1738 ; & ledit
Bonnescuelle, défendeur, & ledit Blain, demandeur en requête du 24 novembre 1738, & ledit Anger, défendeur,
& lesdits Blain & Barre, demandeurs en requête & lettres
de commission du premier décembre 1738, & maître Pierre
de Jolliver, greffier en chef civil & d'office du présidial
de Rennes, défendeur, & maître Jacques Ancelin, greffier criminel du siége présidial de Rennes, ayant repris
l'instance au lieu & place de son feu père, aussi défendeur
auxdites requêtes & lettres de commission ; & ledit Bonnescuelle, demandeur en requête du 3 février 1739, &
lesdits Blain & Barre, défendeurs & demandeurs en requête
du 27 février 1739, & ledit Bonnescuelle, défendeur, &
lesdits Blain & Barre, demandeurs en requête du 25 juin
1739, & lesdits Anger, Bonnescuelle, Doultremer, Jolliver & Ancelin, défendeurs, & ledit Bonnescuelle, deman-

avocats & Procureurs du roi ; & ceux-ci ne peuvent faire seuls les dépêches ou réponses qui s'é-

---

deur en requête du 25 juin 1740, à fin d'opposition aux
arrêts des 19 juillet 1736, 28 novembre 1644, & 2 décembre 1717 ; & lesdits Blain & Barre, défendeurs, &
ledit de Bonnescuelle, demandeur en autre requête du 26
juillet 1740, & lesdits Blain & Barre, défendeurs, d'autre
part. Vu par la cour, &c.

'La cour, faisant droit sur le tout, dans les requêtes &
lettres de commission des 29 décembre 1722, 13 décembre
1726 ; 7 février 1732, 17 octobre 1737, & 1 décembre
1738 ; & dans l'intervention dudit Barre des 19 décembre
1737 & 8 mai 1738, sans s'arrêter à la requête du 2
décembre 1724, dont ledit Blain est débouté, ayant aucunement égard aux requêtes des 15 janvier, 16 & 17
février 1725, 23 mai 1728, 21 mai, 22 & 24 novembre
1738, 3 & 27 février, & 25 juin 1739, 25 juin & 26
juillet 1740. Et faisant droit sur les conclusions du Procureur général du roi, a débouté ledit Bonnescuelle, son
substitut au siége présidial & sénéchaussée de Rennes, de
son opposition aux arrêts des 19 juillet 1636, 28 novembre
1644, & 2 décembre 1717, & l'a condamné en l'amende
de 150 liv., moitié au roi, moitié aux parties ; a déclaré
lesdits arrêts exécutoires & communs avec lui, au profit
desdits Blain & Barre, avocats du roi ; ordonne qu'ils seront bien & dûment exécutés ; savoir, ceux de 1644 &
1717 en leur entier, & celui de 1636 en ce qui n'a pas
été modifié par celui de 1644.

Ce faisant, ordonne que lesdits avocats & substituts
s'assembleront au parquet dudit siége aux jours ordinaires,
à sept heures du matin en été, & à huit heures en hiver,
& à deux heures de relevée, pour y examiner & délibérer
entre eux à la pluralité des voix, tous procès civils & criminels, de quelques espèces & natures & pour quelque
matière que ce soit, lorsqu'ils seront en état de recevoir conclusions définitives ou tenant lieu de définitives, les interrogatoires des prisonniers & autres accusés,
élargissement d'iceux, réglement à l'extraordinaire ; comme
aussi les moyens de faux, mariages contestés, impunisse-
mens d'aveux, déshérences, aubaines, main-levées, sur-

crivent en conséquence d'une délibération du siége,
ou de conclusions prises par avis commun. . .

---

séances des saisies apposées à requête dudit substitut, &
autres matières concernant le domaine du roi , & générale-
lement toutes celles où le roi, le public, les églises , communautés, généraux des paroisses , les mineurs non pourvus
de tuteurs, les fermiers généraux & particuliers des droits
d'octrois, d'entrée & sortie, impôts & billots & devoirs
de la province, auront intérêt, soit que lesdits procès &
affaires soient jugés au corps du siége, au quartier par le
sénéchal, juge-criminel seul ou prévôt, ou par l'un des
juges dudit présidial.

Ordonne que lesdits avocats & substitut y donneront
conclusions sur le champ, si faire se peut ; ou, en cas de
longue occupation , ils s'en chargeront tour à tour, à
commencer par le premier avocat du roi, ensuite le substitut & le second avocat, pour en faire rapport à la première assemblée, & être les vacations partagées entre les
présidens & assistans seulement ; moitié audit substitut, &
l'autre moitié auxdits avocats ; & en l'absence de l'un desdits avocats , les deux tiers au dit substitut, & l'autre tiers
à l'avocat présent ; & en l'absence du substitut, également
entre lesdits avocats.

Ordonne que lesdits avocats & substitut auront un registre par eux chiffré & millésimé, sur lequel ils enregis-
treront & parapheront leurs conclusions, & inséreront par
jour & séance les noms des présens qui auront rapporté
ou assisté , & des absens , pour y recourir ; & leur fait
défenses de conclure ailleurs qu'audit parquet.

Maintient ledit substitut à conclure seul aux dations de
tutelles, curatelles, émancipations, décrets de mariages,
main-levées de successions ; à percevoir seul les vacations
pour réceptions d'officiers, s'il n'y avoit contestation ou
opposition touchant lesdites matières ; auquel cas, les conclusions seront délibérées, & les vacations partagées en la
forme & manière ci-dessus ordonnée.

Ordonne que ledit substitut signera seul les conclusions,
& qu'elles seront intitulées en son nom ; & qu'en cas d'absence ou déport, elles seront signées par l'ancien desdits
avocats, qui les intitulera en ces termes : *Nous requérons,*

Différentes loix & réglemens ont décidé que toutes les conclusions civiles, même dans les affaires

---

nous consentons pour le roi ; desquels termes lesdits avocats se serviront aussi dans toutes les conclusions qu'ils donneront aux audiences.

Que les avocats du roi descendront exclusivement & par préférence audit substitut, aux procès-verbaux & commissions, soit en ville ou en campagne, même en matière de devoirs & autres, lorsqu'elles auront été ordonnées aux audiences publiques ou particulières, soit qu'elles seroient tenues par le corps du siége, ou par le sénéchal & juge criminel seuls ; qu'à cette fin, lesdits avocats descendront en tour, à commencer par l'ancien ; que dans toutes les autres descentes qui n'auront point été ordonnées auxdites audiences, ledit substitut descendra seul, à l'exclusion desdits avocats ; & qu'en cas de déport, absence, récusation, ou autre légitime empêchement, lesdits avocats & substitut se substitueront réciproquement, lesquels déports ils seront tenus de signer sur les regiſtres des greffes, dont les greffiers civil & criminel donneront avis sur le champ auxdits avocats & substitut.

Fait expresses défenses audit substitut de nommer ou commettre pour lesdites descentes, que sur le déport desdits avocats, ou en cas de leur absence, lesquels seront tenus d'accepter ou refuser la commission sur le regiſtre des greffiers, tant civils que criminels, dans les vingt-quatre heures de l'avis qui leur sera par eux donné.

Pourra seul commettre dans les cas de déport ou absence desdits avocats.

A maintenu ledit substitut au droit d'exercer les charges de Procureurs d'offices des juridictions tombées en régale ou rachat sous l'étendue de la sénéchaussée de Rennes, & de commettre à l'exercice d'icelles, avec défenses auxdits Blain & Barre de l'y troubler.

Ordonne que lesdits avocats porteront la parole à toutes audiences civiles & criminelles, soit qu'elles seroient tenues par le corps du siége, les sénéchal & juge criminel seuls, & lors de la préſentation & entérinement des lettres de grâce, dont ils requerront la lecture aux audiences, ainſi que des mandemens ou provisions de tous officiers que

criminelles & dans celles qui devoient être jugées à l'audience, devoient être prises au parquet par avis commun.

---

ledit substitut sera tenu de leur remettre le jour précédent au parquet, ainsi que de tous édits, déclarations du roi, arrêts & réglemens de la cour, dont il conviendra de faire l'enregistrement ou publication.

Que toutes les causes communicables seront portées au parquet avant les audiences, pour être les conclusions délibérées avec le substitut à la pluralité des voix; & qu'en cas d'absence de l'un d'eux, l'avis de l'avocat du roi qui portera la parole, prévaudra, ainsi que celui du substitut, dans les conclusions sur procès par écrit, en l'absence de l'un desdits avocats; parce que néanmoins, ledit avocat qui portera la parole pourra, suivant l'exigence des cas & sur des raisons nouvelles, se déterminer par son avis seul.

Que l'ancien avocat du roi précédera le substitut au parquet, aux audiences, à la chambre du conseil & ailleurs; qu'il se tiendra debout lorsque ledit ancien portera la parole; ce qui aura pareillement lieu, lorsqu'en l'absence du premier avocat, le second portera la parole; & lorsque les deux avocats seront présens, le substitut précédera le second.

Ordonne que ledit substitut intentera & suivra toute action criminelle, à la charge d'en donner avis auxdits avocats, & d'en conférer avec eux à la première assemblée du parquet; qu'il fera seul toutes procédures & instructions civiles & criminelles, sans que lesdits avocats puissent les faire qu'après trois jours d'absence, ou déport dudit substitut, lequel, avant de s'absenter, sera tenu de remettre en l'armoire du parquet, dont lesdits avocats & lui auront chacun une clef, tous procès & toutes procédures civiles & criminelles par lui commencées, pour être continuées par lesdits avocats, & lui être remises à son retour, si elles ne sont parachevées; défend audit substitut de donner conclusions aux procès & affaires où lesdits avocats en auront donné.

Ordonne qu'aux affaires célères & criminelles, & où il y auroit péril dans la demeure, les greffiers avertiront

Suivant un arrêt du parlement de Paris du 6
mai 1687, le Procureur du roi peut prendre seul &

l'un desdits avocats, à commencer par le plus ancien,
lorsque le substitut sera absent de la ville, pour descendre
sur le champ.

Ledit substitut aura un registre pour recevoir seul &
faire écrire les dénonciations qui lui seront faites, suivant
l'ordonnance de 1670.

Que dans tous procès où le roi & son domaine auront
interet, lesdits avocats feront seuls les écrits & requêtes,
& le substitut les inventaires de productions & instruction,
& que les conclusions seront délibérées au parquet, & les
épices partagées entre eux à la manière ci-devant réglée.

Que le substitut aura seul les vacations du serment
des commis des fermes du roi, ou des états de la
province.

Condamne ledit substitut de rapporter auxdits Blain,
Aubert, Barre & Bossard, la somme de 100 livres par
chacun an depuis son installation en son office, pour leur
portion des vacations des conclusions aux matieres jugées
communes entre eux par le présent arrêt, jusqu'au jour
de la signification d'icelui, à proportion qu'ils y sont fondés, déduction faite des vacations touchées par ledit
Blain pour l'exercice de la juridiction de saint Melaine,
tombée en régale en l'année 1724, & pour les procès-
verbaux où ledit Blain a assisté les 31 janvier & 12 juillet
1732 ; si mieux n'aime ledit substitut qu'il soit procédé
à ses frais par un commissaire de la cour, au calcul
des vacations à eux appartenantes, sur la vue des sentences & minutes des greffes civil & criminel du siége-
présidial & sénéchaussée de Rennes.

Condamne pareillement ledit Anger de rapporter audit
Blain la somme de 100 livres par chacun an, pour les
mêmes causes, depuis l'installation dudit Blain en son
office, jusqu'au jour qu'a été pourvu ledit Bonnescuelle,
& aux dépens en ce que le fait le touche.

Et dans les requêtes desdits Bossard & Aubert vers ledit
Anger, & dans celle dudit Blain vers ledit Doultremer,
Jollivet & Ancelin, & sur toutes les autres demandes des
parties, les a renvoyées hors procès, dépens compensés,

sans en communiquer aux avocats du roi, les
conclusions pour admettre des moyens de faux,

---

vacations, extrait & retrait payables une heure par ledit
Auger, la moitié du surplus par lesdits Bossard, Blain, Aubert & Barre, l'autre moitié par ledit substitut.

Et faisant pareillement droit sur les conclusions du Procureur général du roi, la cour enjoint & fait commandement aux greffiers civil & criminel de ladite sénéchaussée
& siège présidial de Rennes, de tenir leurs greffes ou-
verts en hiver depuis huit heures du matin jusqu'à
midi, & depuis deux jusqu'à six du soir, & dans l'été,
depuis sept heures du matin, & d'y avoir des commis
en nombre suffisant, pour délivrer aux Procureurs & aux
parties toutes les expéditions requises, requêtes, procès-
verbaux & autres, de quelques natures & espèces qu'elles
soient.

Leur enjoint de porter ou faire porter par leurs commis
mis au parquet, les requêtes, procès, & toutes affaires
tant civiles que criminelles, auxquelles lesdits avocats &
substitut doivent prendre conclusions, pour l'un d'eux s'en
charger sur un registre que lesdits greffiers seront tenus
d'avoir à cette fin, sans qu'ils puissent les porter ailleurs
qu'au parquet, à peine de demeurer personnellement responsables des vacations qui seroient perçues au préjudice
desdits avocats & substitut.

Fait aussi défenses aux sénéchal, alloué, juge criminel,
& autres juges & officiers dudit présidial, juge prévôt,
d'envoyer les procès & affaires, & aux Procureurs de les
porter à conclure ailleurs qu'au parquet, sous les mêmes
peines que dessus.

Ordonne que l'arrêt du 8 août 1739 sera bien & dûment exécuté ; ce faisant, que le greffier civil portera à
la première audience du siège, sur le registre d'icelle, les
appositions de scellés, le jour des procès-verbaux, avec
les noms & les domiciles des décédés, & marquera s'il y
a des mineurs à pourvoir, à peine de répondre personnellement de tous dépens, dommages & intérêts.

Ordonne aux greffiers civil & criminel d'insérer, conformément à l'article 5 du titre 26 de l'ordonnance
de 1667, sur un plumitif, les sentences & jugemens

& permettre d'en informer, lorſqu'elles ſont priſes ſéparement d'une inſtance ou procès ; mais ſi en

---

qui interviendront à chaque audience, ſur lequel ils inſéreront le nom des avocats & Procureurs, avec défenſes à eux de mettre à l'avenir aucunes ſentences ou jugemens ſur de ſimples cédules ou cadernes, lequel plumitif ſera paraphé à l'iſſue de chaque audience, ou dans le même jour, par celui qui aura préſidé.

Enjoint auxdits greffiers, conformément aux précédens réglemens, de repréſenter auxdits avocats & ſubſtitut, toutes fois qu'ils le requerront, leſdits plumitifs, minutes des ſentences, procès-verbaux, regiſtres, toutes procédures civiles & criminelles, dont ils prendront communication ſans déplacer ; &, en cas de refus, leſdits avocats & ſubſtitut pourront en dreſſer leur procès-verbal, ſur lequel ſera fait droit, ainſi qu'il appartiendra.

Enjoint au greffier criminel d'avoir un regiſtre, ſur lequel il ſera tenu d'inſérer toutes les procédures criminelles qui ſeront faites, les remontrances, dénonciations, & principalement tous les inventaires de dépôts de hardes, meubles & effets ; faits dans ſon greffe, & généralement tout ce qui concerne l'inſtruction & ſuites, les noms des accuſés, la date des jugemens, ſoit interlocutoires ou définitifs ; lequel regiſtre ſera arrêté & ſigné par le juge criminel à la fin de chaque mois, ou autre juge en ſon abſence, & par le ſubſtitut, ou l'un deſdits avocats en ſon abſence.

Enjoint pareillement audit greffier criminel d'avoir un regiſtre ſur lequel il marquera toutes les ſommes qu'il recevra pour l'inſtruction & jugement des inſtances criminelles, ſoit par les mains des parties, Procureurs ou autres, dont il ſera néanmoins tenu d'en donner des quittances, avec défenſes à lui & à ſes commis d'exiger aucunes autres ſommes au delà de celles dont il aura marqué & donné des quittances, à peine de concuſſion ; lequel regiſtre ſera arrêté & ſigné comme il eſt porté ci-devant.

Fait défenſes au même greffier de donner aucune communication ou copie des procédures criminelles, à peine d'être procédé extraordinairement contre lui.

Fait commandement aux greffiers civil & criminel de

voyant

i

voyant un procès, on estime qu'avant faire droit il y a lieu d'informer des moyens de faux, les

---

se charger de la recette des épices, d'insérer exactement & par jour sur le registre de recette les dates de toutes les sentences rendues sur les conclusions arrêtées & délibérées au parquet, & d'y faire mention de la taxe, épices & vacation, pour s'en charger en cas de retrait desdits jugemens, & compter au parquet de trois mois en trois mois du produit desdites conclusions.

Ordonne que le receveur des deniers communs dudit siége en rendra compte dans quinzaine du jour de la publication du présent arrêt, & continuera de le faire de six mois en six mois pardevant le sénéchal ou autre juge en son absence, deux conseillers dudit siége, qui seront à cette fin commis, l'un desdits avocats & substitut; lesquels signeront l'arrêté dudit compte.

Ordonne au receveur des épices de fournir au parquet, conformément aux précédens arrêts & réglemens, les bois, bougies & autres commodités nécessaires, sur les fonds à ce destinés.

Ordonne aux huissiers dudit siége d'avertir lesdits avocats & substitut au parquet, lorsque les juges seront près d'aller à l'audience, & de les y conduire.

Fait expresses défenses aux greffiers & à leurs commis d'exiger des Procureurs ou leurs parties aucune somme, sous prétexte de vû, façon, retrait & expédition des jugemens & sentences, au delà de ce qui sera marqué au pied de chaque minute ou grosse, à peine de concussion.

Ordonne qu'il sera fait au parquet état des causes communicables pardevant lesdits avocats & substitut, à laquelle fin les avocats & Procureurs qui en seront chargés seront tenus de s'y trouver après les audiences des jeudis & samedis de chaque semaine, & qu'un des huissiers dudit siége servira audit parquet les rôles des causes.

Enjoint aux Procureurs d'informer lesdits avocats & substitut, des contraventions qui pourroient être faites à l'exécution du présent réglement, pour en informer le Procureur général du roi, & y être pourvu ainsi qu'il appartiendra.

Ordonne que le présent arrêt sera lu & publié aux au-

Tome XLVIII. G g

conclusions se prenant alors sur le vû de tout le procès, le Procureur du roi doit en communiquer aux avocats du roi.

diences, tant civiles que criminelles dudit siége & sénéchaussée, en présence de maître Berthou, conseiller à cette fin commis, & enregistré dans lesdits gieffes, à ce que personne n'en ignore. Fait en parlement, à Rennes, le 13 août 1740. *Signé*, LE CLAVIER.

La même cour a rendu, le 13 décembre 1779, relativement à la police & à la discipline du parquet de la sénéchaussée & siége présidial de Rennes, un autre arrêt de réglement, dont voici le dispositif :

La cour, faisant droit sur le tout & sur les conclusions du Procureur général du roi, ordonne que les arrêts de réglemens des 5 mai 1690 & 13 août 1740 seront exécutés suivant leur forme & teneur ; a homologué la délibération des juges de la sénéchaussée de Rennes, du 24 mars 1770 & leur sentence du 20 novembre 1777 ; ordonne qu'elles seront bien & dûment exécutées dans toutes leurs dispositions ; fait défenses à Jacques, Procureur en ladite sénéchaussée de Rennes, & à ses confrères, de se présenter au parquet des gens du roi, autrement qu'en robes, rabats, & avec décence ; leur enjoint de porter audit parquet, dans l'heure qui précède les audiences, toutes les causes susceptibles de communication ; leur ordonne de se trouver audit parquet, ou de s'y faire représenter après les audiences des jeudis & samedis de chaque semaine, pour y faire devant lesdits gens du roi état des causes communicables, à laquelle fin un huissier du siége en servira les rôles, desquelles il fera évocation ; fait défenses de plaider, faire ou laisser plaider aucunes causes susceptibles de communication au parquet, dont préalablement l'état n'y aura pas été fait ; d'admettre, de proposer, & aux greffiers d'enregistrer ou faire enregistrer aucuns expédiens sur les conclusions des gens du roi, dans les matières communicables, ou dans les causes aux qualités desquelles le substitut du Procureur général du roi en ladite sénéchaussée, se trouvera intéressé ou sera partie,

Les conclusions sur les compétences & sur l'élargissement des accusés prisonniers doivent aussi être prises par avis commun au parquet. Cela est ainsi ordonné par divers arrêts.

Lorsqu'il y a diversité d'avis entre le Procureur du roi & les avocats du roi, l'opinion du Procureur du roi doit être suivie dans les procès par écrit; mais dans les procès d'audience, l'opinion de l'avocat du roi, chargé de porter la parole, doit prévaloir. C'est ce qui résulte de divers réglemens.

L'ancien des deux avocats du roi a le droit de choisir & de porter la parole dans les causes d'audience qu'il juge à propos, & après lui le second avocat du roi : quant aux procès par écrit sur lesquels il y a des conclusions définitives à donner, ils doivent être également distribués entre les avocats du roi & le Procureur du roi, suivant un arret de réglement rendu pour Guéret le 5 septembre 1703.

Par un autre arrêt de réglement du 14 août 1624, rendu pour Poitiers, il a été ordonné que les conclusions, tant dans les causes d'audiences

que lesdits expédiens ne soient signés de tous les Procureurs en cause, & visés de l'avocat du roi qui tiendra l'audience. Ordonne au surplus que le présent arrêt sera lu à l'audience, enregistré aux greffes de la sénéchaussée & siége présidial de Rennes, & inscrit sur le registre de la communauté des Procureurs audit siége, à la poursuite & diligence des gens du roi de ladite sénéchaussée. Fait en parlement, ce 13 décembre 1779.

Signé L. C. PICQUET.

Enfin, par un troisième arrêt de réglement du 10 avril 1780, le parlement de Bretagne a ordonné que ceux qu'on vient de rapporter seroient bien & dûment exécutés.

que dans les procès par écrit, seroient toujours prises au nom du Procureur du roi. Ainsi, lorsqu'un avocat du roi porte la parole, ses conclusions doivent être énoncées en ces termes : *Oui M...... avocat du roi, pour le Procureur du roi.*

Quand le premier avocat du roi porte la parole, le Procureur du roi & le second avocat du roi doivent se tenir debout, & ôter leur bonnet quand il ôte le sien. Le second avocat du roi doit pareillement être debout quand le Procureur du roi porte la parole ; mais quand le second avocat du roi parle, le premier avocat du roi & le Procureur du roi sont dispensés de se lever. Divers arrêts l'ont ainsi décidé.

Par un autre arrêt du 22 decembre 1762, le parlement de Paris a jugé que lorsque dans les siéges où il n'y avoit qu'un avocat du roi, il portoit la parole, le procureur du roi devoit être debout, & ôter son bonnet quand l'avocat du roi ôtoit le sien.

Dans le cas d'absence, maladie, récusation ou autre empêchement du Procureur du roi, ses fonctions doivent être remplies par le premier avocat du roi, & à défaut de celui-ci, par le second avocat du roi.

Et réciproquement, dans le cas de maladies ou autre empêchement des avocats du roi, c'est au Procureur du roi à remplir leurs fonctions.

PROCUREUR FISCAL. C'est un officier établi dans une justice seigneuriale, pour y défendre & soutenir les intérêts du public & du seigneur, & pour y faire les fonctions que rempliffent lès Procureurs du roi dans les juftices royales. Voyez PROCUREUR DU ROI.

PROCUREUR GÉNÉRAL DU ROI. C'eft le ritre que porte un officier principal, qui a foin des intérêts du roi & du public dans l'étendue du reffort d'une cour fouveraine.

Le roi ne plaide point en fon nom, il agit par fon Procureur général.

Ce magiftrat eft chargé de tenir la main à ce que la difcipline établie par les ordonnances & réglemens foit obfervée.

Il eft affis au milieu des avocats généraux, foit par dignité, foit pour être plus à portée de prendre leur confeil.

Lorfqu'ils délibèrent entre eux au parquet de quelque affaire par écrit, & que le nombre des voix eft égal, la fienne eft prépondérante; en forte qu'il n'y a point de partage.

Les avocats généraux portent la parole pour lui, c'eft-à-dire à fa décharge; ils ne font cependant pas obligés de fuivre fon avis dans les affaires d'audience, & ils peuvent prendre des conclufions différentes de celles qu'il a prifes.

Il arrive quelquefois qu'il porte lui-même la parole en cas d'abfence ou autre empêchement du premier avocat général, & par préférence fur le fecond & le troifième, auxquels, à la vérité, il abandonne ordinairement cette fonction, à caufe de fes grandes occupations.

Comme la parole appartient naturellement aux avocats généraux, la plume appartient au Procureur général; c'eft-à-dire, que c'eft lui qui fait toutes les réquifitions, demandes, plaintes ou dénonciations qui fe font par écrit.

C'eft lui qui donne des conclufions par écrit dans toutes les affaires du grand criminel, & dans les affaires civiles appointées, qui font fujettes à communication.

Les ordres du roi pour la cour, les lettres-patentes ou clofes, les ordonnances, les édits & les déclarations s'adreffent au Procureur général, qui peut en tout temps interrompre le fervice, pour apporter à la cour les ordres du roi. C'eft pourquoi la porte du parquet qui donne dans la grand'chambre du parlement de Paris, doit toujours être ouverte.

Les ordonnances chargent fpécialement le Procureur général au parlement de Paris, de veiller à ce que les évêques ne s'arrêtent à Paris que pour leurs affaires.

Les enregiftremens d'ordonnances, édits, déclarations & lettres patentes, ne fe font qu'après avoir ouï le Procureur général ; & c'eft lui qui eft chargé, par l'arrêt d'enregiftrement, d'en envoyer des copies dans les bailliages & fénéchauffées, & autres fiéges du reffort de la cour.

Dans les matières de droit public, le Procureur général fait des réquifitoires, à l'effet de prévenir ou faire réformer les abus qui viennent à fa connoiffance.

Les Procureurs du roi des bailliages & fénéchauffées n'ont envers lui d'autre titre que celui de fes fubftituts ; il leur donne les ordres convenables pour agir dans les chofes qui font de leur miniftère, & pour lui rendre compte de ce qui a été fait.

Aux rentrées des cours, c'eft le Procureur

général qui fait les mercuriales, tour à tour
avec le premier avocat général.

Les Procureurs généraux ne doivent point avoir
de clercs ou sécrétaires qui soient procureurs ou
solliciteurs de procès ; il ne leur est pas permis
de s'absenter sans congé de la cour ; ils doivent
faire mettre à exécution les provisions, arrêts &
appointemens de la cour ; ils ne doivent former
aucune demande en matière civile, ni accorder
leur intervention ou adjonction à personne, qu'ils
n'en aient délibéré avec les avocats généraux ; ils
doivent faire mettre les causes du roi les premières
au rôle.

En matière criminelle, dès qu'ils ont vu les
charges & informations, ils doivent, sans délai,
donner leurs conclusions : après l'arrêt ou jugement d'absolution, ils doivent nommer à l'accusé le délateur ou le dénonciateur, s'ils en sont
requis. Les ordonnances leur défendent non seulement de donner des conseils contre le roi, mais
même en général de plaider ni consulter pour
les parties, quand même le roi n'y a pas d'intérêt ; ils ne peuvent assister au jugement des
procès civils ou criminels de leur siége ; ils doivent informer des vies, mœurs & capacités des
nouveaux pourvus qui sont reçus à la cour, &
être présens à leur réception, tenir la main à la
conservation & réunion du domaine du roi,
empêcher que les vassaux & sujets ne soient
opprimés par leurs seigneurs, & qu'aucune levée de deniers ne soit faite sur le peuple sans
commission ; ils doivent avoir soin de la nourriture, entretien & prompte expédition des prisonniers, & pour cet effet visiter souvent les
prisons.

PRODIGUE. Il n'eſt perſonne qui ne con-
noiſſe la ſignification de ce terme ; les individus
à qui il s'applique ſe multiplient tous les jours.
Le luxe & la corruption des mœurs , qui ſe ſont
gliſſés dans toutes les claſſes de la ſociété , forcent ,
à chaque moment , des parens alarmés de recourir à la juſtice , pour mettre un frein à la
prodigalité.

Ce frein eſt l'interdiction ; M. Montigny
en a parlé ſous ce mot d'une manière auſſi pré-
ciſe que lumineuſe. Ce que nous allons en dire
ne doit être regardé que comme un ſupplément ;
& pour que l'on puiſſe mieux le rapprocher de
l'article avec lequel il ne doit faire qu'un tout ,
nous le rédigerons dans le même ordre qu'à ſuivi
M. Montigny.

§. I. *Du genre de prodigalité qui conduit à
l'interdiction.*

Le célèbre Cochin nous a laiſſé ſur cette matière des réflexions que Deniſart s'eſt appropriées
ſans ſcrupule ; mais qui n'en méritent pas moins
d'être ici retracées.

» Rien n'eſt plus précieux à l'homme que la
» liberté , que le droit de diſpoſer de ſa per-
» ſonne , de ſes biens , & de tout ce qui lui ap-
» partient ; c'eſt une eſpèce d'inhumanité que d'en-
» lever à un citoyen une faculté qui doit lui être
» ſi chère.

» Mais il eſt des circonſtances où la loi eſt
» obligée de prendre des précautions qui gênent
» cette liberté naturelle , & c'eſt l'intérêt même
» des citoyens qui lui inſpire les meſures qu'elle
» paroît prendre contre eux.

» Ainsi, dans le premier âge de l'homme,
» la loi l'asservit à ses parens, à ses tuteurs &
» curateurs, & lui interdit toute disposition ; dans
» la crainte que sa foiblesse & son défaut d'ex-
» périence ne le précipitent dans des malheurs
» dont il ne pourroit jamais se relever.

» Dans un âge plus avancé, la loi ne le perd
» point encore de vue ; & en même temps
» qu'elle semble ne point mettre de bornes à
» sa liberté, elle observe cependant l'usage qu'il
» en fait faire ; & si elle le voit s'écarter, par
» foiblesse d'esprit ou par la violence de ses pas-
» sions, des routes que la sagesse la plus com-
» mune semble tracer à tous les hommes ; alors
» elle reprend son premier empire ; elle le re-
» tient par de nouveaux nœuds, ou, sans le dé-
» pouiller entièrement de sa liberté, au moins
» elle empêche qu'il n'en abuse jusqu'à un excès
» qui lui deviendroit funeste.

» La raison en est, que nous ne sommes que les
» administrateurs de nos biens, & que la loi,
» qui nous en confie le gouvernement, se ré-
» serve toujours l'empire absolu qui lui appartient,
» pour étendre ou resserrer notre pouvoir, suivant
» les vûes que la sagesse lui inspire, & qui
» n'ont jamais pour objet que notre véritable
» intérêt.

» De là sont nées ces différentes précautions
» que la loi prend contre des majeurs, pour em-
» pêcher qu'ils ne dissipent leurs biens lorsqu'ils
» paroissent incapables de les conserver ; les uns
» sont absolument interdits de toute disposition,
» les autres ne le sont que par rapport à l'alié-
» nation des fonds ; aux autres, on donne un
» simple conseil, sans l'avis duquel ils ne peuvent

» contracter ; il y en a qui ne sont gênés que
» dans un seul genre d'action, par exemple, à
» qui on défend d'entreprendre aucun procès sans
» l'avis par écrit d'un avocat qui leur est nommé.
» Le remède change suivant les circonstances,
» & c'est la nature de chaque affaire qui règle
» la manière dont on doit pourvoir aux besoins
» de ceux à qui ces secours sont nécessaires «.

Il n'y a point de règles précises sur le degré auquel doit être porté le dérangement, pour provoquer l'interdiction proprement dite. D'Argentré sur l'article 491 de l'ancienne coutume de Bretagne, & M. de Perchambault sur l'article 518 de la nouvelle, font entendre que l'usage de cette province est d'interdire tout homme qui a dissipé follement le tiers de son patrimoine : mais cet usage, s'il existe encore, est purement local ; par-tout ailleurs, c'est à la prudence du juge à arbitrer, d'après les circonstances, si la personne qu'on lui défère comme Prodigue, doit être regardée comme telle dans le sens de la loi.

Dans l'espèce du célèbre arrêt du 12 avril 1734, M. Laverdy, défendeur du marquis de Menars, demandoit quels traits de prodigalité on avoit à reprocher à son client. » Il a lui-
» même, disoit-il, mis un frein à sa dissipation ;
» en se mariant, il a commencé par substituer
» le marquisat de Menars en faveur de ses en-
» fans ; tous les autres biens existent sans aucune
» espèce d'aliénation : on ne cite aucun trait de
» dissipation. Enfin est-il obéré ? Les loix veulent
» qu'on n'interdise que celui *qui neque tempus,*
» *neque finem expensarum habet,* &, comme dit
» d'Argentré, celui *qui trientem de re suâ di-*

» *minuerit.* Sur quel fondement la marquise de
» Menars peut-elle donc demander l'interdiction
» de son mari ? Elle apporte en preuve d'inca-
» pacité & de foiblesse d'esprit, deux billets qui
» lui ont été surpris...... Mais la voix des
» conseils n'étoit-elle pas un tempérament qui
» devoit avoir la préférence ? Et les neuf parens
» qui ont voté en dernier lieu pour cet expé-
» dient, n'ont-ils pas en cela consulté le véri-
» table intérêt des parties ? Les deux surprises
» qu'on a faites au marquis annoncent clai-
» rement qu'il pourroit être dangereux de l'aban-
» donner à lui-même. Avec la précaution des
» conseils, la sûreté du marquis & de sa for-
» tune est solidement établie, & il n'a plus rien
» à redouter de la foiblesse de la vue ; car ce
» sont ses yeux, & non son esprit, qui ont été
» si étrangement abusés lorsqu'il a signé deux
» obligations, l'une de 20003 livres, & l'autre
» de 20005 livres, ne croyant reconnoître que
» deux billets, l'un de 90 livres, & l'autre de
» 80 livres «.

M. le Normant répondoit : » Le marquis
» de Menars a été interdit dès le 4 mai
» 1700, & il a inutilement tenté de secouer
» le joug en 1723. Deux des parens qui se
» déclarent aujourd'hui en sa faveur, disoient
» alors, que *l'honneur allant avant tout, il fal-*
» *loit non seulement songer à la sûreté des biens,*
» *mais s'assurer de sa personne.* Il est bien cer-
» tain que ce ne fut point la foiblesse de ses
» yeux qui le plaça, à ces époques, dans les
» liens de l'interdiction, mais un oubli général
» de tout ce qu'il se devoit d'égard à lui-même
» & à sa famille, & sur-tout son inconcevable

» facilité à figner tous les papiers qui lui étoient
» préfentés. Mais ce qui eft antérieur à fes pre-
» mières interdictions, peut-il fonder une in-
» terdiction qui leur eft poftérieure ? Non fans
» doute, s'il étoit poffible de foupçonner que le
» marquis ait pu fe corriger ; mais ces deux
» billets qu'il a fignés fi aveuglément, ne prou-
» vent-ils pas que la même foibleffe, non pas
» d'yeux, mais d'efprit, fubfifte toujours ? Si les
» mêmes dangers font toujours à craindre, ne
» doit-on pas prendre les mêmes précautions ?
» Et ces précautions deviennent d'autant plus in-
» difpenfables, qu'il s'en faut bien que les
» compagnies qu'il voit le mettent à l'abri des
» furprifes qui peuvent ruiner fa fortune & com-
» promettre fa perfonne. Il n'eft point d'homme
» chez lequel brille encore une lueur de raifon,
» qui n'eût pu fe garantir du piége des billets,
» &c. «.

Sur ces raifons, arrêt intervint, par lequel le
marquis de Menars fut interdit & mis fous la
curatelle de fa femme.

En général, on peut dire qu'en cette matiére
la diffipation ne doit pas être auffi grande lorfqu'elle eft jointe à une certaine foibleffe d'efprit,
que lorfqu'elle forme le feul titre de la demande
en interdiction.

Il eft pareillement certain que les excès auxquels il faut qu'elle foit portée pour déterminer
la juftice à priver un homme de fa liberté,
doivent être plus confidérables & plus crians de
la part d'un père de famille, que d'un fimple
particulier. Celui-ci eft, dans toute l'énergie de
ce mot, maître de tout ce qu'il poffède ; il ne
doit rien à fes collatéraux, point d'alimens pen-

dant fa vie, point de fucceffion après fa mort.
Auffi a-t-il été un temps où ils étoient non recevables à pourfuivre fon interdiction. Il y en a
un arrêt du 2 août 1600, rapporté par le Grand,
fur l'article 95 de la coutume de Troies. La
condition d'un père de famille eft bien différente;
fon patrimoine n'eft proprement pas à lui, la
nature & la loi le deftinent à fes enfans, elles
les regardent en quelque forte comme fes co-
propriétaires; & à fa mort, c'eft moins une
fucceffion, qu'une continuation de propriété qu'elles
leur défèrent (*). S'il méconnoît les obligations
facrées que lui impofe le titre de père, s'il fa-
crifie les intérêts de fes enfans à fes paffions, il
n'y a point à balancer, le juge doit prononcer
fon interdiction, & lui dire, comme faifoit
anciennement le préteur romain : *Quandò tua
bona paterna avitaque nequitiâ tuâ difperdis,
liberofque tuos ad egeftatem perducis, ob eam
rem tibi eâ re commercioque interdico* (**).

§. II. *Des formalités néceffaires à l'interdiction d'un Prodigue.*

Il y a en Flandres quatre coutumes qui ne
permettent de pourfuivre l'interdiction d'un Prodigue qu'en vertu de lettres royaux. Ce font
Lille, titre 4, article 9; châtellenie de Lille,
titre 15, article 10; Douai, chapitre 7, article
9; gouvernance de Douai, chapitre 12, article 8.

―――――――――――――――――――――

(*) L. 11, D. *de liberis & pofthumis.* L. 1, parag. 12,
D. *de fucceforio edicto,*
(**) Paulus, *recept. fentent.* lib. 3, tit. 4, parag. 7.

On a foutenu depuis peu au parlement de Flandres', que ces difpofitions étoient de droit commun. Le fieur Colpin père , négociant à Valenciennes, avoit été interdit par fentence des prévôt & échevins de cette ville du 11 décembre 1773. Il s'en rendit appelant au parlement de Flandres , & allégua entre autres moyens le défaut de fes enfans d'avoir pris des lettres en la chancellerie près la cour. Il n'appartient, difoit-il , qu'à l'autorité fouveraine de changer l'état que la nature ou la loi nous donnent. L'incapacité du mineur ne peut être levée par le juge , qu'en vertu de lettres de BENÉFICE D'AGE (voyez ce mot) ; pourquoi donc la capacité naturelle & légale d'un majeur pourroit-elle être anéantie fans *lettres de curatelle ?* N'eft-il pas de principe que *contrariorum eadem eft ratii* ?

Ce moyen étoit à peine ipécieux : voici la réponfe que j'y ai faite pour les intimés. C'eft un principe conftant, que l'on ne doit point ajouter aux loix ni aux coutumes, des formalités qu'elles n'ont pas prefcrites. Tout eft de rigueur dans cette matière ; vouloir retrancher quelque chofe de la loi, c'eft attenter à fon autorité ; vouloir y fuppléer , c'eft infulter à fa fageffe & à fa prévoyance.

Cette feule réflexion eft décifive pour les intimés. Il n'y a pas un mot dans la coutume de Valenciennes, qui faffe fentir la néceffité de prendre des lettres en chancellerie , lorfqu'il eft queftion d'interdire un majeur qui abufe de fa liberté : il eft donc inutile de recourir à cette forme par rapport aux citoyens dont la perfonne eft foumife à la coutume de Valenciennes. Ce feroit multiplier les frais fans objet & fans fruit.

Cette conféquence acquiert un nouveau degré de lumière, lorfqu'on jette les yeux fur le décret d'homologation de la coutume de Valenciennes ; voici, entre autres chofes, ce qu'il porte : » Avons interdit & défendu, interdifons & » défendons par ces préfentes à tous nofdits fujets & manans, & autres qui auront ci-après » caufes ou procès pardevant nofdits prévôt, » jurés & échevins, de recevoir & admettre » en caufes & matières à démener & intenter par-» devant eux, autres coutumes & ufages que ceux » ci deffus écrits «.

D'après cela, il eft impoffible de concevoir comment l'obtention de *lettres de curatelle*, fur laquelle la coutume garde le plus profond filence, pourroit être regardée à Valenciennes comme une formalité effentielle & un préalable néceffaire à l'interdiction d'un majeur.

Si du moins le droit commun exigeoit cette formalité, on pourroit, on devroit même s'y conformer à Valenciennes, comme ailleurs ; mais le droit commun eft auffi muet là-deffus que la coutume de Valenciennes, & il eft par-tout d'un ufage conftant de regarder comme véritables & régulières les fentences d'interdiction prononcées fans lettres de chancellerie. Quatre coutumes, il eft vrai, en difpofent différemment ; mais quatre coutumes ne forment pas une loi générale, fur-tout dans une matière qui n'appartient pas fpécialement au droit coutumier.

Faut-il une nouvelle preuve de ce nous avançons ? En voici une fans réplique. Le recueil des édits & réglemens pour la Flandre, imprimé en 1731 par ordre de M. d'Agueffeau, nous offre, page 100, » un tarif des droits du fceau & des

» taxes, des lettres qui se scellent ès chancelle-
» ries près les cours de parlemens & autres cours
» supérieures de ce royaume, en conséquence
» de l'édit du mois d'avril 1672 «. Ce tarif a
été enregistré en la cour le 26 juin 1681. En
1770, il en a été fait un semblable, mais beaucoup plus étendu, pour la chancellerie établie à
cette époque près le parlement de Nancy (*).
Or, dans l'un & l'autre tarif, on ne trouve rien,
absolument rien de relatif à l'interdiction. Il ne
faut donc pas de lettres de chancellerie pour interdire un majeur.

Enfin, c'est ce que la cour elle-même a jugé
par arrêt du 14 août 1779, au rapport de M.
Delvigne. Le sieur Bodhain d'Harlebecque, gouverneur de la ville de Marchiennes, étoit appelant d'une sentence de l'official, juge ordinaire de
Cambrai, qui l'avoit constitué en curatelle. Il
combattoit cette sentence par différentes raisons,
& notamment par le défaut de ses adversaires
de s'être pourvus préalablement de lettres royaux.
Mais ni ce moyen que son premier défenseur
avoit employé, ni les autres que j'y ai ajoutés,
n'ont été d'aucun effet. La cour a déclaré le
sieur d'Harlebecque bien & valablement interdit.

Ces raisons ont eu tout le succès que l'on
devoit en atendre. Par arrêt du 17 juin 1780,
rendu en la seconde chambre, au rapport de
M. Durand d'Elecourt, le Parlement de Flandres
a ordonné, avant faire droit sur l'appel de la sentence d'interdiction, qu'il seroit, 1°. tenu par
le rapporteur procès-verbal de l'état du sieur

(*) Voyez ci-devant, tome 9, page 71.

Colpin

Colpin père; 2°. fait devant le même magiſtrat une nouvelle aſſemblée de parens ; 3°. informé des faits de diſſipation articulés au procès, dépens réſervés. Par-là, on a préjugé bien clairement, que l'omiſſion des *lettres de curatelle* n'avoit aucunement vicié la procédure.

Pour qu'une interdiction ſoit valable & produiſe tous les effets que les loix en font réſulter, il faut qu'elle ſoit prononcée par un juge compétent. L'article 21 du chapitre 60 des chartres générales de Hainaut, contient ſur ce point une diſpoſition particulière. Voici comme il eſt conçu : » Lui appartient encore (au grand bailli de la » cour ſouveraine de Mons), & à nul autre » juge de nôtredit pays, de prendre en ſa pro- » tection & curatelle, les Prodigues, furieux, » débiles de ſens, muets & autres ſemblables, » auſſi leurs biens & revenus, y commettant » tels tuteurs, curateurs ou mambours qu'il trouve » convenir, à charge de par eux lui en rendre » compte, ou à ſon commis «.

Le grand bailli eſt repréſenté, dans le Hainaut François, par les juges royaux; & ils exercent, chacun dans ſon reſſort, le droit excluſif que les chartres publiées long-temps avant leur création, attribuoient à cet *officier ſouverain*, d'interdire & mettre en curatelle les habitans de cette province. Si les prévôt & échevins de Valenciennes jouiſſent du même droit, c'eſt par deux raiſons qui ne conviennent à aucun autre juge municipal du Hainaut; la première, qu'ils ſont dans une poſſeſſion conſtante & conſacrée par la volonté expreſſe du ſouverain, de connoître des cas réſervés aux juridictions royales; la ſeconde, que les chartres générales n'ont aucun empire à

Valenciennes dans les matières personnelles. Voyez les articles ECHEVIN, MAGISTRAT, & VALENCIENNES.

Tous les auteurs conviennent que l'interdiction ne peut être prononcée que par le juge domiciliaire ; & cela ne peut être susceptible d'aucun doute : c'est toujours la loi du domicile qui détermine la condition des hommes ; il n'est donc pas possible qu'une autorité étrangère imprime à une personne une qualité qui change universellement son état.

Mais, l'acquiescement donné par une personne reconnue pour Prodigue, à la sentence d'interdiction d'un siége étranger, couvre-t-elle ce défaut de pouvoir, & forme-t-elle obstacle à l'appel que l'on pourroit en interjeter comme de juge incompétent ? Cette question a été jugée par l'arrêt déjà cité du 14 août 1779 ; en voici l'espece :

Le sieur Bodhain d'Harlebecque, ayant fait quelques dépenses excessives, fut pressé par sa mère & ses autres parens de se laisser interdire pour quelque temps : après beaucoup de sollicitations, il y consentit, sous la réserve de reprendre son état de liberté après que l'on auroit mis ordre à ses affaires ; & en conséquence, il fut rendu par l'official, juge ordinaire de Cambrai, une sentence du 27 octobre 1777, qui le constitua en curatelle. Sa mère mourut peu de temps après ; la succession qu'elle lui laissoit, le mettant à même de réparer une grande partie des bréches qu'il avoit faites à sa fortune, il donna, le 2 avril 1778, une requête en main-levée de son interdiction. Ses parens s'étant opposés à cette demande, il intervint une sentence du 24 juillet suivant , qui ordonna quelques préliminaires à l'inſtruction complette de la cauſe. Le ſieur d'Harlebecque appela d'abord de cette ſentence & de celle du 27 octobre 1777, *tant comme de juge incompétent qu'autrement ;* mais dans la ſuite, il ſe reſtreignit à l'appel d'incompétence, & ſe réſerva de ſuivre, quand & où il jugeroit à propos, l'effet de celui concernant le fond. J'étois chargé de ſa défenſe : voici le précis des moyens que j'ai employés pour établir l'incompétence de l'official de Cambrai.

Il eſt conſtant que le ſieur d'Harlebecque n'étoit point domicilié à Cambrai lors de la ſentence du 27 octobre 1777, qui l'a privé de ſa liberté. C'eſt ce que prouve, 1°. un certificat du tréſorier de cette ville, » portant, que M. d'Harlebecque, » ci-devant domicilié en ladite ville, a ceſſé d'être » impoſé & d'être compris dans les rôles de » capitation, à commencer à l'année 1774, ayant » quitté la ville de Cambrai, pour faire ſa réſidence en celle de la Fère au mois de » ſeptembre 1773 «. 2°. Les maire & échevins de la Fère déclarent par actes des.... ſeptembre 1778 & 23 janvier 1779, » que le ſieur d'Harlebecque eſt domicilié en cette ville, ſans aucune interruption, depuis le mois de ſeptembre » 1773, & que comme tel il a été exactement » compris dans les rôles de capitation, &c. « 3°. Le bailliage de la Fère a rendu, le 11 décembre 1777, une ſentence portant refus d'enregiſtrer, faire lire & publier la ſentence d'interdiction du ſieur d'Harlebecque, par la raiſon que cette ſentence eſt émanée d'un juge incompétent ; » le ſieur d'Harlebecque n'ayant pas perdu le » domicile qu'il avoit acquis à la Fère depuis

« plusieurs années, & où il étoit domicilié
» lors de cette sentence, n'ayant fait qu'une
» absence de quelques mois, & un séjour sem-
» blable à Cambrai & ailleurs « . 4°. M. R , conseiller en la cour, l'un des principaux adversaires
du sieur d'Harlebecque , lui écrivoit le 26 juillet
1777, trois mois avant la sentence d'interdiction :
» Personne de nous n'ignore que vous avez une mai-
» son à Cambrai ; dont vous êtes propriétaire , &
» que vous avez habitée autrefois ; mais nous
» savons tous en même temps que vous avez
» cessé de l'habiter , pour la louer , & prendre
» un domicile hors du ressort du parlement de
» Flandres , & que par-là vous avez cessé d'être
» son justiciable & de pouvoir y être attrait
» par action personnelle « .

On oppose un acte que le sieur d'Harlebecque
a passé au greffe de l'hôtel-de-ville de Cambrai
le 20 août 1777. Mais que porte cet acte?
Que le sieur d'Harlebecque , *demeurant à la
Fère , renonce au domicile qu'il a en cette dernière ville , pour le prendre & tenir audit Cambrai ,
en sa maison rue Notre-Dame.* Cette déclaration
prouve invinciblement qu'au temps de sa date
le sieur d'Harlebecque étoit vraiment domicilié
à la Fère ; & l'on ne peut la considérer que sous
deux aspects, ou comme une marque de l'intention du sieur d'Harlebecque de transférer
son domicile de la Fère à Cambrai , ou comme
une simple soumission de sa part à la juridiction
du juge ordinaire de cette dernière ville. Or,
sous l'un & l'autre point de vue , il est impossible
que cet acte ait produit l'effet que l'on a voulu
en faire résulter.

1°. Cet acte , considéré comme une déclaration

du fieur d'Harlebecque de vouloir transférer fon domicile à Cambrai, n'a pu le rendre jufticiable de l'official de cette ville, parce qu'il n'a point été fuivi, de fa part, d'une tranflation réelle & effective de fa demeure de la Fère à Cambrai. *Domicilium re & facto conftituitur, non nudâ conteftatione.* L. 20, D. *ad municipalem.*

2°. Ce même acte, confidéré comme une fimple foumiffion du fieur d'Harlebecque à la juridiction ordinaire de l'official de Cambrai, n'a pu attribuer à ce juge un pouvoir fuffifant pour l'interdire. Tout ce qui a trait à la condition d'un homme, à fa capacité de contracter, d'aliéner, de participer aux effets ordinaires de la vie civile, ne dépend aucunement de fa volonté; c'eft la loi feule qu'il faut écouter fur ces matières. *Scimus jura noftra nolle prejudicium generale cuiquam circâ conditionem, neque ex confeffionibus, neque ex fcripturâ.* L. 21, C. *de agricolis.* » On ne peut, dit Boullenois fur Ro» demburg, tome 2, page 374, on ne peut » donner par convention à une perfonne un » état perfonnel & public, que ne lui donne pas » la loi «. Ainfi un majeur ne peut de lui-même fe réduire à l'état de mineur; un citoyen ne peut valablement ftipuler qu'il fera réputé mort civilement; &, par la même raifon, un homme qui jouit de tous fes droits ne peut defcendre de lui-même au rang des interdits, ni par conféquent confentir qu'un juge, auquel fa perfonne n'eft nullement foumife, lui imprime cette qualité.

Si une interdiction n'avoit d'effet que relativement à celui contre qui elle eft prononcée, on pourroit, au moins dans les provinces qui ont confervé l'ufage des prorogations de juridiction introduites par le droit, on pourroit être interdit par un juge étranger auquel on fe feroit foumis à cette fin. Mais l'effet d'une interdiction n'eft jamais circonfcrit dans des bornes fi étroites, il s'étend à toutes les perfonnes qui peuvent avoir la moindre relation avec la perfonne qu'il s'agit d'interdire. Un juge qui interdit un majeur, eft cenfé dire au public : ,, Je vous défends de ,, contracter dorénavant avec cet homme, je ,, veux que vous le confidériez à cet égard comme ,, n'exiftant plus, je répands dans toute fon exiftence ,, civile un venin qui va vicier tous les engagemens ,, qu'il pourroit former avec vous ; défiez-vous ,, donc de lui ; *fœnum habet in cornu cavento* ``. Il eft fenfible qu'un acte auffi étendu & auffi important de la juridiction civile, ne peut être exercé par un juge qui n'auroit qu'un pouvoir précaire & momentanée fur la perfonne du majeur qu'il feroit queftion d'interdire. Il faut, pour porter à ce point l'exercice de l'autorité confiée aux magiftrats, une juridiction naturelle, ftable & permanente, qui n'appartient & ne peut appartenir qu'au juge du véritable domicile.

Cette affaire paroît avoir intrigué beaucoup les juges. Un arrêt du 20 avril 1779 a d'abord ordonné au fieur d'Harlebecque de contefter à toutes fins, & de prendre des conclufions au fond. Mais le fieur d'Harlebecque n'en a voulu rien faire, il a perfifté à demander droit féparément fur fon appel d'incompétence, fe fondant fur l'article 17 du chapitre 1 un du ftyle du parlement de Flandres, conforme à l'article 3 du titre 6 de l'ordonnance de 1667. Un fecond arrêt du 22 mai fuivant lui enjoint de fatis-

faire au premier, à tel péril que de droit, &
ce dans le mois de la signification qui lui en
seroit faite péremptoirement. Le sieur d'Harlebecque s'étant tenu purement & simplement à
ce qu'il avoit dit auparavant, il est intervenu
arrêt le 14 août de la même année, qui l'a
déclaré bien & valablement constitué en curatelle.

On a dit au mot INTERDICTION, qu'il n'est
pas toujours d'usage d'entendre les Prodigues
avant de les interdire. Cette formalité est cependant prescrite par les coutumes de Lille, de la
châtellenie de Lille, de Douai & de la gouvernance de Douai, aux endroits cités plus haut.
Elle l'est également par l'article 520 de la coutume de Bretagne, dont voici les termes :
» En déclaration de prodigalité, & interdiction
» de biens, si le défendeur prétendu Prodigue
» défaut à l'ajournement à lui donné, ou s'il
» compare, & que la cause traîne en contesta-
» & en longueur, le juge, &c. « D'Argentré
sur cet article, qui étoit le 492 de l'ancienne
coutume, dit qu'en disposant de cette manière,
les rédacteurs on proscrit l'opinion des docteurs
Angelus, Jason, & Décius, *qui non putant*, dit-
il, *ad declarationem prodigalitatis, necessariam
esse vocationem Prodigi, quia, inquiunt, Prodigi
impedire non possunt ne eis bonis interdicatur.*
On voit que ces docteurs supposent ce qui est
en question : sans doute un homme vraiment
Prodigue ne peut pas empêcher qu'on ne l'interdise, mais il peut faire voir qu'il n'est pas tel ; il
peut justifier, par des raisons très-légitimes, des
actes qui, au premier abord, semblent porter l'em-
preinte de la prodigalité ; & cela seul ne suffit-il pas

pour que l'on ne puisse pas l'interdire sans l'entendre?
C'est là réflexion de d'Argentré. *Audio, inquam,*
assumptum de Prodigo, sed quominùs talis pro-
nuncietur & judicetur obsistere potest & defensiones
afferre ; & causas alienationum justas & necessa-
rias probare, & debita, & casus ; & verò multi
quotidiè probant & absolvuntur, Au reste, nous
voyons dans Christin, tome 1, décision 182,
que le grand conseil de Malines a plusieurs
fois réprouvé l'opinion des docteurs contre lesquels s'élève d'Argentré. Ce tribunal a cependant jugé, comme l'atteste le même auteur, &
cela par arrêt rendu la veille de pentecôte 1526,
que l'interdiction provisionelle peut être prononcée
sans entendre la personne accusée de prodigalité.
J'ai eu plusieurs fois occasion de remarquer
que tel est aussi l'usage de la gouvernance de
Douai ; j'y ai fait moi-même rendre plusieurs
sentences qui l'établissent formellement, en sorte
que la disposition de la coutume de ce siége
est limitée à l'interdiction définitive,

Le défaut de conclusions des gens du roi
annulleroit-il une sentence d'interdiction ? Le
sieur Colpin père a soutenu l'affirmative dans
la cause dont on a parlé ci-devant, & il a prétendu faire annuller, sur ce fondement, la sentence des prévôt & échevins de Valenciennes, dont
il étoit appelant. J'ai opposé deux raisons à ce
moyen :

1°. Il est vrai que, réguliérement, les juges
prennent des conclusions de la partie publique
dans les matières d'interdiction ; mais cette règle
a ses exceptions comme toutes les autres, &
certainement, s'il en faut excepter un cas, c'est
bien celui où le défaut de partie publique dans

un fiége, en rend l'exécution métaphyfiquement impoffible : or, il n'y a point d'officier dans le corps municipal de Valenciennes qui foit prépofé pour donner des conclufions dans les caufes relatives, foit à l'état, foit à la fortune des particuliers. Le prévôt-le-comte ne conclut ou plutôt ne femonce que dans les matières criminelles & de police ; le procureur-fyndic ne prend communication que des affaires concernant les domaines & octrois de la ville ; le maïeur n'exerce la conjure que dans un très - petit nombre de cas fixés par la coutume & quelques réglemens particuliers ; perfonne ne conclut dans les caufes purement perfonnelles & civiles. Tel eft l'ufage ; peut-être eft-il abufif, mais il eft trop ancien pour qu'une fentence qui y eft conforme puiffe être annullée fous ce prétexte. La cour peut le réformer pour l'avenir ; mais, à l'égard du paffé, tous les actes auxquels il a fervi de bafe, doivent fubfifter : c'eft le vrai cas de la loi *barbarius*, D. *de officio prætoris* (*).

2°. Dans les tribunaux mêmes où il y a des officiers établis pour conclure dans les matières civiles, le défaut de communication aux gens du roi ne feroit pas un moyen de nullité contre une fentence d'interdiction. Cela eft fi vrai, que l'on ne pourroit pas faire rétracter par requête civile un arrêt rendu, foit contre un mineur, foit contre un interdit, fans conclufions du miniftère public. » Cette maxime, dit Jouffe, peut fe » tirer de l'article 36 du titre des requêtes ci- » viles du projet de l'ordonnance de 1667, com-

---

(*) Voyez les articles ERREUR & IGNORANCE.

» paté avec l'article 35 de la même ordonnance,
» où l'on voit que le moyen de réquête civile
» établi par le projet pour défaut de commu-
» nication aux gens du roi, à l'égard des caufes
» où il y a des mineurs intéreffés, a été re-
» tranché lors de la rédaction de cet article «.

On fe rappelle que l'arrêt intervenu fur ces
raifons le 17 juin 1780, a préjugé, par un avant
faire droit, que la fentence dont il s'agiffoit n'é-
toit pas nulle. J'aurois pu ajouter à mes moyens
ce paffage de Serpillon, page 1546 : » Le dé-
» faut de communication d'un procès aux gens
» du roi, ne fait pas une nullité dans la fen-
» tence rendue par un juge fujet à l'appel, parce
» que ce défaut peut être réparé pardevant le
» juge fupérieur. C'eft ce qui fut jugé au par-
» lement de Dijon à l'audience de relevée, le
» 10 janvier 1738, entre la comteffe de Louerme
» & le fieur Verdin : Diffon plaidoit pour la
» comteffe de Louerme, appelante d'une fen-
» tence du bailliage de Châtillon, qui l'avoit
» condamnée par défaut, fans conclufions des
» gens du roi ; il demandoit la caffation de la
» fentence : la cour n'y eut point d'égard ; elle
» prit les conclufions du fubftitut, & confirma la
» fentence, avec dépens «.

Il faut cependant convenir que, dans la thèfe
générale, il y auroit bien de l'imprudence de la
part d'un juge de prononcer une interdiction
fans entendre la partie publique. Un réglement
du confeil du 6 mai 1681, enregiftré au parlement de Flandres le 13 juin fuivant, porte, que
l'on communiquera au procureur-général de cette
cour les affaires » où les mineurs & autres
» perfonnes qui, en termes de droit, font com-

» parées aux mineurs, auront intérêt, & lorfqu'il
» s'agira de l'état des perfonnes «. Ce réglement ne porte point la peine de nullité ; mais
l'article 40 des lettres-patentes du mois de mai
1706, rendues pour le confeil provincial qui
exiftoit alors à Valenciennes, déclare qu'il fera
exécuté en ce fiége, » à peine de nullité des
» jugemens qui auront été rendus fans conclu-
» fions dans les procès où elles doivent être don-
» nées, fuivant ledit réglement «.

§. III. *Des perfonnes qui peuvent provoquer*
l'interdiction d'un Prodigue.

Nous n'aurions rien à ajouter ici à ce qu'a
dit fur ce point l'auteur de l'article INTERDIC-
TION, fi, dans la caufe du fieur Colpin père, dont
nous avons déjà parlé, on n'avoit élevé, pour la première fois fans doute, la queftion de favoir fi un
fils eft recevable à provoquer l'interdiction de fon
père. Le fieur Colpin foutenoit la négative, &
fe fondoit fur les loix qui défendent au fils d'intenter contre l'auteur de fes jours une de ces
actions que le droit romain qualifie de *fameufes*.
La réponfe que j'ai faite à ce moyen a été con-
facrée par l'arrêt ; la voici :

Il eft vrai qu'un fils n'eft pas recevable à pourfuivre fon père par une action qui pourroit imprimer fur lui le fceau du déshonneur & de l'infamie : mais où les confeils des appelans ont-ils
vu que la demande en interdiction fût de ce
genre ? où ont-ils vu qu'un homme interdit fût
privé de l'honneur & réduit dans la claffe des
perfonnes infames ? Les loix 1, 2 & 4, D. *de*

curatoribus, décident qu'un fils peut être nommé curateur à l'interdiction de son père; & l'on voudroit qu'il ne pût pas provoquer cette interdiction !

Les femmes ne sont pas plus recevables à intenter des actions *fameuses* contre leurs maris, que les enfans contre leurs pères. C'est ce qui résulte particuliérement de la loi 2, D. *de actione rerum amotarum*. Cependant on voit tous les jours des femmes agir en justice pour faire interdire leurs maris, & tous les jours les tribunaux accueillent ces sortes de demandes. Dans la foule des arrêts que nous pourrions en citer, on remarque sur-tout celui du 17 avril 1734, par lequel le parlement de Paris a interdit le marquis de Menars sur la poursuite de sa femme (*).

Du reste, l'usage nous dispense là-dessus de toute espèce de preuves. Rien de plus ordinaire dans les tribunaux, que d'y voir des enfans, effrayés par la perspective d'un avenir malheureux, demander que la justice arrête le cours des dissipations de leur père, & lui jette, au milieu de l'abîme dans lequel il s'est plongé, une planche qui puisse sauver quelques débris de sa fortune. Il n'y a d'ailleurs aucun texte dans tout le droit civil ou coutumier, qui leur ôte cette faculté; nous trouvons au contraire dans une de nos coutumes, dans celle de Bretagne, une disposition qui la leur accorde expressément. Voici ce qu'elle porte, article 519 : » Nul ne peut être déclaré Pro-

_____

(*) Le parlement de Paris vient encore de juger la même chose. L'arrêt est de 1781. On le trouve dans le tome 11 de la *Gazette des tribunaux*.

» digue, & on ne peut interdire l'administra-
» tion des biens à aucun, fors qu'à l'instance
» & requête de sa femme, enfans ou autres pro-
» chains héritiers préfomptifs «. —— Eh ! comment feroit-il possible qu'un enfant ne fût pas recevable à requérir l'interdiction de son père ? A qui donc accorderoit-on ce droit ? Seroit-ce aux collatéraux exclusivement ? Mais tous les auteurs ne nous disent-ils pas que dans ces matières un collatéral est toujours regardé en justice d'un œil défavorable ? Seroit-ce à des étrangers ? Mais un étranger est absolument non recevable, suivant un arrêt du 3° septembre 1763, rendu sur les conclusions de M. l'avocat général Séguier.

§. IV. *De ceux qui peuvent être nommés curateurs à l'interdiction, & de leurs devoirs.*

On a établi au mot INTERDICTION, qu'une femme peut être nommée curatrice de son mari, soit furieux, soit imbécille, soit Prodigue. Voici un arrêt rendu dans la coutume de Valenceinnes, qui confirme cette assertion pour le cas où l'interdiction est fondée sur la démence.

Le sieur Philippe-François Lejuste, négociant à Valenciennes, étant tombé dans un état d'imbécillité, le sieur Antoine Lejuste, son frère, présenta requête aux prévôt & échevins, pour être nommé curateur & obliger la dame Lejuste, sa belle sœur, de lui communiquer son contrat de mariage & les autres titres qu'elle pouvoit avoir en sa possession. La dame Lejuste ayant défendu à cette demande, il intervint sentence du 5 avril 1764, qui la renvoya des fins & conclusions de son beau-frère, & l'autorisa à gérer. toutes les affaires de la communauté d'entre elle & son mari, même à ester en jugement lorfqu'il en feroit befoin. Le fieur Antoine Lejufte appela de cette fentence ; mais elle fut confirmée par arrêt du parlement de Flandres du 30. mars 1765, au rapport de M. Hennet.

L'arrêt du 17 avril 1734, que nous avons déjà cité, a jugé la même chofe pour le cas où la prodigalité eft le fondement; de l'interdiction. Le marquis de Menars prétendoit cependant qu'il y avoit une différence effentielle entre ce cas & le précédent. » Peut - on, difoit, M., Laverdy, fon » défenfeur, propofer de; fang froid d'affujettir » un mari fexagénaire à une jeune femme qui ne » connoît que les amufemens du monde ? Ne » feroit-ce pas condamner le mari à être le refte » de fes jours le plus malheureux des hommes? » Chez les Romains, un père imbécille & fou » pouvoit bien être mis fous la curatelle de fon fils, » parce que le fou & l'imbécille n'ont point de » volonté, & encore, dans ce cas, le père n'étoit- » il mis fous fa curatelle, que lorfque le fils, » par fes refpects & par fa conduite irréprocha- » ble, avoit mérité cette confiance ; *fi tam pro-* » *bus fit*, dit la loi. Mais il n'en étoit pas de » même du père Prodigue. Jamais le Prodigue » qui a connoiffance & volonté, n'a été affujetti » à celui dont il étoit le chef. En partant d'après » des principes. fi fages, comment eft-ce que le » mari feroit foumis à fa femme «?

» La loi romaine, répondoit. M. le Normant ; » défenfeur de la marquife de Menars, ne peut » avoir aucune forte d'application à l'efpèce dont » il s'agit. Quelle conformité y a-t-il en effet entre

» la puissance paternelle, & celle d'un mari sur
» sa femme ? La puissance paternelle produit un
» véritable esclavage, puisque, le fils, qui y est
» soumis, n'acquiert rien qui ne soit pour son
» père : la femme est compagne de son mari, &
» n'est pas son esclave ; ce que le mari acquiert
» est pour elle & pour lui ; tout est censé le
» fruit d'une collaboration mutuelle. Le mari est
» chef d'une société commune ; il la gouverne
» en maître, mais il la gouverne pour sa femme
» & pour lui. — S'il tombe dans le dérangement,
» & que le dérangement procède d'une cause
» qui mérite qu'on lui ôte jusqu'au pouvoir qu'il
» a sur lui même, alors la femme n'est point
» obligée de subir un joug étranger ; c'est à elle
» à gouverner la chose commune, & elle ne
» pourroit être soumise à l'autorité d'un tiers,
» qu'elle n'eût donné lieu, par sa conduite, de
» l'interdire elle-même. — Mais le droit qui
» appartient à la femme par elle-même, elle
» l'exerce encore à plus juste titre quand elle
« a des enfans. Qui défendroit en effet l'intérêt
» des enfans, si ce n'étoit leur mère ? La tutelle
» ne peut lui être refusée sans des motifs né-
» cessaires d'exclusion. Il y a bien moins de
» prétexte de lui refuser la curatelle, pour la-
» quelle se joint aux intérêts des enfans, celui
» de la femme elle-même, & le droit incon-
» testable qui lui appartient dans la communauté.
» — Mais si les loix romaines sont absolument
» étrangères à une curatelle ouverte en pays
» coutumier, il se trouve dans le pays coutu-
» mier, des textes qui s'en expliquent clairement,
» & qui ne sont contredits par aucun autre.
» L'article 523 de la coutume de Bretagne porte,

» que si un homme *est déclaré mal usant de ses*
» *biens, il lui sera donné administrateur pour*
» *gouverner ou administrer ses biens, & aura la*
» *femme du Prodigue ledit gouvernement & ad-*
» *ministration, si elle se trouve capable pour. ad-*
» *ministrer lesdits biens ; autrement ils seroient*
» *baillés à autres de ses parens qui seront trou-*
» *vés suffisans pour le faire* «.

Par l'arrêt cité, la marquise de Ménars fut
déclarée curatrice, & l'on nomma un conseil à
l'interdiction.

On voit par les défenses respectives des parties, que, dans cette affaire on convenoit, d'un
côté comme de l'autre, qu'un fils né peut être
nommé curateur, à l'interdiction de son père,
lorsqu'elle est fondée sur la prodigalité. Il y a
cependant des auteurs qui soutiennent le contraire,
& ne mettent à cet égard aucune différence entre
le père insensé & le père Prodigue ; tels sont
d'Argentré sur l'article 495 de l'ancienne coutume de Bretagne, & Voet en son commentaire
sur le digeste, livre 27, titre 10. Mais cette
opinion nous paroît détruite par le texte même
sur lequel ils la fondent. La loi 1, §. 1, D.
de curatoribus, porte, que, suivant l'ancien droit,
la curatelle ne pouvoit jamais être déférée au fils
de l'interdit. *Curatio autem ejus cui bonis inter-*
dicitur, filio negabatur permittenda. Mais, ajoute-
t-elle, il y a un rescrit de l'empereur Pius, qui
permet de nommer le fils dont la conduite est
irréprochable, curateur à l'interdiction de son
père furieux : *sed extat divi Pii rescriptum filio*
potiùs curationem permittendam in patre furioso,
si tam probus sit. Il résulte clairement de là, que
l'ancien droit n'a été corrigé qu'à l'égard du père

furieux

furieux ou infenfé ; il fubfiste donc dans toute
fa force par rapport au Prodigue. La loi 2 confirme cette conféquence ; elle autorife pareillement le juge à nommer le fils curateur de fon
père ; mais elle ne parle que du cas où l'interdiction eft fondée fur une incapacité abfolue.
*Sed & aliis dabit proconful curatores qui rebus
fuis fupereffe non poffunt ; vel dari jubebit, nec
dubitabit filium quoque patri curatorem dari.* La
loi 4 ajoute, qu'une mère *furieufe* ne doit point
avoir d'autre curateur que fon fils, *furiofæ ma-
tris curatio ad filium pertinet* (*). Pourquoi ces
trois textes ne rouleroient-ils que fur l'interdiction caufée pour fureur ou démence, fi leur
décision devoit également avoir lieu dans le cas
de la prodigalité ?

Il s'élève quelquefois des conteftations entre
des collatéraux, fur le point de favoir à qui
d'entre eux fera déférée la curatelle d'un interdit. Brillon nous a confervé, au mot *curateur*,
la note d'un arrêt célèbre rendu fur un différend
de cette efpèce : » Le roi ayant renvoyé au par-
» lement le jugement de la conteftation entre
» M. le prince de Condé & M. le duc d'En-
» gnien d'une part, & madame la duchefle de
» Nemours d'autre, touchant la queftion de la
» curatelle de M. l'abbé d'Orléans, feul enfant
» de la maifon de Longueville, la cour confirma

_____

(*) Il y a dans Boniface un arrêt du parlement d'Aix,
du 22 novembre 1657, qui eft conforme à cette difpofition. La Peyrere en rapporte un autre rendu au parlement
de Bordeaux le 9 janvier 1702, qui juge » que le fils
» curateur de fa mère tombée en démence, n'étoit pas
» obligé de fe faire attefter «.

» la nomination faite de M. le prince & de M.
» le duc pour curateurs, à l'exclusion de ma-
» dame de Nemours, qui prétendoit être nom-
» mée curatrice pour les biens paternels, aux-
» quels elle étoit habile à succéder. Me. Baille
» plaidoit pour madame de Nemours : Me. Ro-
» bert pour M. le prince.

» M. Talon, dont les conclusions furent sui-
» vies par l'arrêt, répondit ainsi à trois exem-
» ples proposés de la part de madame de Ne-
» mours, pour montrer qu'il n'étoit pas nouveau
» de donner même la tutelle à d'autres femmes
» que la mère & l'aïeule.

» Le premier exemple étoit que le roi, im-
» médiatement après la mort de madame de
» Longueville, avoit partagé la curatelle de
» M. l'abbé d'Orléans entre M. le prince pour
» les biens maternels, & madame de Nemours
» pour les paternels, & par conséquent que ce
» que le roi avoit fait pouvoit servir d'exemple.
» M. Talon répondit que l'autorité du roi, qui
» est au dessus des loix, étant le seul fonde-
» ment de ce qu'il a fait en cette rencontre,
» on n'en devoit tirer aucune conséquence, parce
» que la cour est absolument obligée de suivre
» les loix, quoiqu'elle juge souverainement de
» leur exécution.

» Le deuxième exemple étoit que madame
» la duchesse d'Aiguillon avoit été nommée tu-
» trice de MM. le marquis & l'abbé de Ri-
» chelieu, quoiqu'ils eussent leur mère, ma-
» dame de Pontcourlay, & que pour elle elle
» ne fût que leur tante. On répondoit que la
» mère s'étant excusée de la tutelle, &, con-
» jointement avec toute la famille, ayant prié

» madame d'Aiguillon de l'accepter, ce consen-
» tement universel de la famille étoit l'unique
» cause de la tutelle de madame d'Aiguillon.

» Le troisième exemple étoit à peu près sem-
» blable dans la maison de Coëtlogon en Bre-
» tagne. La cour, où la contestation sur la tu-
» telle avoit été renvoyée, avoit confirmé de la
» même manière le choix de la famille, & la
» nomination d'une femme pour tutrice ; mais,
» dans l'espèce présente, tous les parens avoient
» nommé M. le prince & M. le duc pour
» curateurs.

» L'arrêt permit néanmoins à madame de
» Nemours de nommer de sa part un avocat, qui
» assisteroit, pour la conservation de ses intérêts,
» dans le conseil de la curatelle «. . . . .

Les devoirs du curateur d'un interdit sont réguliérement les mêmes que ceux du tuteur d'un
mineur. De là l'obligation que lui imposent la
loi dernière ; §. 5, & l'authentique suivante,
C. de curatoribus, de prêter serment, de faire
inventaire, & de donner caution. La coutume
de Douai, chapitre 7, article 9, & celle de la
gouvernance de Douai, chapitre 12, article 8,
portent, que » ne sont les curateurs des interdits
» tenus bailler caution, seront néanmoins sub-
» mis de faire inventaire des biens de ladite
» curatelle, & prêter le serment en tel cas per-
» tinent «. Cette disposition forme aujourd'hui
le droit commun de tous les pays coutumiers.

La coutume de la châtellenie s'en est un peu
écartée ; elle décide, titre 15, article 10, que
» ne sont les curateurs commis tenus bailler cau-
» tion, ne faire inventaire des biens, mais suffit
» faire le serment en tel cas pertinent «.

En Hainaut, & même à Valenciennes, la femme qui est nommée curatrice à l'interdiction de son mari, ou plutôt qui est autorisée à régir & administrer la communauté au lieu & place de ce dernier, n'est point non plus obligée de faire inventaire. Tel est l'usage constant de la province, & il a été confirmé par un arrêt du 30 mars 1765, dont nous avons déjà rapporté une disposition.

§. V. Des effets de l'interdiction d'un Prodigue.

Un homme déclaré Prodigue, & interdit comme tel, peut-il encore se marier? L'affirmative ne souffre aucun doute. L'interdiction ne porte que sur les biens, elle n'a point d'effet sur la personne même, & par conséquent elle ne peut vicier un engagement qui n'est rien soi que personnel.

Mais si le mariage en lui-même ne peut être attaqué, ne peut-on pas toucher aux conventions qui l'ont précédé? doit-on laisser jouir la femme de tous les avantages que lui a promis le Prodigue qu'elle a épousé? peut-elle même se maintenir légitimement dans tous ceux que lui accorde la coutume du lieu?

Voet sur le digeste, livre 23, titre 1, ne fait point difficulté de dire que ce mariage est radicalement nul, quant aux effets civils. Il paroît vraiment fort singulier que l'on puisse aliéner ou du moins charger son bien par la voie du mariage, tandis que l'on est déclaré incapable de faire l'un ou l'autre. Cependant on ne peut se cacher qu'il y a dans cette opinion bien de la dureté & même de l'inconséquence. Laisser à un

Prodigue la faculté de se marier, & lui interdire, le droit d'assurer à son épouse le sort qu'elle a droit d'attendre de sa condition, n'est-ce point se contredire? n'est-ce point lui refuser réellement ce qu'on a l'air de lui permettre? n'est-ce point détruire cette maxime si généralement reconnue, que la concession de la fin emporte la concession des moyens nécessaires pour y parvenir (*)?

Le mariage d'un Prodigue ne mérite certainement pas moins de faveur que celui d'un homme qui, sans être totalement insensé, est absolument incapable de gérer ses affaires. Or, jamais on ne s'est avisé de contester les effets civils d'un mariage de cette dernière espèce : on prend seulement un tempérament pour empêcher que l'interdit n'accorde à son conjoint des avantages qui excèdent le taux auquel la condition des parties demande qu'on les porte. Fevrer, livre 5, chapitre 3, n. 37, dit, après M. Servin en ses arrêts, tome 12, qu'en ce cas le juge doit réduire les conventions matrimoniales sur le pied réglé par les coutumes des lieux, *ou autrement, ainsi qu'il se doit par raison.*

Ces dernières paroles sont remarquables, surtout relativement aux coutumes qui contiennent, soit sur la communauté, soit sur les gains de survie, des dispositions qui s'écartent du droit commun. Celle de Douai, par exemple, établit entre les conjoints une communauté universelle de tous biens, tant immeubles que meubles, & en rend propriétaire le survivant avec

_____

(*) Cui jurisdictio data est, ex quoque concessa esse videntur sine quibus jurisdictio explicari non potuit. L. 2, D. de jurisdictione.

enfans : mais comme il eſt d'uſage, ſur-tout lorſque la fortune n'eſt pas égale de part & d'autre, de corriger cette diſpoſition par le contrat de mariage , & de la réduire aux termes du droit commun coutumier, il n'eſt point douteux que ſi un homme interdit pour cauſe de prodigalité épouſoit dans cette coutume une femme qui ne lui apportât point une fortune proportionnée à la ſienne, ou qui du moins ne compenſât point ce défaut par quelque autre avantage réel , on ne fût fondé à demander la réduction de ſes droits nuptiaux, conformément à l'uſage le plus ordinaire & à la condition des patries.

Nous trouvons dans Baſnage un arrêt du parlement de Normandie , qui porte aſſez loin le principe , qu'un Prodigue ne peut accorder à ſon épouſe un avantage un peu extraordinaire ſur les biens dont la diſpoſition lui eſt interdite. Voici de quelle manière s'explique cet auteur :

» Par arrêt du 15 mai 1671, au rapport de M.
» du Houley , il fut jugé que celui qui étoit
» en curatelle en ſe mariant , n'avoit pu obliger
» ſes immeubles à la conſignation de la dot ,
» mais ſeulement ſes meubles dont il avoit l'ad-
» miniſtration : voici les circonſtances du fait.
» Jean Trevet, ſieur de Senonville, fut mis en
» curatelle en l'année 1649 ; mais en l'année
» 1665 on lui laiſſa l'adminiſtration de ſon re-
» venu & de ſes meubles, à la charge qu'il ne
» pourroit aliéner ſes immeubles que par l'avis
» de deux parens : depuis, par ſon contrat de
» mariage fait en l'abſence de tous ſes parens
» avec la demoiſelle Saviniaire de Mazemguerbe,
» il confeſſa avoir reçu une ſomme qu'il avoit
» conſignée ſur ſes biens pour être la dot. Le

» fieur Trever , conseiller au présidial de Rouen,
» qui s'étoit opposé à ce mariage , n'ayant point
» de causes valables d'opposition, fut obligé de
» s'en désister. Après le décès dudit Trevet, sa
» veuve ; demanda sa dot à François Trevet fils
» du premier lit, qui s'en défendit ; parce que
» son père, étant en curatelle, n'avoit pu aliéner
» ni hypothéquer ses immeubles que par l'avis
» de deux parens qu'on lui avoit nommés ; on
» s'étoit bien gardé de les appeler, parce qu'en
» effet on n'avoit rien payé, La femme disoit au
» contraire qu'elle n'avoit pu y appeler les deux
» parens nommés par la restriction , parce que
» l'un étoit décédé lors du contrat de mariage, &
» l'autre, qui étoit le sieur Trevet conseiller, étoit
» opposant ; qu'il seroit rigoureux de lui faire
» perdre sa dot, son mari ayant reconnu devant
» les tabellions qu'il l'avoit reçue ; qu'ayant été
» capable de contracter mariage sans le consen-
» tement de ses parens, il avoit aussi été capable
» de consentir les pactions ordinaires dans les
» contrats de mariage, & par conséquent de
» s'obliger à la consignation de la dot, qui est
» la principale. Néanmoins il fut jugé que Trevet
» n'avoit pu engager ses immeubles par une con-
» fession faite en l'absence de ses parens, sauf
» à la femme de prendre sa dot sur les meu-
» bles «.

Le Prodigue interdit peut-il tester ? Nous ne
répéterons pas ici ce qu'on a dit à ce sujet au
mot INTERDICTION. Nous ajouterons seulement
qu'il a été rendu dans les tribunaux des Pays-Bas,
des arrêts conformes à quelques-uns de ceux que
l'on a cités à cet article. Abande, livre 4 , titre
premier, décision 3 , en rapporte un du conseil

fouverain de Frife, du 27 octobre 1626, qui confirme le teftament d'un Prodigue, par la raifon qu'il ne contenoit que des difpofitions fages & raifonnables. Grœneweghen fur les inftitutes, livre 2, titre 12, §. 2, affure que la même chofe a été jugée au confeil de Hollande : *Ita quoque in Hollandia curiâ judicatum intellexi.* M. Pollet, partie 3, n. 125, nous fournit un arrêt femblable du parlement de Flandres. » Marguerite » Willemet, dit il, avoit fait une donation entre » vifs de tous les biens dont elle pouvoit dif- » pofer au profit des enfans de Me. Antoine Taifne » de Boudet, confeiller au baillage d'Ipres, fes » neveux & nièces. Elle avoit deux frères, » Guiflain & François Willemet; François avoit » été conftitué en curatelle un an avant la do- » nation. Quelque temps après, François Wille- » met, fe fentant atteint d'une maladie mortelle, » fait fon teftament, par lequel il difpofe de fes » biens en faveur des enfans de fon frère Guif- » lain. Après fa mort, Taifne, au nom de fes » enfans, s'oppofe à l'exécution du teftament, » foutient qu'il doit être déclaré nul, & emploie » la difpofition du droit. Les officiers du baillage » d'Ipres, juges de la première inftance, dé- » boutèrent Taifne de fon oppofition : appel à » la cour. Par arrêt du 19 juillet 1710, il a été » dit mal appelé, & que la fentence fortiroit effet. » La cour n'a point douté que la novelle 39 de » Léon ne fût autorifée par l'ufage, & elle a » jugé que le défunt avoit prudemment difpofé » de fes biens en faveur des enfans de fon frère » Guiflain, pour les récompenfer des biens dont » ils étoient exclus avec leur père par la difpo- » fition de Marguerite Willemet leur tante «

Il y a cependant quelques coutumes qui exigent pour la validité du teſtament d'un Prodigue, que celui-ci obtienne du juge une autoriſation dé le faire. Telle eſt celle d'Anvers, titre 46, article 8. C'eſt auſſi ce que portent les chartres générales de Hainaut, chapitre 60, article 22. Le grand bailli, diſent-elles, a ſeul le pouvoir » d'au- » toriſer telles perſonnes priſes en ſa protection » & curatelle, à paſſer avis & partage au profit » de leurs enfans, d'aliéner une partie de leurs » moyens quand la néceſſité le requiert, & faire » tous tels autres actes que par avis & conſeil » des tuteurs & plus proches parens ſera trouvé » expédient «.

Il faut bien diſtinguer dans cet article ce qui eſt propre à chaque eſpèce d'interdiction : ainſi on ne doit pas conclure de ces termes, *autoriſer telles perſonnes à paſſer avis & partage au profit de leurs enfans*, que les juges puiſſent autoriſer les parens & les curateurs d'un furieux ou d'un imbécille, à faire en ſon nom le partage de ſes biens entre ſes enfans : on peut bien contracter par le miniſtère d'un étranger, mais pour teſter valablement, il faut le faire ſoi-même : *Teſtamentum non debet pendere ex alienâ voluntate.* Il faut donc reſtreindre aux Prodigues la faculté que le texte cité accorde aux interdits *de paſſer avis & partage au profit de leurs enfans*, moyennant une autoriſation judiciaire & un avis de parens.

Il y a cependant un cas où l'on peut en Hainaut diſpoſer, même à cauſe de mort, des biens d'un furieux ou d'un imbécille, pourvu que ce ſoit entre ſes enfans ; c'eſt lorſque ſon conjoint vit encore ; alors les chartres générales permettent à celui-ci de faire de ses biens & de ceux de l'interdit une seule & unique masse, & de partager le tout entre leurs enfans communs. Voici ce que porte l'article 19 du chapitre 31 : » Si » l'un des conjoints étoit débile d'entendement, » ou muet, ou en tutelle & curatelle, l'autre, » par consentement des parens ou communs amis, » deux de chacun côté, pourra faire & passer avis » & partage à leurs enfans & génération d'iceux, » comme dessus, moyennant le consentement & » autorisation de notre grand bailli de Hainaut «. Cette exception au droit commun n'est fondée que sur la confiance du législateur dans l'affection paternelle ; on ne doit donc pas l'étendre au delà de ses termes précis.

Les créanciers d'un Prodigue ne peuvent, dans les poursuites qu'ils font pour obtenir payement de leurs dettes, s'adresser qu'à son curateur. Dufail rapporte un arrêt du parlement de Bretagne du 19 août 1574, qui déclare nulle une saisie réelle pratiquée sur le Prodigue même.

On a démontré au mot INTERDICTION, que l'on ne doit pas, au préjudice des tiers, donner à la sentence qui interdit un Prodigue, un effet rétroactif aux premières procédures. Cette opinion est confirmée par les articles cités plus haut, des coutumes de Lille, de la châtellenie de Lille, de Douai & de la gouvernance de Douai: ces loix veulent que le juge pourvoye » pen- » dant le litige, sur l'interdiction de non alié- » ner ses biens par ladite personne, selon que » sera trouvé sommairement la matière y être » disposée « ; ce qui suppose bien clairement que le Prodigue appelé en justice pour se voir interdire, n'est point, par cela seul, déclaré de plein droit incapable d'aliéner ses biens pendant l'instruction de la cause.

La coutume de Bretagne en dispose à peu près de même. Voici ce qu'elle porte, article 520 : » En déclaration de prodigalité & interdiction » de biens, si le défendeur prétendu Prodigue » défaut à l'ajournement à lui donné, ou s'il » compare, & que la cause entre en contesta- » tion & en longueur, le juge, information » sommaire préalablement faite, pourra ordonner » que l'état du procès sera *banni* «, c'est-à-dire publié.

Article 521. » Et sera la *bannie* (publication) » faite au marché prochain, & à la paroisse du » domicile de celui qui est appelé en prodiga- » lité, & attachée au poste & lieu public dudit » marché, ou porte d'église parochiale, & » après rapportée & certifiée en jugement à jour » d'audience.

Article 522. » Et s'il y a aucun qui contracte » avec lui depuis le ban, & lui baille aucune » chose, & il soit depuis prouvé & déclaré mal » usant de ses biens, il le perd, & sera le con- » trat de nulle valeur «.

On ne peut rien, comme l'on voit, de plus opposé que ces articles au système de ceux qui font remonter de plein droit l'effet de la sentence d'interdiction, au moment où les procédures ont commencé. Voici cependant un arrêt qui a adopté ce système ; nous le tirons du journal des causes célèbres de M. Desessarts, année 1775, tome 4, cause 11.

Le sieur Cab jouissoit d'une fortune honnête dans le Roussillon. Après plusieurs années d'un

mariage heureux avec une femme laborieuse &
économe, il oublia qu'il étoit père & époux,
& se trouva en peu de temps écrasé de dettes.
Sa femme alarmée assembla ses parens, & tous
furent d'avis qu'elle devoit demander l'interdiction
de son mari. Elle forma cette demande par une
requête, & le juge l'autorisa à le faire assigner.
Le sieur Cab, se voyant près de perdre sa liberté, profita de l'intervalle de l'ajournement à
la sentence, pour vendre une métairie, qui étoit
le seul bien sur lequel sa prodigalité n'eût pas
étendu ses ravages. Après l'interdiction prononcée, la femme attaqua le contrat de vente. Il
est libre sans doute, disoit-elle, à un majeur de
vendre son bien : mais cette liberté, qui est l'apanage
de tout citoyen, ne doit-elle pas être suspendue
dans un père de famille, qui s'est mis dans le
cas de la voir attaquer par la demande en in-
diction ? L'interdiction est une planche que la
loi jette au dissipateur, au moment de son naufrage : lui est-il permis de la repousser, quand
elle la lui présente ? L'interdiction est encore
une dernière ressource que la loi accorde à ceux
qui ont intérêt de sauver quelques restes d'une
prodigalité outrée : or, ce remède salutaire au
Prodigue pour qu'il ne consomme pas sa ruine,
& ce secours nécessaire à une mère, à des enfans
pour n'en être pas les victimes, deviendroient
inutiles, si, lorsque la requête est présentée au
juge, l'assemblée de parens ordonnée, le Prodigue
n'étoit pas déjà lié par cette procédure préparatoire.
Il n'est pas douteux qu'irrité des chaînes qu'on
lui forge, il ne se porte d'autant plus à les
rendre vaines, qu'il se livre à la fois & à son
penchant de dissiper, & à la satisfaction de se

venger. — Le mal viendra donc du remède, le désespoir de la ressource? c'est-à-dire qu'en faisant tous ses efforts pour arrêter son mari au bord du précipice, ce sera sa femme elle-même qui l'y aura jeté; elle sera coupable d'avoir averti un créancier avide, afin qu'il profitât des derniers momens de liberté. — Ainsi, les loix n'auront point de force ni d'effet contre le Prodigue, s'il lui est possible d'en éluder l'exécution; il sera au contraire dangereux de les invoquer; elles le précipiteront dans le dernier des désordres; elles lui tendront la main, & ce sera cette main qui achevera sa ruine. — Ce n'est pas au mort qu'il faut des remèdes, mais au malade. Que la dernière vente soit exécutée, la prodigalité est consommée, tout est fini: Plus de besoin; plus d'utilité du remède de l'interdiction. Le mari est comme mort pour sa femme & ses enfans; son obligation naturelle de les nourrir est éteinte; il n'y a plus lieu pour lui, ni au repentir, ni à l'amendement. Et on osera soutenir qu'il n'y a de frein pour cette liberté meurtrière de vendre; que lorsqu'elle a frappé ses derniers coups! — La prodigalité est une espèce de démence; disons plutôt, avec les loix, de fureur. Nous savons néanmoins que les engagemens faits par un insensé & un furieux, sont nuls avant même que leur personne soit interdite; & que les engagemens du Prodigue, ne sont rejetés qu'après son interdiction; mais au moins, faut-il que le Prodigue s'arrête dès le moment qu'il est averti que la justice est saisie du compte qu'il doit lui rendre de sa conduite. Et lorsque la loi, qui veille sur lui, commence à s'élever en sa faveur, ne faut-il pas qu'elle

en impofe à ceux qui pourroient être capables
d'abufer encore de fa foibleffe ? — C'eſt l'hommage que tout citoyen doit à l'empire de la loi,
& au tribunal chargé de fon exécution. De là,
la défenſe de rien innover pendant l'inſtruction
des procès ; l'obligation de rétablir ce qui a été
innové, & la peine contre une réſiſtance opi-
niâtre. Les règles doivent être plus févères en
faveur d'un Prodigue, parce qu'il ne s'agit pas
de faire rentrer des diffipations déjà confommées
fans reſſource, mais d'arrêter le cours de nouvelles qu'il peut faire encore. Or, ſi le Prodigue
jouit de fa capacité lors même que l'on procède pour l'en priver, il eſt évident qu'il n'en
fera que plus déterminé à en faire un mauvais
uſage. — Les loix prononcent la nullité des
aliénations faites en fraude des créanciers ;
c'eſt, à plus forte raiſon, le cas d'un mari, d'un
père pourſuivi en interdiction. Sa femme, qui
eſt déjà fa créancière pour fa dot, le devient
alors avec fes enfans pour leur fubfiſtance : le
diffipateur devient, lui, créancier fur lui-même
pour cette même fubfiſtance, lorſque ce qui reſte
de fes biens fuffit à peine pour les nourrir tous.
Ainſi, ſi l'interdiction eſt prononcée, l'aliénation qu'il a faite pendant le cours de l'inſtance,
eſt en fraude de l'obligation civile de fournir aux
charges du mariage, & de l'obligation naturelle
de nourrir fa femme, fes enfans, & de fe nourrir
lui-même. Quoi de plus facré & de plus privilégié qu'une obligation impofée par le droit
naturel ? — Mais ce n'eſt pas fur le fieur Cab
que doit tomber le reproche & l'odieux de
cette fraude : un Prodigue a-t-il l'uſage de fa
raiſon ? C'eſt fur l'acquéreur & fur le notaire qu-

i

a été fon complice. Cette vérité eft démontrée par l'acte de vente & par les circonftances qui l'ont précédé. — D'abord ce fut le 16 août que l'intimée préfenta requête au juge pour demander l'affemblée des parens aux fins de l'interdiction : elle demanda en même temps des défenfes contre fon mari de la maltraiter, fous peine de prifon. Cette requête, avec l'ordonnance conforme, fut fignifiée à fon mari le 25 fuivant; & les parens furent affignés pour fe trouver à l'affemblée indiquée au 27. Il faut remarquer que, le notaire qui a reçu l'acte eft un des parens, & que fon affignation eft auffi du 25. — L'acte de vente fut fait le 27. Ainfi le mari favoit depuis deux jours qu'on pourfuivoit fon interdiction, & le notaire le favoit également. L'acquéreur ne pourroit affirmer qu'il fût le feul qui n'en fût pas inftruit. La précaution qu'il a prife de faire dater l'acte, non feulement de l'année & du jour, mais encore de l'heure où il fut paffé, dévoile le concert qui a régné entre lui & le vendeur. — Il y a des coutumes & même des ordonnances qui enjoignent aux notaires d'exprimer qu'un contrat a été fait avant ou après midi ; mais aucune n'exige l'heure précife, s'il n'y a quelque raifon pour le faire. A moins que le notaire dont il s'agit ne fût dans cet ufage, il eft évident que l'expreffion de cette date inufitée de l'heure, eft bien fufpecte. Quel a été le but de cet officier en prenant cette précaution? Il favoit que l'affemblée des parens étoit marquée au 27 après midi ; il vouloit que la vente parût avoir été faite le matin, & qu'elle eût précédé l'affemblée des parens, dont les avis devoient décider l'interdiction. N'est-ce pas ici le cas d'appliquer l'axiome, *nimia præcautio dolus ?* — D'ailleurs il est aisé de se convaincre par la seule lecture de l'acte, que la vente est toute favorable à l'acheteur, & préjudiciable au vendeur. L'acheteur, pour une créance de 1000 livres, acquiert une métairie entière pour le prix de 3500 livres, moyennant 1064 livres, pour le payement de laquelle somme il prend encore le terme d'un mois. Le vendeur se dépouille de la propriété de cette métairie pour cette créance de 1000 livres qu'il auroit pu liquider, ou au moyen de son revenu, ou en vendant quelque partie détachée. Il est évident que l'acquéreur s'est joué de la facilité du vendeur. Il est, en effet, surprenant qu'un corps d'héritage, composé, suivant l'acte, de terres cultivées & incultes, de bois, prés, vignes, maisons, bergeries, tant au terroir de Taillet qu'aux autres terroirs voisins, qui fournissent encore une étendue de terrein en pâturages, ne vaille que 3500 livres. Quoi qu'il en soit, de ce que la vente n'étoit pas nécessaire, de ce que cette vente a été faite presque à l'instant de l'interdiction, il résulte évidemment que l'acquéreur a séduit le vendeur, qu'il a profité des derniers momens qu'il croyoit que ce Prodigue avoit encore de libres, & du dérangement de sa raison, pour lui enlever une métairie qui étoit sans doute à sa convenance. — Sur ces motifs, le conseil souverain de Roussillon déclara, conformément aux conclusions de M. Cappot, avocat général, l'acte de vente nul, & les offres que la femme avoit faites de rembourser les sommes que l'acquéreur avoit légitimement payées, bonnes & valables.

II

Il n'est point douteux que cet arrêt n'eût jugé tout autrement, si la collusion & la fraude n'avoient pas été établies par des présomptions aussi fortes; car, dans la thèse générale, les principes sur lesquels se fondoit la dame Cab, étoient insoutenables : il ne falloit même, pour les détruire, que lui opposer l'exemple de la vente faite par un débiteur en fraude des ses créanciers. Il est certain en effet que cette vente ne peut être déclarée nulle que dans le cas où l'acquéreur a été instruit, non seulement de l'état des affaires du vendeur, mais encore de ses intentions frauduleuses, & que par-là il s'en est rendu complice. La loi 10, §. 2, 3, 4, 5, D. *quæ in fraudem creditorum*, en contient des dispositions expresses.

Quelques auteurs, à la tête desquels est le président Favre, ont été plus loin encore que l'arrêt dont nous venons de rendre compte; ils ont prétendu que l'on devoit déclarer nulles les aliénations faites par les Prodigues, même avant qu'ils fussent poursuivis en interdiction, lorsque leur prodigalité étoit notoire. Ces auteurs se sont fondés sur la loi 1, D. *de curatoribus*, & sur la loi 8, D. *pro emptore*. Leur opinion paroît même avoir été adoptée par un arrêt que Brillon rapporte en ces termes : « Un fils majeur, qui » avoit le bien de son père, mais s'étoit obligé, » dans les premiers six mois de sa majorité, à » plus que la valeur de ces biens, tant envers » des marchands qui avoient fourni des den- » telles pour des sommes excessives, qu'autres » marchandises qui ne convenoient pas à l'état » de ce jeune homme, fils d'un mouleur de » bois, a été déchargé de toutes ces dettes,

„ dont partie en lettres-de-change : les lettres
„ de refcifion prifes par la mère ont été enté-
„ rinées, quoiqu’elle n’eût fait interdire fon
„ fils qu’après les dettes créées. J’ai trouvé cet
„ arrêt fans date dans les notes manufcrites de
„ feu M. Secouffe «.

Cet arrêt, s’il eft exactement rapporté, & l’opinion qu’il a fuivie, n’ont aucun fondement folide. La loi 1, D. *de curatoribus*, porte à la vérité, que le Prodigue eft interdit par la loi des douze tables, *lege duodecim tabularum Prodigo interdicitur bonorum fuorum adminiftratio ;* mais cela ne fuppofe pas que l’interdiction s’opère de plein droit, par le feul fait de la prodigalité, fans déclaration préalable du juge. On dit fouvent : Telle loi condamne à mort celui qui commet tel crime ; veut-on dire par-là qu’il ne faut point de jugement pour infliger la peine de mort au coupable du crime dont on veut parler ? Non affurément, la loi ne s’occupe que du point de droit, c’eft au juge, qui eft fon miniftre, à en faire l’application au fait que l’on foumet à fa décifion. Eh ! quelle loi pourroit marquer dans la fpéculation l’inftant précis où la raifon finit & la prodigalité commence, où l’homme qui jufqu’à un certain temps n’a fait, en difpofant de fes biens, qu’exercer une faculté naturelle & légitime, devient tout à coup un diffipateur criminel, où enfin ce père de famille, qui n’avoit contracté des dettes que pour fon commerce ou fa fubfiftance, en forme uniquement pour les paffions honteufes qui fe font emparées de fon cœur, & les porte à ce point d’excès qui doit donner lieu à l’interdiction?

La loi 8, D. *pro emptore*, n’eft pas plus décifive. L'argument que l'on en tire ne roule que fur une mauvaife interprétation de fon texte, & fe rétorque même contre les auteurs que nous combattons. Voici comme elle eft expliquée dans un mémoire rapporté par Brillon, tome 3, page 839 : » Un particulier achète des efclaves ; » il en paye le prix comptant. Il fait que celui » qui lui vend ces efclaves doit diffiper auffi-» tôt l'argent. Eft-il acquéreur de bonne foi ? » Oui fans doute ; répond le jurifconfulte Ju-» lianus : comment peut-on accufer de mauvaife » foi un homme qui acquiert du véritable fei-» gneur, du véritable propriétaire? Mais il ajoute » cette exception, à moins, dit-il, qu'il n'eût » acheté ces efclaves d'un Prodigue, d'un dé-» bauché, à *luxuriefo & protinùs fcorto daturo* » *pecuniam*; alors, dit le jurifconfulte, cette vente » ne vaut rien ; il n'eft plus acquéreur de bonne » foi, *non ufu capiet* «. Oppofons à cette tra-duction infidelle, les propres termes de la loi : *Si quis cùm fciret venditorem ftatim pecuniam confumpturam, fervos ab eo emiffet, plerique refponderunt eum nihilhominùs bonæ fidei empto-rem effe ; idque verius eft. Quomodo enim malâ fide emiffe videtur qui à domino emit ?* NISI FORTE ET *is qui à luxoriofo & protinùs fcorto daturo pecuniam, fervos emerit, non ufu capiet.* Qui ne voit que les mots, *nifi forte &,* ne font pas ici employés par forme d'exception, & qu'ils confirment au contraire la première pro-pofition de la loi? que dit le jurifconfulte Ju-lien ? » Comment, ce font fes termes, com-» ment réputeroit-on de mauvaife foi celui qui » achète du vrai propriétaire ? à moins que l'on » veuille foutenir que celui qui achète d'un dif-

» sipateur & d'un débauché, ne puisse pas pres-
» crire «. Il est évident qu'ici le jurisconsulte compare & identifie les deux cas dont il parle. Dans
le premier, il décide que l'on achète valablement, quoique l'on paye le prix à un homme
que l'on sait devoir le consumer de suite en
folles dépenses : dans le second, il adapte la
même décision à celui qui compte à un homme
perdu de mœurs, les deniers d'une acquisition.
c'est ainsi que l'a entendu Voet sur le digeste,
titre *de aleatoribus*, n. 4; & pour peu que l'on
fasse attention au véritable sens des mots *nisi*
forte &, on sera convaincu qu'il n'est pas possible d'interpréter autrement la loi dont il s'agit :
ces mots sont encore employés avec la même
signification dans la loi 7, §. dernier, D. *de*
suppellectile legatâ, & dans plusieurs autres textes
rapportés par Parladorius, *rerum quotidianarum*,
lib. 2, *cap.* 7, *n.* 13.

Au reste, rien ne prouve mieux, du moins
par rapport à nos usages, la vérité de notre opinion, que la nécessité reconnue par tous les auteurs modernes & consacrée par plusieurs arrêts
solennels, de publier les sentences d'interdiction,
pour les faire opérer contre les tiers qui pourroient contracter dans la suite avec les Prodigues
interdits.

Les auteurs qui établissent ce point sont Ro-
demburg, *de jure conjugum*, titre 3, chapitre 1,
n. 17; Van-Leuwen, *censura forensis*, partie 1,
livre 1, chapitre 16 ; Grotius, *manuductio ad*
jurisprudentiam Hollandiæ, livre 1, chapitre 11;
Christin sur la coutume de Malines, titre 19,
article 29; Paul Voet sur les institutes, titre *de*
curatoribus, §. 3.; Jean Voet sur le digeste, au
même titre, n. 8, &c.

A l'égard des arrêts, il y en a un du parlement de Normandie du 31 janvier 1597, dont voici le dispositif : » La cour ayant égard aux » conclusions du procureur général du roi, & » pour éviter aux abus & inconvéniens qui ad- » viennent souvent à raison des curatelles, a » ordonné que tous actes d'interdictions & cura- » telles seront dorénavant signés par les parens » ayant assisté à la délibération d'icelles, & qui » en ont été d'avis : & lesdits actes publique- » ment lus & publiés tant ès assises des juri- » dictions que ès prônes des églises, & issue des » messes paroissiales, même ès prochains marchés » des lieux où les interdits sont demeurans, & » affichés, tant aux portes desdites églises qu'aux » principaux posteaux desdits marchés : ensemble » leurs noms & surnoms écrits en tableaux qui » seront affichés aux tabellionages des villes & » lieu du domicile de l'interdit, en la forme » prescrite pour les lettres de séparation quant » aux biens des femmes d'avec leurs maris, sur » peine de nullité «.

On a rapporté au mot INTERDICTION, plusieurs autres arrêts semblables; à la vérité, ils ne s'exécutent pas à la rigueur dans les deux points qu'ils prescrivent, qui sont la publication & la notification aux notaires des sentences qui portent interdiction de Prodigues ; mais au moins on peut assurer qu'il n'y a pas dans le royaume une seule province où l'on n'observe exactement l'une ou l'autre des deux formalités.

Un homme interdit pour cause de prodigalité peut-il servir de témoin sur un fait dont la vérité a donné lieu à une enquête ? Le parlement de Toulouse a jugé pour l'affirmative par

K iij

arrêt du 12 feptembre 1636 ; après partage
porté de la première chambre des enquêtes à la
feconde. M. d'Olive nous retrace en ces termes
les motifs de cette déci×n : » C'eft une règle
» infaillible, que quiconqué n'eft point prohibé
» par la loi de porter témoignage, peut rendre
» cet office aux occafions qui fe préfentent (*). Or
» n'y a point de texte dans le droit qui porte
» cette prohibition générale pour les Prodigues.
» Il eft bien vrai que la loi les exclut d'être
» témoins aux teftamens ; mais de là il ne s'en-
» fuit pas qu'aux autres actes leur témoignage
» doive être rejeté. Cela fe voit par l'exemple
» des femmes, qui, étant exclufes des témoignages
» teftamentaires, font néanmoins admifes à dé-
» pofer aux autres affaires civiles ou criminelles.
» Auffi eft-il évident qu'il y a grande différence
» entre ces deux genres de témoignages : l'un ne
» regarde pas feulement la preuve, mais auffi
» la folennité de laquelle les teftamens font tous
» pleins ; mais l'autre ne tend qu'à la preuve &
» à la découverte de la vérité..... N'importe
» de dire que dans notre droit les Prodigues
» font comparés aux furieux ; fi les loix ufent
» de cette comparaifon, elles ne s'en fervent
» que pour le regard des biens ; ce que nos ju-
» rifconfultes montrent évidemment, lorfqu'ils
» difent que les Prodigues, *quod ad bona ipfo-*
» *rum pertinet, furiofum faciunt exitum* (*). En
» cela certes ils font femblables aux infenfés,

(*) L. 1, parag. 1 ; l. 4 & 5, D. *de teftibus*, no-
vell. 90.
(**) L. 12, D. *de tutoribus & curatoribus datis.*

» puisqu'ils ne sont pas plus capables qu'eux de
» conserver leurs moyens & de régler leurs affaires
» domestiques. Mais pour le surplus il n'y a
» rien de commun entre eux. La fureur est un
» dévoiement du sens & de la raison, un per-
» vertissement de la partie supérieure de l'ame,
» un entier aveuglement de l'esprit, qui est la
» lumière de l'homme, *mentis ad omnia cæcitas*,
» dit Cicéron; si bien que ceux qui sont affligés
» de cette maladie ne peuvent produire aucun
» acte de connoissance ni de discours, & par
» conséquent ne sont pas en état de porter té-
» moignage. Mais il n'en va pas de même des
» Prodigues; ils ont les fonctions de l'entende-
» ment libres & entières, ils connoissent &
» raisonnent, ils discernent le vrai d'avec le faux,
» & il arrive souvent que la nature, aussi Pro-
» digue envers eux de ses grâces, qu'ils le sont
» envers les autres de leurs biens, les partage
» si avantageusement des richesses de l'esprit,
» qu'ils se font autant admirer par leur doctrine
» & par leur éloquence, qu'ils se rendent déplo-
» rables par la mauvaise conduite de leur for-
» tune. Que si le jurisconsulte déclare qu'ils
» n'ont point de volonté (*), cela veut dire
» que la loi, considérant que la passion qui les
» maîtrise les porte évidemment à la dissipation
» de leur patrimoine, les prive, pour leur profit,
» de l'usage de la volonté, en leur interdisant la
» liberté du commerce, & les déclarant inca-
» pables de passer des contrats, qui sont des actes
» volontaires. Mais de là il ne s'ensuit pas qu'ils

(*) L. 40, D. *de regulis juris.*

Kk ix

» ne voient & ne connoissent distinctement les
» choses qui se présentent à leurs yeux, & qu'ils
» ne soient capables d'en faire un véritable rap-
» port. Car si leur volonté est imparfaite, ce
» défaut ne leur arrive pas; comme aux furieux,
» de ce que cette puissance aveugle n'est point
» éclairée de l'entendement; mais c'est d'autant
» qu'elle est dépravée par la violence de la pas-
» sion, qui la précipite dans la recherche des
» objets agréables & voluptueux; quoiqu'ils lui
» paroissoient, par la lumière de l'intellect, in-
» justes & dommageables..... Enfin il ne sert
» point de dire que les mœurs des Prodigues
» sont corrompues; car cela peut bien venir en
» considération lorsqu'il faut balancer les preuves,
» & quand un pareil nombre de témoins pro-
» duits de toutes parts, met en peine les juges
» de trouver la vérité; en ce conflit de témoi-
» gnages, il est certain que la foi d'un homme
» tempérant & sage, qui conduit bien ses affaires,
» donnera le trait à la balance, & fera pencher
» les juges de son côté. Mais de là on ne peut
» point inférer, que pour rejeter la déposition d'un
» homme, on puisse prendre un objet valable
» de la dissolution de ses mœurs, sinon qu'elles
» se trouvent convaincues de crime par sentence
» du juge : ce qui ne peut être attribué aux
» Prodigues, que la justice, qui ne désire que
» subvenir à leur foiblesse, ne met point au
» nombre des criminels, mais déclare seulement
» atteints & affolés d'une passion qui, sans le
» secours que les loix leur donnent, les porte-
» roit bientôt à leur entière ruine, au préjudice
» du public, qui prend part aux intérêts des
» particuliers «.

Lorsque le juge ôte au Prodigue qu'il interdit l'administration de ses biens & la perception de ses revenus, il est d'usage qu'il lui assigne une pension alimentaire. Il s'est élevé à ce sujet une difficulté entre le sieur d'Harlebecque, dont on a déjà parlé, & son curateur. On se rappelle que le premier s'étoit pourvu le 2 avril 1778 devant l'official, juge-ordinaire de Cambrai, en main-levée de son interdiction : il avoit joint à cette demande celle d'une pension alimentaire de 6000 livres, pour lui être payée par provision. Ses parens, assignés sur l'un & l'autre objet, s'opposèrent à la main-levée de son interdiction, mais consentirent qu'il lui fût adjugé sur ses biens une pension alimentaire de 4000 livres, dans laquelle seroit compris le produit de son gouvernement de Marchiennes. Quelque temps après, le sieur d'Harlebecque interjeta appel au parlement de Flandres de la sentence qui l'avoit interdit, & demanda par provision le décrétement de l'offre que ses adversaires lui avoient faite en première instance d'une pension alimentaire de 4000 livres. Ce décrétement fut prononcé par arrêt rendu en vacations le 24 octobre 1778, au rapport de M. Vanrode. Le 16 novembre suivant, le sieur d'Harlebecque fit sommation à son curateur de lui payer la somme entière portée par l'arrêt. Le curateur se pourvut au parlement, & y surprit un arrêt sur requête du 27 suivant, par lequel la cour déclaroit, en interprétant celui du 24 octobre, que la pension alimentaire dont il s'agissoit ne devoit courir que du jour de cet arrêt; qu'elle n'étoit payable que par quartiers, mais toujours d'avance; que l'on devoit y imputer le produit du gouvernement de Marchiennes, &

que, moyennant cette interprétation, la sommation faite au curateur venoit à cesser. Le sieur d'Harlebecque a formé opposition à cet arrêt, & a demandé qu'il fût dit que la pension à lui adjugée courroit du jour de la demande qu'il en avoit faite en première instance, ou au moins du jour de l'offre que lui en avoient faite ses adversaires, & que le curateur seroit chargé du recouvrement du produit du gouvernement de Marchiennes. De son côté, le curateur a soutenu, 1°. qu'on ne pouvoit se pourvoir par opposition contre un arrêt interprétatif, mais seulement par révision ou requête civile : 2°. que la pension ne devoit courir que du jour de l'arrêt qui l'avoit adjugée, parce que *non vivitur iu·præteritum* : 3°. que le sieur d'Harlebecque avoit toujours, même depuis son interdiction, reçu lui-même le produit de son gouvernement : 4°. que le sieur d'Harlebecque avoit emprunté 1200 livres d'un particulier de Cambrai dans le courant du mois de juin 1777. Sur cette contestation, arrêt du 16 janvier 1779, au rapport de M. Delvigne, qui reçoit le sieur d'Harlebecque, que je défendois, opposant à l'arrêt du 27 novembre précédent ; ce faisant, déclare que la pension alimentaire dont il s'agit a couru depuis le 2 avril 1778, jour de la demande qu'il en a formée ; que le produit du gouvernement de Marchiennes devra y être imputé ; mais que le curateur sera tenu d'en faire le recouvrement, en lui fournissant, par le sieur d'Harlebecque, les titres nécessaires pour cette perception ; condamne, suivant ce, le curateur à payer au sieur d'Harlebecque les trois quartiers échus & le quartier courant de sa pension alimentaire, sauf à en déduire les 1200 livres empruntées par le sieur d'Harlebecque, en cas de répétition de la part du prêteur sur les deniers de la curatelle; condamne le curateur aux dépens en sa qualité.

§. VI. *De la main-levée de l'interdiction d'un Prodigue.*

Quelques auteurs ont cru que les Romains faisoient cesser l'interdiction de plein droit, dès que le Prodigue changeoit de conduite & revenoit à résipiscence; ils se sont fondés sur la loi 1, D. *de curatoribus*, qui porte: *Tandiù erunt ambo in curatione, quandiù vel furiosus sanitatem, vel ille sanos mores receperit. Quòd si evenerit, ipso jure desinunt esse in potestate curatorum.* Mais cette loi ne dispense pas l'interdit qui veut se faire relever de son interdiction, de faire juger qu'il a réellement changé de conduite; & tout ce que l'on peut en inférer, c'est qu'il sort de curatelle aussi-tôt qu'il a obtenu une sentence qui le déclare revenu de ses égaremens, quand même cette sentence ne le rétabliroit pas expressément dans son ancienne liberté.

Quoi qu'il en soit, la plupart des auteurs, tels que Balde, Ranchin sur la question 260 de Guypape, Pereze sur le code, Christin sur la coutume de Malines, Voet sur le digeste, ont pensé qu'il falloit une sentence pour lever l'interdiction, comme pour la prononcer; ʺce qui ʺest fondé, dit Furgole, sur la règle, *nihil* ʺ*tam naturale est quàm eo genere quidve dissol-* ʺ*vere, quo colligatum est*, liv. 35, D. *de re-* ʺ*gulis juris;* & cette opinion paroît plus con- ʺforme à nos maximes: car nous tenons que les

» difpofitions des fentences doivent fubfifter juf-
» qu'à ce qu'elles aient été rétractées juridique-
» ment. Ce parti paroît même le plus raifonnable
» & le plus fûr pour éviter les embarras & les
» difcuffions dans lefquelles il faut entrer, foit
» pour déterminer le délai, foit pour faire la
» preuve de la réfipifcence après la mort de l'in-
» terdit, pour favoir s'il avoit fait un bon mé-
» nage pendant un temps fuffifant pour le faire
» rentrer dans fes droits, & lui faire reprendre
» la faculté de tefter, que l'interdiction lui avoit
» fait perdre «.

On a prétendu que la curatelle d'un Prodigue
devoit s'éteindre de plein droit par fon mariage,
& cela, parce que la tutelle d'un mineur s'éteint
communément de cette manière. Voici un arrêt
qui a profcrit cette opinion fingulière, & qui en
même temps confirme quelques-unes des propofitions établies ci-devant. C'eft Brillon qui le
rapporte : » Le 10 juin 1717, arrêt du grand
» confeil, qui, conformément aux conclufions de
» M. l'avocat général de S. Port, confirme une
» fentence de la prévôté de l'hôtel, par lequel
» le demandeur d'une fomme de 1800 livres par
» lui prêtée au fieur Vildo, interdit pour caufe
» de prodigalité, fut débouté de fa demande,
» la fentence confirmée avec amende & dépens.
» On n'opina même pas. Plaidans M° Sarazin
» pour l'appelant, M° Cochin pour l'intimé. Le
» moyen de l'appelant étoit fondé fur un arrêt
» de réglement de 1614, qui ordonnoit que les
» fentences d'interdiction feroient publiées à l'au-
» dience. 2°. Il difoit que le fieur Vildo avoit
» depuis été marié, & qu'il étoit en poffeffion
» de fon état. 3°. Il cita la loi 1, D. *de curatori-*

» *bus ,* où il eſt dit que quand le furieux a re-
» couvré la raiſon, & le Prodigue *ſanos mores,* .
» il peut valablement contracter. Mais l'on ré-
» pondoit que le réglement de 1614 n'étoit pas
» obſervé , & qu'il ſuffiſoit que la ſentence fût
» ſignifiée au ſyndic des notaires ; ici elle l'avoit été
» aux 113 notaires de Paris. En ſecond lieu, le Pro-
» digue peut ſe marier ; s'il faiſoit des avantages
» trop grands à ſa femme, on les réduiroit *ad legi-*
» *timum modum.* Mais cette ſentence d'interdiction
» a été tellement exécutée, qu'il a eu ſucceſſive-
» ment trois curateurs. 3°. La loi citée eſt bonne
» dans le cas de la fureur, ou bien pour autoriſer
» celui qui a été Prodigue, à demander la levée
» de ſon interdiction «.

Ce que décide cet arrêt par rapport au mariage
du Prodigue, eſt conforme à l'article 11 du chapitre 7 de la coutume de Douai, à l'article 10
du chapitre 12, de la coutume de la gouvernance
de Douai, & à l'article 12 du titre 15 de la
coutume de la châtellenie de Lille.

Ces mêmes articles exigent pour la main-levée
de la curatelle, une formalité qui répond à celle
qu'elles demandent pour la prononciation du décret même d'interdiction. Voici comme ils ſont
conçus : » Telle perſonne conſtituée en cura-
» telle ne peut être déchargée d'icelle par ma-
» riage ou autrement, n'eſt pas lettres-patentes
» en forme de réhabilitation dûment entérinées. . .
» à ce évoqués leſdits curateurs ou autres , ſi
» meſtier eſt «.

Il y a dans Baſnage un arrêt fort remarquable
ſur une eſpèce où l'on arguoit de colluſion &
de fraude, la main-levée qui avoit été accordée
à un Prodigue de ſon interdiction : » Jacques

» Cory, huiffier en la cour, ayant mal à propos
» reçu une caution, Robert Cory fon père, par
» l'avis de Richard Cory, procureur en la cour,
» fon frère, & de fes autres parens, le fit mettre
» en curatelle. Après la mort du père, Jacques
» Cory pria les mêmes parens de le reftituer
» contre cette curatelle ; & s'en étant rendu ap-
» pelant du confentement des mêmes parens, la
» curatelle fut caffée par arrêt du 21 février 1671.
» Le 20 mars fuivant, fe voyant fans enfans,
» il donna le tiers de fon bien à Richard Cory
» fon oncle, avec rétention d'ufufruit durant fa
» vie. Bonaventure Benoît, dont le fils avoit époufé
» la fœur de Jacques Cory, & les enfans de
» laquelle étoient fes préfomptifs héritiers, ayant
» eu connoiffance de cette donation, obligea le
» donateur de paffer une procuration à fa mère
» pour la révoquer, & par cette même procu-
» ration il lui donnoit pouvoir de vendre fon
» bien. En vertu de cette procuration, la mère
» fit fignifier une révocation au donataire ; mais,
» quelques jours après, Jacques Cory envoya
» à fon procureur une déclaration fignée de lui,
» qui contenoit qu'on lui avoit fait figner cette
» révocation par furprife, & qu'il confentoit l'exé-
» cution de la donation, en conféquence de
» quoi le procureur acquiefça au procès. Benoît
» fit paroître depuis une déclaration con-
» traire ; mais on reconnut qu'elle avoit été
» fuggérée par lui au donateur lorfqu'il étoit
» malade : la caufe ayant été de rechef portée
» aux requêtes du palais, on ordonna que la
» première fentence feroit exécutée ; dont Be-
» noît ayant appelé, & Jacques Cory étant mort,
» Maunoury, fon avocat, reprochoit à Richard

» Coty, donataire, qu'il avoit extorqué par
» adreſſe cette donation de ſon neveu; & bien
» que lui-même l'eût fait mettre en cura-
» telle, comme étant un ivrogne & un eſprit
» foible, pour avoir lieu d'exiger ce don & le
» rendre capable de donner, il avoit ſollicité
» les parens de le remettre en liberté, ayant lui
» ſeul pourſuivi l'arrêt, & l'interdit n'ayant pas
» même comparu pour demander ſon rétabliſſe-
» ment; & qu'auſſi-tôt après cette interdiction
» levée, il en avoit ſurpris cette donation, qui ne
» pouvoit être ſoutenue, ayant été faite par un inter-
» dit au profit de celui qui avoit ſurpris l'arrêt qui le
» rétabliſſoit, lequel par conſéquent n'étoit point
» conſidérable, puiſque c'étoit l'ouvrage ſeul du
» donataire; & ſi la cour avoit ſu qu'on ne vou-
» loit reſtituer cet imbécille que pour le rendre
» capable de donner, elle n'auroit pas approuvé
» la ſurpriſe qu'on avoit faite à ſa religion. —
» Je répondois pour Coty, donataire, que cette
» curatelle étoit nulle dans ſon principe, parce
» qu'elle étoit ſans cauſe, l'interdit n'ayant ja-
» mais fait de mauvais ménage, ni contracté
» aucune dette; la ſeule faute qu'on lui avoit
» imputée étoit d'avoir reçu une caution, dont
» pourtant il ne recevoit que ce préjudice, qu'il
» falloit avancer de l'argent : les appelans avoient
» mauvaiſe grâce de blâmer l'arrêt qui levoit la
» curatelle, puiſqu'eux-mêmes s'en étoient ſervis,
» ayant pris une procuration de cet interdit pour
» aliéner & vendre ſon bien, & pour révoquer
» cette donation : il étoit donc capable d'agir par
» leur propre aveu; que s'ils ne l'euſſent pas
» jugé tel, au lieu de ſe rendre ſes procureurs
» pour lui faire exercer toutes les actions d'une

» perſonne libre & capable, ils auroient dû aſ-
» ſembler les parens à l'effet de le remettre
» en curatelle, & lui donner un curateur ſous
» le nom duquel ils auroient pourſuivi la caſſa-
» tion de ce don. Après tout, cette donation
» étoit ſi favorable, que quand même il ſeroit
« demeuré dans ſon interdiction, elle pourroit
» ſubſiſter. — Par arrêt en la grand'chambre du
» 18 mars 1672, la donation fut confirmée «.

Un arrêt du parlement de Paris du 24 mars
1781, rapporté dans le tome 2 de la gazette
des tribunaux, a décidé qu'un interdit pour
cauſe de prodigalité peut demander la main-levée
de ſon interdiction, ſans être aſſiſté de curateur,
& que cette demande doit être portée non pas
d'emblée dans le tribunal ſupérieur qui a confirmé la ſentence d'interdiction, mais devant le
juge du domicile de l'interdit.

*Voyez les auteurs cités dans cet article, &
au mot* INTERDICTION. Voyez auſſi AUTORISA-
TION, BIENS, DÉCRET, LÉGITIME, NOTAIRES,
NULLITÉ, SUCCESSION, SUBSTITUTION, TUTEUR,
TESTAMENT, &c.
*(Article de M. MERLIN, avocat au parlement
de Flandres).*

PRODUCTION. Ce ſont les titres & écritures que l'on produit dans un procès.

L'arrêt du 3 ſeptembre 1667, ſervant de réglement général pour les procédures qui ſe pour-
ſuivent dans le reſſort du parlement de Paris,
porte, *que toutes les Productions des parties
paſſeront par le greffe, & ſeront remiſes au greffier garde-ſacs, qui ſera tenu de les enregiſtrer
ſur un regiſtre ſur lequel chaque officier des ſiéges
préſidiaux,*

préfidiaux , bailliages & autres juftices royales , même des juftices fubalternes , s'en chargera , & mettra fa fignature à côté de l'enregiftrement du fac , qui fera rayée lorfque le rapporteur l'aura remife au greffe ; & que le greffier en demeurera chargé , s'il n'appert que quelque officier en foit chargé fur le regiftre par fa fignature qu'il aura appofée.

Cette néceffité de produire par la voie du greffe a lieu , non feulement dans les appointemens de conclufions , mais auffi dans les appointemens en droit & au confeil ; & même dans les appointemens à mettre , du moins dans les cours. Mais lorfque les procès appointés à mettre fe diftribuent nommément à un des juges préfens , nommés par la fentence d'appointement , ainfi que cela fe pratique dans les bailliages & féné-chauffées , on ne les produit point au greffe , on les remet au rapporteur nommé par le jugement.

Au refte , ce qui vient d'être dit ne regarde que les Productions principales , & non les Pro-ductions nouvelles : car il fuffit de produire ces dernières entre les mains du rapporteur. Il en eft de même des écritures qui fe font depuis que le procès eft diftribué ; ces procédures ne fe remettent point au greffe , mais au rapporteur chargé du procès.

On appelle *Production principale ,* celle qui a été faite devant les premiers juges ; & quand on a de nouvelles pièces à produire devant le juge d'appel , on fait , par requête , une Produc-tion nouvelle.

Toutes les Productions qui fe mettent au greffe

doivent être accompagnées d'un inventaire des pièces produites. C'est la disposition de l'article 12 de l'ordonnance du 3 janvier 1528, qui porte, *que les procureurs des parties seront tenus de faire inventaire des procès qu'ils produiront par-devant les juges; & défend aux greffiers de les recevoir sans cet inventaire.*

L'ordonnance de 1535, chapitre 3, article 24, veut aussi, *que dans les procès par écrit il soit fait inventaire des pièces que chacune des parties aura produites, & dont elle entend se servir pour le jugement du procès;* & l'article suivant défend pareillement aux greffiers de les recevoir sans cet inventaire; ce qui est encore répété dans l'article 14 du chapitre 18 de la même ordonnance.

Quand on produit sur l'appel avant l'appointement de conclusion, on ne met au greffe que l'inventaire de Production de la cause principale.

Cet inventaire doit contenir une description sommaire des pièces que la partie produit; ces pièces doivent y être exposées dans le même ordre qu'elles ont été produites. Les procureurs doivent aussi y exposer pour quelle fin ils produisent chaque pièce, ce qu'elle contient, & l'induction qu'ils en tirent; ce qui sert, tant pour établir le droit de la partie, que pour instruire la religion du juge; mais il ne doit contenir aucune raison de droit. C'est ce qui résulte de différentes loix, telles que l'ordonnance du mois d'avril 1458, l'ordonnance de 1507, & l'ordonnance de 1535.

Les pièces produites dans cet inventaire doivent être cotées par lettres A, B, C, &c. tant dans l'inventaire que fur le dos des pièces produites. Cela eft ainfi prefcrit par l'ordonnance du mois d'août 1539.

Faute de contredire les Productions dans les délais de l'ordonnance, on en demeure forclos.

PRODUIT. On appelle *acte de Produit*, l'acte qu'on fait fignifier pour déclarer qu'on a mis fa Production au greffe (*). Voyez PRODUCTION.

PROFESSEUR. Celui qui profeffe, qui enfeigne quelque fcience, quelque art dans une univerfité, dans un collége.

Les Profeffeurs, dans nos univerfités, enfeignent la grammaire & les humanités, en expliquant de vive voix les auteurs claffiques, & en donnant à leurs écoliers des matières de compofition, foit en vers, foit en profe, qu'ils corrigent, pour leur montrer l'application des règles. Ceux de philofophie, de droit, de théologie & de médecine, diftent des traités que copient leurs auditeurs, auxquels ils les expliquent enfuite.

Dans l'univerfité de Paris, après un certain nombre d'années d'exercice, les Profeffeurs font honorés du titre d'*émérite*, & gratifiés d'une penfion, qu'ils touchent même après avoir quitté

_____

(*) *Formule d'un acte de produit.*

Maître . . . . procureur de . . . . appelant, déclare à maître . . . . procureur de . . . . intimé, que pour fatisfaire à l'arrêt d'appointement au confeil du . . . . il a cejourd'hui produit au greffe de la cour, à ce qu'il n'en ignore & ait à faire le femblable, finon forclos, dont afte.

leurs chaires ; récompenfe bien jufte, & propre à exciter l'émulation.

Il n'y a pas encore long-temps que les Profeffeurs étoient payés par leurs écoliers ; mais en l'année 1719, le feu roi a affigné aux Profeffeurs, des honoraires fixes, & a, par ce moyen, procuré à fes fujets l'inftruction gratuite, du moins dans l'univerfité de Paris.

Voyez les articles COLLÉGE & UNIVERSITÉ.

Fin du tome quarante-huitième.

Les tomes XLIX & L paroîtront en avril 1784.

CORRECTIONS.

TOME XIX.

Page 426, ligne 1, de que les pa ties convenoient qu'il n'y avoit pas l'Espine a déb uté le cué de sa demande, parce, *lisez* de l'Espine a débouté le cu é de sa demande, parce que les parties convenoient qu'il n'y avoit pas un tiers, &c.

TOME XXIV.

Page 259, ligne 26, abrégé, *lisez* abrogé.

Fin des corrections.

www.ingramcontent.com/pod-product-compliance
Lightning Source LLC
Chambersburg PA
CBHW060910220326
41599CB00020B/2909